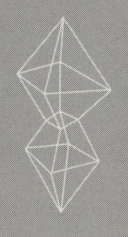

期成会実践刑事弁護叢書03

東京弁護士会期成会明るい刑事弁護研究会編

責任能力を争う
刑事弁護

現代人文社

はじめに

　期成会実践刑事弁護叢書01『保釈をめざす弁護──勾留からの解放』（2006年5月），同叢書02『入門・覚せい剤事件の弁護』（2008年2月）に続く第3弾として，このたび叢書03となる本書を公刊することになった。

　期成会の「明るい刑事弁護研究会」は，2002年4月の発足以来，刑事弁護の閉塞状況を打破し，裁判所と検察庁によって立ちはだかる弁護活動への壁にともすれば怯みがちになる姿勢を，明るくファイトで乗り越えようとの意欲を持って研究・研鑽を続けてきた。

　刑事事件において，被告人の犯行時の責任能力を争うケースに遭遇することは少なくないだろう。病的酩酊，統合失調症，気分障害，てんかんなど責任能力が問題になるケースに出会った場合，どのように弁護活動を遂行すればよいのだろうか。

　判例は，精神鑑定の決定に拘束されないという立場をとるとともに，被告人の病状だけでなく被告人の犯行前後の諸事情を総合的に判断してその有無を判断するという方法を採用している。したがって，弁護人としては，被疑者・被告人の責任能力に疑いをもった場合どう本人に向き合いどのように資料を収集するか，どの段階で鑑定要請あるいは申請をするか，出てきた鑑定をどう読み解くか，それと犯行前後の諸事情をどう関連づけて考えるか，大いに悩むことが多い。

　本書は，責任能力に関する判例を整理するとともに，精神科医からの鑑定の手法，鑑定書の読み方，弁護士への要望にわたる助言，また，実際に責任能力が争われたケースと弁護活動の実際を医療観察法事件の付添人のケースを含めて紹介して読みやすい実践的指南書となっている。責任能力が争われた多くの判例を整理紹介しており，貴重な資料集となっている。

　期成会の「明るい刑事弁護研究会」はこれからも意欲的な研究・研鑽に取り組もうとしているが，本書が，すでに公刊されている2冊の書籍とともに広く活用され，刑事弁護の一層の力量を高める一助となれば幸いである。

2013（平成25）年7月

東京弁護士会期成会
代表幹事　橋本佳子

目次

はじめに　003
責任能力を争う刑事弁護フローチャート　020

第1部
責任能力を争う弁護活動

[シミュレーション]
公判で責任能力を争う……………………………………………………024
① 捜査段階　024
② 起訴，そして公判前整理手続へ　028
③ 公判手続　033
④ 判決　036

[解説]
責任能力を争う弁護活動……………………………………………………037
① 被疑者・被告人と接見したときの注意点　037
② 被疑者・被告人と信頼関係を築くことのむずかしさ　038
③ 勾留中の被疑者・被告人に治療の機会を確保すること　038
④ 家族や知人から被疑者・被告人の精神障害について詳しく聴取する　039
⑤ 弁護人は被疑者・被告人が罹患している精神障害の特徴を理解しなければならない　040
⑥ 入通院していた医療機関の担当医師から被疑者・被告人の病状を詳しく聴取する　040
⑦ 責任能力を判断する枠組みについて　041
⑧ 被疑者・被告人の責任能力の検討　042
⑨ 精神鑑定書の検討　044
⑩ 最近の刑事裁判（特に裁判員裁判）における精神鑑定の運用と問題点　045
⑪ 起訴前鑑定（刑事訴訟法223条1項）　046
⑫ 被告人の訴訟能力について　047
⑬ 弁護人が公判前整理手続で指摘しておくべきこと　047
⑭ 弁護人の鑑定申請について　048
⑮ 公判前整理手続における鑑定人とのカンファレンス　049
⑯ 弁護人の再鑑定申請について　049
⑰ 私的鑑定　049
⑱ 情状鑑定　050
⑲ 情状についても配慮すること　051
⑳ 弁護人による弁論要旨の作成　051
㉑ 受刑能力（刑事訴訟法480条〜483条）　051
㉒ 鑑定人や担当医師への報告　051

［講演］
責任能力を争う弁護人へ　中島 直 052
精神科医からの助言
1 はじめに──私の経歴　052
2 鑑定の手法　052
3 責任能力が問題となる疾患　059
4 責任能力鑑定の実際　070
5 鑑定書をどう読むか　090
6 弁護士への要望　094
7 おわりに　099
8 質疑応答　100

第2部
医療観察法における付添人活動

［シミュレーション］
医療観察法を利用する 106
1 最初の関わりは捜査弁護　106
2 起訴猶予，そして医療観察法へ　112
3 決定がなされる　117

［解説］
医療観察法における付添人活動 118
1 はじめに　118
2 法にもとづく処遇が開始される要件と付添人活動　118
3 鑑定書について　121
4 審判について　122
5 付添人の役割　122
6 決定後について　122

［講演］
精神障害者の弁護活動について　山下幸夫 124
医療観察法事件を中心に
1 はじめに　124
2 医療観察法の成立経過について　124
3 医療観察法の対象者について　125
4 医療観察法の申立てについて　126
5 医療観察法の審理体について　126
6 医療観察法の運用状況について　127
7 付添人について　128

⑧ 対象者の鑑定入院について　130
⑨ 審判前のカンファレンスについて　131
⑩ 審判期日について　131
⑪ この分野での2つの重要な最高裁決定について　133
⑫ 医療観察法の運用上の問題点について　134
⑬ 付添人活動のポイントとその大変な点について　135
⑭ おわりに　136

第3部 責任能力をめぐる議論

責任能力総論　138
① 本稿の概要　138
② 責任能力についての判例の考え方　142
③ 責任能力判断についての精神医学者のアプローチ　150
④ 責任能力に関する重要判例　163

精神疾患の種類・概要と判例の動向　172
① はじめに　172
② 医師から見た精神疾患　173
③ 弁護士から見た精神疾患と判例の動向　192

第4部 判例紹介

1 精神作用物質（アルコール）

(1) 責任無能力が認められた事例

【1】被告人の行為の主観的ないし客観的特徴は、病的酩酊に特徴的な諸事情をほとんど全て具備しており、病的酩酊の発生原因たる病的基礎及び誘因の存在が証明されていないので、病的酩酊とは断定できないものの、その可能性は否定し難いとして、被告人が心神喪失の状態であったことを認定して無罪とした事例。　208

【2】被告人の犯行及び犯行前後の状況について不明の点が相当にあり、被告人の酩酊状態も典型的な病像とはいえず、明快な鑑定も得られないが、病的酩酊の可能性は否定し難く、原判決に事実誤認はないとして検察官の控訴を棄却した事例。　210

【3】被告人の犯行当時の状況は、飲酒によって病的酩酊の状態に陥り、自己の置かれた状況を十分に把握できないまま、何らかの理由から衝動的に犯行に出たものとしかいえないのであって、被告人は、本件当時、自己の行為の是非善悪を弁え、それにしたがって行動する能力を完全に欠

　　　　如していた可能性が高く，少なくともそのような合理的な疑いを否定できないとして無罪とした
　　　　事例。.. 211
　【4】被告人は，本件犯行及びその前後の状況において記憶の欠落が著しく，また，本件犯行につい
　　　　て了解可能な動機を見いだすことができず，本件犯行が幻覚に支配されて行われた可能性を否
　　　　定することはできないため，本件犯行は被告人の人格と隔絶した行為というほかなく，被告人
　　　　は，本件犯行当時，事物の理非善悪を弁別する能力を喪失した状態であった可能性を否定でき
　　　　ず，責任能力の存在を認定することはできないとして無罪とした事例。.................... 212

(2)　限定責任能力が認められた事例

　【5】飲酒酩酊によって，被告人が心神耗弱状態にあったのではないかとの疑いがあるとされた事
　　　　例。.. 214
　【6】飲酒をしながら暴行行為を行ない当初は単純酩酊であったものが最終的には心神耗弱となった
　　　　ものの，刑法39条2項を適用すべきではないとした事例。..................................... 215
　【7】被告人は犯行当時もうろう状態におちいった可能性が強いとして心神喪失を理由に無罪とした
　　　　原判決を破棄して，心神耗弱にとどまるとした事例。.. 217
　【8】連続放火事件につき，精神薄弱及び酩酊の程度等に照らし行動制御能力が著しく減退していな
　　　　いとは断定し難いとして，心神耗弱を認めた事例。.. 220
　【9】犯行当時異常酩酊により心神耗弱の状態にあった可能性はあるものの，それ以上に心神喪失の
　　　　状態にあった可能性を認めることはできないとして原判決を破棄し，心神耗弱を認定したうえ
　　　　で有罪とした事例。.. 221
　【10】飲酒中に睡眠薬を服用した影響により，是非善悪の判断及びそれに従って行動する能力が著し
　　　　く減弱していた可能性は否定できないが，犯行前後の会話や呼気のアルコール保有量に照らせ
　　　　ば，被告人の心神障害の程度は重度とまではいえず，右能力を全く欠いていたとまでは認めら
　　　　れないとして，被告人が心神耗弱の状態であったことを認定して有罪とした事例。....... 222

(3)　完全責任能力が認められた事例

　【11】酒酔い運転中に発生した業務上過失致死傷事件について，事故発生時点では酩酊のため心神
　　　　喪失ないし心神耗弱の状態にあったとしながら，飲酒の時点で飲酒量を抑制すべき注意義務を
　　　　認め，酒酔い運転の行為について，原因において自由な行為の法理を適用し，完全責任能力を
　　　　肯定した事例。.. 224
　【12】被告人の飲酒に関する供述が変遷していることなどを理由に，犯行当時大量の飲酒のため複雑
　　　　酩酊の状態にあったとの鑑定意見について失当とし，弁護人の犯行当時心神耗弱であったとの
　　　　主張を排斥し，完全責任能力を認めたが，死刑とした原審判決を破棄し，無期懲役とした事
　　　　例。.. 226
　【13】覚せい剤精神病により通院中であり，人格障害者である被告人が，飲酒による酩酊状態により
　　　　行った犯行について，完全責任能力が認められた事案。.. 228

2　精神作用物質（覚せい剤ほか）

(1)　責任無能力が認められた事例

　【14】急性の覚せい剤中毒ではない覚せい剤精神病に罹患していた被告人につき，本件犯行が被告人

の人格の発現であると認めることは困難な面があることは否定できず，犯行当時被告人に責任能力が限定的にでも存していたとすることには疑問が残り，心神喪失の状態にあったのではないかとの合理的な疑いを払拭し得ないとして無罪とした事例。……………………………230

【15】各犯行前の状況，被告人の性格，行動傾向等，犯行及びその前後の状況，動機の了解可能性と幻覚妄想等の関係等を総合して考察すると，犯行時において，塩酸メチルフェニデート誘発性精神病による著しい幻覚妄想状態の全面的な支配下にあったことが強くうかがわれ，本件各犯行当時，被告人に行為の是非善悪を弁識し，その弁識に従って行動する能力が欠如していたとの合理的な疑いが残ると認定して無罪とした事例。……………………………231

【16】原判決は，その結論として，事理弁識能力だけでなく，行動統御能力についても，「限定的にでも存在していたと認めるには疑問がある」旨説示しているが，被告人は，自己の認識（その認識内容自体に問題があったことは後に説明するとおりであるが）に従った行動をすることはできていたと認められるから，行動統御能力（事理弁識能力を欠いた状態で認識した事柄を前提として，自らの行動を統御できる能力の意味）に関する原判断は支持できないことなど，全面的に支持できる内容とはなっていないものの，判決に影響を及ぼすべき事実誤認があるとまでは認められないとして，検察官の控訴を棄却した事例。……………………………233

(2) 限定責任能力が認められた事例

【17】被告人の本件傷害については，妄想等の異常体験に支配されてなされた犯行とは到底認められずそれが直接の動機とはなっていないと認められるうえ，被告人の本件犯行当時の記憶はかなり詳細，正確であり，被告人がある程度の規範意識を保持していたことも認められるから，本件殺人もまた，妄想等に全人格を支配されてなされた犯行とは認められないが，覚せい剤の常用によりかなり尖鋭化した爆発的性格が本件各犯行において重要な役割を果たしていることも明らかであるとして，覚せい剤を反復使用した結果被告人が各犯行当時心神耗弱であったことを認定して有罪とした事例。……………………………234

【18】被告人の本件犯行は，覚せい剤の影響による嫉妬妄想，自殺念慮などに端を発しているとはいえ，被告人がそれらによって完全に支配され衝動的に本件犯行に及んだということはできず，被告人は，本件犯行当時是非善悪を弁別し，これに従って行動する能力を全く欠いた状態にあったものではなく，これら能力が著しく減退した状態，すなわち心神耗弱にあったと認めるのが相当であるとして有罪とした事例。……………………………236

【19】原判決挙示の証拠を総合考察すると，原判決の被告人が各犯行時心神耗弱であったとする認定は優に首肯できるとして，弁護人の控訴を棄却した事例。……………………………238

【20】被告人のいう覚せい剤中毒による妄想は一過的，浮動的なものであり，確固として妄想体系が確立し，これによって被告人の全人格が支配されていたとまでは認められないため心神喪失状態までは至らないが，心神耗弱状態と認定した事例。……………………………240

【21】犯行当時，被告人は，覚せい剤使用の影響により異常な精神状態にあったが，その人格が妄想や幻覚に完全に支配されていたとは認められないとして，心神喪失ではなく心神耗弱と認定した事例。……………………………241

【22】覚せい剤を服用した被告人が，拳銃を発射し，3名に重軽傷を負わせ，警察官1名を殺害した事案につき，心神耗弱が認められた事例。……………………………243

【23】被告人が犯行当時，生来のてんかん性要因の上に生じた覚せい剤中毒による活発な幻覚妄想状態のため，心神耗弱状態にあったとされた事例。……………………………245

【24】殺人事件について完全責任能力を認めたうえで，その後に犯した無免許運転，重過失傷害，救

護義務違反，報告義務違反については，被害者殺害後の精神状態，睡眠薬の副作用や作用の増強，服用した量や服用後の時間，無免許運転をした動機が不明なこと，重過失傷害の被害者であるBへの対応が理解しがたいこと，自首，罪証隠滅及び逃亡の形跡がなく，記憶の欠落があること等を理由に，完全責任能力を認めた原判決を破棄自判し，被告人は心神耗弱の状態にあったとした事例。……247

【25】殺人罪につき，被告人が人格障害，覚せい剤精神病の残遺症及び多量の飲酒から心神耗弱状態にあったとされた事例。……249

【26】慢性覚せい剤精神病と診断された被告人の覚せい剤使用事犯につき心神耗弱を認定し，心神耗弱を招いた原因を特定できず，よって完全責任能力時の犯意を認定できないとして「原因において自由な行為」理論を準用しなかった事例。……251

【27】被告人は，本件犯行当時，鎮咳剤ブロンの乱用に起因する中毒性精神病及びこれに心因反応が加重された反応性精神病の状態にあったものであり，自己の行動の是非善悪を弁識して，これに従って行動する能力を喪失してはいなかったが，それが著しく減弱した状態，すなわち，心神耗弱の状態にあったものと認められるとして有罪とした事例。……252

【28】特定の精神鑑定の意見の一部を採用した場合においても，責任能力の有無・程度について，当該意見の他の部分に拘束されることなく，被告人の犯行当時の病状，犯行前の生活状態，犯行の動機・態様等を総合して判定することができるとした事例。……254

⑶ 完全責任能力が認められた事例

【29】被告人が，犯行当時覚せい剤の薬理作用によりその精神に何らかの影響を受けていたことは否定できないとしつつも，覚せい剤を使用すると自己の精神状態に悪影響が出ることを十分に認識していたこと等を理由に完全責任能力を認めた事例。……256

【30】訴因で犯行時点として掲げられた時点において心神喪失，心神耗弱の状態にあったとしても，法的評価としてその所持が続いていると認められる限り，全体にわたって考慮することを要するとして，訴因の時点以前の所持開始時に完全責任能力を有していたとして，完全責任能力を認めた事例。……257

【31】原審では責任能力が争われなかったものの，控訴審で犯行当時アルコール依存症に罹患しておりアルコールや睡眠導入剤に起因する病的酩酊となり心神喪失状態であったと主張されたが，控訴審にて鑑定を3回行い，そのうち認定された諸事実にもっとも符合する鑑定が信用できるとして，完全責任能力を認めた事例。……259

【32】被告人が，犯行当時覚せい剤精神病により幻覚・妄想が存在していたと認められるとしつつ，覚せい剤の使用については前科も複数あることから違法性を十分に認識しており，使用をしないですませようと思えば自己の意思によって使用しないことができたものとして，完全責任能力を認めた事例。……260

【33】被告人は，犯行当時精神分裂病または有機溶剤の影響による脳機能傷害が残存していたことが認められるとしつつも，犯行発覚の防止のために合理的な行動をしていることや通常の社会生活を送っていることなどから，精神障害の程度は軽度であり犯行における影響は小さいとして，完全責任能力を認めた事例。……261

【34】犯行当時覚せい剤精神病に罹患していた被告人の犯行当時の精神症状の程度が問題となったところ，被告人はせん妄状態にまで至っていなかったとして完全責任能力を認めた事例。……263

3 統合失調症

(1) 責任無能力が認められた事例

【35】被告人の当時の行為は，精神分裂病による妄想に支配されてなされたものとはいえないが，精神分裂病に伴う妄想にも匹敵するほどの重篤な強迫観念にとらわれてなされたものであり，そのような状態のもとでは，被告人にはもはや行為の選択の自由がなかったといわざるを得ないとし，被告人が心神喪失の状態であったことを認定して無罪とした事例。 266

【36】原判決は，簡易鑑定による妄想性障害であることを前提に，心神耗弱としたところ，これに対して，被告人側より責任能力についての事実誤認を理由として控訴がされた。そして，控訴審において鑑定が実施され，同鑑定により被告人につき妄想型の精神分裂病であるとされ，かかる鑑定に依拠して，被告人を心神喪失と判断し，事実誤認を理由に，原判決を破棄し，無罪とした事例。 268

【37】被告人が有していた自殺念慮に生活不安が重なり，他の症状と相まって，それらの影響のもとに現実に対応できないまま，瞬間的に焼身自殺を決意し，直ちに実行したとの推論を否定できず，被告人は，本件犯行当時，精神分裂病に罹患していて，事物の是非善悪を弁別する能力又はその弁別に従って行動する能力を欠く状態にあったとの疑いを払拭できないとして，無罪が言い渡された事例。 269

【38】被告人は，本件犯行当時，精神分裂病が急性的に悪化の過程にあり，病態が軽くなかったため，同病によってもたらされた被害念慮に起因する嫌悪感（妄想的曲解）が核となって，突然被害者に対する殺意を形成し，その不可解な動機形成によって衝動的に本件各犯行を短時間のうちに敢行したものであり，心神喪失の状態にあったとの合理的疑いが存するとして無罪となった事例。 271

【39】被告人は本件犯行当時，是非弁別能力が著しく減退していたし，その行動制御能力は完全に失われていたものと疑うべき合理的理由があるとして，被告人が心神耗弱の状態にあった旨判示した原判決を破棄，自判し，被告人を無罪とした事例。 273

【40】犯行当時相当重度の破瓜型精神分裂病等の圧倒的影響下において行われたものであり，心神喪失と認め無罪とした事例。 275

【41】知能犯である有印私文書偽造等の罪において，犯行動機や犯行態様を検討した上で，統合失調症の影響下で犯行に及んだものとして心神喪失とした事例。 277

【42】検察官調書記載の被告人供述の内容が矛盾しているだけではなく不自然不合理であるとして全面的に信用性を否定するとともに，同調書を判断の基礎資料とするなどして限定責任能力があると判断した鑑定書の信用性をも否定し，本件犯行当時，被告人は緊張型統合失調症の増悪状態にあり，妄想，幻聴等に完全かつ直接に支配されていたとして心神喪失状態にあったとした事例。 279

【43】罪状認否において責任能力が争点化されていなかったとしても，被告人の供述内容や入通院歴より責任能力について慎重に審理する必要があるとし，精神鑑定を実施した結果，統合失調症及び有機溶剤遅発性精神病性障害であり，本件犯行が幻覚・妄想に支配された状態にあったとして心神喪失とした事例。 282

【44】初期の統合失調症ながら，犯行時に寛解期にはなく，病勢の著しい時期にあった被告人が，妄想や幻覚の影響により通常人の心理から了解できる範囲を超えた動機を形成し，観念的に是非善悪の判断能力を有していたとしても，それを自己の直面する現実にあてはめ，行為の是非を論理的に判断して行動する能力が失われていた可能性があるとし，被告人が本件犯行時，是

非弁別能力及び行動制御能力を欠いた状態にあったという合理的疑いが払拭できないとした事例。……………………………………………………………………………………………………283

【45】殺意を持って通行人5名を自動車で次々にはねて，うち2名を死亡させた殺人及び殺人未遂の罪に問われた事案について，被告人は，当時統合失調症が急激に重症化しており，犯行は「悪魔の命令」と称する幻聴に支配されて行われたものであるから，心神喪失の状態にあったとの合理的疑いが残るとした事例。………………………………………………………………………286

【46】現住建造物等放火の事案について，本件犯行当時，被告人は単純型ないしは破瓜型の統合失調症に罹患しており，その病状は急性期にあったものと認められ，陰性症状が著明であることからすれば，是非弁別能力，行動制御能力ともに合理的な疑いが残るといわざるを得ないとして無罪を言い渡した事例。……………………………………………………………………288

【47】隣家に侵入し，携帯した包丁で隣家の家人4人を突き刺すなどしたが，殺害するには至らなかったという殺人未遂の事案について，被告人が殺害を決意した犯行動機が了解することが著しく困難で，犯行時の状況や犯行後の行動を検討しても，犯行時に違法性の認識を有していたとは断定し難く，本件犯行当時，統合失調症による幻聴や妄想に強く影響されていたことが明らかであり，心神喪失状態であったとの合理的な疑いが残るとした事例。…………………290

【48】被告人が実兄の背部を洋出刃包丁で刺突して殺害した事案について，被告人は，統合失調症により変化した人格に基づいて本件犯行に及んだと理解され，本件犯行当時，是非弁別能力又は行動制御能力を有さない状態にあったとの合理的な疑いが残るとした事例。…………292

【49】被告人が，母親の首を絞めて窒息させたとして，殺人の罪に問われた事案について，被告人の病状，犯行動機が理解できないこと及び本件犯行は統合失調症の影響を強く受けてなされたものと考えられるとする起訴後の精神鑑定等を前提に，被告人は，本件犯行当時，統合失調症の影響により，善悪を判断し，その判断に従って行動する能力を失っていた合理的疑いが残るといわざるを得ないとした事例。………………………………………………………294

【50】被告人が，母親の頸部を薪で多数回殴打し死亡させたとして殺人の罪に問われた事案について，被告人に殺意を認める一方，本件犯行当時，被告人の統合失調症が改善傾向にあったとはいえず，また，本件の犯行動機が被告人の被害妄想にあった可能性があること等から，被告人に責任能力があったとするには合理的な疑いが残るとした事例。………………………296

【51】被告人は，慢性期の統合失調症に罹患しており，精神障害の程度は重いものであって，本件犯行が被告人の本来の人格とは異質な行為であることに照らしても，統合失調症の影響のもとに行われたものであることは明らかであり，本件犯行当時，被告人が，事理弁識能力及び行動制御能力のいずれも失っていなかったと認めるにはいまだ合理的な疑いが残るというべきであり，「被告人が本件犯行当時心神耗弱の状態にあった」として，被告人に限定的ながらも責任能力を認めて懲役3年（5年間の保護観察付き執行猶予）を言い渡した原審（裁判員裁判）を破棄し，無罪を言い渡した事例。……………………………………………………………………297

(2) 限定責任能力が認められた事例

【52】被害者の首筋をシャープペンで突き刺したという傷害の事案について，被告人は犯行当時精神分裂病に罹患していたとしつつ，重症には至っておらず，動機は了解可能であり，犯行態様や犯行前後の行動に不自然ないし不合理な点はないとして，限定責任能力にとどまるとした事例。………………………………………………………………………………………299

【53】晩発性精神分裂病に基づく幻覚，妄想状態にあったが，このような病的体験とは直接の関係がない建造物侵入，窃盗を犯した被告人につき心神耗弱状態にあったと認定し，完全責任能力を

　　　　認めた原判決を破棄した事例。.. 300

【54】本件各犯行当時，被告人は，体感異常を伴う被害妄想を中心とする妄想状態にあり，右妄想状態が精神分裂病によるものか妄想性障害によるものかは別として，物事の事理弁別を判断し，その判断に従って行動する能力が著しく減退している状態にあったとは認められるが，それらの能力を欠く状態にあったとまでは認められないとして，心神耗弱を認めた事例。............... 302

【55】被告人は，本件殺人の犯行当時には，精神分裂病のため心神耗弱の状態にあったと認めつつ，心神喪失の状態にはなく，本件死体遺棄の犯行当時には，心神喪失の状態にも心神耗弱の状態にもなかったと認定し，殺人について刑の減軽を行い懲役8年を言い渡した事例。............ 303

【56】妄想型精神分裂病に罹患し，その慢性経過中であった被告人が，隣家の住民2名を鉈を使用して殺害等したという事案について，本件犯行当時，被告人は妄想型精神分裂病のため，その責任能力が心神耗弱の状態にまで減退していたものの，心神喪失の状態にまで至っていなかったと認め，懲役20年を言い渡した事例。... 305

【57】被告人の病状，犯行態様・動機，犯行前後の行動等の諸事情を総合考慮すると，被告人には，本件犯行当時，行為の是非善悪を弁別しこれに従って行動する能力が多少は残されていたことが認められるが，本件犯行の経過の唐突さや衝動性は否めないことから，統合失調症により，自己の行為の是非を弁別し，これに従って行動する能力が著しく減弱しており，心神耗弱状態にあったと認めるのが相当であるとされた事例。.. 307

【58】殺人の犯行当時，被告人には是非弁別能力が備わっており，また，ある程度の行動抑制能力を有していたが，他方，統合失調症妄想型に罹患し，訂正困難な強固な被害妄想を抱いていたとして，心神耗弱の状態にあったものと認めた事例。............................. 310

【59】各犯行時，被告人には，統合失調症の残遺症状が見られ，これと本件各犯意形成とは密接な関連があることから，被告人は，心神耗弱の状態にあったと認められるとされた事例。...... 312

【60】被告人には，統合失調症の診断を受け通院歴があるにもかかわらず，原審においては，精神鑑定を一度も実施しないまま完全責任能力を認めたため，事実誤認を理由に控訴された控訴審で，本件犯行当時，事理弁別能力及び行動制御能力が著しく減退した状態にあった疑いは残るとし，被告人の責任能力を認めた原判決を破棄して，自判し，心神耗弱を認めた事例。..... 314

【61】被告人は，かねて罹患していた妄想型の統合失調症の影響により妄想にとりつかれており，かつ，被告人に内在する攻撃衝動を抑制することが困難になっていたもので，事理弁識能力や行動統御能力が著しく減弱していたとは認められるものの，全くこれらを欠いていたとまではいえず，本件犯行時には心神耗弱状態であったと認められるとし，懲役2年10月の実刑に処した原判決を破棄して，自判した事例。... 315

【62】裁判所が，識別不能型統合失調症として完全責任能力が認められるとしたC鑑定，心神喪失としたD鑑定，妄想型統合失調症として責任無能力としたE鑑定のいずれの鑑定の結果も採用せず，被告人について，犯行当時統合失調症のため，心神耗弱状態にあったとして，懲役4年を言い渡した事例。... 318

【63】精神鑑定を行った上，その結論と同じく，被告人は本件犯行当時，統合失調症型障害に罹患しており，同障害のため心神耗弱の状態にあったと認定した事例。................... 319

【64】被告人は各犯行時統合失調症により心神喪失状態にあったとの弁護人の主張に対して，本件各犯行時に被告人が心神耗弱の状態にあったと認めた原判決には，最判平20・4・25が示した責任能力の判断枠組みに従って判断すれば，判決に影響を及ぼすことが明らかな事実の誤認及び法令解釈の誤りは認められないとして，控訴を棄却した事例。........................ 321

【65】 被告人は，本件各犯行当時，統合失調症の影響により，是非善悪を弁別する能力及びそれに従って行動する能力が著しく減退した心神耗弱の状態にあったとし，情状を併せて考慮して，被告人に対しては，刑の執行を猶予した上で，早期に医療観察法その他の医療，福祉上の措置を採り，その精神障害の改善を図るのが相当とした事例。………………………………322

【66】 統合失調症の被害妄想の強い影響下で行われた傷害行為について，上告審判決が，差戻前控訴審の下した心神耗弱の判断は本件行為につき統合失調症の激しい幻覚妄想状態の直接の影響下で行われたなどとした2つの鑑定の意見を信用しなかったことなどから是認できないとして差し戻したところ，差戻控訴審では，上告審判決で検討を指摘された事項につき，さらに他の医師作成の意見書を取り調べるなどして検討した結果，本件両鑑定意見はその信用性に問題があるなどとして，心神耗弱と判断した事例。………………………………324

【67】 被告人は，本件当時心神耗弱の状態にあったものと認めるのが相当として，心神喪失の状態にあったと認めて無罪とした原判決を破棄した事例。………………………………327

【68】 本件動機の形成過程において，妄想が相当程度影響した可能性は否定できないところ，この妄想は統合失調症に基づくものであり，妄想の内容も「無残に殺されてしまう」という被告人の生死に関わる切迫感のあるものであるから，少なくとも，犯行当時の被告人の行動制御能力は，統合失調症の影響によって著しく低下していた可能性を否定することができないとして，被告人は，本件各犯行当時，心神耗弱の状態にあったと認定した事例。………………………………329

【69】 被告人には，本件犯行当時，統合失調症の一般的な症状である幻覚や妄想はなく，著しい意欲の低下，現実検討能力の障害，感情障害などが認められ，本件犯行が統合失調症の影響のもとに行われたことは明らかであるとしつつ，限定的ではあるものの社会生活がある程度はできることから，被告人が本件犯行当時心神耗弱の状態にあったと認定し，懲役3年，5年間の保護観察付き執行猶予を言い渡した事例。………………………………330

【70】 被告人が犯行当時精神分裂病に罹患していたからといって，そのことだけで直ちに被告人が心神喪失の状態にあったとされるものではなく，その責任能力の有無・程度は，被告人の犯行当時の病状，犯行前の生活状態，犯行の動機・態様等を総合して判定すべきであると判断した事例。………………………………332

(3) 完全責任能力が認められた事例

【71】 衝動制御能力の乏しさ，あるいは内省力の欠如などといった性格特性に基づき，加虐的心理を昂進させ，あるいは，悪魔祓いといった観念へのこだわりなどから，本件犯行に及んだものであって，いずれもいまだ事理の弁識能力若しくはこれに従って行為する能力が欠如した心神喪失状態，又はこれらの能力が著しく減弱した心神耗弱状態にはなかったとして完全責任能力が認められた事例。………………………………334

【72】 日頃の社会への鬱憤や同僚の無言電話に対する不満から，日本社会において努力をしない人間に対する無差別殺人を行って世間を驚かせ，自分を認めさせようと考えるに至った被告人が，日中池袋の繁華街において通行人を無差別に殺害しようとし，通行人2名を殺害，1名を殴打するなどして重症を負わせたほか，5名に対する傷害罪，2名に対する暴行罪に問われた行為について，被告人の犯行時の病状は精神分裂病の辺縁群の疾患であり，動機も了解不可能とはいえないことなどから完全責任能力を認めた事例。………………………………336

【73】 被告人4名のうち1名について統合失調症に罹患していたことが窺われるとしながらも，犯行当時統合失調症の病状の程度は重くなく，犯行動機についても了解可能であるなどして完全責任能力を認めた事例。………………………………338

【74】 被告人が罹患している可能性のある精神疾患は，主観的異常体験が確認できず，軽度の連合弛緩があることをうかがわせる程度のものであり，本件犯行は幻覚，妄想等の影響を受けた犯行でもなく，被告人は，高校中退後から犯行前までの相当長期間にわたって，特に対人的なトラブルを起こさずに自活して社会生活を送ってきたもので，犯行動機も了解可能なものであるなどして原審の判決を維持した事例。……………………………………………………339

【75】 統合失調症に罹患し，その病気により，本件犯行当時，是非善悪を弁別し，これに従って行動を制御することができる能力が一定程度減退していたこと，被告人が軽度の精神発達遅滞の状態にあることなどを有利な事情として斟酌しつつ，その病気が，被告人の責任能力に著しい影響を与えたとは認められないとして完全責任能力を認めた事例。………………………………341

【76】 犯行当時，統合失調症に罹患していた被告人の犯行について，計画的かつ合理的な行動をとっていることが認められること，被告人は捜査段階から公判廷に至るまで，犯行状況，犯行に至る経緯及び犯行後の状況について，詳細かつ具体的な供述をしており，犯行当時の記憶も十分に保持されていること等を総合考慮すると，被告人には本件犯行当時，完全責任能力があったとした事例。………………………………………………………………………343

【77】 統合失調症に罹患していたとしても，その辺縁，境界に位置する症例であること，幻聴そのものが逃走，殺人を命令したものではなく，幻聴や自殺念慮との関連は間接的なものにとどまること，犯行方法も目的に従った合理的なものであること，また，犯行後警察に自ら出頭して，具体的な犯行状況を説明するなど注意力や記憶力が保持されていたと認められることなどから，それぞれ是非弁別能力及び行動制御能力を相当程度障害されていたものの，なお完全責任能力を有していたとされた事例。…………………………………………………………344

【78】 被告人に完全責任能力があるとした上，原審と異なり，動機及び態様の悪質性，結果の重大性並びに遺族の処罰感情等を重視して，原判決を破棄し，無期懲役を言い渡した事例。………346

【79】 被告人は，犯行時，妄想型統合失調症に罹患していたが，その重症度は高いものではないこと，また，本件犯行には統合失調症が影響を及ぼしてはいたが，その程度は著しいものではないこと，正常心理として了解可能な動機に基づくこと，周囲の状況を的確に認識して相応の理性的判断を行いながら，その判断に従って臨機応変に行動していたことなどから被告人は，本件当時，事理を弁識し，その弁識に従って行動を制御する能力を，相当程度保持していたものと認められるとして完全責任能力が認められた事例。………………………………………348

4 気分障害（うつ病等）

(1) 責任無能力が認められた事例

【80】 被告人が犯行当時，躁うつ病に起因する高度の抑うつ気分に支配されており，「拡大自殺」の衝動が右のような病的抑うつ気分に基づいて発作的に発現した結果，本件犯行に及んだものとして，心神喪失を認めた事例。……………………………………………………351

【81】 実子3名を殺害した母親について，当時内因性うつ病に罹患しその病勢期にあったとして，詳細な検討を加えた結果心神喪失を認めた事例。………………………………………352

【82】 無理心中（拡大自殺）を企てて実子2名を殺害した母親に対し，内因性うつ病（双極性）のうつ病相期にあり，程度も重症であったとして，心神喪失を認めた事例。……………354

【83】 19歳の少年に対する業務上過失傷害及び傷害事件保護事件について，少年が各事件当時，躁うつ状態による精神障害のため，きわめて攻撃的で，易怒的な症状を呈する重度の躁状態であって，行為の是非を弁別し，かつその弁別にしたがって行動を制御することのできる能力を欠いて

　　　　いたと認め，不処分とした事例。 355
【84】被告人は，内因性の躁うつ病に罹患し，本件犯行当時はうつ病相期にあって重症であり，責任
　　　　能力を欠いていた（心神喪失）と認めた事例。 357
【85】当時3歳の実子を窒息死させた殺人被告事件につき，被告人が犯行当時，内因性うつ病により
　　　　心神喪失だったと認められるとして，被告人に限定責任能力を認めた原判決を破棄し，無罪を
　　　　言い渡した事例。 359

(2) 限定責任能力が認められた事例

【86】生後約7カ月の長男を窒息死させた母親に対し，犯行当時，産褥期の非定型的なうつ状態にあ
　　　　り，心神耗弱の状態にあったと認定した事例。 360
【87】勤務先製麺会社での作業中に腰を痛めたことから自らの健康に対する自信を失い，腰痛の再発
　　　　やそれによる失職の可能性など将来の生活に対する不安を募らせ，妻及び長男，長女の3名を
　　　　殺害した被告人について，被告人が犯行当時うつ状態にあったとして，心神耗弱を認め，完全
　　　　責任能力を認めた原判決を破棄した事例。 362
【88】躁うつ病の家族的負因を有する被告人が，長年同病気に悩まされ，希死念慮を生じては被害者
　　　　から自殺をいさめられるなどして実行に移さないでいたところ，居住していたマンション明渡し
　　　　の要求を受けたことをきっかけに症状が悪化し，希死念慮の下，無理心中をはかり，妻だけを
　　　　殺害してしまったという殺人被告事件について，被告人の罹患していたうつ病は，その人格を
　　　　完全には支配してはいなかったとはいえ，かなりの影響を及ぼしていたと解されるとして心神耗
　　　　弱を認めた事例。 364
【89】知的障害のある次女の将来を悲観し，次女とともに長女も道連れに自殺しようと企て，2人の女
　　　　児を乗せた自動車内に火を放ち焼死させた被告人について，本件犯行当時，被告人は，神経症
　　　　性うつ病又は反応性うつ病による自殺念慮を伴う抑うつ状態にあったため，心神耗弱の状態に
　　　　あったと認めた事例。 365
【90】被告人は，中程度のうつ状態にある中で，服用していた抗うつ剤などの影響により，本件犯行
　　　　当時，躁状態とうつ状態の混ざった混合状態に陥っており，これにより是非善悪の判断及びそ
　　　　の判断に従って行動する能力がまったく失われてはいないものの，著しく減退していたと認めら
　　　　れ，心神耗弱の状態にあったとした上で，航空機の強取等の処罰に関する法律2条違反の罪と
　　　　殺人罪の観念的競合として所定刑中死刑を選択し，法律上の減軽をして被告人に無期懲役を言
　　　　い渡した事例。 368
【91】自ら自殺するにあたり高齢でうつ病の母親を一人残すのは不憫であると考え，母親を殺害した被
　　　　告人に対し，犯行当時の被告人を心神耗弱とした原判決を支持し，控訴を棄却した事例。 370
【92】双極性感情障害（Ⅱ型）に罹患し，うつ病状態に起因する希死念慮及び拡大自殺願望の影響を
　　　　受け，心神耗弱の状態にあった被告人が，無理心中を企て，実子2人を次々と包丁で刺したが，
　　　　いずれも殺害に至らなかったという，殺人未遂及び銃刀法違反の事案について，心神耗弱と認
　　　　められた事例。 371

(3) 完全責任能力が認められた事例

【93】自殺を企図し自宅に放火し，子供3人を殺害しようとしたが翻意して避難させたという現住建造
　　　　物等放火及び殺人未遂被告事件について，犯行時抑うつ反応の状態にあった被告人につき完
　　　　全責任能力を認めた事例。 373

【94】以前に精神分裂病診断を受けて精神病院に入院し前妻を刺殺し自殺を図った別の事件については責任能力を欠いていたとして不起訴処分になり措置入院をしていた被告人について、責任能力を認めた事例。……………………………………………………………………375

【95】被告人が、実兄に対して日頃から不満を抱いていたところ、本件犯行当日深夜に、実兄が被告人の注意を聞かず、ステレオの音量を大きくしたことを契機に、それまで抑圧してきた不満を爆発させ、金属製アームバーで実兄の頭部を多数回殴打して殺害した殺人被告事件について、被告人に完全責任能力を認めた事例。………………………………………………………376

【96】幹部自衛官の職にあった被告人が、公道上で、被害者に暴行を加え金員を強取し、その際の暴行により被害者を死に至らしめたという強盗致死の事案において、被告人に完全責任能力を認めた事例。………………………………………………………………………………377

【97】実弟の妻を刺殺した被告人は、本件犯行時、責任能力の著しい低下はなく是非善悪を区別し、これに従って行動することが一応できていたとして、完全責任能力を認めた原審の判断を維持しつつ、被告人が双極性感情障害（躁うつ病）の軽度ないし中等度のうつ病期にあったため、行動の抑制力が減弱していたことその他の事情を考慮して、被告人を懲役8年に処した原判決の量刑は重すぎて不当というべきであるとして、原判決を破棄した事例。………………379

【98】中等度うつ病エピソードに罹患し、経営する会社の将来を悲観し、家族を道連れにした無理心中を企て、就寝中の家族5人を殺害するべく、次々に包丁で刺突するなどして、両親と妻を殺害したほか、長男及び二男に対しては、それぞれ刺創の傷害を負わせた被告人に対し、完全責任能力を認めた事例。………………………………………………………………380

5 てんかん

(1) 責任無能力が認められた事例

【99】被告人の犯行はてんかんによるもうろう状態のもとでの行動で、被告人自身、本件犯行の動機も目的も全く分からないなどとして、心神喪失を認めた事例。…………………382

【100】被告人は、本件事故当時、てんかん病の複雑部分発作によって意識障害に陥っていたとして、救護措置や警察官への報告を怠ったという道路交通法違反の点については心神喪失を認めた一方、てんかん発作を引き起こすことのある被告人には自動車の運転を差し控えるべき業務上の注意義務があるのにこれを怠ったとして、業務上過失致死傷罪の成立を認めた事例。………383

(2) 限定責任能力が認められた事例

【101】被告人は、犯行時、側頭葉てんかんによるもうろう状態にあったとして、心神耗弱を認めた事例。……………………………………………………………………………………385

【102】1個の常習累犯窃盗罪を構成する12件の窃盗のうち、3件については心神耗弱が認められ、残り9件については完全な責任能力が認められる場合に、全体につき心神耗弱であったとは認めることはできないとして、法律上の減軽が否定された事例。………………386

【103】被告人の異常心理供述等を基礎とし、複数の医師の見解を参酌して考察した結果、本件各犯行当時、被告人がてんかん性もうろう状態のもとで意識狭窄等の意識障害を来していたことが証拠上否定し難いとして、心神耗弱を認めた事例。………………………………388

(3) 完全責任能力が認められた事例

【104】チングトレミー手術を受け，多量に睡眠薬を摂取した被告人の行為につき，チングトレミー手術による人格変化に基づく犯行ではないとし，被告人を類てんかん病質ないしてんかん病質の人格障害者であり，強迫観念をもちやすい執拗な性格の持ち主であることからこれに基づく確信的犯行であるとして，完全責任能力を認めた事例。……390

【105】被害者を刺した時点で外傷性てんかんの発作を起こして意識がなかったとしても，発作中の行為が被告人の直前の意思に従ったものである以上，完全な責任能力が認められるとされた事例。……392

6 広汎性発達障害（アスペルガー症候群）

(1) 責任無能力が認められた事例

【106】殺人罪については完全責任能力が認められたが，死体損壊罪については解離性同一性障害による心神喪失状態にあったとして，無罪が言い渡された事例。……394

(2) 限定責任能力が認められた事例

【107】被告人が6カ月半余り隔てて犯した2件の殺人未遂事件について，両事件に心神耗弱を認めた事例。……396

【108】女子小学生を刺殺した被告人に対し，発達障害の一種の先天的なアスペルガー障害に罹患していることや自首の成立などを量刑で考慮した事例。……397

(3) 完全責任能力が認められた事例

【109】タイヤをパンクさせた器物損壊事案につき，被告人が，アスペルガー症候群に該当すると認定しつつ，完全責任能力を認めた事例。……399

【110】被告人が本件各犯行当時，人格障害により事理善悪を弁識する能力及びその弁識に従って行動する能力が低下していたことは否定できないが，その程度は著しいものとはいえず，被告人は心神耗弱の状態にはなかったものと認められるとした事例。……400

【111】被告人のアスペルガー症候群を含む広汎性発達障害による心神喪失又は心神耗弱の主張を排斥した事例……403

【112】被告人が，本件当時，広汎性発達障害の影響もあって，相当に興奮した精神状態にあり，行動制御能力が多少なりとも障害された状態にあったと認められるが，行為の是非善悪を弁別し，これに従って行動する能力に欠け，あるいは著しく減退した状態にはなく，完全責任能力を有していたものと認められるとされた事例。……404

【113】被告人が，本件各犯行当時，心神耗弱の状態にまではなかったものの，アスペルガー症候群の影響を相当程度受けていたのであり，このことは，被告人のために酌むべき事情となるとされた事例。……406

7 精神遅滞

(1) 責任無能力が認められた事例

（精神遅滞のみを理由として責任無能力と認められた事例は見当たらない）

(2) 限定責任能力が認められた事例

【114】各犯行時の責任能力を個別に検討し，完全責任能力または限定責任能力を認めた事例。……409

【115】中等度精神遅滞であることが考慮され，限定責任能力と認定された事例。……………………410

【116】精神遅滞等が考慮され，限定責任能力と認定された事例。………………………………………411

【117】被告人の被害者A・Bに対する強姦致死・殺人被告事件において，原審が心神耗弱を認定したことに対し，検察官が事実誤認を理由に控訴したが，その主張は受け入れられなかったという事案。……………………………………………………………………………………………………412

【118】被告人が夫Aの腹部を文化包丁で突き刺して殺害したという殺人被告事件について，被告人は犯行当時心因性意識障害に基づき，是非善悪を弁別する能力及びその弁別に従って行動する能力が著しく減弱した状態であったとして，心神耗弱を認めた事案。…………………………………414

(3) 完全責任能力が認められた事例

【119】強盗殺人を行った被告人に対し，被告人がクラインフェルター症候群（性染色体異常）と診断され，軽度の精神遅滞に接近した境界域にあり，軽度ながら責任能力の減退があると鑑定されたものの，完全責任能力を認めた事案。…………………………………………………………………416

8 その他の精神疾患

(1) 前頭側頭型認知症（ピック病）

【120】前頭側頭型認知症（ピック病）に罹患していた被告人が，かつての交際相手に会えないうっぷんを晴らそうと，3日間のうちに，客や従業員が多数いる大型量販店4店舗に，前後7回に亘って放火し，うち6件は未遂にとどまったが，1件は店舗を全焼させ，更に，うち3店舗において，火事騒ぎに乗じ商品を窃取した事件について，完全責任能力を認めた事例。……………………419

【121】店舗4店に7回にわたり放火し，6回については未遂にとどまったものの，1回は店舗を全焼させ，うち3回において，火事騒ぎに乗じて商品を窃取した被告人について，脳の萎縮により被告人の判断能力及び制御能力が低下していた可能性は否定できないものの，是非善悪を判断し，その判断に従って行動を制御する能力が著しく障害されていた疑いはないとして，完全責任能力を認めた事例。……………………………………………………………………………………420

(2) パラノイア

【122】被告人は，本件犯行当時，持続性妄想性障害に罹患しており，被告人の事理弁識能力又は行動制御能力は，同障害により，著しく減退していた疑いがあるとして，被告人に完全責任能力を認めて懲役10年を言い渡した原判決を破棄し，心神耗弱による減軽をした事例。…………421

【123】本件各犯行は被告人の形成してきた人格障害の影響のほか，被害者らに対する憎悪や被害念慮等を原因とするものであって，てんかんと関連すると思われる表出性言語障害等の影響についても，責任能力の著しい低下を招くものとはいえないから，被告人には，本件各犯行当時，完全責任能力が認められるとして，被告人を死刑に処した事例。………………………………423

9 訴訟能力を争った事例

【124】尊属傷害致死罪を犯したとして起訴された被告人が，生来の聴力障害者（1級障害者）かつ軽愚級の精神遅滞者であり，意思伝達能力が不十分であって，手話，筆談などによっても，黙秘権の意味を理解させることが現時点では不可能であり，訴訟能力を欠いているから，刑事訴訟法314条1項の「心神喪失の状態」にある者に準ずるとして，公判手続を停止した事例。……425

【125】耳が聞こえず言葉も話せないことなどから被告人の訴訟能力に疑いがある場合には，医師の意見を聴くなどして審理を尽くし，訴訟能力がないと認めるときは，原則として刑訴法314条1項本文により公判手続を停止すべきであるとした事例。……427

【126】約26年間にわたって公判手続が停止され，起訴後30年6カ月を経過して一審判決に至るという異例の長期裁判となった事案につき，憲法の保障する迅速な裁判を受ける権利が侵害されたとはいえないとされた事例。……428

【127】重度の聴覚障害及び言語を習得しなかったことによる2次的精神遅滞により精神的能力及び意思疎通能力に重い障害を負っている被告人が刑訴法314条1項にいう「心神喪失の状態」にはなかったと認められた事例。……430

【128】精神遅滞等が考慮され，限定責任能力と認定された事例。……432

【129】自閉症により非常に多岐にわたるコミュニケーション障害を有する上，中等度精神遅滞の領域にある被告人について，訴訟能力がないとして公判手続が停止された事案。……433

判例索引……………………………………………………………………435

あとがき　444

責任能力を争う刑事弁護フローチャート

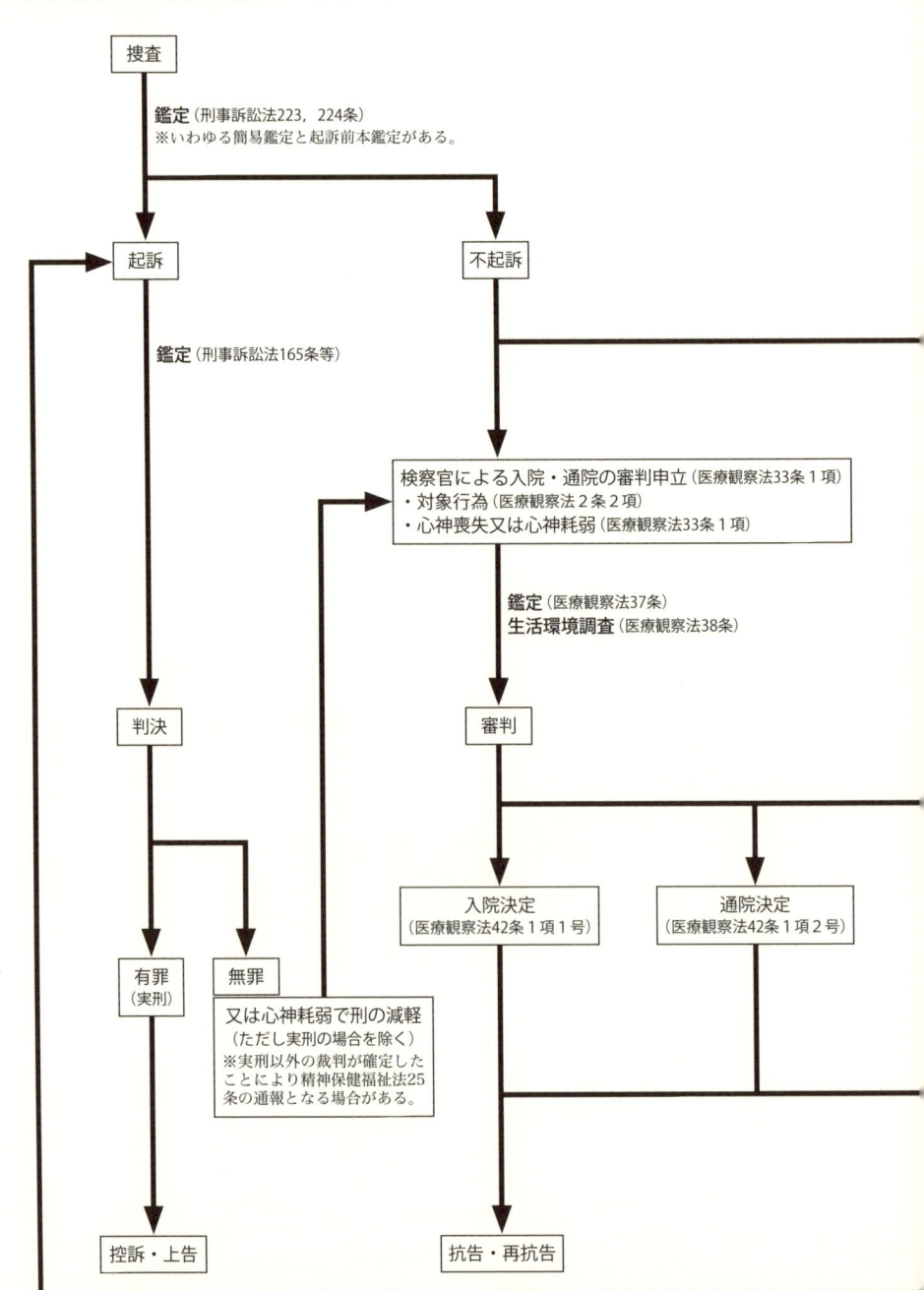

```
                    捜査
                     │
                     │ 鑑定（刑事訴訟法223，224条）
                     │ ※いわゆる簡易鑑定と起訴前本鑑定がある。
              ┌──────┴──────┐
              ▼             ▼
             起訴          不起訴
              │             │
              │ 鑑定（刑事訴訟法165条等）
              │             │
              │             ▼
              │   検察官による入院・通院の審判申立（医療観察法33条1項）
              │   ・対象行為（医療観察法2条2項）
              │   ・心神喪失又は心神耗弱（医療観察法33条1項）
              │             │
              │             │ 鑑定（医療観察法37条）
              │             │ 生活環境調査（医療観察法38条）
              ▼             ▼
             判決           審判
           ┌──┴──┐      ┌──┴──┐
           ▼     ▼      ▼      ▼
          有罪   無罪  入院決定  通院決定
         （実刑）       （医療観察法  （医療観察法
                       42条1項1号）  42条1項2号）
                 又は心神耗弱で刑の減軽
                 （ただし実刑の場合を除く）
                 ※実刑以外の裁判が確定した
                 ことにより精神保健福祉法25
                 条の通報となる場合がある。

           控訴・上告              抗告・再抗告
```

```
                                              ┌──────────────────────────┐
                                              ↓                          ↓
┌─────────────────────────────────────────────────────────┐      ┌──────────┐
│ 検察官による都道府県知事に対する通報（精神保健福祉法25条） │      │ 釈放      │
│ ・精神障害者又はその疑い                                  │      │          │
│ ・医療観察法33条1項の申立の場合を除く                     │      └──────────┘
└─────────────────────────────────────────────────────────┘


┌──────────────────┐   ┌────────────────────────────────────────────────────┐
│ この法律による医療を │   │ 却下決定（医療観察法40条1項柱書，42条2項）              │
│ 行わない決定         │   │ ・対象行為を行ったと認められない場合（医療観察法40条1項1号）│
│ （医療観察法42条1項3号）│   │ ・心神喪失及び心神耗弱いずれでもない場合（医療観察法40条1項2号）│
└──────────────────┘   │ ・不適法申立の場合（医療観察法42条2項）                   │
                        └────────────────────────────────────────────────────┘
```

責任能力を争う刑事弁護フローチャート

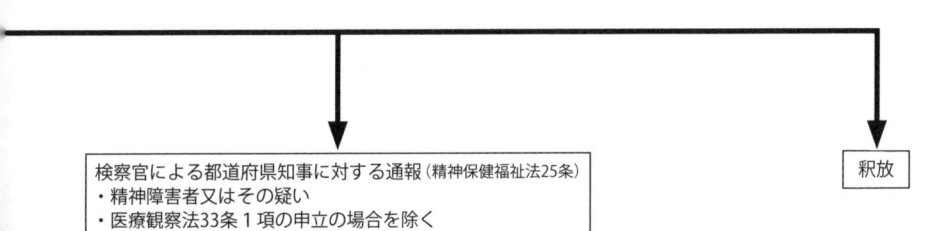

第1部
責任能力を争う弁護活動

シミュレーション

公判で責任能力を争う[*1]

① 捜査段階

(1) 弁護人に選任される

　その日は，私の被疑者国選弁護人としての待機日だった。私は，出動要請の電話が鳴らなければいいなと思いながら，午後，事務所で待機していた。

　電話が鳴り，事務員の声がした。出動要請の電話だった。

(2) 初回接見で事情を聞く（勾留初日）

　送られてきたFAXをみると，被疑者は若い男性だった。被疑事実は，殺人。自宅と思しきマンションの一室で，同棲中の彼女を包丁で刺して，その結果彼女は死亡したという。とにかく，私は，その日の夜に接見に赴いた。

　接見室に入ってきた彼は，うつむきかげんで，言葉すくなかった。ほっといてくれと言わんばかりの雰囲気を醸し出していた。弁護人を呼んだのは彼自身なのだが。

　私は，勾留状の被疑事実を読み上げて，事実関係を確認した。はっきりと覚えているわけではないが，事実関係は間違いないとのこと。ただ，彼女に対する「殺意をもって」という点は強く否定した。曰く，殺すつもりは全くなかったということだった。

　私は事実関係をどうしてはっきりと覚えていないのか尋ねると，当時酔っぱらっていたと答えた。事件は，午前3時頃に発生したことになっていた。どれくらいの飲酒量だったのか聞くと，前日の午後11時頃から居酒屋で飲み始め，その店で生ビール中ジョッキ1杯，焼酎ロックで2杯，その後友人の家で飲み直し，さらにバーに行って飲み，その後家に帰ったとのこと。本件事件はその帰宅後に起こった。友人の家でどの程度飲んだのかは記憶

[*1] 裁判員裁判制度施行前の事件である。

にない。バーでの酒量もビールを1杯飲んだのは覚えているが，あとはおぼつかないとのこと。1件目の居酒屋は，被害者である彼女と訪れ，その後彼女と別れて被疑者だけが友人宅に行ったらしい。また，友人宅でXという精神安定剤を飲んだと教えられた。

　私は，接見後事務所に戻って，Xをネット検索した。

　医薬品の情報を掲載したページが画面に映し出される。一読するが今ひとつ意味がよくわからない。ただ，「アルコールと併用しないことが望ましい。理由は中枢神経抑制作用が増強されることがある」とあった。

　この段階で，彼の責任能力に疑問を持つことはなかった。覚えていないといっても，酒を飲んでいたからで，家に帰ったら彼女と喧嘩してカッとなって，包丁で刺した。ただ，それだけの事件かなと思っていた。

(3) 接見2回目で思わぬ情報を入手する

　殺人罪という重罪であるし，勾留決定直後の初期段階である上に，信頼関係の構築も必要と感じ，私は，初回接見の翌日も接見に赴いた。

　行きの電車の中で，本件の動機，また日頃からいくつか薬を服用しているようなので，服薬歴などの被疑者の生活状態などを聞き出そうと考えた。

　接見室にやってきた彼の様子をみると，昨日のようなとげとげしさは少し緩和しているようだった。動機はよく分からないが，彼女への嫉妬などが考えられるなどと話しはじめた。どうして嫉妬しているかはよく分からないけど等と話す。考えながら動機を探しているかのようで，要するによく分からないようだ。

　服薬歴などを聞くと，抗うつ剤やら睡眠薬やら色々な種類の薬を飲んでいたとのこと。

　私は，彼女を包丁で何度も刺すというのは正直残忍でよほど累積した恨みがあるのかと思っていたが，いくら話を聞いてもそのような話題はでなかった。むしろ結婚を考えていたという。酒などのせいで事件当時の記憶がないらしく，やっかいだなと思った。公判になった場合に，どのように認否すればいいのかな，とか，いい情状になりそうな材料はないのかな等と考え始めていた。

　接見を終えて出口に向かう。留置係の人が私に話しかけてきた。

　「あいつ，きちんと話できていますか？」

　なぜこんなことを聞くのだろうかと思っていると

　「あいつ，天井の裏から声が聞こえるとか，人が話しかけてくるとか，言

うんですよ。大丈夫かなと思って」とのこと。私は驚いた。そんなこと私に全く話してくれていなかった[*2]。

(4) 接見3回目で本人からも事情を聞いてみる

私は，次の接見で，彼に切り出した。
「人の声が聞こえるの」
「はい」
「今も？」
「はい。あれ，先生聞こえませんか？」
今までといっても2回の接見だが，そんな様子をおくびにも出さないでいたので驚いた。
どのような声が聞こえるのかと聞いてみると，たくさんの人が自分の悪口を言ったり，時には彼女の悪口も言ったりする。時々喧嘩をしたり，会話をしたりすることがあるという。
幻聴か？　私は情状弁護が主になると考えていたが，そうでもないのかな，責任能力についても検討が必要かなと思った[*3]。

(5) その後接見を経て事情を整理してみる

その後，接見を何度も経て，次のような疑問点がでてきた。
まず，幻聴である。相当はっきりした声が聞こえるという。ただし，本件事件時に，彼女を刺せとか殺せなどという言葉を聞いた覚えはないという[*4]。
次に飲酒と服薬である。飲酒量は膨大とまではいえないが，4時間程度連続的に飲酒しているし，アルコールと一緒にXを飲んでいた。薬を飲んで，何か彼の体に影響を及ぼしたのではないか[*5]。
次は，本件の動機である。今ひとつしっくり来る動機がない。おそらく喧嘩が発端になっているのだろうが，もう彼女との同棲歴は5年に及び，

[*2] 基本的にこのようなことを期待してはならないが，留置係の職員に話を聞いて情報を得られることはある。
[*3] 検討の必要性に気づいたのであれば，犯行前状況について友人や飲食店従業員から情報収集に努めるべき。病歴・通院歴・投薬歴も同様である。
[*4] 幻覚により支配されたり，命令されたことはないということで，留意する必要があろう。
[*5] アルコールと薬剤を併用していることに注意すべきである。飲酒量よりはさほどでなくても薬剤の影響の可能性を検討する余地がある。

今までだって喧嘩くらいしているはずで，聞くと実際何度もしているという。本件と今までの喧嘩とは何が違ったのか。同じだったが，彼の精神状態が今までと違ったのか？[*6]

　犯行態様も考え出すと引っかかるものがあった。何度も包丁で突き刺しているのだが，結婚も考えている彼女相手にそんなことできるものだろうか。さらに，被疑者は本件犯行直後に119番をしている。この点の認識を聞くと，包丁で刺している際の記憶はよく覚えていないが，はっと我に返ると，血まみれの彼女が横たわっていたので，すぐさま止血して119番や110番したという。はっと我に返ったという感覚だったというのも気になる。

　あと記憶が欠損しているのも気になる。当初は飲酒による健忘かなと思っていたが，色々と怪しい事情がでてくるにつけ，単なる健忘ではないのではないかと感じるようになった。彼の話では，前日の午後11時に彼女と居酒屋に入って20～30分後には記憶が飛び飛びになっているという。本人曰く酒は弱いほうというが，1軒目の居酒屋の支払いや，その次の友人の家までの移動方法，友人宅にその友人以外に誰がいたか，いつ頃3軒目に移動したか，3軒目で何を飲んだのかも曖昧であるし，また，その後本件の現場になった自宅に戻ったが，どのように帰ったのかも忘れたとのこと。彼女とどうして喧嘩したのか，どのような会話をしたのかも思い出せないとのことであった[*7]。

(6) 起訴前本鑑定となる

　私は，これらの疑問点を検察官にぶつけてみた。どこまで検察官に話してしまうのかについて色々議論の余地がありそうだが，まずはぶつけて，慎重に捜査されたいと電話で伝えた。

　検察官は，同じような疑問を有しているのか，特に反論などしてくることもなく，うんうん，と聞いていた。

　また，検事調べや警察調べの様子を本人から聞き取っても，覚えてません，という供述がほとんどあるにも関わらず，さほどに厳しいものではなく，本人が訂正申立をすると，特に何も言われずに応じてくれるとのことであった。

　このような取調べの状況も併せ考えると起訴前に鑑定が実施されるので

[*6]　人格異質性という観点から考えてみることが必要ではないか。
[*7]　記憶の清明さも心理学的要素の検討にあたり重要であるから，問題意識として持つべき。

はいかと考えられた。

　鑑定により，彼の責任能力の存否が明らかにされることは望ましいことだと思った。

　また，彼は，どうして，こんな事件を起こしてしまったのか，よく分からない，理解できない，などと繰り返し述べており，鑑定により彼の当時の精神状況がある程度明らかになることは，彼の内省を促す意味でも良いことだと思った。私は，鑑定が実施されることに異論はなかった。

　そこで，私は，彼に2時間程度の簡易鑑定というものがあること[*8]，それに引き続き，病院に入院して，2〜3カ月程度の鑑定が実施されるかもしれないことを伝えた。その際，医師に対しては本当のことを述べて嘘は言わないようにすること，あと黙秘する自由があることも伝えた。

　勾留期間満了まで数日を残し，予測通り彼には鑑定が実施されることとなり，病院に移された[*9]。

　その後ほどなくして，病院で，彼と面会をしたが，表情は芳しくなかった。医師があまり話を聞いてくれないということであった。10分も話すと，医師に電話がかかってきて，今日はこれで終わり，というようなことがあるという。もっと医師に話を聞いて欲しいという不満を私に述べた。

　私は鑑定人とも1度面会したが，鑑定が開始された直後のことであり，あまり医師の見立てが伝わってくることはなかった。もっと話を聞いてやって欲しいと併せて要望した。

　鑑定留置の期間満了前に鑑定人と再度電話で話したところ，人格障害に間違いないですよ，とのこと。人格障害を理由に心神耗弱や喪失の判断をした裁判例はごく僅かしかないことは調査済みであった。私は，公判請求は避けられないと確信した。

② 起訴，そして公判前整理手続へ

(1) 起訴される

　起訴された。起訴状は罪名が殺人となっていた。したがって，公判前整理手続に付されることが予想された。予想通り，書記官から電話がかかっ

[*8] 簡易鑑定は，被疑者の同意を得た上で実施されるので，その点も伝えるとよい。
[*9] 鑑定終了後終局処分までの時間的余裕を確保するため，勾留期間満了直前に起訴前本鑑定となる例がある。

てきた。
「検察官から公判前整理手続に付されたい旨の意見がでています。弁護人のご意見は？」
「しかるべくです」
公判前整理手続の勉強に力を入れる。

証明予定事実記載書が，検察官から提出された。私が彼から聞き取ったこと，その他友人知人や両親から話を聞いたこととほぼ同趣旨のことが記載されていた。何の変哲もない書面だ。
しかし，最後に「責任能力について」という項が設けられている。見ると，「なお，被告人は本件犯行当時，完全責任能力であった」と丁寧に付言されている。弁護人の主張を先取りするかのような証明予定事実であった。

(2) 検察官請求証拠が開示される
その後検察官請求証拠が開示されたので，閲覧にいった。鑑定書も請求証拠に含まれていたので，まず鑑定書のページをめくる。
精神障害は，①非社会性人格障害，②覚せい剤精神病，③情緒不安定性人格障害，④境界域知能状態とあった。
よく分からない。ネットで検索したり，簡単な医学書などで勉強することにしよう。
責任能力は当然完全責任能力との結論であった。理由はどうであろう，納得できるものかどうかページをめくる。
ページをめくっても，意味不明である。おそらく鑑定書の内容が悪いのではなく，私の能力の問題だろう。これは大変なことになった。勉強が必要だ。
以後，本件裁判は，この鑑定書との戦いになる。

(3) 鑑定内容の疑問点について
勉強しながら鑑定書を読み進めると，素人なりに次のような疑問が浮かんできた[10]。
①全体の印象として結論先取りの感がある。彼に対する態度，姿勢が厳

---

*10 疑問が浮かび，医学的知識が必要な事柄であれば，私的鑑定や鑑定書について精神科医から助言を得ることも積極的に検討すべき。

しい，②知能検査，心理検査及び飲酒検査などが実施されているようだが，結果が記載されていない。触れられていてもごくわずか。飲酒検査に及んでは中止したとだけあり，再検査した様子はない。

　その他細かな事実の認定に疑問点がある。ただし，取り上げればきりがないとも思われる。ただ，本件犯行時の事実認定は重要だと思われるが，その点に鑑定人の根拠なく推論が入っている部分がある[*11]。

　私は，鑑定書に問題があることを認識した。次にやるべきは，鑑定書の弾劾であろう。そのためには何ができるのか。ただ，弾劾とは別に，弁護人としてのケースセオリーが必要だろう。本件のケースセオリーは何か？
　他方，鑑定書に問題があることを認識しつつも，彼と接見をしていると，意思疎通は良好だし，違和感というか，病人だとか，精神障害者であるとか，そのような印象は，正直言って受けない。完全責任能力で問題はないようにも思える。しかし，そんなことを一弁護人が判断していいのだろうか？　では誰が判断するべきなのだろうか？　裁判所か？　裁判所だとしても，弁護人から説得的な主張が必要だ。その主張を組み立てられる自信がない。
　そこで，私は，法テラスに電話をしてみた（本件は国選である）。医師に意見を聞いたり，意見書を書いてもらったりするなどして援助を受けることはできないかと，そのための費用の拠出はどうなっているのか，と考えたからである。
　しかし，法テラスによると，医師の診断書作成費用名目で3万円までしか拠出できないとの回答だった。また，協力医師などに相談する体制は全くなく，そのような名簿もないとのことで，医師は自分で探して下さいとのことであった。
　私は，ケースセオリー[*12]も定まらぬまま，鑑定書の弾劾に向けた訴訟準備に入らざるを得なくなった。

[*11]　大変重要なポイントである。前提事実に誤りがあれば鑑定の信用性に疑問を抱かせる事情だからである。
[*12]　ケースセオリーとは，当事者の一方からする事件について説明などと定義される。本稿では，この被告人が心神喪失を理由に無罪となる具体的説明内容，という意味で使用している。

⑷　こちらから予定主張をする

　私は，予定主張記載書面において，事実関係については，殺意がないこと，少なくとも限定責任能力であったこと，を主張した。

　殺意の否定は，彼の強い希望があったからである。検事調べにおいても殺意だけは強く否認していた[*13]。

　責任能力であるが，私は，インターネットを検索して，興味深い記事を発見した。飲酒した上でXを服用した場合に，中枢神経抑制作用が増強されることは知っていた（先に記載した）。Xは精神を安定させる薬なので，その作用を増強するということであると私は理解していた。要するに，アルコールと一緒に飲むより精神が安定するということである。彼自身も調書の中で，酒をのみながらXを一緒に飲むとボーッとした気持ちになる等と述べていた。これがまさしく中枢神経抑制作用の増強なのであろう。ところが，ネットの記事によると，抑制作用増強の過程で脱抑制や興奮することもある，とあった。

　私はこれをケースセオリーとして主張しようと考えた。つまり，本件犯行は，Xをアルコールと一緒に服用した結果，脱抑制又は興奮状態に陥った上で行われたものであり，事理弁識能力又は行動制御能力が失われていたというケースセオリーである。

　今から考えれば，この記事を作成した医師に連絡をとり，協力を求めるべきだったと思う。

⑸　鑑定の請求をする

　私は，予定主張や類型証拠開示請求等の公判前整理手続所定の作業を行いつつ，このネット記事，簡易鑑定書，Xの添付文書等々を疎明資料として，裁判所に鑑定請求をした。

　本当は，協力医の意見書などがあれば効果的なのであろうが，そこまでの準備を果たすことはできなかった。

　弁護人の鑑定請求に対して，検察官と何度か鑑定を行うか否かについて意見書のやり取りをした。また，裁判所からは，起訴前本鑑定の鑑定書を疎明資料として提出するよう促され，提出した。

　起訴前に本鑑定をしている場合，裁判所が公判段階で鑑定を行うのは非

[*13]　但し，責任能力を争う場合は故意も争うことが多いと思われる。

常に稀であると聞いていた。内心，厳しいかな，と思っていた。
　そんな折，裁判所書記官から電話が掛かってきた。
「裁判所は鑑定を実施する考えでいます。公判前整理手続では鑑定できないので，一度公判期日を入れたいと思っています」
　私は，よし!!　と思って，日程を伝えた。
　すると，今度は，検察官から電話が掛かってきた。
「起訴前本鑑定が信用できることを疎明する資料を出します。FAXで送ります。100枚くらいです」
　私は，必ず郵送するよう依頼した。資料をみると，鑑定人作成の診療録，看護記録，検査結果の記録及び簡易鑑定の鑑定人による起訴前本鑑定の結論が妥当である旨の意見書，であった。検察官は，なりふり構わず，鑑定人の持っている記録をあるだけ提出してきたようであった。ここまでやるのか。
　改めて裁判所書記官から電話が掛かってきた。
「裁判所は，いったん，鑑定をするかどうかを保留する意向なので，次回の公判前整理手続期日を決めたいのです」
　結局，再鑑定はお預けになる形になった。起訴前本鑑定は，勾留を執行停止した上で鑑定人が所属する病院に入院させることが多い。今回もそうだ。入院するのだから，当然診療録は作成するし，看護録も作る。これらのものが作成されたからといって起訴前本鑑定の信用性を担保するとは言い難いだろう。裁判所も100枚もの記録を読み込んだわけではないだろうに……。

(6)　公判前整理手続の終了，公判へ

　予定されていた第4回公判前整理手続に出頭した。裁判長からは，「当初，精神鑑定を予定していたが，検察官より疎明資料が提出されたので，弁護人からの精神鑑定の請求については，採否を留保することにして，鑑定人の尋問後に採否を決定することにします」ということであった。
　この期日で，公判の期日と証拠調べの順序や尋問時間等が決まった。鑑定人の尋問まで1カ月半ほどの時間があった。

③ 公判手続

(1) いよいよ公判が始まる（第1回公判期日）

　第1回公判期日が開かれた。人定質問から始まり，黙秘権告知，起訴状朗読が粛々と進む。傍聴席は満杯で，遺族もいる。そして，罪状認否で，彼は次のように言った。

　「殺すつもりはありませんでした。ほかについては，事件のときの記憶がところどころないところがあります」

　私は，「被告人と同意見であり，補足しますと，本件では，被告人に殺意が認められません。また，犯行当時，心神喪失又は心神耗弱であり，完全責任能力が認められません」

　その後は，検察官から冒頭陳述がされる。殺意については，身体の枢要部を鋭利な刃物で何度も力強く刺しているから殺意は優に認められる，と陳述した。次に責任能力については，被告人が本件犯行当時人格障害及び覚せい剤精神病等の精神障害が存在していたけれども，これらが，責任能力に影響を及ぼすようなものではないことを前提にして，その他，被告人の本件犯行前後の行動が合理的であることや記憶に広汎な欠損がないこと，動機が了解可能であること等を根拠にし，完全責任能力が存在するという内容であった。主張の核となるものは，当然起訴前本鑑定の鑑定書である。

　次は，弁護人の冒頭陳述である。

　私は，殺意がないこと，完全責任能力が認められないこと，の2つの争点について主張を展開した。殺意がないことの根拠は2つ。1つは，動機がないこと，もう1つは，飲酒と薬物の影響で精神的錯乱状態にあったことである。

　そして，責任能力については，飲酒と薬物の併用による精神障害が生じたことを根拠として，動機が了解困難であること，行動の不合理性，記憶が欠落していることに絞って主張した。

　はじめての合議事件，はじめての否認事件，そして，はじめての冒頭陳述とはじめてづくしの公判弁護はついに始まった。緊張のあまり頭が真っ白でよく覚えていないが，気付いたら冒頭陳述を終えて，弁護人席に座りこんでいた。

　冒頭陳述は，検察側，弁護側双方15分程度で終えて，次に，証人以外の検察官請求証拠（甲号証のみ）の取調べ請求と取調べを行った。約35分。

　検察官は，調書をメリハリつけて朗読し，写真は，法廷のスクリーンに

映し込み，手際よく証拠調べをこなしていく。さすがに手慣れている。

　弁護側も立証がある。証人以外の弁護人請求証拠の取調べ請求と取調べを行った。約10分。

　私も証拠書類については，要旨の告知をする。普段から1回結審の自白事件でもできる限り要旨の告知をするようにしているのであまり焦らずできた。ただ，スクリーンには何も映らない。可もなく不可もなく。

　以上で，第1回公判は終わった。1時間半程度だったが，閉廷すると身体がとてつもなく重い。疲れた。

⑵　鑑定人の証人尋問へ（第2回公判期日）
　いよいよ鑑定人である精神科医の証人尋問である。

　本当は，協力医の援助を受けて鑑定書や検査結果類その他看護日誌などを吟味するべきだったのだろう。しかし，結局そのような援助を受けないまま来てしまった。また，自分のケースセオリーであるアルコールと精神安定剤との併用による精神錯乱の可能性については，文献を調べてみたりしたが，全くといっていいほど手がかりが掴めなかった。旗色が悪い。

　そこで，徹底的に鑑定書とその他の記録を読みこみ，客観的な証拠などと矛盾はないか，自己矛盾はないか，不自然な点はないか，チェックし，精神科医の証言の弾劾に徹することにした。

　私は鑑定書を読んで気になった部分を逐一ピックアップして，それに沿って尋問事項書を作成し，尋問に臨んだ。

　しかし，相手は，司法精神医学のプロである。こちらが多少勉強しても歯が立つものではない。

　ウナギを掴もうとするがごとく，するりと専門用語を並べて逃げられるという感じであった。

　何をどう聞いても，「あ，それね」という感じで答えられてしまう。反対尋問は全く手応えを感じないまま，終了してしまった。

⑶　再鑑定の採否が決まる
　ヘトヘトになった精神科医の反対尋問だったが，まだ気を緩めるわけにはいかない。反対尋問終了後に弁護人からの鑑定請求に関する採否の判断が残っているからである。裁判所によると，尋問調書を読んでから採否を決めるとのことだった。

　そこで，私は，裁判所に，鑑定請求に関する採否につき弁護人の意見を

記載した書面を提出するから，その書面を読んでから採否を決めてほしいと述べた。

　長い長い期日は終わった。ずっしりと身体が重い。後片付けをしている書記官に歩み寄り，「(精神科医の)尋問調書ができたら電話下さい。すぐ謄写しますから」と述べて，法廷を辞した。自分の前を歩く検察官達の足取りは軽やかにみえた。

　その後，幾日か経て，書記官からの電話があった。
　「今，録反のチェックを終えまして」
　「はあ」
　「正式の調書ではないですが，ドラフトということで宜しければ，お渡しします。これを見て頂いて意見書を来週月曜日（今日は木曜日）までに提出頂きたいというのが裁判所の意向でして」とのこと。
　私としては，早速に調書を入手できる上に謄写費用もかからず，もしかすると，裁判所も弁護人の意見書を早く見たがっているのか，つまり，少しは鑑定請求について脈があるのかと，喜び勇んで書記官室に出向きドラフトを頂戴した。
　そして，ドラフトを読み込んで，提出期限までに結構な量の意見書を提出した。脈ありかと気分よく書けた。筆も乗ったような気がする。なかなかの力作だと自分でも感じていた。
　意見書を提出してから4日後，書記官から「鑑定請求は却下となりました」と事務的な連絡がきた。
　私は，肩を落としつつ，鑑定請求却下に対する異議申立書を起案し，裁判所に提出した。

(4) 弁論へ
　被告人質問も終わって，公判も最後の山場である論告・弁論を残すばかりとなった。
　検察官の論告は，パワーポイントを利用するもので，やはり手堅い。求刑は懲役14年であった。
　私の弁論は，パワーポイントなど利用するものではない。旧態依然とした読み上げ式のものである。今後，これでは通用しないだろうと思いながら弁論をする。
　検察官の論告のうち，責任能力に関する部分は，人格障害，覚せい剤精神病及び境界域知能状態のいずれも精神障害として責任能力に影響を及ぼ

すようなものでなく，また，完全責任能力と判断した鑑定医の判断は信用できるので，完全責任能力である，という内容であった。

私は，鑑定医の判断は，結論が拙速に過ぎる，総合判断がなされていない等[*14]の理由により信用できないということを根拠として，少なくとも限定責任能力であった，という内容であった。残念ながら，鑑定請求が却下されている上，反対尋問においても目ぼしい成果を得られなかったため，限定責任能力と認定されることはないだろう，と思わざるを得なかった。結論が分かっていながらの弁論は空しかった。

④ 判決

判決の日，裁判所の結論はおおよそ予測がついていた。もちろん，責任能力判断は裁判所が行う法律判断であることは，確定した判例だから，理論的には，裁判所が精神科医の鑑定結果を採用せず，弁護人の意見を採用することも不可能ではない。しかし，そんなことをすれば，検察官からほぼ間違いなく控訴されるであろうし，そもそも限定責任能力なり責任無能力なりで判決を書けるだけの材料（証拠）がない。そういうわけで，弁護人の意見が排斥されることは間違いない。被告人もそれとなく察知していたようだった。接見室での言葉数も少ない。ただ，「今までありがとうございました」と言ってくれた。

そして，開廷。

「主文，被告人を懲役12年に処する。未決勾留日数中210日をその刑に算入する。押収してある包丁1本を没収する」。

完全責任能力を認めた。予測はできていた。あとは，どのような理由かが問題である。私は必死でメモを取り続けた。

---

*14 特に心理学的要素については丁寧に検討の上主張すべき。

解説

責任能力を争う弁護活動

① 被疑者・被告人と接見したときの注意点

⑴　弁護士は，被疑者・被告人やその家族・知人から弁護の依頼を受けて接見に出向くこともあるが，多くは，当番弁護の連絡を受けたり，国選弁護の選任に基づいて接見に出向くことから始まる。

　当番弁護や国選弁護の連絡表には，被疑者・被告人の責任能力に疑いがあるということはまったく記載されていない。ただ連絡表の余白に「家族や知人が接見する前に連絡を取りたいと希望している」等という記載があるので連絡してみると，精神障害があり，医療機関に入通院歴があると説明を受けることがある。

　そのような予備知識がないまま拘置所や警察署の留置室に出向き，接見室で被疑者・被告人に会い，名刺を示して挨拶をし，弁護士であることを説明し，被疑事実や公訴事実について質問するころになると，どうしても会話が成立しないとか，コミュニケーションを取りにくいという感覚を抱くことがある。たとえば，どのように話しかけても応じてくれない，逆に興奮したような口調でまくし立てる，被疑事実や公訴事実について質問しても順序立てて話すことができない，会話がかみ合わないという具合である。

　身上経歴や日常生活について尋ねていくと，質問をはぐらかすようになり，言葉のはしばしから，精神科・神経科への入通院歴があることがわかってくる。接見後に家族や知人に連絡をとり，被疑者・被告人とコミュニケーションが取りにくいということを相談した際に被疑者・被告人に入通院歴があると判明することもある。

⑵　飲酒して酩酊したり，薬物（市販の風邪薬を短時間に大量に服用したり，覚せい剤，MDMAのような違法な薬物を含む）を摂取するなどして触法行為を起こすこともある。酒や薬物は時間が経過すれば体内から排出されて，それらを摂取する以前の状態に戻るから事情を聴取しやすい。

やっかいなのは酒や薬物を摂取したために触法行為の記憶がないという場合（いわゆるブラックアウト）である。触法行為時の状況をまったく覚えていないのであれば、被害者や目撃者の供述、防犯カメラの映像等に依拠しなければならないが、記憶がないと嘘をついている場合もあるので油断ならない。しかし、ここで留意しなければならないのは、飲酒や薬物による一過性の症状ではなく、飲酒や薬物を長期間または大量に窃取したことにより精神障害を発症している場合である。

(3) 精神障害は法律上の概念で精神疾患は医学上の概念とされているがほぼ同意義である。この章では「精神障害」という用語を使用することとした。

② 被疑者・被告人と信頼関係を築くことのむずかしさ

　精神障害がある被疑者・被告人は、自らが精神障害に罹患していることを弁護人に言いたがらない。それは誰でも自らが健常者でありたいという思いがあるからである。また、精神障害が重篤であれば、説明が困難なこともある。
　精神障害に罹患しているにもかかわらず、自らが精神障害に罹患しているという自覚がない者がいる。このような者は「病識がない」と言われる。精神障害に罹患していることは理解しているが、治療薬を服用することの必要性を自覚しておらず、服用を拒む者も多い。治療薬の服用が必要な病状と理解しながら、治療薬を服用すると注意力が散漫になるとか、無気力になるという理由で治療薬の服用を拒む者は、病識がないということでは共通である。弁護人が、精神障害に罹患していることを指摘し、治療薬の服用を勧めただけで、被疑者・被告人の感情を刺激し、プライドを傷つけることもあるし、熱心に治療薬の服用や医療機関への入通院を勧めるとかえって怒り出す被疑者・被告人もいる。それゆえ、病識のない被疑者・被告人と信頼関係を築くことは困難を伴うことが多い。

③ 勾留中の被疑者・被告人に治療の機会を確保すること

　精神障害に罹患している被疑者・被告人が勾留されている場合、もっとも配慮しなければならないのは、勾留されることによって治療の機会が失われるということである。勾留中に病状が悪化すると、弁護士との接見に

支障を来すだけでなく，公判に出席することもできなくなる場合がある。拘置所に接見にいくと，看守が「被疑者・被告人は保護室に収容したので接見できない」等と知らせに来る。弁護人としては，被告人と接見して打ち合わせができなければ，公判に臨むことはできないし，被告人が公判に出頭できない状態であれば，公判期日の停止を申請しなければならない。そのような事態を回避するためには，少なくとも治療薬を服用することができるようにしなければならない。ところが，拘置所の医療体制は驚くほど貧困であり，精神科の医師による治療はきわめて不十分な状態である。警察署の留置場では，最寄りの医療機関を受診させて治療薬を処方してもらったり，被疑者・被告人が入通院していた医療機関から治療薬を取り寄せて被疑者・被告人に服用させることがある。しかし，拘置所は，必ずしも精神科を専門としない医師に診断させ，その医師が処方した治療薬を服用させるのみで，弁護人が治療薬を差し入れようとしても拒絶する。それゆえ，弁護人は，拘置所に対し，精神科の医師に診察させるよう何度も申し入れを繰り返す必要がある。

④ 家族や知人から被疑者・被告人の精神障害について詳しく聴取する

　家族や知人は被疑者・被告人の言動にいろいろ悩まされていることが多いので，それまでの被疑者・被告人の入通院歴，精神障害の実情や特徴的なできごと等を詳しく聴取すると弁護活動に参考となることが非常に多い。被疑者・被告人の入通院歴を聴取すれば，担当医師に面談して精神障害について説明を受けることができるし，カルテ等を取り寄せて精神障害について検討することができる。

　重要なのは被疑者・被告人の精神障害の特徴，すなわち，どのような問題行動を起こしていたか，措置入院や医療保護入院となったこと等を聴取することである。過去に幻覚幻聴や妄想があった，興奮して無関係な第三者に暴行を加えた，自傷行為があったなどというエピソードを聴取することによって，被疑者・被告人の精神障害が弁識能力や制御能力にどのような影響を与えたのか推論することが容易になる。被疑者・被告人が以前にも同様の触法行為を行っていたということであれば，その精神障害が弁識能力や制御能力に影響を与えていた可能性が高くなる。

　家族や知人のなかには，被疑者・被告人が病識がないため治療を受けよ

うとせず，問題行動を繰り返すことに疲れて弁護人と話をしたがらない者もいるが，なんとか説得して協力を取り付ける必要がある。

⑤ 弁護人は被疑者・被告人が罹患している精神障害の特徴を理解しなければならない

　家族や知人から被疑者・被告人が罹患している精神障害がわかった場合は，早急にその精神障害を理解することが必要である。そうでなければ，被疑者・被告人が入通院していた医療機関の担当医師から，詳しい説明を受けても理解できないし，弁護に必要な知識や情報を収集することもできないからである。

　しかし，精神障害を理解するためにいきなり世界保健機関の『疾病及び関連保健問題の国際統計分類〔第10版〕』(ICD-10)やアメリカ精神医学会の『精神障害の診断・統計マニュアル〔第4版〕』(DSM-IV-TR)もしくは学術的な文献を読むのはあまり得策ではない。記載内容が難解なうえに精神障害に関する全体的なイメージを掴むことができにくいからである。むしろ，一般の書店の「家庭の医学」のコーナーにあるような精神障害に罹患した者の家族のために著された書籍を勧めたい。統合失調症，うつ病，てんかん等についての説明，処方される治療薬，精神障害に罹患した者に対する接し方，医師や医療機関とどのような協力体制をとればよいかが平易に記載されており，事件の進展に応じて何度も読み返すことで精神障害の理解が深まる。

　なお，本書「精神疾患の種類・概要と判例の動向」も参考にされたい。

⑥ 入通院していた医療機関の担当医師から被疑者・被告人の病状を詳しく聴取する

　弁護人が留意しておかねばならないのは，精神科医が患者の病状を診断して治療を行うということと，弁護人が被疑者・被告人について責任能力の評価を行うということには，両者が想像する以上に認識に大きな隔たりがあり，共通認識を形成するのは容易なことではないということである。もっとも特徴的なことは，弁護人は被疑者・被告人の触法行為時の責任能力についての法的評価を急ぎやすいが，精神科医は日常的な臨床に関心があるため，触法行為時の責任能力についての法的評価を想定しにくいよう

である。

　なお，弁護人が担当医師から被疑者・被告人の精神障害について説明を受けるためには，個人情報保護の観点から被疑者・被告人の同意書や承諾書が必要となる。

　弁護士が問い合わせをしても，担当医師から消極的な対応しかとってもらえないことがよくある。多忙を理由に面談を拒否されたり，時間を制限されたりすることも少なくない。被疑者・被告人の精神障害について質問しても丁寧な説明をしてもらえるとは限らない。それは，被疑者・被告人が触法行為にいたったのは担当医師の治療が十分ではなかったのではないかと疑われることを危惧しているからではないだろうか。

　しかし，被疑者・被告人の精神障害をもっとも深く理解しているのは担当医師であり，何度も相談する必要があるのだから，担当医師に責任追及しているのではないことを丁寧に説明し，担当医師との信頼関係を築くことも必要である。

[7] 責任能力を判断する枠組みについて

(1)　責任能力は，生物学的要素(精神障害)と心理学的要素(弁識能力と制御能力)からなる(混合的方法)。

(2)　生物学的要素は「精神障害」の有無及びその程度である。
　精神障害には，「統合失調症」，「中毒性精神病」(アルコールや覚せい剤などの薬物によって精神障害を発症したもの)，「知的障害」(精神遅滞，精神発達遅滞のことで知能指数〔IQ〕により診断される)，「精神病質」(人格の病的な状態をいい，サイコパスともいい，反社会性パーソナリティ障害と呼ばれている概念に近い)，「その他の精神障害」(うつ病，躁うつ病などの気分障害〔感情障害〕，パニック障害などの神経症，拒食症などの摂食障害など)がある。

(3)　心理学的要素は「弁識能力」と「制御能力」からなる。
　「弁識能力」とは，事物の理非善悪を弁識する能力であり，「制御能力」とは，弁識に従って行動する能力である。
　「心神喪失」とは精神障害によって弁識能力もしくは制御能力がない状態，「心神耗弱」とは精神障害によって弁識能力または制御能力が著しく減退し

た状態をいう。精神障害が重篤である場合は心身喪失と判定されるが，そうでない場合は，精神障害の種類とその程度だけでなく，被告人の犯行前後の諸事情も総合考慮して判断するという考え方をとっている（総合的判断方法）。

(4) 精神鑑定は精神障害だけでなく弁識能力や制御能力もその対象となる。
　精神医学者による精神鑑定の範囲は，精神障害の有無及び程度だけでなく，弁識能力や制御能力の判断に及びうるであろうか。この点について，精神医学界には「不可知論」（精神障害が弁識能力や制御能力に及ぼす影響は厳密にはわからないとする立場）と「可知論」（精神障害が弁識能力や制御能力に及ぼす影響はある程度はわかるとする立場）の対立がある。従前は，不可知論が大勢を占め，精神障害が弁識能力や制御能力にどのような影響を及ぼしたか厳密な判断はできないという立場から，法曹関係者と精神医学者の間で一定の合意（これを「慣例」という）を形成しておき，慣例にしたがって責任能力を判定することを提唱していたが，裁判所の採用するところとはならなかった。近時，可知論が優勢となり，精神障害の有無及びその程度だけでなく，それが弁識能力や制御能力に及ぼす影響についてもある程度判断できるという立場から，被告人の弁識能力や制御能力の有無やその程度についても精神鑑定の対象にできるとされている。

(5) 裁判所は精神鑑定の結果を尊重するが拘束されない。
　裁判所は，精神鑑定の範囲を，生物学的要素（精神障害）だけでなく，心理学的要素（弁識能力や制御能力）も含めるようになっているが，精神障害の判断と同様，弁識能力や制御能力の判断についても，裁判所の専権事項とし，精神鑑定の結果に拘束されないとしているが，合理的理由のないかぎり精神鑑定の結果を尊重して責任能力を判断すべきであるとされている（修正された不拘束説）。

8 被疑者・被告人の責任能力の検討

(1) 弁護人は，裁判実務が採用している総合的判断方法に従って，被疑者・被告人の犯行時の病状だけでなく，犯行前後の諸事情について検討しなければならない。
　① 被告人の病状（精神障害の種類と程度）

② 犯行の動機・原因（その了解可能性）
　　③ 犯行の手段・態様（計画性・作為性の有無，犯行後の罪証隠滅工作の有無）
　　④ 被告人の犯行前後の行動（了解不可能な異常性の有無）
　　⑤ 犯行及びその前後の状況についての被告人の記憶の有無・程度
　　⑥ 被告人の犯行後の態度（反省の情の有無等）
　　⑦ 精神病の発症前の被告人の性格（犯罪傾向）と犯行との関連性の有無・程度

(2)　これらの諸事情の判断は困難を伴うことが多い。裁判実務は上記①と⑦を重視しているのでそれらの検討が特に必要である（最高裁平成21年12月8日第一小法廷決定）。
　①について，本書「責任能力総論」及び「精神疾患の種類・概要と判例の動向」に特徴点をまとめた。
　②について，責任能力に問題がない者の犯行でも，動機や原因に了解可能性がない場合が多く存在するので，判断に迷うことが少なくない。それゆえ，精神障害の病態を把握したうえで犯行時の症状に着目し，たとえば，統合失調症による幻覚幻聴や妄想が動機や原因にどのように影響していたかという視点から了解可能性を検討するとよいであろう。
　③～⑥について，被告人・被害者・目撃者等の供述調書，捜査報告書等を前提に，被告人から事情を聴取して，被告人の犯行前後の行動を再現していくことが必要である。なお，被告人が犯行を計画的合理的に実行し，巧妙に罪証隠滅行為をしていたとしても，精神障害が被告人の動機形成に深く影響しており，犯行がその動機に基づいている場合もあるので，注意が必要である。
　⑦について，被告人が精神障害を発症する以前の生活状況を知る家族や友人・知人から事情を聴取する必要がある。

(3)　被告人の犯行前後の諸事情を検討するということは，被告人の精神障害が発症する以前の生活状況から犯行を行ったとされる後にいたるまで，被告人の言動をたどっていくということである。そこで重要になってくるのは，被告人が入通院歴がある場合はその時期のカルテ等を検討して病状の推移を明らかにすること，被告人の家族や友人・知人から被告人の言動の変化を詳しく聴取すること，犯行前後については，被告人・被害者・目

撃者等の供述調書が作成されているので，それらを検討すること等である。そのような検討をしていくと，被告人の精神障害が犯行にどの程度の影響を及ぼしているかが把握できると思われる。

⑨ 精神鑑定書の検討

(1) 弁護人は，被疑者段階で簡易鑑定や鑑定留置が行われている場合，また，公判段階で鑑定が行われた場合，精神鑑定書を詳細に検討しなければならない。

(2) 精神鑑定の信用性が否定される場合として次のような理由が考えられる。
　① 鑑定人の鑑定能力及び公正さに疑問が生じたとき
　たとえば，鑑定人が精神病患者についての臨床経験がない場合や，被疑者・被告人が従前に入通院していた医療機関の診断をさしたる根拠もなく一方的に否定し，独自の診断を行っているように，医学的に特異な見地から一方的に結論を導いている場合などである。
　② 鑑定資料の不備ないし裁判所の認定事実との食い違いなど鑑定の前提条件に問題があるとき
　起訴前の簡易鑑定や鑑定留置の場合でも，鑑定人に提供された鑑定資料が十分でなく，事案の経緯を正確に把握することができない場合が考えられる。また，起訴前の鑑定で提供されていた目撃者の供述調書が，公判段階では証拠採用されず，目撃者の証人尋問の結果との間に相当な食い違いがあった場合は，前提事実が大きく異なるといえ，鑑定の信用性に影響を与える。さらに，鑑定人が提供された裁判記録から独自の事実認定をしているような場合は，そのような事実に基づいた医学的な判断は信用性に疑問が生じる。
　③ 鑑定結果と他の有力な証拠ないし客観的事実とが食い違ったとき
　鑑定人の推論と矛盾する証拠や客観的事実を排除して何ら具体的な説明を加えないまま，結論を導いている場合である。たとえば，明らかに精神障害の影響による言動が認められたが，その後は問題のない言動をしているから，精神障害の影響があったのは一時的であると判断するのは早計である。なぜなら，精神障害のある者は，一見健常者のような言動をしていても，実際には弁識能力もしくは制御能力が著しく減退している場合もあ

るので，一過性の症状と排除することはできないからである。
　④　鑑定内容に問題があるとき
　鑑定書の記載内容自体に一貫性がなく，相互に矛盾している場合である。

⑩ 最近の刑事裁判（特に裁判員裁判）における精神鑑定の運用と問題点

(1)　裁判所は，鑑定人に対し，「平成18～20年度更生労働科学研究費補助金（こころの健康科学研究事業）他害行為を行った精神障害者の診断，治療および社会復帰支援に関する研究」における分担研究の一つである「他害行為を行った者の責任能力鑑定に関する研究」の主たる成果物である，「刑事責任能力に関する精神鑑定書作成の手引き〔平成18～20年度総括版〕」（以下「手引き」という）に基づいた鑑定を依頼するので，その問題点を検討する。
ア　「手引き」は，裁判員裁判において，裁判員にも理解しやすい鑑定書が作成されるようになっているとされるが，理解の容易さを求めるあまり，記載内容が簡略化され，判断の根拠や論理過程が不明確となっていることが多い。そのため，被告人の病態を詳細に診断した上で，犯行時の精神障害の有無やその程度，それが弁識能力や制御能力にどのような影響を与えたかについて，検討内容を十分に記載してあるのか疑問である。そのような記載では鑑定書の信用性を判断することができないのではなかろうか。弁護人は，鑑定書の不十分な部分について補充を求めたり，鑑定人尋問において詳細に質問する必要がある。
イ　「手引き」は，可知論の立場から操作的診断方法に基づく精神鑑定を提唱している。そのため，①操作的診断方法は被告人の触法行為時の症状に基づいた診断を行うことになるが，被告人の状態全体（病態）を十分に把握できないのではないか，それゆえ，弁識能力や制御能力の有無やその程度を正確に判断できるのか，②可知論者は弁識能力や制御能力をかなりの程度判断できるといっても，判断できない部分もあるから，責任能力の有無やその程度を正確に判断できるのか，③「手引き」の「7つの着眼点」は，被告人の病態や触法行為時の症状を十分に把握しておかなければ，被告人の表面的な言動のみに追随し，責任能力を肯定する方向に傾きやすいのではないか等の危険性がある。

(2)　裁判所は，裁判員の理解に支障を来たし混乱を与える，裁判の迅速化

を阻害するという理由で，複数鑑定や再鑑定を極力回避しようとする。
　精神障害の有無やその程度，弁識能力や制御能力にどのような影響を及ぼしているのかは，他覚的あるいは客観的に判断できるわけではない。可知論の立場においても厳密な判断はできないとするのであるから，鑑定人によって被告人の責任能力についての判断が異なることは十分予想され，複数鑑定や再鑑定を行ったほうが被告人の責任能力を正確に把握できると思われる。

(3)　裁判所は，公判（公判前整理手続）における鑑定より，起訴前鑑定を重視する傾向にある。
　起訴前鑑定には，簡易鑑定と鑑定留置による鑑定がある。検察官は，捜査段階で被疑者に対して簡易鑑定を行ったり，被疑者を鑑定留置して精神鑑定を行い，鑑定人が作成した鑑定書を書証として提出し，弁護人が鑑定書を不同意とすると，鑑定人について証人尋問を行い，信用性を確認させて証拠採用を行う。しかし，起訴前鑑定には以下の通り重要な問題点がある。

[11] 起訴前鑑定（刑事訴訟法223条１項）

(1)　簡易鑑定は起訴前鑑定の９割を占める。簡易鑑定は，精神科医が被疑者を問診したり検査する機会が短期間であり，その鑑定内容も簡略である。それにもかかわらず，検察官は簡易鑑定の結果に従って起訴の可否を判断しているようである。そうすると，鑑定が不十分なために，起訴されるべき被疑者が起訴されなかったり，起訴されるべきでない被疑者が起訴されている。また，検察官はいったん起訴すると被告人の責任能力を肯定する方向で徹底的に争うことになるが，起訴前の簡易鑑定の結果に基づく判断と比較して格差がある（いわゆる二重の基準）のは問題ではないかという批判がある。

(2)　鑑定留置（224条１項・167条１項）による鑑定にも問題がある。近時の刑事裁判において，検察官は起訴前鑑定を重視するようになり，裁判所もそれに追随し，公判における鑑定を軽視する傾向にある。しかし，起訴前鑑定は，①弁護人が反論する機会がほとんど確保されないので，争点が明確化されない，②鑑定人は，検察官が提供する資料に基づいて鑑定を行う

ので，検察官は責任能力を否定する証拠を提出しないという危険性がある，③検察官が提供した資料が後に証拠採用されなかった場合には鑑定の基礎を失う可能性がある。

　弁護人が，被疑者段階で選任され，鑑定留置が行われているときは，検察官に対し，鑑定人に提出した資料を明らかにさせ，鑑定人に被告人の主張を伝えて争点を明確化するとともに，必要な資料を追加したり，信用性のない資料は撤回させることが必要である。

12 被告人の訴訟能力について

　公判前整理手続や公判段階において，被告人の精神状態が悪化し，弁護人との間でも意思の疎通が困難となり，被告人が自らのためにどのような裁判手続が行われているのか理解することができなくなった場合は，公判や弁護方針について打ち合わせをすることもできないし，公判に臨んで，裁判官からの人定質問や罪状認否に答えたり，被告人質問で供述するといった訴訟活動が十分に行えないだけでなく，被告人について行われている裁判手続の内容を理解できない状態であれば，被告人の裁判を受ける権利が奪われることになる。

　弁護人は，被告人の訴訟能力が懸念される場合，在宅の場合は医療機関を受診させて治療を施し，診断書を用意する。被告人が勾留されている場合は何度も接見を行い，拘置所や代用監獄の管理者に被告人の精神状態を尋ねて治療を施すよう要請したり，公判期日の停止（刑事訴訟法314条1項）の手続を行う必要がある。

13 弁護人が公判前整理手続で指摘しておくべきこと

(1)　検察官は被告人が犯行時に責任能力を有していたということを立証しなければならない。そのために，簡易鑑定や鑑定留置の際に作成された精神鑑定書を書証として提出し，精神鑑定人を証人申請するのが一般的である。

(2)　これに対し，弁護人は，被告人に精神障害があったことを主張するだけでは足りず，犯行時に精神障害の影響を受けて弁識能力や制御能力が欠如していた（心神喪失）あるいは著しく減退していた（心神耗弱）ということ

を示す具体的な事実を指摘し，それを裏付ける証拠を準備しなければならない。

(3)　被告人が精神障害に罹患していることの立証のためには，被告人が精神科・神経科に入通院していたときの診断書やカルテ等を証拠申請する。なお，簡易鑑定や鑑定留置をした場合は，検察官が被告人の入通院していた医療機関からカルテ等を取り寄せているから，その開示や謄写を求めることも必要である。

(4)　被告人が犯行時に精神障害の影響を受けて弁識能力や制御能力が欠如あるいは著しく減退していたことの立証

ア　被告人が入通院していた医療機関の担当医師に鑑定書，意見書もしくは診断書を作成してもらい，それを申請したり，担当医師の証人尋問を申請する。但し，担当医師は意見書の作成や証人尋問への出頭に消極的である場合が大半である。

イ　被告人の供述調書や被告人質問，被害者や目撃者等の被告人の犯行直前直後の行動を知る者の供述調書や証人尋問を申請する。また，精神障害の発症前の被告人の性格（犯罪傾向）と犯行との関連性の有無・程度については，被告人を精神障害を発症する前から知る家族や友人・知人の証人尋問を申請する。

14　弁護人の鑑定申請について

　検察官が精神鑑定を行っていない場合でも，被告人が責任能力に問題があると考える場合は，弁護人から鑑定申請を行わなければならない。

　弁護人が鑑定申請する場合は，鑑定事項を慎重に定立しなければならない。通常は被告人の行為時の責任能力を鑑定するが，被告人が公訴提起されたけれども公判手続や公判前整理手続に対応する訴訟能力に問題がある場合は訴訟能力も鑑定事項として定立すべきである。さらに，有罪（実刑）判決が見込まれるけれども受刑に耐えられないと見込まれる場合は，受刑能力についても鑑定事項に含めるべきである。

⑮ 公判前整理手続における鑑定人とのカンファレンス

　検察官が簡易鑑定書や鑑定留置における鑑定書を証拠申請し，弁護人がこれを不同意にすると，検察官は簡易鑑定書や鑑定書を作成した鑑定人を証人申請する。また，公判前整理手続において，検察官もしくは弁護人から鑑定申請がなされ，裁判所によって採用された鑑定人によって精神鑑定書が作成した場合，公判手続において鑑定人尋問が行われる。その準備として，弁護人は，公判前整理手続において，鑑定人に対して鑑定内容について質疑応答をする機会が与えられる。これを「カンファレンス」と言う。弁護人は，鑑定人に対し，鑑定の基礎となった資料，それから鑑定主文にいたる判断過程を質問し，鑑定人尋問の準備を行う。

⑯ 弁護人の再鑑定申請について

　検察官が証拠申請した鑑定書に問題が多く，鑑定人のカンファレンスの結果からも鑑定書に対する疑問が払拭することができない場合も，その鑑定書を弾劾するだけでなく，再鑑定を申請する必要がある。ところが，裁判所は，裁判員の理解が及ばないとか，時間がかかるという理由で，再鑑定をなかなか認めようとしない。弁護人は，鑑定申請をする場合は，被告人の精神障害が重篤であり，行為時の弁識能力や制御能力に大きな影響を与えていることを詳細に主張し，特に再鑑定の場合は，すでに作成された鑑定書の問題点を詳細に指摘する必要がある。

⑰ 私的鑑定

　裁判所が弁護人の鑑定申請を採用しない場合，弁護人は，公判手続外で精神科医に被告人の精神鑑定を依頼し，作成した鑑定書を書証として証拠調べ請求をすべきである。
　被告人が勾留されていなければ，精神科医による問診や医療機関による検査は充分に行うことができるが，勾留されている場合は，精神科医が被告人と面会することさえ十分な時間を確保することができず，医療機関で検査を受けさせるためには勾留の執行停止が認められる必要があるが，そのようなことは極めて困難である。しかし，弁護人としては，精神科医に被告人とできるだけ多く面会の機会をもってもらい，それまでに入通院し

ていた医療機関のカルテ等を検討して，被告人・被害者・目撃者の供述調書や実況見分調書，写真撮影報告書等を検討してもらい，鑑定書の作成を依頼すべきである。なお，刑事訴訟法281条の3～5において，検察官が開示した証拠の目的外使用を禁じる規定があるので，精神科医にその旨の説明を行う必要がある。

　そのようにして作成してもらった私的鑑定書について証拠調べ請求をしても，検察官がこれに同意しなければ証拠として採用されない。そのため，精神科医を証人申請し，証人尋問を行って証拠採用を求めることになる。しかし，裁判所は弁護人が依頼した精神科医の証人尋問を容易に認めないのが実情である。

18 情状鑑定

　情状鑑定とは，公訴事実以外の情状を対象とし，裁判所が刑の量定，すなわち，被告人に対する処遇方法を決定するために必要な知見の提供を目的とする鑑定である。

　最高裁判所は，昭和35年7月12日刑二第104号地方裁判所宛刑事局長通達により，「刑事裁判において刑の量定に科学性を付与して被告人に対し適切な処遇方法を決定することについて，被告人の素質，経歴，家族その他の環境，犯行前後の心理状態等を総合的に把握する必要がある。（略）現行法のもとでも右の要請を満たそうとする観点から，医学，心理学，社会学その他の専門的知識を有する家庭裁判所調査官やその他の者に鑑定を命じる措置がとられた事例も若干ある」として，「被告人に対する処遇方法を決定するため鑑定を命じた事例の報告」に言及している。

　被告人に精神障害が認められず，責任能力に問題はないとされた事例であっても，被告人の犯行の動機や態様に不可解な部分があり，それが被告人の家族関係（遺伝），生育歴（生活史），人格（知能や性格），犯行及びその前後の状況と深い関連性があると認められる場合がある。しかし，裁判官や裁判員は精神医学的・心理学的知見を有しているとは限らないので，それを補う必要がある。このようなときに，裁判官や裁判員が適切な刑の量定を行うために情状鑑定が必要となる。

　たとえば，被告人において被害者あるいは第三者から虐待を受けたことがトラウマ（心的外傷），そのなかでもPTSD（心的外傷後ストレス障害）となっており，それが犯行動機に影響を与えていた事例について情状鑑定が

認められる事例が増加している。

⑲ 情状についても配慮すること

　被告人が精神障害に罹患していたということは，犯行当時に心神喪失や心神耗弱の状態にあったと認定されなくても，情状（犯情）として量刑に大きく影響することを忘れてはならない。被告人が，心身喪失や心神耗弱による減免が認められないとしても，被告人が実刑になるか，執行猶予が付されるかという判断において，被告人の情状についても十分な弁護活動が必要となる。たとえば，病識の乏しい被告人に治療・療養の必要性を自覚させ，医療機関に入通院して治療に専念させたり，担当医師の処方に従って治療薬を服用させるなどして，治療の機会を確保したり，家族や友人・友人から再犯の可能性をできるだけ減殺するように治療療養について協力を取り付ける必要がある。

⑳ 弁護人による弁論要旨の作成

　弁護人は，精神鑑定書や鑑定人尋問の結果だけでなく，精神障害ごとに形成された総合的判断方法を踏まえて，弁論要旨を準備する。

㉑ 受刑能力（刑事訴訟法480条〜483条）

　刑罰の意味が理解できない受刑者に刑罰を科すことはできない。弁護人としては，被告人に精神障害が存在しているにもかかわらず，有罪（実刑）判決が確定して執行されることが見込まれる場合は，受刑能力がないことを理由として刑の執行を阻止すべきである。

㉒ 鑑定人や担当医師への報告

　判決が言い渡された後は，弁護人から鑑定を依頼した精神科医や助言をしてくれた精神科医には判決内容を報告すべきである。精神科医も自らが鑑定した事件の帰趨に関心を持っているし，鑑定を契機として，その後新たに責任能力を争う事件において協力を求める契機となるからである。

講演

責任能力を争う弁護人へ
精神科医からの助言

中島 直　医師（多摩あおば病院）

1　はじめに——私の経歴

　今日は発言の機会を与えていただいて，ありがとうございます。私は医者になって19年ですが，医者になって4～5年の時ぐらいから精神鑑定に携わっております。ずっと臨床をやりながらですので，鑑定の件数自体はそれほど多いわけではありませんが，いろんな機会に恵まれて，結構難しいケースであるとか，興味深いケースなどもやらせていただいております。私が勤務する多摩あおば病院というのは，東京都の東村山市にあります。210床という，精神科の病院としては小さい病院ですが，東京都の中でも1，2を争う回転数，病床に比して入退院が非常に多い病院です。いくつか精神科の病院を渡ってきましたが，現在いるところはとにかく忙しい病院ではあります。私は急性期病棟といって，精神病症状の強い方の，はじめて，あるいは久しぶりの入院の方の受け持ちをしています。統合失調症，幻覚妄想の強い方，躁やうつの強い方，そういう方の臨床をするのが仕事の中心です。だから隔離室を使ったりとか，縛ったりとか，点滴したりとか，押さえつけて注射したりとか，そういうことを私は日常的にやっております。

　精神科医の中にはいろんな立場があります。同じ事例でも判断が違ったり，臨床における姿勢も違ったり，そういうことは十分あります。ですから，私の立場が精神科医を代表しているというわけではありませんが，一つの考え方として聞いていただければと思います。

2　鑑定の手法

　それではまず，鑑定の手法というところに関して，いくつか述べます（以

下，枠内の文章は，講演当時に作成したレジュメの内容）。

(1) 留置を伴わない起訴前鑑定（簡易鑑定）

> 【留置を伴わない起訴前鑑定（簡易鑑定）】
> 　時間の節約，経費の節約。早く治療へ。
> 　東京地方検察庁（多摩部除く）等では検察庁内に診察室があり，数名の医師がそこで対応。
> 　他の検察庁では，主として事例がある毎に医師を捜して依頼。
> 　特定の医師が一手に引き受けていることもあるし，公立病院等の複数の医師が中心になっていることもある。
> 　基本的には本人の同意に基づく。
> 　場所によって差がある。
> 　一例：検察官から電話で依頼（概略の内容，期限など）。OKすると，一件記録貸与。数日後本人を病院に連行。1～2時間の問診。結果等を電話等で検察官に報告，数日以内に鑑定書作成，提出。

　留置を伴わない起訴前の鑑定が簡易鑑定です。これが実は数としては，日本では一番多いわけです。時間が節約されて経費の節約にもなるし，逮捕勾留期間だけで治療へつなぐことができますので，治療上の観点からも適しているということは可能ですね。ただ，内容に関していろいろ批判があることは事実です。

　東京地方検察庁では，多摩地区を除いた23区では，検察庁の中に診察室があって，数名の医者がそこで対応しています。曜日ごとに担当が決まっているのだと私は理解しております。他の検察庁では事例があるごとに医者を探して依頼することになっています。特定の医者が一手に引き受けているところもあるし，公立病院等の複数のお医者さんが中心になっているところもあります。

　ちなみに私自身は，東京地検立川支部の簡易鑑定をやっています。大体数日前に資料を持って来てもらって月曜日に診察をして，火曜日の朝までに鑑定書を仕上げて出すということを毎週やっています。立川支部では，私以外にもやっている人はいるようですが，たぶん私が数は一番やっているのだと思います。

　簡易鑑定は，基本的にはご本人の同意に基づいて実施します。署名と指

印のある同意書が一緒に付いてきます。地域によってやり方に差があります。私は茨城でも簡易鑑定をやっていたことがあるのですが，その時には検察官から電話で依頼があって，概略の内容や期限などといったことを告げられ，OKすると一件記録が送られてきて，数日後，本人を病院に同行してもらって1〜2時間問診をして，結果を電話か何かで検察官に報告をして，数日以内に鑑定書を提出するというような形でやっておりました。

地方によって，やり方に差があるほか，医者によってもばらつきが大きいということで，いろんな意味で批判の対象になることが多いですね。期間が短いですから，どうしても情報なども不足します。ただ，犯行から比較的近い時点で見ることができるということは，大きなメリットですね。

(2) 留置を伴う起訴前鑑定

> 【留置を伴う起訴前鑑定】
> 　不必要な起訴を避けるというメリットはあるが，「裁判を受ける権利」が奪われる。証拠の問題。
> 　検察官から電話で依頼（概略の内容，期限など）。OKすると，一件記録貸与。数日以内に少なくとも一度本人の診察。中島はほとんど拘置所（最近は留置場も）へ行って問診（数回から十数回。プレート越しではない場合が多い。立ち会いは付くことも付かないこともある。1回1.5〜2時間程度），一度は身体検査等のため病院に護送してもらう形。心理検査も心理士に拘置所に行ってもらってする。たまに短期間（3日〜10日）の入院。2カ月以上の入院となることも。問診のために何回も病院に連行してもらう鑑定人もいる。家族等から事情を聞く。2カ月程度で問診の大半を完了し，3カ月程度で鑑定書を提出する。
>
> 【他に使う資料】
> 　本人や家族の陳述。公判に出ていない事実が判明することも。
> 　学校の指導要録等，拘置所・刑務所の動静記録。
> 　拘置所・刑務所の診療録が出てくることも。

次に留置を伴う起訴前鑑定があります。これも不必要な起訴を避けるというメリットがありますが，かなり長くかかるというようなデメリットもあります。裁判を受ける権利との関係で，もし起訴前に長期に鑑定留置さ

れ，鑑定で不起訴となって裁判にならなかったとすれば，その権利が奪われるという主張もあります。また，証拠の問題もあります。これは簡易鑑定の場合もそうですが，その証拠が弁護側の目にさらされていない，検察側だけが握っていますので，これをどう扱うべきかというのが非常に大きな問題になりますね。

　この起訴前の鑑定留置の場合も，医者には検察官から電話で依頼があって，概略の内容や期限とかを聞き，OKすると一件記録が渡されます。本人の診察は，私は拘置所でやる場合がほとんどですが，最近は留置場でやる場合もあります。問診をする時は，面会室のプレート越しではなくて，別室で立会いが付くこともあるし，付かないこともあります。1回1時間半から2時間程度の時間でやります。少なくとも一度は身体検査，医学的な検査のために病院へ護送しております。CTとかMRIみたいな画像検査であるとか，あとは脳波の検査とか，血液検査，心電図であるとか，そういった検査をすることが多いですね。拘置所や留置場では血液検査も簡単にはできません。知能検査であるとか，ロールシャッハ検査であるとか，そういった検査も専門の人に拘置所に行ってもらってやります。たまに3〜10日くらい短期間の入院をしてもらいます。後掲の事例1では，18日間くらい入院していただいたと思います。問診のために何回も病院に同行してもらう鑑定人もいますね。これはただ，拘置所は看守を3人ぐらいいつも付けなくてはいけないので，拘置所からはとてもいやがられます。私みたいなペーペーじゃなくて，偉い先生だとそういうふうにしてもらえるみたいです。

　あとはご家族とか関係者から事情を聞きます。これも本当は伝聞証拠みたいな資料で，問題がないわけではないのですが，私ども精神医学的な診断をする上でこれは必要なので，なるべく記録を詳細に残すという形でやっています。捜査結果とは違う事実が判明することもあります。覚せい剤を使ったのは1回ということだったが，実は3回だったとか，そういうような話が聞けたりします。

　ほかには，学校の指導要録というのが結構重要な資料であることがありますね。10年ほどで廃棄してしまうところが多いのですが，相当昔のものでも，たずねると出て来たりすることがあります。この間，鑑定をやった人は小学校の資料が出たけれども，中学校の資料は出て来なかったというようなこともあります。

　それから，拘置所や刑務所の動静記録が出て来ることもあります。拘置

所や刑務所の方の書いたもので、この人はこういうふうですと書いたものが出てくることがあります。

また、前にはなかったことですが、名古屋刑務所事件[*1]以降、ごくたまにではありますが、拘置所や刑務所の診療録の写し自体が出て来ることがあります。診療録の写しが出て来て、弁護人には絶対見せないでくれと言われて渡されたこともありました。そんなことを言われても困っちゃうけどなと思いながら、弁護人から見せろと言われなかったので、別にじゃあいいかと思って、そのまま使ったこともありました。私、刑務所の医者をやっていた時に、逆の立場で鑑定医から聞かれて、拘置所や刑務所の被疑者や被告人の様子を書いて提出するという立場になったことがありますが、私が書いた通りに出してくれないんですね。私が書いたものが、職員を通っていくうちに、提出されるものが別ものになってしまうということがあって、だいぶ怒って直させたことなどもあります。薬の名前が間違ったりしていると、とても恥ずかしいことになるので、だいぶ怒ったことがあります。

2カ月程度で問診の大半は完了して、3カ月程度で鑑定書を提出するというパターンが多いです。私は一般の臨床を基本的にやっている医者なので、なかなか鑑定の方に専念するというのはできなくて、最近は、3カ月というのはなかなか難しいと申し上げることが多いです。

(3) 公判鑑定

> 【公判鑑定】
> 書記官等から電話で依頼(概略の内容、期限など)。OKすると、宣誓、一件記録貸与。その後は問診等、上記とほぼ同様。
> 正式な依頼の前に、弁護士から、裁判所に推薦してよいかとの打診があることもある。

次に公判鑑定。公判鑑定は私どもの認識としては、手続きは起訴前の本鑑定と非常に似てますね。書記官などから電話で依頼があって、OKすると、1回宣誓に行かなければいけない。誠心誠意やりますというだけの、その

[*1] 2001(平成13)年に、刑務官が受刑者の尻に向けて消防用ホースで放水し、傷害を負わせ死亡させた事件、及、2002(平成14)年に、受刑者の腹部を革手錠で締め付けたことを原因として受刑者が死亡した事件など。この事件が、旧監獄法改正の契機となった。

一言を言うためだけに遠くまで行かなければいけないというのは，我々からすれば非常に消耗することなのですが，仕方がないですね。そのあとは問診など，起訴前の本鑑定とほぼ同様に行います。正式な依頼の前に，弁護士から裁判所に推薦していいかという打診があることもあります。しかし，いいですよって答えても，弁護士さんからの推薦はあまり認められないことが多いようで，打診があるだけでその後は連絡がないということがほとんどですね。

(4) 裁判員裁判のもとでの鑑定

> 【裁判員裁判のもとでの鑑定】
> 　留置を伴う起訴前鑑定の重視。
> 　起訴後，公判前鑑定。
> 　A4数枚にまとめ，あとは口頭。
> 「短いから早くできるのでは」という誤解。

　裁判員裁判のもとでの鑑定というのは実は私，これまでにやったことがなくて，最近やり始めたケースが初めてです。いろんな議論があるのは，むしろみなさんの方がよくご存じかもしれません。
　今やっていて問題だと思うのは，先にふれましたように，起訴前鑑定を重視すると，証拠の問題が出てくることです。弁護士さんの目を通らないということになります。起訴後の公判前鑑定だと裁判所が資料を見ていないという前提なので，弁護側検察側双方から出て来ますね。だから事実が全然確定されていないというもとで鑑定しなければいけない。たとえば今，私がやっているケースは薬物がらみなのですが，弁護側は犯行時に薬物を使用したと主張していて，検察側は薬物は使用していないと主張している。そのもとでどうしたらいいか。本人に聞いたら，本人は忘れたと言っていて，それもまた困るのですが。そういうような方の鑑定を今，始めたところです。
　鑑定はA4数枚，2枚とか3枚にまとめろと言われます。これもなかなか難しい作業です。私の鑑定の一例をお見せしますと，60頁あります。これを2枚にまとめて，あとは口頭でやるというのは，大変なことになるなと思っています。枚数が少なく短いものであれば，早くできるのではないかといろんな人から言われますけど，それは間違いだということは裁判官に

も申し上げました。私は引き受ける時に，5カ月ぐらいの期間を考えてくれと言ったら，公判前整理手続きの時に2カ月でやってくれと言われてしまいました。そこで私は，努力はしますが，これまで1回も鑑定を2カ月でやったことはありませんと言いました。

　このあたりのことは，司法精神医学会などでも実はいろいろ議論があります。法医学会が，短い鑑定書は無理だと学会としての見解を出しています。司法精神医学会は実はそこまでまとまってなくて，短いのは無理だと言っている人たちはいるけれども，いやいや，そんなことはないと言っている人たちもいて，多分，司法精神医学会はまとまらないと思いますね。私はその精神鑑定の委員会の委員なのですが，まとまりそうな感じがないですね。そうすると多分，裁判所の側に押し切られる形になってしまうと思います。

　私は個人的には，従来の鑑定書に近いものを一つ作って，それとは別にサマリーというか，論点など大幅に削除したものを作って，後者を提出するようにしようかなと思っています。弁護人と検察官の側は，ぶ厚い方は見るか見ないかは双方にお任せすることにしておくと。場合によっては控訴審になったりした時には使えるわけですね。後で申し上げますが，他の専門家に相談したりする場合は，A4が2枚のものではとてもできないと思うんですね。だからこのような形式は考えてもいいかなと思っています。

(5)　弁護人依頼の鑑定

> 【弁護人依頼の鑑定（意見書）】
> 　通常本人の問診が充分にできない・検査ができない（保釈されていない場合）。

　それから，弁護人からの依頼で鑑定や意見書を書いたことも，何回かあります。これも通常，本人の問診が十分にできません。ついたて越しですし，時間も制限されます。ご本人の身柄を外に出すことができませんので，検査もできません。一度，保釈されている方でやったことがあって，その時は検査などもできましたが，通常は検査ができないので，だから非常に限界がありますね。

(6) 精神保健及び精神障害者福祉に関する法律27条診察（措置鑑定）

> 【精神保健福祉法27条診察（いわゆる措置鑑定）】
> 　精神障害の有無・内容と自傷他害のおそれ（実質としては治療可能性・必要性）。
> 　通常保健所等からの事前情報とごく短時間の問診による。

　いわゆる司法手続きとはちょっと違いますが，精神保健福祉法の27条診察，いわゆる措置鑑定というのがあります。この時には精神障害の有無とか内容とか，いわゆる自傷他害のおそれ，これを見ていくわけです。私も東京都の27条診察は何件かやってきています。茨城でもやってきています。実質としては治療可能性，必要性，特に東京の場合には救急医療が必要かという意味で使われることが多いですね。自傷他害のおそれというのも，あまり厳密には判断されないということになります。

　これは通常，保健所等からの事前情報とごく短時間の問診で行っています。それで入院させてしまうということに関しては，精神科医はあまり良心の呵責を感じないというか，すぐ治療をして良くなって短期間に退院をしていくからということで，比較的安易にやってしまっている作業だと言えます。

　鑑定の形式的なところをこの辺でおしまいにしまして，次に責任能力の問題に移ります。

③ 責任能力が問題となる疾患

(1) 診断――従来診断と操作的診断基準

> 【診断――従来診断，ICD-10，DSM-IV】
> 　後者２つは「操作的診断基準」。基本的には統計・研究のためのもの。
> 　その中でもおおむねDSMの方が厳格で，ICDの方が緩やか。
> 　基準が比較的明確で，一致率が高い⇒研究や統計，さらには治療マニュアルなどに適する。
> 　経験なくとも診断できるような錯覚・疑い診断の欠如・病因論の欠如・あてはまらない場合の扱い。

精神医学的な診断というのは実は非常に議論があるところで，診断それ自体に議論が多いのです。いわゆる「従来診断」というのと「操作的診断基準」というのがあって，これが対立とまでは言えないまでも，なかなか両立しないところがあります。

　「従来診断」では，同じ患者さんに対しても，ある精神科医は統合失調症と言うし，別の精神科医はうつ病と言うし，別の人は人格障害だと言うし，というようなことがしばしば起こりました。それは統計を作る時や研究の時には，非常に差し障りがある。場合によっては治療に関しても差し障りがあるのではないかということで，診断をなるべく一致させていこうということになりました。そこで，ICD-10やDSM-IVができてきたという経緯があります。10(テン)とかIV(フォー)というのは，改定されてきた版です。

　ICDというのは世界保健機関(WHO)の基準で，日本の厚生労働省などもこのICDを基準に使っています。DSMというのはアメリカ精神医学会の基準です。アメリカの基準なのですが，これも世界的によく使われているので，鑑定の場合にもよく使うということになります。ICDとDSM両方見ると，概ねDSMの方が厳格で，いろいろ細かいですね。ICDの方がゆるやかで，臨床的な判断みたいなものが入りやすいというところがあります。

　そしてDSMにしてもICDにしても，基準が比較的明確で，一致率が高いということが言われています。だから研究とか統計とか，治療マニュアルなどに適するということになるのです。たとえば7つあるうち4つあてはまるとこの病気だとなるので，経験がなくても診断できるような錯覚が出て来ます。しかし，我々のような経験を持った臨床家が診断する場合には，その人に接触した感じ，話した感じ，表情，服装，そういったところからまず診断を思い浮かべて，その中で当てはめていくという作業になっていくことがあります。そこではやはり，経験であるとか，精神病理に対する知識であるとか，そういったものが大きく影響してくるのですね。だから私は，ICDとかDSMに頼るということには，非常に大きな問題があると思っています。後にも述べますが，精神科医全体に，ICDやDSMが根底的な診断であるかのような雰囲気が作り出されてしまっていて，これ自体，非常に大きな問題であると私は個人的には思っています。ICDやDSMを否定するつもりはありませんが，使い方が間違っている，間違った方向に行っていると思っています。

　「疑い診断の欠如」とレジュメに書きましたが，精神科の診断というのは，なかなか決められないことがあります。こういったものとこういったもの

を考えていかなければいけないはずなのですが，ICDやDSMで数字やアルファベットのコードをつけようとしていくと，そういったものがなくなってしまうということがあります。また，病因論が，ICDでもDSMでも，多くのもので欠如しています。まるっきり欠如しているわけではありません。たとえばPTSD（心的外傷性ストレス障害）などというのは，ストレスが原因になっているということで言われますから，原因論がまったくなくなっているわけではありませんが，しかし原因論は非常に少ない。その時の症状だけで判断していくということになっていくので，果たして，そのICDやDSMで，○○病だと診断されたものが，本質的に○○病と見ていいのか，あるいは○○病と診断されたものの中に，異質な2種類3種類の病気が入り込んでいないか，というあたりのことは検証ができていない，仮説にもなっていないということです。ICDやDSMの中では，あてはまらないものがいろいろあります。そういう場合，どう扱っていくかということも難しいところがあります。

　いろいろ言いましたけれども，ICDやDSMは便利な道具であることは確かなので，私も基本的には臨床でも鑑定でも使っております。どちらかといえば従来診断を重視しながら，使っていくという立場だろうと思います。

(2) ICDの診断基準による分類

```
    器質性精神障害
        てんかん
    薬物性精神障害
    統合失調症
        妄想性障害
    気分障害（躁うつ病）
    神経症性障害
        解離性障害
    摂食障害
    人格障害
    発達障害
        精神発達遅滞
        広汎性発達障害（アスペルガーなど）
    多動性障害
```

| 行為障害 |
| 等々 |

　レジュメには，診断で問題になりそうなものを挙げました。ICDの診断基準に沿って出しました。
　たとえば器質性の精神障害の方が問題になりますね。器質性の精神障害とは，たとえば認知症であるとか，脳，あるいは頭部外傷のあとの精神障害であるとか，そういったものが含まれます。私の鑑定した例では，てんかんの方の鑑定などがあります。
　ほかには薬物性精神障害。覚せい剤，シンナー，アルコール，そういったものが薬物性精神障害になります。
　一番多いのが統合失調症ですね。統合失調症というのは私どもが見る病気の中で一番多い病気ですが，私の個人的な鑑定の中でも統合失調症が一番多いですね。統合失調症の一部というわけではないのですが，非常に似た疾患の中で妄想性障害というのがあります。被害妄想であるとか嫉妬妄想であるとか，そういったものが顕著に出ていて，それ以外の症状はあまり出ない。臨床ではこういう方はほとんど見ることはないのですが，鑑定では数件見ております。
　それから気分障害，躁うつ病。
　ほかには，神経症性障害といって，いろいろありますけれども，これも後で実例を出しますが，解離性障害が疑われるような方の場合には問題になります。解離性障害というのはなかなか難しいのですが，本来であれば同一性なり一貫性が保たれているものが破綻しているもの，そのつながりが絶たれているものが解離という定義になっています。これだけだと何を言ってるのかよく分かりませんが，記憶であるとか，そういったものが絶たれるような場合，あるいは，たとえば我々は自分の意思で手を動かすことができるわけですが，手が動かなくなってしまうとか，自分の意思に反して手が動いてしまうとか，そのようなものが解離現象と言われます。日本では数は少ないですが，たとえば解離性同一性障害，多重人格ですね。その方の鑑定などもありますね。私ははっきり解離性同一性障害という方の鑑定というのはやったことはありませんけれども，臨床ではずいぶん，入院でも外来でも見ています。人格が交代して危険なことをすることが結構多いので，なかなか治療には難渋する一群の方々ですね。
　それから摂食障害。過食症であるとか拒食症であるとか，そういった方

がおられますね。

それから人格障害。これは後で触れます。

それから発達障害も最近よく出て来ていますね。精神発達遅滞，いわゆる知的障害の方々も多いですし，最近有名なのは広汎性発達障害，アスペルガーなどですね。非常によく出て来ます。私も鑑定とか意見書の例があります。それから多動性障害とか注意欠陥多動性障害というような方々もおられます。こういう診断のみで鑑定にあがってくることは少ないですけれど，今後問題になってくる可能性は十分あると思いますね。

それから，行為障害というのもレジュメに書きました。行為障害というのは基本的には子どもの方のいろんな行動の障害ですね。暴力的であったり，うそをついたり，夜遊びをしたり，動物に虐待をしたりというような方々で，そのうちの一部が反社会性人格障害になっていくということが言われています。

(3) 典型的症例
ア　統合失調症

【統合失調症】
　統合失調症では，はっきりした幻覚や妄想がある場合に責任能力の問題がわかりやすい。

　しかし，統合失調症は，当初は易疲労性や思考力低下などの神経衰弱状態，強迫症状などの初期症状で始まることが多い。その後急性期症状が出現する。急性期症状の中でも，当初は漠然とした無気味さ，不安，孤立感などの「妄想気分」や，周囲の出来事に特別な意味があると感じ取れる「妄想知覚」，突然に心の中にある確信が思い付かれる「妄想着想」などが多いとされている。この段階ではまだこれらの病的体験は明瞭な体系を持たない。その後，被害関係妄想などの体系的な妄想，それを裏付ける幻聴等が出現してくる。体系化した妄想は，妄想着想などの個々の体験が，現実の知覚や正常な思考，個人の知識などを動員して整理統合されるものである[2]。統合失調症の基本的な障害により，統一的な人格を保つことができなくなっている中で，たまたま

---

[2] 濱田秀伯『精神症候学』(弘文堂，1994年)。

> 言葉にできる程度にまとまった副産物が幻覚や妄想となり，それが健常者にはわかりやすく伝わるのである[*3]。むしろはっきりした体系をとらないものほど重要である可能性。発病初期の理由不詳の運動暴発も。

「幻覚や妄想に支配されている」というような表現が，司法の分野でよく言われます。ただ，この人は支配されている，この人は支配されていないとはっきり言えるかというと，正直言ってなかなか難しいところがあります。はっきりした幻覚や妄想などがある場合には，責任能力の問題は分かりやすいのですが，幻覚や妄想があまりはっきりしないような場合もあるのです。

レジュメにも書きましたが，統合失調症というのは一番最初から幻覚や妄想が出るわけではなく，疲れやすいとか思考力の低下というような神経衰弱状態であるとか，強迫症状，たとえば同じようなことにずっとこだわってしまったりとか，手洗いが止まらなかったりとか，そのようなことで始まることが多いですね。その後，急性期症状が出現するということがあります。急性期症状の中でも，最初は漠然とした不気味さ，不安とか孤立感というようなことで始まる場合が多いのです。妄想気分などといったものの中から，妄想知覚や妄想着想などが出て来ますが，この段階ではまだ病的体験というのは明瞭な体系を持たず，被害妄想であるとは言えないようなものが多いのです。その後，被害関係妄想や幻聴などが出現してくると言われています。体系化した妄想，たとえば，「自分は被害を受けている，このような被害を受けている，いつも被害を受けている，自分の家にまで侵入してくる，自分が学校へ行こうとすると邪魔をする，実はその黒幕はこういう人だ」，このように次第になってくるような妄想というのは，これだけの変化の過程を経て，後の方に出てくるものなんですね。レジュメでは濱田秀伯氏の表現をほぼお借りしましたが，「体系化した妄想は妄想着想などの個々の体験が現実の知覚や正常な思考，個人の知識などを動員して整理統合されるものである」。つまり，このような被害を受けている，おかしな感じがある，自分がやっていることが筒抜けになっている感じがある，ということは家の中に監視カメラがあるという話で，監視カメラを

[*3] 林幸司『精神鑑定実践マニュアル』（金剛出版，2001年）。

探していくと似たようなものがあって，この線をたどっていくとあっちの家につながってるから，この家が実は黒幕なんだ，というようなことにつながっているんですね。そういう意味で，線がつながっているとか，監視カメラがあるはずだというようなところは，ある意味で正常な思考なわけです。体系化される過程というのは，自分の思考がある程度まとまってるからこそできることであるわけです。この点については，林幸司先生の記述が分かりやすいです。統合失調症の基本的な障害により統一的な人格を保つことができなくなっている中で，たまたま言葉にできる程度にまとまった副産物が幻覚妄想となり，それが健常者には分かりやすく伝わるということですね。だから，たまたま，まとまった言葉にできる程度にまとまった副産物が出ない場合には，幻覚や妄想だとは，あまりはっきりしないわけです。ですから，どっちが重症かと言われたら，そういう副産物があまり出ない方が，まとまった思考ができないという意味で重症であるという見方が，十分できるわけですね。だから幻覚とか妄想がないからといって，重症ではないと言えないし，むしろ幻覚とか妄想とかない病理の方がより重症で，責任能力のことを考えても，減らしたり免除したりという方向で考えた方がいい場合もあります。

　例えば，私が今も治療している方のケースをご紹介します。統合失調症の初発に近いような，これまで全然治療を受けてない方です。この方が，全然意味も分からずに，家族を刺して殺人未遂を問われました。殺意を本人は肯定してますので，殺意を持ったことは確実なのですが，しかし殺意を持った理由を本人は説明できないのです。他の方がお書きになった鑑定書は，本人が家族に対していやだと思っていて，それが殺意になった，だから幻覚とか妄想に影響されてないので，完全責任能力という判断を示しました。そして，判決もそれを認定してしまいました。しかし私は，この鑑定書は間違いだと思いました。たしかに幻覚や妄想ははっきりしません。今もはっきりしません。動機が全然ないですから，やっぱりこれはかなりまとまらない，ただの運動暴発であったとみなす方が正しいだろうなと私は思っています。

イ　人格障害

【人格障害（パーソナリティ障害）】
　非常に議論のある概念で，存在自体を否定する医師もある。

> しかし，認知や感情や行動において一般とは異なっており，それが持続性である人々の一群があること，および基準にあてはめると非常によく説明される人々がいることもまた確か。
> 　元々は精神病質概念に端を発する。
> 　起源からして責任能力判定を分けるためのものとして作用。
> 　DSMでは
> 　　クラスターA（奇妙で風変わり）…妄想性，統合失調質，統合失調型
> 　　クラスターB（劇的，感情的，気まぐれ）…反社会性，境界性，演技性，自己愛性
> 　　クラスターC（不安げで怯えを抱いている）…回避性，依存性，強迫性，特定不能
> 　中島自身も，他のものはともかくとして，反社会性人格障害を精神医学概念として考えることには抵抗がある。

　次に，人格障害についてです。人格障害というのは，英語の「パーソナリティ・ディスオーダー（Personality Disorder）」の日本語訳です。実は，英語の「パーソナリティ」というのと日本語の「人格」というのは，だいぶニュアンスが違うところがありますので，最近では「パーソナリティ障害」と使った方がいいんだと言われていて，私もどちらかというとそっちを使う場合の方が多いのです。しかし，まだ「人格障害」と言われる方が多いので，ここではその用語を使います。
　これは非常に議論のある概念です。存在自体を否定する医師もいます。私はそういう議論にも一定の理解はします。認知や感情や行動が一般の人と異なっていて，それが持続的にそのようなパターンを示す人の一群がいることは事実です。人格というのは，ある種の行動パターンです。人間というのは何か刺激があった時に，刺激に対して反応するわけですが，その反応のパターンが人によって違うわけです。何か言われるとすぐ怒る人もいるし，何言ってもニコニコしているような人もいる。そのような反応の仕方が，人格なのです。そのパターンが，ふつうの人と違うようなことが一群の人に言えることは事実ですね。
　この人格障害というのは，元々は精神病質という概念に端を発します。これも詳しくは述べませんが，シュナイダーという昔のドイツの学者が言い出しました。その起源からして，犯罪をするような人たちに関して，統合失調症と精神病質というものから，人格障害というのを分けていくとい

うことをかなり意識したものとして，概念ができています。

　先ほど申し上げたDSMの中では，レジュメにありますように，人格障害が3分類してあります。クラスターAというのは奇妙で風変わりな人たち。妄想性とか統合失調質とか統合失調症型パーソナリティ障害という方です。統合失調症に近い方々ということになります。クラスターBというのは劇的とか感情的，気まぐれですね。感情が非常に不安定で，それによる問題行動を起こしやすい方々ですね。反社会性とか境界性とか，演技性とか自己愛性とか，こういう人々がいます。クラスターCというのは不安げで怯えを抱えている人たち。回避性というのは，いろいろ避けて行く，逃げて避けて行くというパターンをとる方。依存性というのは誰かに依存して，決定などもその人に決めてもらう。強迫性というのはものごとにこだわってしまって，なかなか先へ進めない人たちですね。あと特定不能。パーソナリティ障害というのはここに入っています。

　私自身，今申し上げたように比較的便利な概念だと考えていますけど，反社会性人格障害を精神医学並みに捉えることには抵抗があって，鑑定書に記す場合にも留保付きで記しています。

ウ　精神病と他の合併例の鑑別

【他の疾患との関連で問題となることも】
　精神病と人格障害の合併例。
　精神病等の症状としての人格障害（慢性統合失調症・脳器質性疾患・覚せい剤後遺症等）。
　統合失調質人格障害と単純型統合失調症の鑑別の困難さ（広汎性発達障害とも）。

　精神病が，他の疾患との関連で問題になるようなこともあります。統合失調症と反社会性パーソナリティ障害の合併などは多いですね。これらの人は，幻覚や妄想はあるが，行動自体は反社会的な人たちの行動をとるということです。

　ほかには，精神病の症状としての人格障害というのもあります。慢性の統合失調症が人格変化になって，抑制がはずれてしまうことがあります（脱抑制）。精神科の病院で慢性で長く入院している方の病棟などに入ると，たとえば失禁があったり，廊下に寝ていたり，裸になって歩いていたりとか

ということがあるわけです。これらは別に犯罪ということではありませんが，ふつうは自制していることが自制できなくなっているという方々がおられるということです。

さらには，脳器質性疾患。たとえば頭部外傷，あるいはてんかんといったものです。脳腫瘍の手術をした後という方もおられました。そういう方々は，いわゆる幻覚や妄想はないが，なかなか自分の理性を保つことができないということがあります。

ほかには，覚せい剤の後遺症の方々。覚せい剤を使う方は，全員がそうということではありませんが，もともと反社会的なところに親和性を持っている方が多いですね。そういう方が，更生していく過程でも，ご自身のそういう傾向を助長してしまい，自分で自制していくという意思がなかなか持てないという方がおられます。また，覚せい剤の後遺症として，人格が変わることがあります。イライラしやすくなったり，カッとしやすくなったり。フラッシュバックを起こしやすいというようなこともあります。

実際に鑑定をする中で感じるのが，統合失調質人格障害（シゾイド）と単純型統合失調症の鑑別の難しさです。これは，いずれも引きこもっていて，反応が乏しいという点が非常によく似ているのです。ただ，統合失調質人格障害は基本的にはずっと一生そのままなんですね。他方，単純型統合失調症は徐々に進行していく。ゆっくりゆっくりだけれども進行していって，だんだんと能力が落ちていくということが，一番大きな違いです。このようなことは，2〜3カ月の鑑定で鑑別することは非常に難しいのです。それまでの病歴などの情報を調べたり周りの人やご家族の話を聞いたりして，たとえば成績がだんだん落ちて来ているだとか，実はだんだんこういうことができなくなってきているんだということが出てくると，単純型統合失調症と言いやすいのですが，そのような情報がない方もいます。私が最近意見書を書いた，さる有名事件の方というのは，犯行時までに関してはそのような情報がなく，鑑別が非常に大きな問題になりました。犯行してから後は，どんどんレベルダウンしていることが，拘置所の観察や弁護士さんの観察の報告で，明らかになったのです。

また，このあたりは広汎性発達障害の中で，比較的表立った症状をあまり出さないような方々との区別というのがなかなか難しかったりしますね。広汎性発達障害の中で明らかにいろんな奇妙な行動をとる方はおられるんで，そういう方との鑑別は難しくないんですが，あまりそういうことを出さない方もおられて，そういう方は非常に難しいですね。

(4) 周期性の問題

> 周期性については鑑定でも見落とすおそれあり（臨床でも，「人格障害」⇒実は躁うつ病）。
> それまでの病歴，本人以外の人からの情報等

　似たような事例ですが，周期性については鑑定でも見落とすことがあります。たとえば躁とうつを繰り返してる人というのがいます。それが数カ月単位で出てくるような人もいます。半年間躁が続いて，半年間うつが続くなんて，そんなに珍しくないですね。そういう人を3カ月で鑑定しようと思うと見間違える可能性があります。それ以前のことに関して情報が乏しければ，見落とすことがあります。たとえば，人格障害で抑制がはずれてるんだと思っていたら，しばらくしたらうつ状態になって，前は実は躁状態だったんだと後で分かるなどというのは，実は結構あります。それまでの病歴であるとか，本人以外の人からの情報というのをどれだけ得られるのかというのは，鑑定でも臨床でも，非常に重要ですね。

(5) 酩酊の分類と責任能力

> 単純酩酊・複雑酩酊・病的酩酊
> 　非典型例の多さ，そもそもこの区別が妥当か否か，これに対する責任能力対応が適切か否か

　お酒で酩酊しているような場合での犯行というのもあります。酩酊には，単純酩酊，複雑酩酊，病的酩酊というのがあるわけです。ビンダーの3分類というのが古典的によくいわれている方法です。これが正当であるかどうか，いろいろ議論あって，ドイツではこの方法は使われていない。大雑把に言うと，これにこだわってるのは日本だけですね。一つのモデルとして出しているので，そういう意味では便利は便利なのですが，非典型的な例がものすごく多くて，そもそもこの区別が妥当か否か，よく分からないところがあります。

　それから単純酩酊は完全責任能力，複雑酩酊は限定責任能力，病的酩酊は責任無能力ということに一応なっているのですが，これが適切か否か，

難しいところがあります。単純酩酊というのは，酔っぱらって抑制がはずれてしまったという方ですね。複雑酩酊というのは，いわゆる悪酔い。酒癖が悪い。突然，人が変わったように暴力的になるような場合です。病的酩酊というのは，それをもう一歩超えて，幻聴があったり，幻視があったり，見当識の障害があったり，たとえばポストを見て，全然違う人だと思ったりなどという，明らかな認知の機能の問題があるような場合です。健忘は単純酩酊でも，複雑酩酊でも，病的酩酊でもどれでも起きる可能性はありますので，健忘だけでは判断できません。

(6) 衝動抑制の困難性と責任能力

【衝動抑制の困難性と責任能力の問題】
　制御能力がなければ責任能力はない？
　しかし人格障害，病的窃盗などでは問題になる。覚せい剤依存症者の薬物渇望を「制御能力なし」とはしないだろう。

　また，衝動抑制の困難性と責任能力の問題というのがあります。ご承知の通り責任能力の判断には生物学的方法と，心理学的方法と，混合的方法があり，心理学的方法では，弁識能力，制御能力をみるということになるわけですね。制御能力がなければ責任能力がないということになるわけなのですが，これもなかなか難しいところがあって，制御できていれば犯罪に至らないわけですから，どう考えるか非常に難しいところがあります。人格障害や病的窃盗などでは問題になりますね。あとで病的窃盗の例を出します。
　覚せい剤依存症の人の薬物渇望などというのは，正直いって本当に制御困難なものです。しかしこれを制御能力なしということにすると，覚せい剤依存症者の覚せい剤使用が責任能力なしということになって，これは多分，少なくとも社会防衛的にはとても許容される議論ではないと思います。それから，このあたりの制御能力の問題というのは，実は結構難しい話です。以下では，実例をいくつかご紹介したいと思います。

4 責任能力鑑定の実際

　私は鑑定の時に，一番最後にいつもご本人に，ひょっとしたら専門家対

象にこれを発表するかもしれませんがいいですかとお聞きします。それでOKされた事例の中で，再鑑定のものをいくつかピックアップしました。

　私の鑑定書は厚いのです。特に事例2の方は，私もこんなに長くなると思わなかった。100頁の鑑定書でした。読む方も大変だと思いますが，書く方はもっと大変なのです。事例2というのはただの窃盗ですので，それで100頁も書くのは，どうかしてるなという気もするんですが，考えてたらそうなっていました。

(1)　事例1──病病歴に基づいて病状悪化の評価をすることの重要性と供述調書の評価の問題

【事例1】病歴に基づいて病状悪化の評価をすることの重要性と，供述調書の評価の問題を感じさせられた例
〈犯行〉
　同居の母親に対して頭部や顔面に殴打等の暴行を加え，頭蓋内損傷によって死亡させた，50歳代男性の傷害致死被告事件。但し本人は頭部等への暴行を否定し，膝を蹴っただけだと主張しているため，「起訴状記載の公訴事実が認められることを前提として」という条件のついた鑑定。
〈本件に至る経過〉
　10歳代でうつ状態で発症し，その後躁状態およびうつ状態を繰り返した。通院加療を継続しており，躁状態の勢いで就いてしまった短期的なものを除くと仕事もせず自宅で過ごしていた。40歳代から2回，ひどい躁状態。このときは，当初は多弁傾向が認められるのみで，主治医の診察でも特に異常を感知されない状態から，10日ないし2週間で急速に悪化して，まとまりのない行動，母への暴力などが出現して，緊急入院に至るという特徴。
　犯行発覚日の約1カ月前に，被告人は夜勤の仕事に就職した。自宅で暴れ，被害者を言葉で責めるなどの行動，外での飲酒等も始まり，自覚的にも躁状態であると認識していた。同じく発覚日の約1週間前に主治医の診察があり，多弁，過活動を認められ，炭酸リチウムが追加投与された。不眠が始まり，職場や路上での他人とのトラブルも生じた。こうした状況の中，自宅で被告人が被害者を言葉で責めていた折，被害者が倒れ，被告人が救急車を呼んだため，本件が発覚した。

〈先行鑑定〉

　起訴前にあるベテラン鑑定医によって鑑定留置を伴う鑑定。統合失調症と診断され，本件発覚直前に至るまで勤務を続けていたこと，警察等での供述調書がまとまっていること，留置室内での異常言動は拘禁反応と考えられること等を根拠として，心神喪失および心神耗弱が否定されている。但し過去の診療録を参照していない。

〈私の鑑定の判断〉

　診断は，統合失調症に近いところもあるが，経過や症状から双極性障害とする方が適切。被告人の病状悪化は，上記の病歴の検討で判明しているように急激であることがその特徴である。就業していたことはむしろそれ自体が躁状態の現れと考えなければならない。また供述調書は不適正に作成されたものである可能性もあり，そうでないとしても，取調室外も含めた被告人の全精神状態を反映したものではなく，供述にまとまりがなくても取調官が修正・明細化した上で調書として記録するものであり，また逮捕・勾留期間に作成された全ての調書が検察側から裁判所に提出されるわけではないので，調書の表面上の体裁は過大評価されるべきではない。他国で行われているように，捜査過程の大部分ないし全部の録音・録画などがなされていれば，こうした問題の一部は解決していた可能性がある。留置室内での異常言動は，逮捕前の状態と連続的なものであること，明確な拘禁反応の特徴を持っていないことから，拘禁反応ではなく，元来の病状悪化と判断すべきである。判定に困難をもたらす事情がいくつかあることを承知の上であえて述べれば，弁識能力や制御能力は著しく損なわれていたが，本件発覚直前に至ってもまとまりのある行動が存在することが確認されていることも事実であるので，未だこれらの能力が完全に喪失しているというところまでは至っていないと判断してよいと思われる。犯罪学的に言えば，中谷[*4]の言う「暴君的依存」に類似した現象。

　本件では尋問に呼ばれ，特に検察官から，疾病診断や犯行時の躁状態の認定につき，手厳しい質問を受けた。判決は私の鑑定にほぼ依拠，限定責任能力を認め，懲役4年。

　供述調書の扱いにも意見を述べた。私自身のえん罪への関わりから

[*4] 中谷陽二「双極型躁うつ病の躁状態における殺人未遂の1例」同『司法精神医学と犯罪病理』（金剛出版，2005年）61〜72頁。

の体験もある*5。

　事例1というのは診断も議論になったものですから，そのあたりに関しても書いたというところがあります。
　この方の犯行とは，同居のかなりご高齢のお母さんの，主に頭部や顔面に暴行を加えて，頭蓋内損傷によって死亡させたということです。ご本人は暴行を否定して，膝を蹴っただけだと主張している。だから公判鑑定は，起訴状記載の公訴事実を認めるということを前提として，という条件のついたものでした。
　本件に至る経過としては，10歳代でうつ状態を発症して，その後躁状態とうつ状態を繰り返しています。仕事もしないで自宅で過ごしておりました。躁状態の時は当初から多弁傾向が認められるのみで，主治医の診察で特に異常を感知されない傾向から，10日ないし2週間で急速に悪化してまとまりのない行動とか，お母さんへの暴力などが出現して，緊急入院に至る。これがこの人の躁状態の特徴なんですね。犯行発覚の約1カ月前に夜勤の仕事に就職して，自宅で暴れて，被害者を言葉で責めるなどの行動があって，お酒飲んだらいけないよと主治医からずいぶん言われてたんですけど，外で飲酒なども始まって，自覚的にも躁状態であると認識していました。発覚した日の1週間前に主治医の診察があって，多弁，過活動が認められて，炭酸リチウムが追加投与されたということがあります。この人が不幸だったのは，この少し前に，ずっと長く見ていてくれた主治医が，病気で変わってしまったんですね。急病だったものだから，ちゃんと引き継ぎがなされませんでした。前の主治医は本当に丁寧に診ている方だったのですが，後の方はそうでもないんですね。ちゃんと分かっていれば，この時に実はきちんと対応できたはずだと思うのです。具合が悪くなりはじめたら，この人は悪化するのが早いですから，そのことが分かっていれば対応ができたはずです。炭酸リチウムというのは確かに躁を抑える薬なのですが，効いてくるのが遅いのです。だからこのような場合には，炭酸リ

---

*5　中島直＝篠原睦治「Aさんの裁判における精神鑑定書批判」（原文は実名）臨床心理学研究27巻2号（1989年）28〜55頁。Aさん救援会ウェブサイト〈http://club.pep.ne.jp/~h.atuta/index.htm〉。Aさんを救援する関西市民の会（実際は実名）『さいばん，マル』（障害者問題資料センターりぼん社，2007年）。浜田寿美男『ほんとうは僕殺したんじゃねえもの』（筑摩書房，1991年）。浜田寿美男『自白の研究――取調べる者と取調べられる者の心的構図』（三一書房，1992年）263〜264頁。

チウムでは間に合わないのです。不眠が始まって，職場や路上での他人とのトラブルが生じて，こうした状況の中，自宅で被告人が被害者を言葉で責めていた折り，被害者が倒れて被告人が救急車を呼んだため，本件が発覚した。被害者は亡くなっていますので，状況を分かってるのは被告人だけなんですね。被告人は，足を蹴っただけだと言っていますが，足を蹴っただけで頭の外傷はできませんから，そこはどうしてか分かっていない。いつ，頭部外傷が起こったかも分からない。

先行鑑定としては起訴前に，あるベテランの鑑定医によって，鑑定留置を伴う鑑定が行われています。この鑑定医は非常に高名な方できちんとした鑑定をなさる方です。いい加減な鑑定をする人ではありません。統合失調症という診断をされて，本件発覚以前，直前に至るまで勤務を続けていたこと，それから警察などでの供述書がまとまっていること，それから留置場内での異常行動は拘禁反応と考えられるということを根拠として，心神喪失および心神耗弱が否定されています。ただし過去の診療録を参照していないというのがこの先生の最大の問題だったと思っています。過去の診療録をその前の主治医が詳細に残していたので，私はそれを見てよく分かったわけです。だからこういう特徴があって，躁状態もこういう特徴があるのだということが非常によく分かった。

私の鑑定の判断としては，診断としては統合失調症に近いところもあるけれども，経過や症状から双極性障害，躁うつ病ですね，というのが適切であろうということです。この方の病状悪化は急激であることが特徴で，職に就く時というのは必ず躁状態なんですね。だから就業していくということは，精神状態が安定したことを示すのではなくて，むしろ躁状態であることの表れであるということです。

供述調書に関しては，不適切に作成されたものである可能性もあるし，そうでないとしても，取調室の外も含めた被告人の全精神状態を反映したものではない。供述にまとまりがなくても，取調官はまとまりがないままには書かず，修正して明細化した上で，関係ないところは削除して記録する。また逮捕勾留の機会に作成されたすべての調書が，検察側から裁判所に提出されるわけではないので，調書の表面上の体裁は過大評価されるべきではない，と書きました。なお，取調べの可視化の問題が弁護士会の方でも問題にされていますが，これがきちんとなされていると，だいぶ違ってくるだろうなと，時々思うのです。ですので，そのようなことも鑑定書に書きました。私の立場からすると，可視化の対象は全部でなくても，あ

るポイントポイントだけでも録画あるいは録音されていると,だいぶ違うだろうと思います。

そして留置場内での異常言動は,明確な拘禁反応の特徴を伴っていないため拘禁反応ではなく,逮捕前の状態と連続的であり,病状悪化と判断すべきだろうと判断しました。しかし犯行態様がとにかく分からないわけですね。本人は足を蹴っただけだと言っていますし,そもそも犯行の日時も実は分からない。いつ頭打ったのかも分からないというのが,法医学鑑定の方から出ています。だからずいぶん前に頭を打ったものが悪化したものかもしれない。ご本人は日一日とどんどん具合が悪くなっています。いつどこでどういう犯行が行われたのか全然分からないので,かなり判定に困難をもたらす事情がいくつかあることを承知の上で,限定責任能力が相当ではないかということを書きました。

尋問では検察官から躁状態の疾病診断など,ストレートにかなり厳しく質問を受けました。分からないところは確かにあるのですが,ただ,病歴に関してはかなり詳細に調べることができたので,そこはきちんと答えることができたと思います。

判決は私の鑑定にほぼ依拠しまして,限定責任能力で懲役4年ということでした。

私自身が学生時代から冤罪事件に関わりがありました。だから供述調書というのがあてにならん,というのはなんとなく昔から知っていました。そういうことも背景にあって,このように考えることができたと思っております。鑑定書には治療のことなどに触れましたし,この方が外に出て来た時にどのようになるか,生きていけるかどうかというのが非常に心配な方でもあるので,そういうことも記載をしました。

⑵ 事例2——神経症性障害,病的窃盗の責任能力

【事例2】神経症性障害,病的窃盗の責任能力について考えさせられた例
〈犯行〉
　先行鑑定が論文として発表されている[*6]。40歳代の女性の常習累犯

---

*6　田口寿子＝中谷陽二＝風祭元「神経性大食症,強迫性障害に合併したkleptomaniaの一鑑定例」犯罪学雑誌65巻6号(1999年) 269〜279頁。

窃盗被告事件。デパートの美術コーナーで展示されていた高価な茶碗と，別のデパートの地下の食品売り場でプリン等を窃取。

〈犯行に至るまでの経過〉

　幼少期から父からの体罰的暴力があった。14歳ころから摂食障害での治療歴，18歳ころから5年ほどは不潔恐怖から自室に引きこもった生活。その後デパートの店員等に従事するようになり，いつころからかはっきりしないがデパートやスーパーで，飲食品，服などの万引きを繰り返すようになった。判明しているのみでも10回以上の検挙歴があり，検挙されていない窃盗歴があることも資料が示唆しており，また本件においても逮捕に至るまでに数点の盗品と思われるものを所持していた。

　通院はしていたが，服薬状況は不明。入院していたこともあるが，入院中に窃盗事件を起こして強制退院となったことも。逮捕や受刑が繰り返される中で，仕事は続けられなくなって辞め，自宅で両親とともに暮らしていた。夕方ころ外出し，デパート等へ行き，外食をすることもあるが，食材を買ってきて自宅で自分で作って食べることが中心で，大量に食べて嘔吐。除菌スプレーを大量に買い込んで，周囲，食べ物，自分の身体に噴霧していた。布団は汚いと考えていて，横になって寝ることができない。

　これまでの検挙では，起訴猶予が多く，起訴されて裁判になったときも執行猶予判決が多い。判決の中で責任能力に関して認定がなされているときは，被告人の障害と犯行が何らかの関連をしていることがうかがわれる，といった論拠で心神耗弱とされている。実刑判決を受け受刑した際に，不潔であるとして食事を摂らなくなって危篤状態となったこともある。本件で拘置所に入った後も，エンシュア・リキッド（缶入りの栄養剤）のみしか摂取できず，それすらも摂らなくなって，一時は拘束下で中心静脈栄養（IVH）が施行された。

〈先行鑑定〉

　これまで，入手し得たもののみでも，同種の犯行で，4回の簡易鑑定，3回の鑑定留置を伴う鑑定（本鑑定）を受けている。簡易鑑定では「正常の範囲内」「人格障害」「強迫性障害」「摂食障害」「窃盗癖」などとされて完全責任能力が示唆されることが多い。本鑑定では意見が割れている。最初のものでは，「摂食障害」「病的窃盗」とされ，犯行時は窃盗への衝動とそれはいけないとする心理葛藤から解離が生じたもので，制

御能力がなく、治療の対象であると責任無能力が強く示唆された。2回目に受けた本鑑定では境界性人格障害とされ限定責任能力が示唆されている。3回目に受けた本鑑定では強迫性障害、離人症性障害と診断され、離人症によって犯行への抑制の減弱が生じたとされたが、責任能力判定については明言されていない。本件でも私の鑑定の前に簡易鑑定を受け、強迫性障害、精神病相当の程度には見えない、心神耗弱とするかは法律家の権限領域、とされている。

〈私の鑑定の判断〉

　強迫性障害があり、横臥することもできないほど強い強迫症状を持ちつつも、外出や買い物ができるというアンバランスが特徴。窃盗によって拘禁されると強迫行為について制約を受けて重症化してみえる状態となり、苦痛が生じ、食事も摂れなくなり、生命の危機にまで至る。また病的窃盗がある。窃盗が声ないし言葉によって命令されている感じ、と語ることもあるが、聴覚性は明らかでなく、仮性幻覚で、強迫幻覚に近い。摂食障害については体重へのこだわり等の主観的な症状を欠くこと、人格障害については鑑定時にみられる他責・拒絶傾向が被告人の生活全般を覆う傾向であるとの情報がないことから、それぞれ断定はできないが否定的であると考えられた。解離については典型的な解離性障害の診断基準を満たすとは考えにくく、犯罪一般について犯行時にしばしばみられる軽度の解離症状の存在までは否定できないが、あえてその診断を付すことには疑問がある。種々の資料から犯行時の記憶欠損はあるとしてもごく軽度であること、窃盗への衝動から生じる解離というものを認めるとしてもそれは他の機序で生じる解離と同様に考えることはできないこと、窃盗に対する抑制力は解離によって初めて減弱するのではなく明らかに解離が存在しないときにも弱いこと等から、犯行時に解離があったとしてもそれは責任能力減免の理由とならない。病的窃盗は、文献上で検討しても、解離等の関与がなければ責任能力の減免の事情とならないと考える方が自然である。動機がないのは異常に感じられようが、それはまさに犯罪行為それ自体が犯罪行為の動機になっているのである。被告人はけっして軽症とは言えない障害に苦しんでいることは事実であるが、それが犯行と直接関係していない以上、これは責任能力の問題と考えるべきではなく、情状面で考慮すべき事項である。

　尋問に呼ばれた。多くは鑑定書の内容の明細化であったが、弁護人

> がこだわったのは特に記憶欠損に関するものであった。判決は，私の鑑定を踏まえつつも，独自の論理で解離性障害の存在を認定し，それによって心神耗弱を認めたものであった。

　事例2としまして，病的窃盗の方を出しました。前に起訴前の簡易鑑定があって，私が鑑定をしました。実は，同じような窃盗を何回も何回も繰り返してる人で，それについて鑑定書がいっぱいあります。鑑定をされてる面々も，そうそうたる面々ですね。今の司法精神医学会に名を連ねる高名な，しかもみなさん非常に丁寧な良い鑑定書を書いておられます。
　40歳代の女性の常習累犯窃盗の方です。この方は，一目見たら異常な方なんですね。というのは，この方は不潔恐怖もあるのですが，不潔恐怖の方にはよくあることで，お風呂に入れなくて，よけい汚くなっちゃうんですね。トイレに行くのがいやだと言って，トイレに行くのも我慢して我慢して，時々失禁したりする。それでも着替えをしない。だから臭いもすごい。髪の毛を洗ったりもしないし，髪の毛を切るのがいやで長いものですから，頭の上に積んであるのですが，それを固く積んであって固まっている。そういう非常に奇妙な姿格好をしていますので，一見してこの人は相当重大な，重症な病気であると誰もが思ってしまうような方です。私もそうだと思います。
　こういう常習累犯窃盗という方は，デパートやスーパーから品物を盗ってくるという方が多いのですが，この方も，デパートの食品売り場のようなところから持ってくるというのが，いつものパターンです。
この時には，デパートの美術コーナーで展示されていた，有名な陶芸家の茶碗を持ってきたんですね。だからすごく高価なのです。そのほかにはプリンとかアイスクリームとか，100円や50円といったものを盗りました。だから，100万0050円という感じの，変な窃盗なんですね。
　犯行に至るまでの経緯ですが，幼少期からお父さんからの体罰的暴力がありました。これはお父さんご自身が認めておられますので事実です。14歳ぐらいから摂食障害の治療歴があって，18歳ぐらいから5年ぐらい引きこもり。その後，デパートの店員さんをやっていました。この仕事振りは非常に評価されていたようです。しかし，いつ頃かはっきりしないのですが，デパートやスーパーで食料品などの万引きをするようになりました。ただ，これは動機が全然ないのですね。どうもよくわからないのですが，万引きをしてきて，その盗品をコインロッカーに入れてそのまま放置しているな

どという，物欲しさの犯行としては，とても説明ができないようなことをやっています。判明しているだけでも10回以上の検挙歴がある。本件においても，どうも本人のものではないものをいくつも持っているんですね。本人に聞いても，それは自分のものだと言う。警察の方も被害届けが出てないので，それ以上どうしようもなくてということがありました。

今回の犯行でもアイスクリーム12個とか盗っています。アイスクリーム12個盗っても，どうしようもない，溶けちゃいますね。本当に犯行の意味としては，あまりはっきりしない。

通院は一応していたんですが，服薬状況は不明で，入院したこともあるのですが，入院中に窃盗事件を起こして強制退院なんてこともあります。逮捕や受刑を繰り返される中で仕事が続けられなくなって辞める。仕事自体は続けていたんですよ。ただ逮捕されると仕事できませんよね。だからそれで結局クビになっちゃう。自宅で両親とともに暮らしていて，夕方ぐらいに外出して，外食をすることもあるけれども，デパートへ行って食材を買ってきて自宅で自分で作って食べるということが中心で，食べて嘔吐する。除菌スプレーを大量に買い込んで，周囲とか食べ物とか自分の身体に噴霧をしていました。お風呂でもずうっとそれをやっているので，お風呂のパッキンがパカパカになっちゃったと，お父さんが言ってましたね。布団は汚いと考えていて，横になって寝ることができない。座るのも実は本人はとても嫌がって，立って寝ようとするんですね。でも立って寝るのはすごく危ないのです。頭を打って救急車で運ばれたりしたこともある。

この方は鑑定の時に，1週間ぐらい私の病院に入院して頂きましたが，この方が一番苦労しました。とにかく立って寝られて，頭でも打たれたら，病院の管理責任の問題になります。鑑定のために入院している時というのは，実はどこに責任の所在があるのか難しいので，頭を打ったからって，勝手に脳外科のある病院へ搬送したりできないわけですね。非常に難しいので，ご本人に横になって寝ることを約束させて，横になって寝なければベッドに縛るぞと言って，それで鑑定をやったというようなことがあります。

これまでの検挙では起訴猶予が多くて，起訴されて裁判になっても執行猶予の判決が多い。判決の中で責任能力に関して認定がなされている時には，被告人の障害と犯行がなんらかの関連をしていることが疑われるといった論拠で，心神耗弱とされています。

実刑刑決を受けて受刑した場合にも，不潔だとして食事をとらなくなっ

て，危篤状態になったことがあります。八王子医療刑務所にも入っていたのですが，そこで危篤状態になったことがありますね。本件で拘置所に入った後も，エンシュア・リキッドという缶入りの栄養剤しか摂取できなくて，それすらもとらなくなって，一時は縛って中心静脈栄養，首のところから高濃度の点滴を入れるやり方を施行されたこともあります。

　先行鑑定としてはこれまでに入手し得たもののみでも，同種の犯行で4回の簡易鑑定，3回の鑑定留置を伴う鑑定，これだけあります。裁判の資料は，最初は全部出て来なかったのですが，全部出してくれと私の方から請求して，弁護側はちょっと抵抗しましたが，裁判所側からうながされて，全部出してくれました。簡易鑑定では正常な範囲内とか人格障害とか強迫性障害だとか摂食障害，窃盗癖などとされて，完全責任能力が示唆されることが多いですね。本鑑定では意見が割れています。一番最初の本鑑定では摂食障害，病的窃盗とされて，犯行時は窃盗の衝動とそれはいけないとする心理葛藤から解離が生じたもので，制御能力がなく治療の対象であるとされて，責任無能力が強く示唆されています。非常に丁寧な鑑定をされています。2回目に受けた本鑑定では境界性人格障害とされて，限定責任能力が示唆されています。3回目に受けた本鑑定では，強迫障害，離人症，離人症性障害と診断されて，離人症によって犯行への抑制が減じたとされて，責任能力判定については明言されていません。この鑑定人の方は，あまり責任能力に関しては明言しないという立場なんですね。今回の件でも，私の鑑定の前に簡易鑑定で，強迫性障害，精神病相当の程度には見えない，心神耗弱とするかどうかは法律家の権限領域だろうということが言われていました。

　私の鑑定の判断としましては，強迫性障害がある。この人は布団にも寝られないという，相当重症なんです。布団にも寝られないぐらいの強迫性障害の方というのは，普通は外出はできないです。でもこの人は外出はできる。買い物もできる。自分の家の布団は汚いけれども，外のスーパーのものは汚くないというのは，やっぱりおかしいわけですね。こういうアンバランスなところがこの人の特徴である。窃盗によって拘禁されると強迫行為について制約を受けて，つまりスプレーなどは使えないわけですね。そうすると制約を受けて，重症化して見える状態になります。だからそれもあって，簡易鑑定の時は割と軽く見られるけれど，本鑑定の時は長い拘束期間を経ていますから，重症化して見える。そのようなことから，簡易鑑定では完全責任能力があるが，本鑑定では責任無能力という方向になり

やすいとは，この方の場合言えると思います。

　窃盗が声とか言葉で命令されている感じがあるということをおっしゃったことはありますが，幻聴としてはあまり重視すべきではないだろうと書きました。摂食障害もあまりはっきりしない。人格障害があるのではないかという点については，ずいぶん検討したのですが，たとえば非常に他責的で拒絶的な傾向があるんですね。ただこれは鑑定の時や治療の場ではそうなのですが，他の日常生活の場ではあまりそういうのが目立たないのです。デパートの店員さんなどを結構長くやってるということがあって，どうもこれはやっぱり，ふだんの彼女はそうではないのではないかと思って，人格障害については取りあえず否定的であるとしました。解離についても，あるかもしれないのだけれども，軽度のもので，先ほど言われたような，犯行しようという動機と犯行してはいけないというのが合わさって解離が生じたというのは，これはあまり責任能力減免というにはならないだろうということを書きました。それから窃盗に対する抑制力は元々弱いのですね。問診している時にも弱い。解離を明らかに生じていない時にも弱いので，だから解離が存在したからといって責任能力減免の理由にはなるわけではないということを書きました。

　以上のような事由から，この人は病的窃盗であるということを診断しました。病的窃盗というのは，あまり意味があるとは思えない窃盗を繰り返すような人たちで，窃盗によって快楽を得る，快感を得る，興奮を得るという，ある意味依存症みたいなものです。そういう診断をしました。病的窃盗に関しては，基本的には責任能力減免の事由にならないと私も思いますし，大抵の方はそうおっしゃると思うので，責任能力と関係ないというのが私の立場です。ただ，この人は先ほど申し上げたように，ひどい障害があることは事実なわけですね。生活の一つ一つにおいて大きな苦痛を持ってる。このあたりは責任能力の問題ではなくて，情状面で考慮すべき問題であると見ました。つまり完全責任能力であると私は言ったわけですね。

　ただこれは，みなさんから支持されませんでした。この事例は検察官も限定責任能力を主張しておられました。完全責任能力と言ったのは，私だけだったですね。検察官からの尋問は優しい尋問でしたが，弁護人からは記憶欠損に関する尋問をずいぶんうけました。

　判決は私からすると全然筋が通らない論理でした。解離性障害があるということを認定して，心神耗弱を認めたというものでした。この判決の論理も紹介したいのですが，判決文を公開してはいけないと裁判所からくぎ

を刺された上で判決文をもらったので，出せないんです。どうして出せないのか，私からするとちょっと理解できないのですが。

(3) 事例3——覚せい剤精神病の臨床と責任能力

【事例3】覚せい剤精神病の臨床と責任能力について考えさせられた例
〈犯行〉
　30歳代男性が，覚せい剤の自己使用下で幻覚妄想状態となり，殺意をもって包丁で実家の実母を刺した，殺人未遂・覚せい剤取締法違反被告事件。
〈犯行に至るまでの経過〉
　20歳代から覚せい剤の自己使用をほぼ連日。比較的早期から，物の影が人に見える，隣人の生活音がうるさく感じるといった症状，他人の会話が自分のことを言っている，盗聴器や監視カメラが仕掛けられているといった体験。監視されていて覚せい剤の使用は知られているのに逮捕されないことを不思議に思い，いろいろ考えているうちに，人口を一定に保つという国のシステムを全うするという課題があり，その課題を自分が果たしていないために監視されており，またそれを果たすために覚せい剤使用を容認されているという結論に至った。このころ家人からも種々の異常行動が観察されているが，犯行直前までは就労。
　犯行日の2週間前，実家へ赴き，父を殺そうと思ったが父から声をかけられてできなかった。犯行日の朝まで覚せい剤を使用していた。実家へ行ってテレビを見ていたところ，映っている人から遠回しに早く殺せと言われていると感じ，台所で包丁をとって母の寝室へ行って布団の上から刺し，そのまま自宅へ帰った。
〈先行鑑定の経緯〉
　簡易鑑定では，幻覚妄想状態での犯行で，責任能力は相当程度減弱していたと評価されるが，総合的に判断されるべきであるとし，動機形成に際しては身勝手な論理もみられること，犯行後自宅へ逃げ帰ったこと等から，自己中心的で反社会性が強いとされ，また疾病が自招性のものであることも指摘され，全体として完全責任能力を示唆。
　公判で別の鑑定人が本鑑定を行った。精神病の症状としての思考が正常な判断を凌駕して犯行に至ったのであり，精神病に基づく思考お

よび体験が、被告人をして母を殺そうとする行為を行わせるただ一つの原因で、被告人には本件犯行はより高い公益を保つための方針であるとも理解されていたとされ、責任無能力が強く示唆されている。また強制的なものも含めて依存症への治療が必要であることも強く主張されている。この鑑定人は尋問も受け、自招性を精神状態の判断に含めてはならないことを強調している。判決直前になって、裁判所がさらに鑑定人を求め、私を鑑定人に指名した。

〈私の鑑定の判断〉

　診断は覚せい剤精神病である。自招性や依存症の存在を責任能力判断に含めるか否かは法律家の判断に委ねる。正常に見える判断も散見するが、動機形成も実行の着手に至る過程も全て病的体験によって導かれている。少なくとも弁識能力および制御能力は著しく減弱しているという程度にまで達していたと言えよう。しかし、その妄想は、例えば被告人の生命を脅かし、仮にそれが事実であれば正当防衛を構成するような内容のものではなく、少なくとも強い緊急性・切迫性を欠いている。犯行直後、警察官を見て逮捕される過程で、覚せい剤のせいではなかったかとの考えが即座に頭をよぎっている。被告人の妄想は、監視されているとの病的体験に端を発し、種々の考慮を経て形成されたものであるから、真性妄想ではなく妄想様観念である。病的体験発生の経過は、幻覚や妄想の内容が乱用者の生きている状況（生活史、環境など）から発生的に了解可能であるとして福島の主張した不安状況反応[*7]の概念に、発生過程の点からすれば類似している。以上、犯行への妄想の影響性、妄想の形式、および妄想の発生過程の了解可能性の点から、弁識能力および制御能力は、著しく障害はされていたが、喪失にまでは至っていなかったと考えられる。参考意見であるが、医療観察法による治療の適応にはならないであろう。

　尋問には呼ばれなかった。判決は、私の鑑定をほぼ全面的に採用し、心神耗弱を認定した、執行猶予つきの有罪判決であった。自招性を責任能力判断に含めることの是非については「疑問の余地がある」とのみ

[*7] 不安状況反応とは、福島章によって覚せい剤精神病の幻覚妄想状態の一つのタイプを記述するために提唱された概念であり、幻覚や妄想の内容が乱用者の生きている状況（生活史、環境など）から発生的に了解可能であり、密接な意味連関を持つものを指している。この了解可能性を理由として、この状態のもとでの犯行を原則として限定責任能力と認定するのである。詳細は例えば福島章『覚せい剤犯罪の精神鑑定』（金剛出版、1994年）。

> コメントがされていた。確定すれば医療観察法の申立てがなされると思われるが，それについては情報が得られなかった。ちなみに先行鑑定の鑑定人は，それぞれ精神科救急および薬剤性精神障害の，本邦を代表する実務家兼論客。この両者の見解の相違の背景には，覚せい剤を中心とする薬剤性精神障害に対して，精神科医療はどのように門戸を開け，また司法とはどのような役割分担をすべきなのかといった重大な問題がある。柔軟な対応をすることが治療の機会を広げることとなるが，一方で自己の責任が問われないことにつながり，救急の現場ではリピーターが現実の問題となっている。自招性の問題は，突き詰めれば「原因において自由な行為」という法学的にも難しい議論に至る。
> 但し本件のような考え方には批判もある[*8]。

　事例3は覚せい剤の事件で，私の鑑定が3人目の鑑定であった事例です。覚せい剤の自己使用下で実母を刺した，殺人未遂，覚せい剤取締法違反です。

　覚せい剤を使っていて，盗聴器とか監視カメラが仕掛けられてるという体験がある。つまり監視されていて，覚せい剤の使用が知られているのにも関わらず，逮捕されないということが不思議だと思っていろいろ考えているうちに，人口を一定に保つという国のシステムがあって，それを全うするという課題があって，それを自分が果たしていないために監視されているのではないか。つまり自分は親御さんを殺すということが，自分の役割ではないのかということに思い至ったということです。お父さんを殺そうと思ったんだけど，声をかけられてやめちゃって，結局お母さんを包丁で刺したということです。

　簡易鑑定では幻覚，妄想状態での犯行で，責任能力は相当レベル減弱していたけれども，総合的に判断されるべきであって，疾病は自分で招いたものであるということで，完全責任能力が認定されています。

　公判では別の鑑定人が本鑑定をしています。精神病の症状としての思考が，正常な判断を凌駕して犯行に至ったということで，責任無能力が強く示唆されています。

[*8] 中谷陽二「精神障害者の責任能力の診断学」同『司法精神医学と犯罪病理』(金剛出版，2005年) 121～134頁。今井淳司＝梅野充＝中谷陽二「アルコール・薬物関連障害と精神鑑定」精神科14巻3号(2009年)213～218頁。

私の鑑定の前にこういう2つの鑑定があって，判決日まで決まっていたのですが，直前になって裁判所が再鑑定をしようということになって，もう1回公判を開いて，そして私を鑑定人に指名したという経緯があります。つまり，ある意味では，完全責任能力という鑑定があって，それから責任無能力という鑑定があって，もう一つ鑑定を要請されたわけなので，裁判所が求める結論は，最初から分かっていたようなところがあるわけですね。それには迎合しないつもりで鑑定はしました。
　診断としては，覚せい剤精神病で自招性や異常性の存在を責任能力判断に含めるかどうかは，私は判断できない。自招性というのは覚せい剤によって自分で招いたということですね。覚せい剤使用に関しても，今回問題になっていますが，それは依存症があるから使用したわけですね。依存症があって，ある意味，制御能力がないような状態で覚せい剤を使用していますから，そういう状態での覚せい剤使用は責任を問えるかどうか，これは私には判断できないので，裁判所が判断してくださいということです。正常に見える判断も散見されるけれども，動機形成も実行の着手に至る過程もすべて病的体験によって導かれているので，弁識能力，制御能力は著しく減弱しているといっていいでしょう。ただ，妄想自体は彼の生命を脅かすようなものではないし，強い緊急性や切迫性はない。犯行直後に警察官を見て逮捕される過程で，覚せい剤のせいではなかったかと，すぐパッと頭に思うというようなこともなかった。監視されているというのは，病的体験に端を発して種々の考慮を経て形成されたもので，真性妄想ではなく（真性妄想というのは，パッと出てくるようなもの），妄想様観念である。病的体験発生の過程，経過というのは，幻覚と妄想の内容が乱用者の生きている状況から発生的に了解が可能であると，福島章氏の言っている，不安状況反応というのと非常に近いのではないか。不安状況反応というのは覚せい剤の幻覚妄想状態の方を，統合失調症の方のように責任無能力にするのではなくて，限定責任能力にしていくためにいろいろ論理を作ったと意味づけができるわけですね。これは類似しているので，弁識能力および制御能力はなかったとは言えないのではないか，と記しました。
　尋問には私は呼ばれませんでした。
　判決は私の鑑定をほぼ全面的に採用して，それで2つの鑑定を否定してという形で心神耗弱を認定して，執行猶予付きの有罪判決でした。自招性については，責任能力判断に含まれることの是非については疑問の余地があるということだけ書いてありました。ちなみに先行する鑑定人の2人の

方々というのは，私もよく知っていて，理論的にも実務的にも非常に尊敬している方々です。実は前から，この2人が活動している地域が非常に近かったんですね。だから，この2人が論争したら面白いのではないかと何年も前から思ってはいました。

　覚せい剤というものに対して，精神科医がどのように向き合うかということは，非常に大きいポイントですよね。特に救急医療をやっている人は，覚せい剤を打って精神症状が起きて，良くして帰すと，またすぐ覚せい剤を打ってまた来て，というようなことがしばしばあるわけです。またかという気持ちにどうしてもなってしまう。だからそういう人は警察でなんとかしてくれという方向になりがちです。治療は治療でちゃんとやった方がいいというような考え方だと，そういう方もきちんと受け入れて治療をするのだということになる。だからこのあたりはどちらが正しいのか言えないところがあります。

　それから自招性の問題は，突き詰めれば原因において自由な行為の話になりますが，これは私どもの手にあまる話になる。

　私の鑑定は，覚せい剤の依存症者に厳しいわけですね。幻覚とか妄想がなければ，この犯行自体はなかったことは事実ですから，これは責任無能力ではないかと主張する方はおられると思います。だからそういう意味で私の鑑定は，ちょっと覚せい剤の人に厳しいだろうなと思っています。中谷陽二氏などは，私の鑑定を直接に批判したわけではありませんが，そういうような考え方に対する批判を表明しておられます。たとえば不安状況反応などというのは，あまり確立した議論でもないし，それを拡大解釈するのはなおさら間違いだと。私は不安状況反応の概念をこの鑑定では拡大解釈してますので，このあたりを慎重にすべきだというのは，議論としてはあり得ることだと思います。

(4)　事例4――うつ病の拡大自殺の責任能力

【事例4】うつ病の拡大自殺の責任能力
〈犯行〉
　認知症，胃癌が進行し，寝たきりの同居母の首をバスタオルで絞めて殺害した
〈犯行に至るまでの経過〉
　児童期から青年期初期には喧嘩，万引き，動物への暴力，集団での

強姦があった。ピアノを習い，その後中学生時からジャズを中心にバンド活動をするようになり，帰宅が遅くなる傾向が出現した。短期間の家出もあった。閉じこもり，不登校の傾向もあった。結婚し5子をもうけたが入籍・認知せず，結局離婚した。危険運転もあった。姉の借金および出奔に苦しんだ。音楽で生計を立てていたが，徐々にそれが苦しくなる一方，飲酒を中心に浪費をし，親族への借金などもかさみ，結局自己破産し，生活保護。自殺企図も3回。意欲減退，音への過敏が生じて神経科診療所に通院するようになったが，薬を多めに飲んでしまう傾向も。高脂血症，脂肪肝があり，主治医から禁酒を繰り返し勧められたが実現できなかった。母が倒れてからは父とともに介護に当たったが，父の死後負担が増加した。家賃負担から転居を考え，行き先が決まっていないのに転出の約束をした。犯行はその転出予定日。犯行後，母の睡眠薬を飲み，浴槽で溺死しようとしたができず，包丁等を首に当てるなどしたが痛くて断念，くり返しているうちに寝てしまい，異常を感知した大家らに発見された。

〈私の鑑定の判断〉

　現在症としては，主観的には抑うつを訴え，表情の変化は乏しいが，思考制止，睡眠障害はなく，体重は増加傾向で，自己の主張は述べる。但し理解の不良がある。単極性うつ病であるが，心因性，神経症性，葛藤反応型等に分類されるもので，発症および症状の持続につき，被告人自身の未熟な人格に負うところが大きい。本件犯行は経済的に追い詰められていく過程で拡大自殺としての動機が形成され遂行されたものであるが，この過程においても被告人自身の人格が駆動的役割を果たした。うつ病の悪化による判断力の低下も，背景として存在した。併存したアルコール依存症も一定の役割を果たした。弁識能力等は喪失してはおらず，著しく減弱していたかどうかは法律家の判断に委ねるが，私見としてはそこまでに至っていない。但し情状面の配慮および今後の治療・ケースワークは必要。

　事例4として，うつ病の方の拡大自殺の責任能力のことをあげました。この方は再鑑定ではないですね。はじめての鑑定です。胃ガンで寝たきりの認知症のご高齢のお母さんをバスタオルで絞めて殺したということですね。

　バンド活動をやっていたりとか，結婚して5人子どもをもうけたけれど

入籍も認知もしないで結局離婚したとか，そのような経緯があって，アルコール依存もありました。主治医から禁酒を繰り返し勧められたけれど，実現できなかった。お父さんが急死をして，お母さんの介護負担が彼1人にのしかかったということがあって，お金がなくなり，家賃の安いところへ移ろうと探したけれど，みつからなかった。みつからないのだけれど，引っ越し日を大家さんに言ってしまって，それでどうしようもなくなったのですね。大家さんに約束した引っ越し日に，この犯行を決行します。お母さんの首を絞めて，その後，ご本人も自殺をはかるのですが，自殺の方法は稚拙な方法でした。お母さんの睡眠薬を飲んで，浴槽で溺れ死のうとしました。また，包丁を首にあてましたが，痛くて傷さえ残らない。その程度しかできないんですね。繰り返しているうちに，浴槽から出たところで寝てしまい，結局つかまるという形になっています。

　この方はいわゆる典型的なうつ病というよりは，心因性，神経症性，葛藤反応型と分類しましたが，基本的には人格として未熟な方で，そういう方がうつ状態になっていた。本件犯行は経済的に追いつめられていく過程で，拡大自殺としての動機が形成され，遂行されたものであるが，この過程においても，被告人自身の人格が駆動的役割を果たしたと思います。うつ病などによる判断力の低下も背景として存在したということで，弁識能力等は喪失しておらず，著しく減弱していたかどうかは法律家の判断に委ねるけども，私の個人的な見解としてはそこまで至っていないと思う，情状面の配慮や今後の治療，ケースワークが必要だということを書きました。

　このレジュメを作った時はまだ判決は出ていませんでしたが，最近判決が出まして，ほぼ私の結論を採用したもので懲役5年でした。責任能力は完全責任能力ということで，だけど情状面をかなり大きく考えていました。

⑸　その他うつ病の拡大事例3件

> 　参考までに，事例4までに私が扱ったうつ病での拡大自殺の鑑定例はおそらく3例（いずれも起訴前。発表への同意はないのでごく簡単に）。
>
> 　①本鑑定。50歳代後半の女性。典型的に近い執着気質で，容易に自責的になる傾向があり，発症の経緯は家人の健康上の心配で，増悪して服薬，軽快して断薬，増悪をくり返しており，老いた親族2名の介護を同時に行う状況となり，その1名を介護施設に入れたがそのこと

でまた自責的となり，食思不振で，たまたま内視鏡検査で発見された軽い胃炎を深刻にとらえ，絶望的になり，このまま動けなくなって死んだら子に迷惑をかけることになると考えて，強い自殺念慮を生じ，残りの介護していた1名を殺害したもので，自傷による出血性ショックに至ったが，まさに奇跡的に救命され，その後も強い自殺念慮が継続していたものである。弁識能力および制御能力は喪失していたと鑑定。不起訴処分。

　②簡易鑑定。40歳代前半の男性。元来の性格は真面目ではあるが執着気質ではなく，子の夜泣きを契機として発症し，精神科クリニックにも受診したが，生じた些細な身体症状から，これでは仕事ができなくなる，生活ができなくなると考えて絶望的となり，妻および子を殺し，自殺を図ったが達成しなかったもので，反応性うつ病で弁識能力等を欠いてはいない，ある程度の減弱はあり著しいという程度に達していたとも考えられる旨を示唆したが，起訴され，第1審で長期有期刑の判決。

　③簡易鑑定。40歳代後半の女性で，幻聴や注察妄想があり，入通院歴があり，統合失調症との鑑別も問題になる非定型な病像で，自身が外出に困難を感じていたが，子の幼稚園入園が目前に迫って不安が募り，強い自殺念慮が生じて子を殺害し，自殺を図ったが達成しなかったもので，動機自体は将来への不安で了解可能であるが，背景に精神病水準に近い病理があったことを重視し，弁識能力等が著しく減弱していたと考えられることを強く示唆したところ，心神喪失による不起訴。

　参考までに，事例4までに私が扱ったうつ病ではおそらく3例，拡大自殺の例があります。一番印象的だったのが①ですね。
　50歳代後半の女性で，典型的に近い執着気質。執着気質というのは他人のために生きているというような人たちです。典型的なうつ病の人というのは，他人のために生きている。自分のことは二の次で周りのことを思って，ことがうまくいかなければ全部自分のせいだと自責的になってしまうという方です。几帳面で，細かくて，すべてを100%にやろうと思う，という方々です。大抵の場合，若いうちは何とかやっていきます。しかし大体40代，50代ぐらいになってくると，仕事でもそれなりの地位についたりとか，あるいは家庭環境も，お子さんができて，そのお子さんがまたさら

に大きくなってくるということで，非常に複雑になってきます。人間関係が非常に複雑になってくると，何でもかんでも100点満点やろうと思っても，できなくなってくるのです。そうすると，自分を責め始める。何かの破綻が起こった時に，うつ病が発症するという方が多いです。それが比較的に典型的なうつ病です。

　こういう比較的に典型的なうつ病の方の場合には，抗うつ剤というのを飲んでいただいて，それから休養していただく。たとえば入院して，お家なり仕事なりから離して休養していただくということで，良くなります。そういう意味では，非常に良くなりやすいタイプのうつの方だといえます。しかし，良くなりやすいのだけれども，そういう性格自体は変わりませんので，再発もしやすいというのが，こういううつ病の方の特徴です。

　①の方は，本当にすぐに自責的になる傾向が強い方でした。発症の経緯は，ご家族の健康上の心配で，心労を多くして服薬を経過して再発増悪というのを繰返すなかで，ご高齢のご親族2人の介護を同時に行う状況になった。当然完璧にはやれないわけです。それで何とか1人を介護施設に入れたのだけども，自分ができなかったということで自責的になってしまった。ご飯が食べられなくなって，内視鏡検査を受けに行ったら，たまたま軽い胃炎が発見された。これはもう自分はダメなんだ，このまま動けなくなって死んだら，もう1人の介護の方を残すことになって子どもに迷惑かけることになるということで，強い自殺念慮を生じて，介護している方を殺害して，自分でも首だったか手首だったかを切った。大量出血で，本当に死んでも全然おかしくなかったのですが，まさに奇跡が重なって救命されて，その後も強い自殺念慮が継続していました。この方は弁識能力，制御能力喪失ということで鑑定をしました。

　これは私が鑑定助手をしていた時の事例です。不起訴処分になったと聞いています。

5 鑑定書をどう読むか

　鑑定書はどう読めばいいのでしょうか。正直言って，結構難しいのですね。私たちは精神医学的な知識に基づいて読みますけども，そうではないベースの方がどのように読むか，非常に難しいものがあると思います。

(1) 本人歴がきちんと記載されているか

> 【本人歴がきちんと記載されているか】
> 　幼少期から青年期の問題，発病時期等が明記されているか。
> 　情報にある範囲の問題行動が精神医学的に説明されているか。

　本人歴がきちんと記載されているかというポイントがあります。幼少期から青年期の問題や発病時期が明記されているか，情報にある範囲の問題行動が精神医学的に説明されているか。その人に関して，たとえば弁護士さんもいろんな情報を入手するわけです。ご本人から聞いたり，ご家族から聞いたり，あるいは別の資料から得たりしているわけですね。そういったものが精神医学的にちゃんと説明されているかどうか。無視されていたりとか説明されてなかったりとかというあたりが，矛盾として出るわけですね。

(2) 精神医学的診断の根拠が明示されているか

> 【精神医学的診断の根拠が明示されているか】
> 　他の疾患の可能性を吟味しているか。
> 　本件犯行が精神医学的に説明されているか。
> 　責任能力判断の理由が司法精神医学的に説明されているか，その前提に誤りはないか。

　精神医学的診断の根拠が明示されているか。あるいは他の疾患の可能性を吟味しているか。鑑別診断といいます。本件犯行が精神医学的に説明されているか。犯行がどういう病気と関係あるのか，ないのか。何か実は妄想に裏付けられていたなどということが，説明されているかどうか。責任能力判断の理由が司法精神医学的に説明されているか。その前提に誤りはないか。司法精神医学でこうなっていますなどといっても，必ずしも通説がないような場合も多いので，前提に誤りがあるような場合もあります。

(3) 簡素にすぎる鑑定など

> 【最近は，鑑定書批判が難しい！】

> あまりに簡素な鑑定書，本人歴の記載も乏しい，検査結果も記載がほとんどない，心理検査結果も数行のみ，診断根拠がDSMないしICDのみ，鑑別診断なし，責任能力判断は結論のみ ⇒ 批判のしようがない。

　最近，私は鑑定書批判が非常に難しいと思っています。弁護士さんから鑑定書など関係する資料を送られて来て，これはどうですかと尋ねられるのですが，これでは分かりません，何も言えませんと言ったことが，数件あります。あまりも簡素な鑑定書で，本人歴の記載も乏しくて，検査結果の記載がほとんどない，身体に異常がないと書いて，何の検査をしたのか全然分からない。心理検査結果も数行のみで，判断根拠が，先ほど申し上げたDSMやICDだけ。鑑別診断もなされていない。この人が統合失調症でないとどうして言えるのかが全然書いていない。責任能力の判断も結論のみ。このようなものは批判のしようもないですね。裁判員裁判では，この傾向が一層助長されていると思います。
　先ほど申し上げたように，私自身が鑑定にあたっていますが，簡潔で分かりやすくということを言われるのです。しかしながら，人間の精神行動というのはそんなに単純にできていないわけです。いろんな可能性がある。自分は思ったことと矛盾する情報もあるわけです。とすると，矛盾する情報があるのだけれど，このような理由で自分は無視したということを，私などは書くわけです。そんなことを書いているから，長い鑑定書になってしまう。そして，どんどん分かりにくくなってきてしまう。しかしそのように書かないと，たとえば弁護士であれ検察官であれ私の鑑定書を見た人が，他の専門家と相談して反論したり賛成したりすることができないわけです。だから，そういうところをなるべく残しておこうと思うのですが，そういうことをしていたら裁判員制度はとてもやっていけない，と言われるのです。

(4) 裁判員裁判と「わかり易さ」

> 裁判員裁判で，この傾向は一層助長される。「簡潔」「わかりやすさ」は結論に至る過程のnegativeな情報を省略し，精神症候特有の矛盾を削除する。すなわち「不正確さ」につながりやすく，「他の専門家に見せての意見聴取」はさらに困難に。口頭での尋問で「精神医学的には○

○です」と言われると，反論は困難で，他の精神科医の意見書等の機会は保証されない。

　つまり私は，分かりやすさというのは，不正確さにつながるのだと思っています。たとえば，鑑定についての説明を口頭でやるということになりますね。でも口頭での尋問で，「精神医学的には○○です」と言われたら，そこには精神医学の専門家は1人しかいませんから，それ以上反論が何もできないということになります。そのあたりが問題だろうなと思っています。

　裁判員裁判の制度自体の賛否はいろいろあると思いますが，ある弁護士さんから言われたのは，ひょっとしたら鑑定申請が，公判前整理手続きの中では通りやすくなってるかもしれないということです。これまでは弁護士が申請しても，裁判所がけんもほろろに蹴ってしまう例が，結構多かったと思います。しかし，裁判員裁判が始まってから問題が出て来ると困るということで，ひょっとしたら裁判所は，そのあたりを認めることが多くなってるかもしれないということは言われました。ただ，まだ始まったばっかりですから，何とも言えないと思います。

⑸　いわゆる「手引き」の「7つの着眼点」の問題点[*9]

> 「7つの着眼点」（動機の了解可能性，犯行の計画性，行為の反道徳性・違法性の認識，精神障害による免責可能性の認識，元来の人格との異質性，犯行の一貫性・合目的性，犯行後の自己防御・危機回避的行動）には強い批判もある。

　いわゆる「手引き」の中に「7つの着眼点」というのがあって，詳細にはふれませんけれども，これは鑑定書の簡素化をもたらしていて，しかも責任能力をかなり厳しく判定する方向につながっているのではないかというようなことで，強い批判もあります。実際にこの「7つの着眼点」は非常に広

[*9] 「平成18〜20年度厚生労働科学研究費補助金（こころの健康科学研究事業）他害行為を行った精神障害者の診断，治療および社会復帰支援に関する研究」における分担研究「他害行為を行った者の責任能力鑑定に関する研究」の成果物である「刑事責任能力に関する精神鑑定書作成の手引き（平成18〜20年度総括版（ver.4.0））」。本書では，以下「手引き」と記す。また，「参考1　鑑定の考察にあたっての7つの着眼点」（同書19頁以下）のことを，以下「7つの着眼点」と略して記す。

く使われています．実は私も使っています．なので，これに縛られないような鑑定書をきちんと書いていかないといけないなと思います．

6 弁護士への要望

【弁護士への要望】
　「被告人のため」との観点に立つとき，責任能力を争うことがよいか？
　本人の意向・医療観察法との関係．
　但し，本人が拒否していても，これが唯一の医療につなげる機会であるかもしれないことも念頭に置いて．
　医療観察法における付添人活動の重要性．判定後も．
　安易な精神鑑定申請→鑑定でわかるとは言えないことまで期待．
　冤罪と精神鑑定
　　Ex.野田事件（1979年，強制わいせつ致死・殺人被告事件）
　尋問の重要性．特に弁護側有利な鑑定を，検察側が有力な尋問で崩したとき．
　鑑定をもっと利用して！
　鑑定を受けるべき人の多数が受けないで来ている．
　鑑定をしているのに検察官がそれを出さないことがある．
　鑑定書の中に記された有利な事項は取り込んで．
　精神科医は時に警察・検察・弁護人・裁判官全ての役割を担わされる．
　もっと精神科医療に関心を！（福岡弁護士会の実践など）
　不勉強で熱意のない法律家と組むときの苦労．
　精神科医にもいろいろな人・立場．
　そもそも医療とは何か・本人の意向をどう考えるか・強制医療への考え方・司法との連携についての考え方・疾病と人格との差異・司法制度についての知識．
　矯正施設の実情を知るとともに，あるべき姿への展望も．
　保釈が使えることも．

　弁護士への要望ということで，不遜ながらいくつか書かせていただきました．

(1) 被告人のためには，責任能力を争うことがよいか？——医療観察法との関係

　弁護士は基本的には被告人のために動くということになると思いますが，そういう観点に立つ時に，責任能力を争うことがいいかどうかということは，やはりあるわけです。ご本人の意向というのがありますね。特に妄想，たとえば被害妄想か何かに完全に支配されているような人の場合には，病気であるということを認めないわけです。俺は病気ではない，被害者の方が悪いのだと言っているようなことと，どのように向き合っていくかということがあります。医療観察法との関係もあります。刑務所であれば懲役何年で出て来られるけれども，医療観察法で入院処分になった場合には，ひょっとしたら何年先に出て来られるか分からないというようなことがあるのですね。でも，本人が拒否していても，これが唯一，この時を逃すと医療につなげられないという機会であるかもしれません。そこは非常に難しい判断ですけれど，場合によっては誰もそれを決める人がいないような状況で，弁護士が決めなければいけないという状況もあり得ます。

　ついでに，医療観察法における付添人活動の重要性について書きました。私は付添人に関しては，ずいぶん助言をするというようなことをやってきました。経済的補償は何もないのですが，可能であれば，判定があって，特に入院処分になった人には，その後も付き合っていただきたいと思います。口で言うのは簡単で，実行するのは難しいですけれどもね。経済的補償も全然ないし，北海道の人が沖縄に入院したりしますので。しかしそうしないと，本当に医療観察法を運営している人たちしか彼ないし彼女に関わることがない，ということになってしまいますね。

(2) 安易な精神鑑定の申請

　一方で安易な精神鑑定だなと思うようなこともあります。鑑定にいろんなことまで期待される。特に多いのは動機ですね。我々は基本的に精神病のことはよく分かるけれども，他のことはよく分からないので，このあたりのことは，そう簡単に言えないという場合が多いですね。

(3) 冤罪と精神鑑定

　更に考えなければならないことに，冤罪と精神鑑定の関係があります。私は野田事件という事件に，学生時代からずっと関わっています。強制わいせつ致死事件で，知的障害の方なのですが，鑑定を申請したことが，冤

罪をかえって強めてしまったのではないかという見方があり得ます。

(4) 尋問の重要性

　それから尋問の重要性ですね。特に，弁護側に有利な鑑定を検察が有力な尋問で崩した時はどうするか。私にはまさに実例があります。弁護側の申請で鑑定をしました。ちょうど保釈が認められていたので結構きちんとした鑑定ができました。結果的に弁護側に有利な鑑定書を出しました。しかしそれに対して，検察側からいろいろ尋問されました。尋問されると，どうしても自分の主張がだんだん崩れてくるということはあるわけです。そしたら弁護側はそれを，もう1回，主尋問，反対尋問の後の弁護側の尋問の時に，少し押し戻してくれないと困るわけなんです。ところがその時には，裁判官に「弁護側，何かありますか」と言われて，弁護側は「ありません」と言って，それで終わってしまいました。やはり，ちゃんと押し戻す作業をしていただきたいなと思います。

　ここに西山詮氏が，1984年の最高裁の判例のもとになった事件の鑑定書などを全部追っていってまとめた本があります*10。この事件は実は，内容的には精神医学的にものすごくおかしな事件なのです。責任無能力が当然認められるべき事件が，限定責任能力となったという，非常に奇怪な経緯をたどった。その経緯をこの1冊は，全部書いてあります。尋問についても，検察官はこういうポイントを押さえているけど，弁護人はポイントをはずしてしまっているなどということなども，こと細かにコメントをしておられます。これは是非，読んでいただきたい本だと思っています。

　ついでに言いますが，カプランという臨床精神医学テキスト*11，これはわりと利用しやすいものです。これは前のとは正反対のもので，この人は〇〇病だと言われたときに調べると，たとえば弁論などでも使えそうな文言が出てくる本です。厚くて値段も高いですが，手元に1冊あれば結構使える本だと思います。翻訳なのですが分かりやすいですね。先ほど申し上げたように，分かりやすいというのは，実はうそが入ることがあるのですが，この本は比較的分かりやすくて，うそも少ない本だと思います。

---

*10　西山詮『精神分裂病者の責任能力――精神科医と法曹との対話』(新興医学出版社, 1996年)。
*11　ベンジャミン・J・サドックほか編 (井上令一ほか監訳)『カプラン臨床精神医学テキスト――DSM-IV-TR診断基準の臨床への展開』(メディカル・サイエンス・インターナショナル, 2004年)。

精神医学の教科書で一番うそが少ないのは，西丸甫夫氏の書かれた『精神医学入門』[*12]ですが，分かりにくいですね。ものすごく分かりにくい。うそが少ない分だけ分かりにくい。これを弁論に使おうと思っても，とても使える本ではないので，弁護士には私はあまりお勧めしません。ただ，精神医学を志す人間には，私はこれを勧めます。

(5) 鑑定をもっと利用して

　鑑定をもっと利用していただきたいなと思います。鑑定を受けるべき人が受けられないで，刑務所まで来ています。横浜刑務所に私がいた時には，知的障害の方も本当にざらにいました。IQ40〜50ぐらいの人もざらにいました。たぶんアルツハイマーだと思われるような人もいる。自分が何をやったか，もちろん覚えていません。ここにはどうやって来たのと聞くと，タクシーで来たと言うのですね。刑務所にタクシーで来る人はいません。あなた警察に捕まったんでしょと言ったら，警察に捕まったことなんかないって言うのです。それはうそを言っているわけではなくて，全然覚えてないわけですね。生活上も支障が多い。

　このような人などは，ほんのちょっと話していれば分かるのですね，別に精神医学的な知識がなくても分かる。しかし検察官も裁判官も弁護士も，誰も話している人がいないので，鑑定も受けず，刑務所にまで来てしまうわけです。

(6) 鑑定書を検察官が出さないとき

　それから，鑑定しているのに，検察官が出さないことがあります。検察側がまるっきり隠してしまうと，鑑定したことすら分からないことがあります。しかし，鑑定留置された場合などは，分かるわけです。

　先日，さる大学教授から聞いてひどいなと思ったのは，鑑定留置されているから当然弁護人は鑑定が出ているのを分かっているはずなのに，起訴をされても鑑定書が出されていないのです。弁護側もおそらく，鑑定書を申請していない。おかしいですよね。このような場合は，きちんと出さない検察側が問題だと思いますけど，弁護士も請求しなければおかしいと思います。私自身にも実例があります。本人に聞いたら簡易鑑定を受けてい

[*12] 西丸甫夫ほか『精神医学入門〔改訂25版〕』(南山堂，2006年)。

るんですね。その簡易鑑定を出せと私の方から裁判所に言って，裁判所から検察官に言ったのですが，ついに出さなかったということがあります。本人が実は，なんとか病院へ1回行った覚えがある，なんかいろいろ事件のことを聞かれた覚えがある，と本人が言い出したので，それで聞けたのです。これももしかすると，弁護士さんが聞いていれば，請求できたかもしれません。

　みなさんの方がよくご存じかもしれないけど，検察官は協力してくれるとは限らないので，そこはちゃんとおさえて，やるべきことをやらないといけないと思います。

(7)　鑑定書中の有利なことを取り出す

　鑑定書の中に双方に有利な事項を盛り込んでおくことが私にもあります。尋問の時に私はどっちに付いてということはないのですけど，なんとなくどっちにも有利なことは書いておくようなことが多くて，弁護士さんが聞いてくれないので言いますけどと言って，尋問されてないことを言ったことがあります。

(8)　精神科医の苦労

　精神科医は時に，警察，検察，弁護人，裁判官，すべての役割を負わされるということがあります。特に一番厳しいのが，患者さん同士の暴力事件ですね。これは非常に深刻です。警察に言ってもほとんど相手にされません。加害者，被害者，両方の治療を我々はしなければいけないし，両方のご家族から責め立てられるようなこともざらにあります。

(9)　精神科医療にもっと関心と熱意を

　もっと精神科医療に関心を持っていただきたいなと思います。福岡県弁護士会は弁護士会として，強制入院になった方の退院手続きの援助などを，刑事弁護に近いような形でやっています。その通りやれとは言いませんけど，関心を持っていただきたいなと思います。

　実は，強制入院の退院請求は結構難しいのです。書類が複雑なので，具合の悪い人は書けないんですよね。それは可哀想なので，うちの病院ではケースワーカーが一緒に本人と相談して書いてあげてるというシステムをとっています。強制入院させてる病院の職員が，退院請求の書類を一緒に書いてあげるという変な構造になっているので，病院に弁護士さんがうろ

うろしていてもいいなと私は思っているのです。ただ，この間来た弁護士さんなどは，退院請求の手伝いをしてくれたのはいいんですけど，費用はどうしたらいいですかと私に聞かれました。しかし，私に言われても私もどうしようもないのです。そういうような動きをするなら，来てもらってもやっぱり困っちゃうなと思いますね。苦言ばかり言いますけど。不勉強で熱意のない法律家と組むと苦労します。特に一番思ったのは，患者さんとかご家族の側が精神病院を訴えたいと言って，そういうのに協力してくれる医者というのはなかなかいないのですよね。それで相談にこられた方で熱心な方もおられたのですけど，熱心ではない方もおられました。

　精神科医療の現状を知らないのは，それを実体験されてるわけではないので，仕方がないとは思います。しかし，こういう問題があるんだよと言っても，その次の時にも全然それを勉強してきていない，前回と知識のレベルがまったく変わらずにまた来られるというような状況だと，正直言って，こちらもやる気がしなくなります。そのような場合，私はあなたとやる気がありませんと申し上げたこともあります。

(10) 精神病院を制限住居にして保釈に成功した例

　私は刑務所にいたこともあるものですから，矯正施設の実情もそれなりに知っています。これも是非いろんな機会に知っていただけたらなと思います。

　拘置所からの保釈を，私がパッと思い浮かぶのは2件受けています。両方とも保釈先を精神病院にしました。1件などは弁護士さんが保釈先をご自宅にしたら，却下されたんですね。いろいろ事情があって，却下されたのです。そこで私の方で入れ知恵しました。精神病院を保釈先にしたらいいよって言ったら，そしたらすぐに認められました。あんまりすぐに決定が出たので，ちょっと待って，うちは受入体制ができてないからと言ってちょっと待ってもらって，それで保釈を受け入れたということがあります。そういうこともありますね。精神症状があるような方だったりとか，家がいろんな事情で保釈先として適切ではないような場合に使えることはあります。どこの病院が協力してくれるか分かりませんから，もちろん病院の協力が必要ですけれども，そういうこともあります。

7 おわりに

　鑑定をやっていると，被告人から裁判上の相談を受けるということがも

のすごく多いです。そんなの弁護士さんに相談してよと僕の方で言うのですが、被告人曰く、弁護士なんかは来やしないよと。大体国選の方々だと確かに少ないペイでやっていますから、それは分かるのですけど、そういうことを言われたのは二度や三度ではないです。そういったことも含めてこういうような研修会がなされるのだろうと思うのですが。そういったことが鑑定人の方にも来ているのだということも、ご理解いただきたいと思います。

8 質疑応答

(1) 再鑑定をしないという裁判所の姿勢への対処

質問者 最近、裁判員裁判の対象事件では、検察官は責任能力が問題になりそうな場合はほぼすべて起訴前に鑑定留置で本鑑定をします。その場合に裁判所の考え方としては、基本的に二重の本鑑定はしないということだと思います。二重の本鑑定をしてほしい場合は、鑑定書などを他の先生に見ていただいて、前の本鑑定に何か不合理な点とかがなければ、基本的には再度の本鑑定をしないと、以上のような考え方のようなのです。したがって弁護人としては、検察官の起訴前の本鑑定について他の先生の批判をいただく必要が出てくるわけです。そういう場合にはどういうことに弁護人として注意すればいいでしょうか。

中島 まず、前提自体が間違っていると思います。起訴前の本鑑定は、鑑定人が、ある意味では検察側であるわけです。

　それを前提として、2つ鑑定があると裁判員が混乱することもあるだろうとは思いますが、2つある方がわかりやすいこともあると思っています。なので、起訴前の本鑑定があっても公判前整理手続きの中でがんがん鑑定やったらいいのではないかというのが、私の考えです。時間が問題なのであれば、むしろ起訴前の本鑑定をやらないで、公判前整理手続きで、2つの鑑定を同時並行でやったってできないことはないわけで、時間の問題は理由にならないというのが私の考えです。

　1つ目の鑑定を批判していく時の視点というのはあまり思いつかないのですが、先ほど申し上げたように、本鑑定の中での情報が非常に不十分であることが、どうやら多い。だから弁護人から、たとえばこういう問題行動があったとか、供述ではこういうようなことがあったというのに、先の鑑定がふれていないのは問題ではないかというようなことを記しておいて

いただけると，分かりやすいですね。材料を整理しておいていただけるとありがたいです。

私がこれまでありがたいと思ったのは，弁護士さんから書き込み式の書式を作っていただいたときです。選択肢をチェックして理由を少し書けばいいような書式を作っていただいて，それはありがたかったですね。忙しくていったんはお断りしたのですが，そのような書式を作ってくださいました。このような書式があると，資料を読む時間は別にして30分ぐらいで書きましたので，ありがたいことでした。

それから，問題行動の時系列とその根拠を全部整理して出していただいたのも，助かりました。たとえば○月○日付供述調書であるとか，誰それからの情報であるとか，そういったものです。一件記録はもちろんあるのですが，それに一通り目を通しながら抜き書きするのは大変な作業なので，そういう抜き書きの作業をやっていただいて，その上で質問を出していただいた時は非常にありがたかったですね。

再鑑定をどんな医者に頼むかということにも依るのだろうと思いますが，私などは忙しくて断ることが圧倒的に多いので，そういう工夫がなされているととてもありがたいというのがありますね。

⑵　厚労省の責任能力に関する鑑定書の手引きと問診の意味
質問者　2点質問させて下さい。

まず，先ほど先生もおっしゃっていました「7つの着眼点」が掲載されている「手引き」の作成に当たっては，裁判所や弁護士もオブザーバーとして入っていて，裁判員制度との関連である程度重視されるようです。この「手引き」は，精神科医の方々の間ではどのような位置づけになるのでしょうか。

それから2点目。精神科医に責任能力を判定していただく上で，問診をする，直接会って面接でいろいろお話を聞くことは，どの程度重視されるのかということです。今，担当している事件で，最初に実際に問診した精神科医の意見と，後から上訴審で，それを批判するための意見書として出された精神科医の意見との間で，判断が分かれています。後者の方につきましては，面接ですとか問診といったものを一切せずに，記録だけを見て判断をされていますが，その場合，問診による判断の正確性には，どの程度意味があるのかということを教えていただきたいと思います。

中島　1点目。厚労省の「手引き」はホームページでもダウンロードできるもので，あれは非常に重視されていると私は思います。あの書式に沿った

鑑定書というのは，私も多数見ています。あの「手引き」を作った精神科医は私もよく知っていて，非常に実践と理論に厚く尊敬している人たちも入っているので，あの「手引き」自体は間違っているとは思いません。

　「７つの着眼点」については，それで判定していくわけではないということは，ちゃんとマニュアルに書いてあります。だから私も，「７つの着眼点」は別にいいのではないかと，最近まで思っていたのです。ただ，あのような７項目で決めるのではないと言っていても，７項目を判断していくことによって思考回路が規定されていってしまうのだという批判があって，それはなるほどなあと私も思いました。

　これは精神科医側の問題ですが，鑑定に関してのレクチャーや研修システムは，本当に乏しいのです。日本には司法精神医学の講座というのがほとんどありません。私自身も一定のシステムの中で研修したわけではなくて，西山詮氏という，先ほどご紹介した本の著者でもある先生に，何例も何例も鑑定助手をやらせていただいて，それで勉強させていただいたという経緯なのです。そのように研修システムがないなかで，「７つの着眼点」というものが出てくれば，思考過程がそれによって規定されてしまうおそれがあるのではないか。「７つの着眼点」には，犯行の計画性や，逃げたかどうかという，そのあたりのことが入っているわけですが，そういうことが一番の基軸になってしまうのはおかしいのではないか。あるいは，これは検察官が考えるべき問題で，精神科医が考える問題ではないのではないか。実は，私の使っている簡易鑑定の書式もこれを使っていますが，場合によっては，これは本件では検討すべき項目ではありませんというようなこともしているのですね。だから「７つの着眼点」自体が悪いのではなくて，その使い方の問題ではないかと思っているのです。

　司法精神医学会でこれは議論を二分する争いになっています。ただ，議論が二分されると学会としては何もできないので，あれが残っていくということに，おそらくなると思いますね。だから非常に重視されているというのが現状です。

　それから問診に関しては，確かに難しいところがあって，問診をしなければ判断できないかというと，そんなことはないと思います。たとえばドイツなどは，精神鑑定のはじまりは，民事のいわゆる遺言能力の鑑定だったんですね。この場合はもちろん診察できない，問診できないわけです。それでもある程度の結果を残すことはできるということなので，資料だけでものが言えないということはないだろうと思います。なので，鑑定が２

つあってどちらが正しいかというふうに考える場合に，会っているから正しい，会っていないから間違っていると単純に言えるわけでは，もちろんないですね。しかし，やはり会ってみると，これは違うなということは確かにあります。説得力のある材料をどれだけ出せるかと考えた場合に，やはり会っている方が材料が出せるんだろうなとは思います。時間的な制約などで，言うは易く行うは難しみたいなところはあるのですが。

(3) 「7つの着眼点」が肯定されると責任能力肯定に直結するか
質問者 「7つの着眼点」について，多分，この辺の質問については肯定的な意見が出て来ると責任能力あり，否定的だと責任能力なしというような判断が出てくる感じがするのですが，個々に対する質問が肯定された場合，たとえば逃げたのではないかとか，ある程度動機だって了解できるというようなことと，病気というのは両立するものなのか，あるいは大体，比例するものなのか，それはどうなのでしょうか。
中島 手引きにも記されていると思いますが，特に妄想型の統合失調症などで，妄想自体はそんなに荒唐無稽ではない方がいらっしゃいます。たとえば宇宙人が攻めてくるとか，そういうものではなくて，近隣の方からの被害を自分は受けているというような，ちょっと見たら本当かもしれないと思うような妄想です。そのような方が，幻聴などもあって，隣人が自分の家に侵入してくる，自分はこのままだと生きていけないというようなことを思って，隣人に対する犯行を計画的に立てて，逃走の経路なども計算をし尽くして，どう犯行の証拠を隠滅するかということも考えて，というようなことで，犯行に及ぶ方もおられるのですね。こういう方を全部責任無能力にするかというのはともかく，病気としては非常に重い水準にあるし，幻覚や妄想がなければ犯行に至らないという理由では，当然責任能力を考える事情になるわけです。了解可能性というのはどこで捉えるか。妄想があればそれですなわち了解不能と，言いきれるかどうか。了解というのはなかなか難しいところがあって，被害を受けているということが事実とすれば，まさに了解できるわけなのですよね。そのあたりのことを考えていくと，ご指摘あったように，この「7つの着眼点」で判断していくと，ボタンを押してポンと出るように，そういう方もすぐに完全責任能力が認められるような，そのような誤解を招きかねないということは言えるだろうと思います。
　また，知的障害の方などもやはり難しくなりますね。知的障害の方で，

比較的了解がよくできるような行動をとられることがあります。たとえば，空腹で苦しんでお金もなくて，万引きして逃げる。そのような場合はもちろん了解可能なんですね。だけど，たとえばIQ40ぐらいの人がそういうことをすることが結構あるわけですね。そういう人たちの責任能力を，そのまま完全と捉えていいものなのでしょうか。

(なかじま・なおし／2009年10月30日講演)

第2部
医療観察法における付添人活動

シミュレーション

医療観察法を利用する

1 最初の関わりは捜査弁護

(1) 被疑者国選の出動要請

　また，被疑者国選弁護の待機日がきてしまった。今日こそは電話が鳴らないようにと祈りながら事務所で待機する。しかし，無情にも電話が鳴る。

(2) 8月1日：初回接見

　送られてきたFAXをみると，被疑者は若い女性だった。被疑事実は，殺人未遂。路上で一緒に歩いていた両親2人を包丁で刺したのだという。とにかく，私は，その日の夜に接見に赴いた。
　接見室に入ってきた彼女は，大人しそうで，とても両親を包丁で白昼刺すような人間には見えなかった。
　私に一礼して座るが，ずっと下を向いている。様子がおかしい。体調が悪いのだろうか。私は，自己紹介を手早く済ませると，早速，被疑事実に関する質問に移った。

　私　「勾留状には○○という事実をあなたがしたことになっているけれど，間違いはないのですか？」
　彼女「……はい」
　私　「どうして，こんなことをしたの？」
　彼女「……一緒にスーパーに行って欲しいと言ったのに，親が，行かないと。もう家に帰ると言ったので……」
　私　「？」

　動機がよく理解できない。また，他にも色々質問してみたが，彼女の様子はやはり変である。ずっと，下を向いているし，私の質問に対しても返答が遅すぎる。難しい質問ならともかく。

私「どうして東京に出てきて一人暮らししようと思ったんです？」
彼女「……（沈黙すること数分）……英語の勉強がしたくて」

という具合で，会話が緩慢で，全然前に進まない。また，よくよく彼女のことを観察していると，途中，意味もなく歯を見せて，ニッと笑うような表情を作っている。
　私は，彼女の精神状態が普通ではないことを感じた。
　今回の事件の内容について聞き取ることとした。最初は，今回の事件に至るまでの，事件当日のいきさつを聞いていった。
　それにより，私は，彼女が地方から一人上京し（語学の勉強がしたいという理由であった），単身生活をしていたところ，両親が事件の日に上京し，食事をしたり，近所の観光名所を歩いたりしながら，両親が，彼女にもう実家に帰ってくるよう強く勧め，以後は仕送りすることはできないから，と伝えていたことが分かった。そして，以前に彼女が，近所のスーパーで万引きをしたことがあり，両親と一緒に謝りに行って欲しいと考え，その旨を伝えたが，両親はそれを拒否したこと，両親が帰るといって，駅に向かって一緒に歩いている際に本件犯行が実行されたことが分かった。

(3)　8月2日：包丁を準備したいきさつを聞く
　両親に対する気持ちを聞く。3〜4歳の頃から好きではなかったとのこと。お金に対する価値観，言葉遣い等が嫌いで，父は，外国に買春ツアーに行っている，母は不倫しているとのことであった。
　また，本件犯行に使用した包丁をどうして所持していたのかを聞くと，最初は持っていなかったが，町を歩いている途中，自宅の近くに来たときに，両親にちょっと待っててと言って一人自宅に戻り，忘れ物を取りに戻った。その際に，ひょっとしたら使うかもしれないと思い，何となくひょいと包丁を鞄に入れた，と語った。
　何か困っていることや心配していることはあるのかと聞くと，自宅の私物を捨てないで欲しいとのこと。

(4)　8月3日：責任能力が問題になるかもと感じる[*1]
　私は，2回の接見を経て，彼女が，精神的な障害を有しているのではないかと考えた。したがって，本件の行く末を考えると，責任能力と殺意を争う可能性が高いのかなと思ったりした。

私は，責任能力を争う弁護活動をしたことがなかった。急に不安になった。そこで，刑事事件をたくさん経験されておられる知り合いの先輩弁護士に相談した。その方は，本件について協力してくれることを快諾してくれた。

　同日，先輩と接見。実行行為時の心境を聞く。両親がいなくなればよいと思った。前からこのように思っていたとのこと。

　今の気持ちを聞くと，両親が生きててがっかりした，でも，殺さなくてよかったのかなとも思うとのこと。家族とは性格が合わない，という[2]。

⑸　8月4日（4回目）
　接見する。事件のことは聞かず，生育歴や上京した理由などの話を聞く。上京してきたのは，語学学校に行きたかったからとのことであった。しかし，上京後現在に至るまで学校には通っていない。ちなみに，両親が今このような目にあい，どういう気持ちでいると思うかと聞いたところ，気持ちは分からない，いつも通りに過ごしているのじゃないかと思う，とのこと。

⑹　8月7日：捜査担当検事と話す
　捜査主任の検事に電話をしてみる[3]。すると，検事は，反省の色がないし，また繰り返すのではないかという懸念がある，しかしながら，両親は厳罰を望んでいないし，私も何が何でも厳罰に処すればいいとも思わない，とのことだった。反省や再犯のおそれがなければ，起訴しないとでも言いそうな口ぶりである。そして，精神障害についても，弁護人と同様（またはそれ以上に）問題意識を持っていることがうかがわれた。

　接見する。4日の接見で生育歴について突っ込んだ話を聞くことができなかったので，詳しく聞き取りをしたところ，学生時代に下宿をしていたが，気分が重くなってしまい，カウンセリングセンターに行って相談したこと，1年のときに単位が思うように取れなかったこと，授業選択の際に，

---

[1] 初回接見において，彼女に違和感を感じているのだから，精神障害について留意すべきだったと思う。
[2] 責任能力の問題に気づいた以上，病歴，投薬歴等をまず調査するべきだった。本人の供述も重要であるが，そもそも疾病が重篤であればコミュニケーション自体が困難であることもあり，本件もそうだったと思われる。
[3] 検事に連絡を取り，話すことは賛否あろうが，私は積極派である。検事が問題意識を持っていない場合はそれを促すことが必要であろう。

何を選択してよいか分からず，学生課に泣きながら相談したこと，精神科を受診して薬を処方してもらったこと等の話がされた[*4]。あとは，現在，男の人の歌声が聞こえるとのことだった。

　母へ伝言があるというので，聞いたところ，頼んだ本は，○駅近くの△△堂の2階の参考書コーナーの隣にあるから，行って探してみてね，という内容だった。私は，それを母親にそのまま伝えた[*5]。

(7)　8月9日：勾留満期

　勾留満期であり，勾留延長（10日）の請求がされた。

　検事に電話し，彼女に精神科受診歴があることを伝えた。検事は既に了解しており，話しぶりから資料なども取り寄せているように思われた。検事は，今後簡易鑑定をする予定と教えてくれた。

(8)　8月10日：母親と面会する

　母親と面会した。母親は，本件犯行の遠因は，自らにあるのではないかと考えていた。曰く，彼女が1歳くらいの頃，彼女を日本に置いて，2週間程度外国旅行をしたことがあり，帰国後，彼女が自分になつかないように感じたこと，彼女が2歳の頃，妹が誕生したが，妹は手がかかる子で，母は妹につきっきりになることが多く，彼女に寂しい思いをさせたこと，幼稚園から小学校にかけて，母子の接触が少なかったように思うこと等を述べて，自分が彼女にもっと愛情を注ぐべきであったのではないかと感じていた。また，彼女が学生の頃，下宿先で，家主に対する暴力などの問題行動を起こしていたこともこのとき判明した。さらに事件直前，彼女が母親に泣きながら電話をかけてきたり，手紙で子供は教育を受ける権利があるのだという趣旨のことが書かれた物が送付されてきたり，FAXで離婚しろという書面が送信されてきたことがあった。両親は，彼女が精神的におかしくなったと考え，精神病院に予約を入れようとしていたとのことであった。

　母親は，彼女について大変心配し，足繁く面会に通い，彼女の望みの物

[*4] もっと早い段階で聴き取るべき事項である。
[*5] 責任能力に問題があると感じたならば，近親者とは速やかに連絡を取り，本人の病歴，生育歴，平素の生活の様子や性格等を聴き取るべきである。ただし，本人に犯歴や病歴がない場合は，病気であるという事実や病気によって犯罪を行ってしまったという事実を近親者が的確に受け止められないことがあるので注意が必要であろう。

をできる限り差し入れしていた。父親は，地元に帰っている。今のところ，面会はしておらず，希望もしていないとのことであった。

勾留延長されたので，勾留状謄本を取得したところ，勾留延長の理由欄に関係人取調べ未了等のお決まりの文言と並んで「精神診断未了」との記載もあった。

⑼　8月11日：鑑定留置される

鑑定留置（いわゆる起訴前本鑑定）されたと，裁判所書記官から電話がかかってくる。その後，鑑定留置通知という書面が送付されてきた。

検察事務官より連絡が入り，今は，代用監獄を鑑定留置先としているが，9月21日以降は留置先を病院とするとのことであった。

⑽　8月12日：被疑者の状態を整理してみる

彼女と接見。事件の内容と学生時代に気分が重くなった頃の話について再度聞く。

事件当日，自宅にいったん戻り包丁を持ち出したが，使おうとは思っていなかった。しかし，ピーンと思い付いて持ち出そうという気になった。なぜ刺したかと言われても分からない。両親と話をしている途中で，なぜかヒョイとかばんに入れてみた感じである。はっきりした考えはない。刺した記憶はあり，傷つけようと思ったか，殺そうと思ったかと聞かれても自分ではよく分からない。

高校1年生くらいの頃，学校に行っても自分が何もできないような思いに陥って，自殺したいという気持ちになった。高校3年間は，毎朝電車に飛び込もうかなと思いながら通学していた。大学中退後上京した目的は特にない，何となく来たかった。人が多く集まる地で何か探したかった。東京での生活は負担が重い（家事，収支の管理），何か重いものがやってくる感じがする。

母へのお願い。ウィキペディアのキリスト教のページの新約聖書と旧約聖書の項目をクリックすると表示されるページをプリントアウトして差し入れて欲しい，また4人の使徒のページも同じようにプリントアウトして送って欲しいとのことで，私はそのまま母親に伝えた。

何度か接見を重ねると，次のようなことが感じられた。

①　会話が緩慢・沈黙する

簡単な質問にも回答に時間がかかったり，沈黙したりしてしまう。

② 表情が固い，不自然

何度か足を運ぶうち，彼女は，私を信頼してくれるようになったようである。接見が終了する際は，丁寧に頭を下げてお礼を言ってくれる。少し雑談をしてみると，弁護士の仕事は忙しいのか，毎日どのようなことをしているのか，と質問などもするようになった。

しかし，その表情や雰囲気には何とも言い難い違和感がある。表情もずっと緊張しているようだし，接見後に述べてくれるお礼の言い方もとってつけたようというか，言わないといけないから言っているような感じで，自然でない。雑談のときに少し笑顔も見せてくれるが，やはり固い。年若い被疑者の場合などで，身柄拘束が初めて，弁護士と話をするのも初めてといった場合に表情を固くして，取って付けたようなお礼を述べられるようなことがある。普段，人に挨拶したり，お礼を言ったりする生活をしていないんだろうなと感じるが，このようなものとも違う。

③ 現在の状況を理解できていない，またはそれにそぐわない要求

逮捕・勾留されている原因は，両親に対する殺人未遂行為であり，彼女は「捕まった」状態である。

しかし，彼女は，被害者である母親に対し，ここは人間らしい生活が保障されている場所ではない，早く不起訴になるようにして下さい，やりたかった勉強が自由にできない，○○の本が△△の書店にあるからそれを購入して，また勉強するためのCDプレーヤーを差し入れて欲しい等の要求をしはじめた。

④ 社会適応力が低下している

彼女は，東京で単身生活していた。親から生活に必要な分の仕送りを受けていたが，学校に通うことはなく，家事等身の回りのことをするだけで忙しい，手一杯であると両親に告げている。仕送りしてもらって勉強すればいいだけの生活なのであり，私からみればこの上なく恵まれていると思うが，彼女にとっては負担だったらしいのである。

⑤ 妄想がある

両親が浮気しているとか，買春旅行に行っているという妄想がある。また，学生の頃，下宿先の家主に暴行を働いた理由は，悪いものが入るから扉を閉めて欲しいと依頼したのに，実行されなかったから，というものであった。

⑥ 細部へのこだわり

母親に本を差し入れるよう依頼する際，特定の本屋の特定の書棚をこま

ごまと指摘したり，インターネット上のページの特定部分のプリントアウトを依頼するなどで，やはり普通ではないという印象を受ける。

⑦ 幻聴
歌声が聞こえる。男の声だという。

(11) 9月1日：鑑定留置先での面会
病院で彼女と面会。PSW[*6]とも面会。統合失調症の見立てを告げられる。おそらく間違いないとの意見をもらう[*7]。

② 起訴猶予，そして医療観察法へ

(1) 審判申立て

検察官は，医療観察法33条1項に基づき同法42条1項の決定を求めて審判申立てを行った。対象行為は傷害であり，心神耗弱が理由であった。

即日，裁判官が本人に対し陳述の機会を与え（鑑定入院質問，勾留質問のようなもの），鑑定入院命令が発令された。

検察官は，33条申立てを行う場合，予め（話によると10日～7日くらい前らしい）裁判所に対して，33条申立てを行うことを連絡するようである。鑑定入院命令を発令する場合，鑑定入院質問を実施するので，当然本人は，裁判所にやってくる。ここで私は，身柄が裁判所にやってくるのを利用して本人と面会しようと考えた。しかし，裁判所からは，刑事事件と異なって，面会する制度がなく，面会させる運用をとっていないとのことであった。

このあたりは，医療観察法で十分に手当てされていないところのようである。

(2) 付添人に選任される

捜査段階で国選弁護人に選任されていたので，裁判所から審判段階の国選付添人もお願いしますという連絡がくる。もちろん了承した。もっとも，医療観察法の国選付添人の場合は，法テラスは関与しない（ただし，10万円

[*6] 精神科ソーシャルワーカー（Psychiatric Social Worker）のことで，精神保健福祉士が務める。
[*7] ここで統合失調症と判明したのであるから，医療観察法申立ても視野に入れる必要がある。

を上限として，医師の所見・診断費用の援助を受けることができる）。

　まず，付添人は何をするのかを考えるところから始まる。付添人活動は初めてなので，何をすればよいか分からない。そこで，医療観察法の条文や解説本を手にとってみた。

　まず，医療観察法32条申立てに引き続き，鑑定入院命令が発令され，本人は，鑑定入院先に身柄を移される。鑑定入院期間は，鑑定入院命令が執行された日から通算して2カ月を超えることができない。

　ただし例外的に1カ月伸長することができる場合もある（法34条3項）。

　そして，鑑定入院先で何をされるかというと，当然，鑑定人により鑑定がされる。

　この鑑定は，①精神障害者であるか否か，②対象行為を行った際の精神障害を改善し，これに伴って同様の行為を行うことなく，社会に復帰することを促進するためにこの法律による医療を受けさせる必要があるか否かについて，行われる（法37条1項）。

　そして，その後，審判を経て，医療観察法に基づく入院，同通院，本法による処分を行わない又は却下の結論が下される。

　これらの処遇の分かれ目は，①疾病性，②治療反応性，③社会復帰（阻害）要因の3つの要件から判断されることを知った。

　①の要件は，病気であることである。これは医療観察法だから当然だ。

　②の要件は，①の病気につき治療が期待できること，だ。これも，医療観察法が，対象者を入院か通院させて強制的に治療させる制度だから，治療を受けて，回復してもらうことが前提である。したがって，治療しても治らない・回復しないならば，この法律で処遇する意味がないから，このような要件が設けられたらしい。

　そして，③の要件は，分かりづらいが，要するに，本人の生活環境等から，社会に復帰させてよいかどうかを判定する要件である。

　病気の関係については，鑑定人が鑑定する。そして，本人の生活環境については，保護観察所の社会復帰調整官がやはり裁判所から選任され，調査する。この調査結果を生活環境調査結果報告書，という。

　これくらいまで勉強して，ふと思った。上の3つの要件のうち，①と②は，鑑定人が鑑定してくれるだろう，そして③は，調整官が調査してくれる。では，付添人は何をすればいいのだろう？

　ともかく，少年事件の付添人や刑事事件の弁護人と同じようなものかなと自分を納得させて，本人にとって最も利益な処分を引き出すように努力

するしかないと心に誓う。

　疾病性と治療反応性については，医師でないと何とも判断できないところだ。しかし，生活環境ならば，自分でも分析して問題があれば，解決に向けて動けるはずである。

　そこで，対象者の生活環境について考えてみようと思う。そのために，本人に今の自分がおかれている状況と，今後どうしていきたいのか話を聞いてみることにした。

　本人曰く，自分がどのような病気かは分からないけれども，薬は飲み続けたほうがよいと思うので，飲もうと思う。今後の生活は，東京で一人暮らしをしたいと思っている。一人暮らしでも病院に通うことができるはず。基本的に実家に帰りたくない。家族との同居生活が嫌である。自分と家族とは考え方が合わないから。どこが合わないかというと，全体的に合わないとのこと。私からみて，この人はとても一人暮らしを続けることは不可能だと感じた。社会適応力が低下しているためだと思うが，身の回りのことを自分でこなせないのである。家事なども通常の人の何倍も時間がかかるらしい。加えて，一人暮らしといっても，今まで働いたこともなく，今の状況で稼働することは不可能である。当然だが，両親も経済的援助をすることはできない[*8]。生活するための金銭の工面の準備がない。また，一人暮らしになると，病院にきちんと通うかも心配である。その点も本人は自覚がない。

　次に，両親に話を聞いてみた。今の対象者の状況をどう思うか，また，今後どのように接していくかということである。

　母は，対象者が病気になったのは，小さい頃に妹ばかり可愛がって，本人を厳しく育てたからであり，要するに十分な愛情を注いでやれなかったからであると考えている。そして，今後は，一種の育て直しをする必要があると思うとのこと。そのためには，実家に戻してもらいたいと考えている。病院には，両親が面倒をみて連れて行くようにする。

　一方，父は，病気なのかどうかは，正直よくわからず，その点は，医者に任せたい。今後であるが，実家に帰ってきてもらっても困る。今の段階

[*8] 本件では両親がキーパーソンになるが，対象行為の被害者であり，かつ彼女に精神障害があることを受け入れるのが精一杯の状況だったと思う。なお，本件では，彼女の「保護者」は自治体の長であったが，両親も望んでいたのであるから，家庭裁判所で保護者選任の審判を受けることも検討すべきだった。

では，本人とどのように接してよいか分からない。包丁で切り付けられたのは間違いなく，家に帰ってきて同じようにことが起きるかもしれず，不安である。

このように，両親で，意見は統一されていなかった。あまり，両親の間で意思疎通が図られているようにも思えなかった。

母は，愛情が足りない云々といって，自分自身を責めていた。しかし，統合失調症は，親の育児を原因として罹患するようなものではない。母親に病気について正確に理解してもらう必要がありそうだ。また，実家に引き取るといっても，本人は，学生時代に少しメンタルクリニックを受診したことはあったようだが，その他に入通院歴はない。両親は，本件対象行為の前に本人の様子がおかしいなと感じ始めて，どこか精神科に連れて行く必要があるかもしれないと感じている程度であった（そのように感じていた矢先に本件対象行為が発生した）。そうすると，実家に引き取って，きちんと治療のバックアップができるものであろうか。やはり不安が残る。

以上からすると，最も客観的かつ冷静な考えを持っているのは父親ではないかとさえ思われた。しかし，父親は，本件対象行為後，現在に至るまで（約4カ月ほど）一度も本人と面会をしていない。

以上のような次第で，まずは，本人に病気であることを自覚してもらうこと，両親に統合失調症についてよく理解してもらう必要があるように思われた。

(3) 審判期日に向けて

東京地裁に係属する医療観察法事件（1審）の場合，審判期日までに概ね3回のカンファレンス期日[*9]が入る。

1回目は申立てから1週間以内に，2回目は申立てから1カ月以内に，そして3回目は鑑定書と生活環境調査報告書が提出されてから実施された[*10]。出頭者は，裁判官，精神保健審判員，精神保健参与員，鑑定人，社会復帰調整官，検察官及び付添人であり（書記官も），要するに関係当事者のうち対象者本人以外全員である。このカンファレンス期日で，各当事者が意見を述べ合い，討議するのである。本件もそのような段取りである。

[*9] 東京地裁では打合せのための期日をカンファレンスと呼んでいる。
[*10] もっとも，2回目は各書面の提出後，3回目は審判期日の当日（または前日）という場合も多い。

このようにカンファレンス期日で討議することで，対象事件の問題点等が整理されていくわけであるが，その一方で，2回目か3回目くらいには，処遇のおよその予測がつけられてしまう。なので，付添人としては，早めに準備し，資料の提出も早いほうがよい。
　付添人としては，対象者の疾病性及び治療反応性については特段の意見を持っていなかった。統合失調症であるという診断に疑念はなかった。
　問題は，社会復帰阻害要因である。先に述べた問題点について，両親や本人と何度も話をする機会を持ったが，今ひとつ芳しい効果は得られず，その他に有効な手立ても得られないまま，第3回目のカンファレンス期日を迎えた。
　第3回のカンファレンス期日で，関係当事者全員が異口同音に入院が相当であろう，という意見となっていた。付添人としては，通院又は任意の入院と主張したかったが，そのような主張を支える材料を集めることはできなかった。裁判官は，実家の近くの指定入院医療機関のベッドが確保できた[*11]，よかったよかったと述べたりしていた。
　ふと裁判官は，付添人も入院相当という意見ですか？と質問してきた。

　付添人「……しかし，まあ，付添人としては，そのような意見を述べる予定はありません」
　裁判官「付添人としては……ねえ，それ，ちょっと古いんじゃあないですか，指定入院医療機関の△△病院の医療観察法病棟とか見ましたが，非常に立派でとても牢獄に入れられるような感じではないのですよ」

などと，説教ともつかぬことを言われた。
　実は，私も入院が彼女の利益に最も適い，したがって，付添人としても，入院相当の意見を述べるのが相当ではないかと考えた。しかし，これは色々アドバイスをくれていた先輩弁護士に止められた。というのも，対象者本人が入院をいやがっているのであり，入院になれば抗告になるかもしれない。その場合に抗告審裁判所が原記録を見たらどう思うか。原審の付添人まで入院の意見を述べているとなれば，抗告審はその抗告をまともに相手にしないだろう。また，抗告審の付添人は1審の付添人の活動をみてどう

[*11] 入院先は厚生労働省が決める。もっとも，本件では事前に裁判所に情報が伝えられていたようだ。

思うだろうか？という趣旨のアドバイスをくれたのである。その通りだと思った。付添人なら当然のスタンスと思われる。裁判官（あと私自身も）はその点についての理解に乏しいのだった。

　私は，医療観察法による処遇を行わない，という趣旨の意見を述べようと決めた*12。

⑷　審判期日が開催される

　審判は，当然非公開である。両親に出頭してもらって，参考人として陳述してもらった。また当然であるが，本人にも陳述してもらった。概ね，両親も本人も私に話してくれたことを話した。

　母は，育て直しが必要であることを述べていた。父は，実家に戻って来てくれるなという意見を述べたうえで，裁判所の言うことに従うけれども，もし実家に戻すと言うことであれば，治療に協力すると言ってくれた。

　そして，本人は，やはり入院は嫌と言ったが，今後も薬を飲んで治療を続けることと，両親に対して申し訳ないという言葉を口にした。

　そして，最後に検察官と付添人の意見陳述。検察官はごく簡単に意見を述べただけであった。検察官はカンファレンスでもあまり発言せず，医療観察法に対する興味というか熱心さに欠けていた。これが検察庁の医療観察法に対するスタンスか。

　私は，医療観察法による処遇を行わない旨の意見を述べた。裁判官は，意見陳述中，書面に目を落とすばかりであったが，精神保健審判員と参与員は，一生懸命付添人を見つめながら，意見を聞いてくれた。

③　決定がなされる

　決定は書面で通知されるだけで，口頭による告知はない。
　「主文：対象者に医療を受けさせるために入院をさせる」とあった。
　即日，対象者は，予定されていた指定入院医療機関に移送された。

---

*12　付添人が，対象者の意に反し，入院相当という意見を述べることは慎重であるべきである。もっとも，対象者が適切な意見を述べることが期待できない場合が多い。したがって，対象者の言い分をそのまま意見書に記載するわけにもいかない。そのような場合にどのような意見を述べるかは付添人活動特有の困難な部分である。

解説

医療観察法における付添人活動

1 はじめに

　本稿では，医療観察法にもとづく入院又は通院の審判（いわゆる当初審判，以下「当初審判」という）を中心として付添人活動の留意点を述べるものである。手続自体については，本書第2部「講演・精神障害者の弁護活動について」を参考頂きたい。

2 法にもとづく処遇が開始される要件と付添人活動

　医療観察法42条1項1号は，「対象行為を行った際の精神障害を改善し，これに伴って同様の行為を行うことなく，社会に復帰することを促進するため，入院をさせてこの法律による医療を受けさせる必要があると認める場合」には「医療を受けさせるために入院をさせる旨の決定」を行うと規定している。
　ここから，法に基づく処遇がされるかどうかについては，(1)当該対象行為の存在，及び(2)責任無能力（心神耗弱を含）を前提として，(3)概ね①疾病性，②治療反応性及び③社会復帰（阻害）要因の3つの要件（考慮要素）により決すると整理されるのが通常である。また，③との関係で，(4)対象者の病識が問題となる。
　付添人はこれらの要件を吟味して，裁判所に主張することになる。以下，これら要件に沿って要点を述べておく。

(1) 対象行為について

　対象行為について争いがある場合，慎重な審理を行うべく別の合議体による審理をすることもできる（法41条）。このような審理をするか否かは裁判所が職権で判断することであるが，付添人が裁判所に職権発動を促す趣旨で意見することもできる。付添人としては事実関係を争い，別の合議体の審理を求める場合は，早期にその旨裁判所に意見すべきである。

(2) 責任無能力について
　当初審判手続で完全責任能力と判断されれば，入院決定申立ては却下され（法40条１項２号），心神耗弱であれば，検察官が申立てを維持するかどうか再考することになる（法40条２項）。
　しかし，留意すべきは，対象者について入院申立てが却下されたとしても，対象者はその後に刑事訴訟手続の被告人となる危険にさらされる点である。

(3) ３つの要件（考慮要素）について
① 疾病性について
　対象者が疾病を有しているかどうかの判断を精神医学の専門的知識がない付添人が独自に判断し，裁判所に意見を述べることは難しい。この点は，少なくとも鑑定書を読める程度の能力を身につけた上で，問題点を見つけ，裁判所に意見する，又は鑑定人が鑑定書を作成する途上でカンファレンス期日が設けられるのが通常と思われるので，その際に鑑定人に疑問や問題意識をぶつけてみるべきである。その他鑑定人とは別の精神科医にアドバイスや意見書の作成を求めることも検討に値する。
② 治療反応性について
　治療可能であり，治療することで改善の見込みのある疾病（治療により増悪することを防ぐことも含むと解されている）でなければ，法の目的が達成できない。そこで，疾病につき治療反応性が必要であると解されている。治療反応性の有無は個別具体的に判断されるべきであるが，一般的に例えば，人格障害（パーソナリティ障害）については治療反応性がないといわれている。
　付添人としては，鑑定で記載された精神障害（疾病）という判断が正しいかどうかを吟味しつつ，治療反応性があるかどうかについても吟味する必要がある。もっとも，付添人が独断で治療反応性の判断ができるとは考えられず，上記の①と同様のことがあてはまる。
③ 社会復帰（阻害）要因
　対象行為等に争いがない事件では，付添人としては入院処遇までは不要で通院処遇で必要十分であるというスタンスで活動することが，相当数存在すると思われる。このような場合では，社会復帰（阻害）要因の判断が，入院・通院の判断の分かれ目になることが多い。

裁判所が社会復帰（阻害）要因を判断するに際しては，生活環境調査報告書及び鑑定書をまず参考にする。特に重視するのは前者であろう。そうすると，付添人としては，早期に社会復帰調整官にアクセスし，問題点の整理や意見交換を試みるべきであろう。当初審判段階における社会復帰調整官の役割は，環境調整を積極的に行うことでなく，審判にあたって，生活環境を調査し報告することであるに過ぎない。しかし，社会復帰調整官は，審判後の処遇段階でも対象者と関わり，対象者の社会復帰を援助するため，対象者の将来について多大な関心を有している。また，精神保健福祉士等の資格を有しており，専門的知識も有している（社会復帰調整官として採用されるためには，精神保健福祉士等の資格を持ち，8年以上の実務経験が必要である）。

　なお，手続外で社会復帰調整官にアクセスすることの可否であるが，法が特に禁止しているわけではないから，付添人が萎縮する必要はないと思われる。

　もっとも，生活環境に関する問題点が明らかになったとしても，付添人が社会資源（保健所，精神保健福祉センター，医療機関やグループホーム等）をどのように利用して対象者の環境調整を行うかという知識など持ち合わせていないのが通常である。したがって，まずは，対象者がかつて通っていた病院，診療所，保健所，グループホームなどの医療機関又は精神保健福祉施設等に連絡をとり，相談してみればよい。問題解決のきっかけになるかもしれない。

(4)　病識について

　病識とは「自分がどんな疾病にかかっているか，症状の重さはどうであるかについて，客観的に正しく判断すること」（加藤正明ほか監修『精神科ポケット辞典〔新訂版〕』〔弘文堂，2006年〕324頁）である。裁判所は，しばしば，対象者の病識を問題にする。というのは，対象者が病識を欠いている場合，自らの意思にもとづいて治療を求めず，ひいては通院を期待することも困難となるから，通院処遇と判断することに躊躇いを感じるからである。このように病識の有無が，入院か通院かを決する上で大きな考慮要素となる。前述の3要素でいうと社会復帰（阻害）要因を判断するための一つの事情ということになる。

　したがって，付添人としても，対象者の病識の有無について留意しておく必要がある。

もっとも，病識の無い対象者がいるとした場合，病識を獲得させることが適切であることは言うまでもないが，付添人が対象者を説得することで獲得できるような生易しいものでないことも，よく自覚しておく必要がある。対象者は，おそらく鑑定入院中に主治医や鑑定人と面談し，疾病についての話を聞かされるなどしている。もちろん鑑定段階であるから，病識獲得のための治療を受けていないであろうが，専門家である医師より「あなたは〇〇病である」と聞かされるのである。それも受け入れることができていない状態にある。素人の付添人が数カ月の付添人活動のなかで，対象者に病識を持たせることが易々とできるはずがない。

　まずは，付添人としては，対象者がどの疾病について理解しているのか，その点について鑑定人等の判断に誤りはないかを吟味することが必要である。妄想や幻覚等をそれとして認識できているかどうか，服薬の必要性を理解し服薬を継続しているかどうか，医師に診察してもらうことが必要と理解しているかどうか等について，対象者の認識を十分にくみ取った上で，適宜裁判所に意見すべきである。

　なお，病識と類似した概念として，病感というものがある。「自分が病気であるという感じ，自分が変化したという感じであり，漠然としたもの」(前掲・加藤ほか監修『精神科ポケット事典〔新訂版〕』324頁)で，病識とは区別されるものといわれている。例えば「変だ」「体の調子がわるい」といったもので，病識にまで至っていない状態をいう。病感はあるが病識まではない対象者が多く，付添人としては，これらの概念について知っておいて損はない。

③ 鑑定書について

　審判手続では，鑑定人が鑑定を実施し鑑定書を作成する(法37条)。

　そうすると，付添人としては，鑑定書を精査し，結論や結論に至る過程について吟味する必要があるから，鑑定書をある程度読み下すための能力を備える必要がある。鑑定書については，独立行政法人国立精神・神経医療研究センター精神保健研究所司法精神医学研究部のホームページ(http://www.ncnp.go.jp/nimh/shihou/index.html)でひな型が公開されており参考になる。ほかに精神医学者が作成した書籍等がいくつかあるので，これらをも参考にするとよい。鑑定書の精査にあたっても，協力医の協力を得られるのであれば，必要に応じて検討すべきである。

④ 審判について

　審判では参考人（親族等）や対象者本人の取調べ等が行われるが，通常，この段階では処遇の方向性は決まっている。東京地裁では審判に至るまでに関係者が全員集まり，2～3回のカンファレンス（打合せ）が実施される。このカンファレンスで関係者間で問題点を共有し議論を尽くす。裁判所はカンファレンスを通じて処遇の方向性を決めるため，付添人としては，審判に先立つカンファレンスにおいて，主張があれば早期に行い，それを裏付ける資料があれば提出するべきである。

⑤ 付添人の役割

　もとより，付添人は，対象者の代理人的立場で活動する。もっとも他方で，後見人的役割を期待されているところでもある。
　付添人活動を行っていると，対象者本人が疾病を有しているため，言い分が支離滅裂であったり，現実性がない場合にしばしば遭遇する。
　対象者からみたときに，対象者に成り代わり裁判所に意見を述べられるのは付添人しかいない（「保護者」も述べられるが，法律の素人であることが通常であるから，法の規定を駆使して裁判所に主張することは期待し難い）。そうだとすれば，付添人は，対象者の考えや主張をいかにくみ上げて裁判所に適切に意見するかが，腕の見せ所である。
　稀に対象者が通院処遇を希望しているにも関わらず，付添人までもが入院処遇が相当である旨意見している事例がある。付添人独自の意見として，対象者の真の利益になるのは入院処遇であると判断した上で述べられたものと思われる。しかし，付添人の代理人的役割という観点からみると，入院処遇という意見を述べるのは極めて慎重に臨むべきである。この点，対象者が通院を求める以上，いかなる場合でも通院処遇が相当であると意見すべきと考える見解もあるが，後見的立場から判断しなければならない場合もある。一概にいえず，付添人としての判断に悩むところである。

⑥ 決定後について

　決定に対しては，抗告（法64条2項）が可能である。抗告は決定から2週

間以内に行う必要がある（法64条2項）。そして抗告申立ての段階で抗告趣意をも主張する必要がある（この点は刑事手続と異なる）。そして，抗告しても執行停止の効力は発生しない（法69条）。つまり，入院処遇とする決定が言い渡されると，対象者は，その日のうちに指定入院医療機関（どこの機関に入院させるかは厚生労働省が決定し裁判所に決定権限はない）に移送される。例えば，東京地方裁判所で審判を受けた対象者が，熊本県の指定入院医療機関に入院処遇となることもある。

このような状況に至ると，決定後に対象者の抗告意思を確認することが困難になる場合もありえる。付添人としては決定前に対象者の意思を確認することが必要であろう。

また，対象者は精神障害を有しているのであるから，自身の力で抗告の申立て程度はできるとしても，抗告趣意を適切に組み立てることはおよそ期待し難い。そこで，付添人は，抗告趣意を主張した抗告申立てまで行うことが適切である。ただし，留意するべきは，抗告趣意の正確な理解である。最も多い誤りは，通院処遇を求めていたところ，入院処遇となったことについて「処分の著しい不当」を理由とする抗告である（法64条2項）。このような場合は「重大な事実の誤認」を抗告趣意とするのが正しい（例えば，東京高決平17・12・8東高時報56巻1〜12号94頁）[*1]。抗告裁判所は，抗告の趣意に含まれている事項に限り調査する（法66条）から，抗告趣意を誤ると，ただちに棄却されかねないので注意が必要である。

[*1] 立法担当者は「本法においては，『対象行為を行った際の精神障害を改善し，これに伴って同様の行為を行うことなく，社会に復帰することを促進するため，入院をさせてこの法律による医療を受けさせる必要がある』との認定がされた場合には入院決定がなされ，このような必要は認定できないものの，『対象行為を行った際の精神障害を改善し，これに伴って同様の行為を行うことなく，社会に復帰することを促進するため，この法律による医療を受けさせる必要がある』との認定がなされれば通院決定がなされ，……（中略）……このように，本法による処遇の要否及び内容に係る決定については，事実認定と各決定とが一対一で結びついており，裁判所の裁量の余地がないため，事実の誤認を論ずる余地はあるものの，処分の不当を論ずる余地はないこととなる」と説明しており（白木功ほか『『心神喪失等の状態で重大な他害行為を行った者の医療及び観察等に関する法律〔平成15年法律第110号〕』について〔6・完〕」法曹時報57巻12号〔2005年〕83〜84頁），裁判実務もこの考えに基づいている。

講演

精神障害者の弁護活動について
医療観察法事件を中心に

山下幸夫　弁護士（東京弁護士会）

① はじめに

　私は，日弁連の刑事法制委員会の医療観察法部会に所属し，東京弁護士会では，国選付添人の事件を引き受けています。医療観察法事件については，ある程度の知識と経験があるので，今日は，その経験から，医療観察法事件を中心にお話しをさせていただきます。

② 医療観察法の成立経過について

　医療観察法は，「心神喪失等の状態で重大な他害行為を行った者の医療及び観察等に関する法律（平成15年7月16日法律第110号）」の略称です。この法律は，2005（平成17）年7月から施行されています。
　そもそも，医療観察法は，2001（平成13）年6月に発生した大阪教育大付属池田小学校児童殺傷事件を契機として，当時の小泉首相の指示にもとづいて，厚生労働省と法務省が合同で検討した結果，異例の短期間のうちに法案がまとめられ国会に提出されたという経過があります。
　もちろん，かつて法務省は，保安処分を盛り込んだ刑法改正草案を作成したことがありました。これは日弁連をはじめ国民の強い反対があったために実現しなかった訳ですが，何も無いところから医療観察法案が作られた訳ではありません。
　政府案は，再犯防止の観点から作られた保安処分的色彩の強いものでしたが，日弁連はこれに強く反対し，最終的に，国会において，「社会復帰」を目的とするものに修正されて成立したという経過があります。
　成立した医療観察法1条には，「この法律は，心神喪失等の状態で重大な他害行為……を行った者に対し，その適切な処遇を決定するための手続等

を定めることにより、継続的かつ適切な医療並びにその確保のために必要な観察及び指導を行うことによって、その病状の改善及びこれに伴う同様の行為の再発の防止を図り、もってその社会復帰を促進することを目的とする」とあり、「社会復帰を促進すること」が立法目的であることが明記されています。

医療観察法の附則4条には、「政府は、この法律の施行後5年を経過した場合において、この法律の規定の施行の状況について国会に報告するとともに、その状況について検討を加え、必要があると認めるときは、その検討の結果に基づいて法制の整備その他の所要の措置を講ずるものとする」とのいわゆる見直し条項があります。現在、法務省や厚労省は、関係者や関係団体のヒヤリングを実施して、その見直しについて検討中と伝えられていますが、法改正には消極的であると思われます[*1]。

③ 医療観察法の対象者について

次に、医療観察法が誰に適用されるかですが、これは、医療観察法2条3項によって、不起訴処分となった者（1号）と刑事裁判で無罪又は執行猶予等となった者（2号）の2種類があります。

なお、医療観察法の対象とされる人のことを、この法律では「対象者」と呼びます。

全ての犯罪の被疑者等に対して適用される訳ではありません。医療観察法は重大犯罪についてだけ適用されることになっており、医療観察法が適用される重大犯罪は5類型とされており、①放火[*2]、②強姦・強制わいせつ[*3]、③殺人[*4]、④強盗[*5]、⑤傷害です（医療観察法2条2項）。

なお、医療観察法の条文はありませんが、この法律が強制医療に関する法律であることから、治療反応性がない者（治療しても良くなる見込みが

[*1] 実際、何らの法改正も行われませんでした（法務省・厚生労働省「心神喪失等の状態で重大な他害行為を行った者の医療及び観察等に関する法律の施行の状況についての検討結果」〈http://www.mhlw.go.jp/stf/houdou/2r9852000002gk0i-att/2r9852000002gk49.pdf〉参照）。
[*2] 現住建造物放火、非現住建造物放火、建造物等以外放火、各未遂。但し、放火予備は入りません。
[*3] 強姦・強制わいせつ、準強姦、各未遂。
[*4] 殺人、自殺関与、同意殺人、各未遂。但し、過失致死は入りません。
[*5] 強盗、事後強盗、各未遂。

ない者）や人格障害者については，それらの者を一旦入院させてしまうと，ずっと退院させられなくなることから，この法律の適用はないと解釈されています。

④ 医療観察法の申立てについて

　医療観察法の申立ては，検察官の専権事項であるとともに，原則として，検察官は申立てが義務づけられています（起訴便宜主義とは異なっています）。

　すなわち，医療観察法33条1項により，検察官は，①被疑者が対象行為を行ったこと及び心神喪失者若しくは心神耗弱者であることを認めて不起訴処分をしたとき，②刑法39条により無罪又は執行猶予付判決が確定したときには，それぞれ，対象行為を行った際の精神障害を改善し，これに伴って同様の行為を行うことなく，社会に復帰することを促進するためにこの法律による医療を受けさせる必要が明らかにないと認める場合を除いて，地方裁判所に対して，医療観察法の申立てをしなければなりません（申立てが強制されている）。

　但し，対象行為が傷害である場合には，傷害が軽い場合であって，当該行為の内容，当該対象者による過去の他害行為の有無及び内容並びに当該対象者の現在の病状，性格及び生活環境を考慮し，その必要がないと認めるときは，医療観察法の申立てをしないことができるとされています（申立てに裁量あり）。

⑤ 医療観察法の審理体について

　医療観察法の審理については，精神医療の専門家でないと判断できない場面があることから，特殊な合議体とされています。医療観察法11条1項は，「1人の裁判官及び1人の精神保健審判員の合議体で処遇事件を取り扱う」と規定し，裁判官1名と精神保健審判員1名の2人による合議体とすることが定められています。精神保健審判員は，精神科医から選任されます。医療観察法15条は，精神保健参与員を加えることができると規定しており，多くの事件で精神保健参与員が選任されています。この精神保健参与員は精神保健福祉士等から選任されます。

　医療観察法事件の審判は，多くの場合，通常の刑事法廷を利用して開か

れていますが（但し，非公開です），裁判官1名と精神保健審判員1名の2人が裁判官席に座って行われるのが普通です[*6]。

6 医療観察法の運用状況について

医療観察法の申立てとその結果等に関する運用状況は，厚生労働省のサイトに掲載されている下記の表のとおりです（最新のデータは下記の通り）。

これによると，申立ては3,462件で，このうち，入院決定は半数以上ですが，施行前ではほとんどが入院決定になるのではないかと予想していましたので，それから比べると入院決定は少ないと言えます。施行当初は，もっと通院決定が多かったのですが，最近になって，少しずつ通院決定は減ってきています。

医療観察法の地方裁判所の審判の終局処理人員
（2005〔平成17〕年7月15日〔施行日〕から2014〔平成26〕年12月31日までの状況）

◇終局処理人員総数	3,462
・入院決定	2,248
・通院決定	495
・医療を行わない旨の決定	576
・却下　-対象行為を行ったとは認められない	10
-心神喪失者等ではない	108
・取下げ※	23
・申立て不適法による却下	2

※　取下げ：医療観察法の申立てを通じて裁判所で心神耗弱と認められ，検察官が申立てを取り下げたもの

犯罪白書の各年ごとのデータを医療観察法医療体制整備推進室で集計（出典：厚生労働省ウェブサイト〈http://www.mhlw.go.jp/stf/seisakunitsuite/bunya/hukushi_kaigo/shougaishahukushi/sinsin/kettei.html〉）

[*6] 刑事法廷を利用するので，検察官は検察官席に，付添人は弁護人席に座り，対象者本人は，被告人席に座ります。その他精神保健参与員が選任されている場合は必ず出席し，多くは法壇の下に着席しています。その他鑑定人や社会復帰調整官が出席することもあります。保護者も審判期日に出席することができる（医療観察法31条6項）ので，対象者の親族が保護者になっている場合は，付添人としては積極的に出席を促すべきです。ただし，今後対象者を援助してくれる者が保護者になっているとは限りません。そのような場合は，援助してくれる者について参考人として審判期日に出頭してもらい，事実取調べ（情状証人による証人尋問のようなもの。医療観察法24条1項）を受ければ，事実上審判期日にも立ち会うことができます。

医療観察法の仕組み
(平成15年7月成立・公布，平成17年7月15日施行)

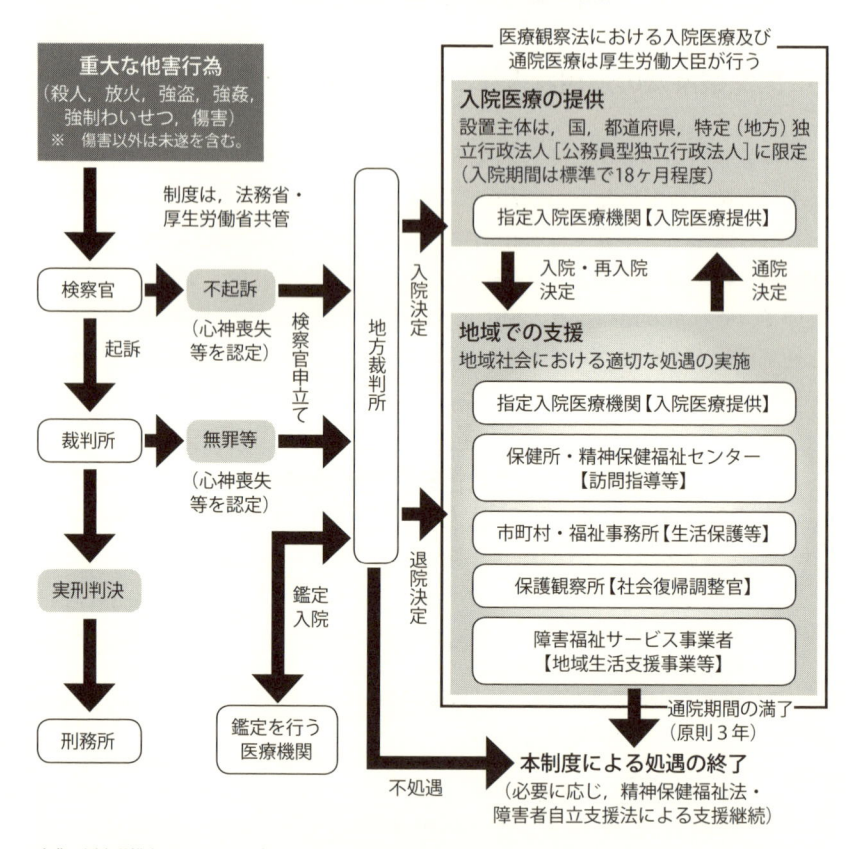

```
重大な他害行為
（殺人，放火，強盗，強姦，
強制わいせつ，傷害）
※ 傷害以外は未遂を含む。
```

- 制度は，法務省・厚生労働省共管
- 医療観察法における入院医療及び通院医療は厚生労働大臣が行う

入院医療の提供
設置主体は，国，都道府県，特定（地方）独立行政法人［公務員型独立行政法人］に限定（入院期間は標準で18ヶ月程度）
- 指定入院医療機関【入院医療提供】

検察官 → 起訴 → 裁判所 → 実刑判決 → 刑務所
検察官 → 不起訴（心神喪失等を認定）→ 検察官申立て → 地方裁判所
裁判所 → 無罪等（心神喪失等を認定）→ 地方裁判所

地方裁判所 → 入院決定／退院決定／鑑定入院（鑑定を行う医療機関）／不処遇

入院・再入院決定 ／ 通院決定

地域での支援
地域社会における適切な処遇の実施
- 指定入院医療機関【入院医療提供】
- 保健所・精神保健福祉センター【訪問指導等】
- 市町村・福祉事務所【生活保護等】
- 保護観察所【社会復帰調整官】
- 障害福祉サービス事業者【地域生活支援事業等】

通院期間の満了（原則3年）→ 本制度による処遇の終了（必要に応じ，精神保健福祉法・障害者自立支援法による支援継続）

出典：厚生労働省ウェブサイト〈http://www.mhlw.go.jp/bunya/shougaihoken/sinsin/gaiyo.html〉を基に作成。

[7] 付添人について

　それでは，次に，私たち弁護士が医療観察法事件にどのように関わるのかについてお話ししたいと思います。

　ちなみに，医療観察法は，少年法が使っている概念をそのまま使っていることが多く，少年法の「付添人」と同じ用語が，医療観察法でも使われています。

　医療観察法30条1項により，対象者及び保護者は，付添人を選任することができることとされています。医療観察法30条3項は，国選付添人を認

めており，当初の審判事件*7では，付添人は必要的ですので，私選付添人がいない場合には，必ず，国選付添人が選任されます。

　国選付添人の選任については，国選弁護と同様に，裁判所から弁護士会に対して推薦依頼をし，これを受けて，弁護士会が適任の弁護士を裁判所に推薦することにしています。東京の場合，3つの弁護士会が交代で，裁判所からの推薦依頼の窓口となり，それを，東京弁護士会：第一東京弁護士会：第二東京弁護士会＝2：1：1の割合で，3つの弁護士会に振り分けています。

　東京弁護士会の場合には，一応，希望者を名簿に登載してはいますが，実際には，名簿順というよりも，名簿に記載された弁護士にファックス等で案内をして，希望者を募って早い者順で裁判所に推薦しているのが実情です。

　付添人は，記録の閲覧・謄写（医療観察法32条2項），鑑定入院命令に対する不服申立て（同72条1項），対象行為の存否についての審理に対する意見（同41条），審判期日における意見陳述及び資料の提出（同25条），鑑定入院命令による在院中の医療の確保等の活動を行うことが期待されています。

　付添人として，最低限行うことが期待されているのは，記録の閲覧・謄写をし*8，対象者本人に面会をして，事件の内容や処遇の希望について事情聴取をし，東京地裁の場合ですと，審判前に2〜3回行われるカンファレンスに出席して意見を述べ，審判前に，事件や処遇についての意見を述べることなどです*9。このように見ると，少年事件の付添人の活動によく似ていると言えます。

---

*7　検察官が医療観察法33条1項に基づいて対象者につき入院又は通院の処遇を求め，これにより行われる審判を当初審判ということがあります。
*8　記録の閲覧・謄写は，裁判所の許可が必要であり（医療観察法32条1項），この許可をしようとする場合は，刑事事件に係る訴訟に関する書類（捜査記録等）につき検察官に予め意見を聴く必要があります（医療観察法48条1項）。したがって，閲覧・謄写の申請から実際に閲覧・謄写するまでは若干時間を要することがあります。東京地裁では，書記官が手続に習熟していますので，手間取ることはないと思いますが，念のため担当書記官に連絡し，閲覧・謄写の仕方を問い合わせたほうがよいでしょう。
*9　その他，付添人は資料を提出することもできます（医療観察法25条1項）。特に時期の定めも方式もありませんので，必要に応じて提出すべきです。また，審判期日の段階では，処遇の方向性（通院か入院か）はほぼ決まっていますので，事前に付添人の意見を述べることも検討すべきです。その他，鑑定人から鑑定書，社会復帰調整官から生活環境調査結果報告書が提出され，これらに記載されている意見が処遇結果に強く影響しますので，付添人としては，これら書面の内容を吟味・検討する必要もあります。

8 対象者の鑑定入院について

　検察官から医療観察法の申立てがなされた時点で，裁判官は，対象者と面接をして，医療観察法による医療を受けさせる必要が明らかにないと認める場合を除いて，鑑定入院命令を発することになっています（医療観察法34条1項）。実際にはほとんどの事件において，医療観察法の申立ての直後に，鑑定入院命令が出されて，すぐに鑑定入院先の病院に送られます。

　鑑定入院命令は，医療観察法上は，対象者の身体を拘束するための根拠とされていると言って良いと思います。

　そのため，対象者に対する鑑定命令は，鑑定入院命令とは別に発せられることになっています（医療観察法37条1項）。

　鑑定入院命令に対しては，不服申立てが認められています（医療観察法72条1項）。

　鑑定入院の期間は，原則として2カ月ですが，さらにもう1カ月延長することができます（医療観察法34条3項）。多くの事件では2カ月以内に審判が開かれて決定も出されますが，様々な理由で延長される場合もあります。

　鑑定入院中の医療の在り方については，医療観察法には何の規定も置かれていません。そのため，本来であれば，対象者の精神障害が急性期の状態で，最も医療を必要としている時期であるにもかかわらず，医療をする法的根拠が定められていないことになり，あまり治療が行われないという問題があります。

　鑑定入院先の病院が，対象者に対して医療を行う根拠がないことから，強制医療はできないが，対象者の同意を得て治療を行うことはできると解釈されています。

　そのため，付添人活動として，精神障害の症状に応じて，必要な薬物の投与を鑑定入院先の病院に対して求めることが必要です[10]。

---

[10] 鑑定入院先の病院では，主治医が付きます（鑑定人とは別の医師が付くことが多いように思いますが，同じ医師が付くこともあります）ので，主治医と面談を求めるなどして，治療状況や方針などについて尋ねてみるとよい。

⑨ 審判前のカンファレンスについて

　東京地裁では，法律には何の規定もありませんが，運用上の工夫として，審判の前に，裁判官，精神保健審判員，精神保健参与員，検察官，付添人，鑑定医，社会復帰調整官[*11]などが，一同に会して打ち合わせ（これを「カンファレンス」と呼んでいます）が行われています（三好幹夫「心神喪失者等医療観察法施行後2年の現状と課題について」判例タイムズ1261号〔2008年〕25頁以下，稗田雅洋「心神喪失者等医療観察法による審判手続の運用の実情と留意点」植村退官『現代刑事法の諸問題〔2〕』〔立花書房，2011年〕389頁以下参照）。

　東京地裁の場合には，医療観察法の申立て直後，鑑定人の鑑定書の提出直後，審判当日の3回程度カンファレンスが実施されるのが普通です。

⑩ 審判期日について

　通常，1回だけ審判期日が開かれます。審判は刑事事件の法廷を利用しますが，非公開であるため，一般人による傍聴はできません。この辺りも少年事件の審判と良く似ています。但し，医療観察法は，被害者等の傍聴は認めていますが（医療観察法47条1項），実際にはほとんど被害者等は傍聴していません。

　少年審判と同様に，職権主義がとられているため，裁判官が進行し，対象者，鑑定人や保護者に対する尋問が実施されるのが普通です。まず，裁判官や精神保健審判員や精神保健参与員が質問した後，補充的に，検察官や付添人から質問します。

　最後に，検察官の意見，付添人の意見を述べて審判は終わります。少年審判と違うのは，ほとんどの場合，審判の中で処分が言い渡されることはないという点です。ほとんどの場合には，最終処分については，決定書が作成されて送達により告知されるのが普通です。

　「対象行為を行った際の精神障害を改善し，これに伴って同様の行為を行うことなく，社会に復帰することを促進するため，入院をさせてこの法律

[*11] 社会復帰調整官は，保護観察所の職員であり，精神障害者の保健や福祉等の専門的知識を有している者で，生活環境の調査・調整等を行います。当初審判では，生活環境調査報告書を作成します。

による医療を受けさせる必要があると認める場合」には入院決定が出され（医療観察法施行後42条１項１号），入院の必要がない場合には通院決定が出されます（同２号）。いずれも強制医療についての決定です。

これに対して，医療観察法による医療の必要がない場合には不処遇決定がなされます（同３号）。

入院決定が出された場合には，即日執行されます。対象者は，その日のうちに，入院先の病院（指定入院医療機関）に移送されるのが普通です。この点も，少年事件で少年院送致になった場合にすぐに執行されるのに似ています。

ちなみに，入院先の病院は，裁判所ではなく，厚労省が決めることになっており，裁判所の決定書には入院先の病院までは指定されていません。

そのため，付添人は決定書を見ても入院先は分かりませんので，鑑定入院先の病院や裁判所などに問い合わせて確認する必要があります。

決定に不服がある場合には，２週間以内に抗告を申し立てることができます（医療観察法64条２項）。しかし，抗告をしても，入院等の決定の執行を停止することは原則としてできません（医療観察法69条）[*12]。

入院の場合には，厚生労働省の入院医療ガイドラインによって，１年半を目処に退院することを目標に治療が行われることになっています。実際にはこれより早く退院するケースもあれば，１年半を過ぎても退院できないケースもあります。退院するには，裁判所において退院決定がなされる必要があります（医療観察法51条１項２号）。この場合には，退院とともに通院決定がなされますので，今度は通院が必要になります。

[*12] 付添人は，対象者と打合せをした上で抗告申立てをするか否か検討する必要がありますが，入院決定となった場合，対象者が指定入院医療機関に移りますので，医療機関の場所等によっては打合せが難しくなることに注意が必要です。また，抗告申立ては，刑事訴訟における控訴申立てと異なり，抗告申立てとともに抗告趣意を明示する必要があります（心神喪失等の状態で重大な他害行為を行った者の医療及び観察等に関する法律による審判の手続等に関する規則89条２項）。付添人が抗告申立てをする場合は，特に留意が必要です。なお，対象者本人が申立てをした場合に限らず，付添人が抗告申立てをした場合でも，抗告審裁判所において，付添人に改めて抗告趣意を補充する意見書の提出を事実上認めている場合がほとんどかと思われます。しかしながら，抗告申立て段階において主張していない抗告趣意は，補充の意見書で新たに主張しても抗告審での調査の範囲となりません（医療観察法66条１項）ので，注意が必要です（もっとも，本人申立ての場合等で適切な抗告趣意を主張するのが困難な場合，抗告審付添人としては，積極的に抗告趣意を主張すべきでしょう）。

11 この分野での2つの重要な最高裁決定について

　医療観察法の分野では，最高裁判所が重要な決定をしておりますので，これを知っておく必要があります。
　まず，いわゆる誤想防衛の場合に，医療観察法の適用があるか否かという論点があります。医療観察法事件では，対象者が，統合失調症等の場合には，妄想によって相手方のことを誤認して（自分に対して襲いかかってきていると誤認するなど），相手に対して攻撃して傷害を負わせたり，殺してしまうケースがあります。
　刑法上は，誤想防衛は故意を阻却して犯罪が成立しないことになりますが[*13]，医療観察法の適用があるか否かが争われることがあります。
　最三決平20・6・18刑集62巻6号1812頁は，「医療観察法は，心神喪失等の状態で重大な他害行為を行った者に対し，継続的かつ適切な医療等を行うことによって，その病状の改善及びこれに伴う同様の行為の再発の防止を図り，もってその社会復帰を促進することを目的とするものである。このような医療観察法の趣旨にかんがみると，対象者の行為が対象行為に該当するかどうかの判断は，対象者が妄想型統合失調症による幻覚妄想状態の中で幻聴，妄想等に基づいて行為を行った本件のような場合，対象者が幻聴，妄想等により認識した内容に基づいて行うべきでなく，対象者の行為を当時の状況の下で外形的，客観的に考察し，心神喪失の状態にない者が同じ行為を行ったとすれば，主観的要素を含め，対象行為を犯したと評価することができる行為であると認められるかどうかの観点から行うべきであり，これが肯定されるときは，対象者は対象行為を行ったと認定することができると解するのが相当である」，「なぜなら，上記のような幻聴，妄想等により対象者が認識した内容に基づいて対象行為の該当性を判断するとすれば，医療観察法による医療が最も必要とされる症状の重い者の行為が，主観的要素の点で対象行為該当性を欠くこととなりかねず，医療観察法の目的に反することとなるからである」。
　このように述べて，妄想型の統合失調症の場合に，誤想防衛であることを主張しても，対象行為があると認定されることになりましたので，付添人はこの点を争っても無意味であるということになりました。

---

*13　故意阻却となると対象行為が認められないことになり，申立てにつき却下（医療観察法40条1項1号）されるべきことになります。

私自身も，これまで担当した事件で，妄想型の統合失調症で，誤想防衛と思われる事件を何度か担当し，誤想防衛を理由に医療観察法の適用がないとの主張をしたことがありますが，今後はこのような主張はほとんど無意味な主張となります。
　次に，通院決定のために精神保健福祉法の任意入院等を併用することの是非が問題となることがあります。
　医療観察法が施行された後，主として関西方面の裁判所では，付添人が活動して，対象者を精神保健福祉法による任意入院をさせることを主張して，医療観察法事件の審判では，入院決定ではなく，通院決定を得るケースが散見されていました。このような事例が問題となった事案で，最二決平19・7・25刑集61巻5号563頁は，「医療観察法の目的，その制定経緯等に照らせば，同法は，同法2条3項所定の対象者で医療の必要があるもののうち，対象行為を行った際の精神障害の改善に伴って同様の行為を行うことなく社会に復帰できるようにすることが必要な者を同法による医療の対象とする趣旨であって，同法33条1項の申立てがあった場合に，裁判所は，上記必要が認められる者については，同法42条1項1号の医療を受けさせるために入院をさせる旨の決定，又は同項2号の入院によらない医療を受けさせる旨の決定をしなければならず，上記必要を認めながら，精神保健及び精神障害者福祉に関する法律による措置入院等の医療で足りるとして医療観察法42条1項3号の同法による医療を行わない旨の決定をすることは許されないものと解するのが相当」であるとしました。
　この最高裁決定が出た後も，関西方面では，精神保健福祉法の任意入院等を併用することで通院決定になる例もあると言われていますが，元々，そのようなことが認められていなかった東京など関東方面では，今後，このような争い方はより一層困難になったと考えられます。
　このように，医療観察法の分野では，最高裁の判例が重要な判断を示しており，一種の立法に近い働きをしていると言えます。
　なお，その後の重要な判例として，「鑑定入院命令が発せられた後に鑑定入院の必要がなくなったことなどの事情は，法72条1項の鑑定入院命令取消し請求の理由には当たらないものの，裁判所は，鑑定人の意見を聴くなどして鑑定入院命令が発せられた後に法による医療を受けさせる必要が明らかにないことが判明したときなど，鑑定入院の必要がないと判断した場合には，職権で鑑定入院命令を取り消すことができ，対象者，保護者又は付添人は，その職権発動を促すことができる」と判断した最三決平21・8・

7刑集63巻6号776頁，「(医療観察)法42条1項3号の『この法律による医療を行わない旨の決定』に対しては，対象行為の認定を争うものであっても同法64条2項の抗告が許されない」と判断した最三決平25・12・18刑集67巻9号873頁があります。

[12] 医療観察法の運用上の問題点について

医療観察法が運用される中で，色々な矛盾点や法の不備と思われる事態が発生しています。本来であれば，見直し条項によって改正されるべきですが，残念ながら，今のところ，そのような動きはありません。しかし，早急に改善がなされるべきであると考えられます。

①心神耗弱を理由に執行猶予判決を受けて釈放された被告人が，この手続で入院させられるケースがあります（これは医療観察法の明文上それを認めています）。

②原審が入院命令を出したが，抗告審で却下された事例（原審は放火未遂を認定したが，抗告審が放火予備と認定した事案）で，入院先から自宅に戻るための費用等が一切出されないという欠陥が明らかになっています（違法な拘束に対する補償法が存在しないため。刑事補償法は適用されない）。

③審判の結果，「完全責任能力がある」として医療観察法の申立てが却下され，地検が現住建造物等放火罪で地方裁判所に起訴し，裁判員裁判で審理されることになり，責任能力があるとして有罪となった例があります。

④入院先の病院が退院申立てをしても，受け入れ先が見つからないとして，裁判所がそれを許可しない例があります（一種の社会的入院）。

⑤再審の規定が存在しない。実際には入院した後，鑑定書による病名が間違っており，入院の必要性がないことが判明することが多いが，退院請求をするしかないという例があります。

[13] 付添人活動のポイントとその大変な点について

医療観察法が保安処分的に運用されることがないように，付添人としては，なるべく入院決定ではなく，通院決定（又は不処遇決定）が得られることを目標に頑張ることになります。

それを実現するためには，少年事件とよく似ていますが，社会的資源である保護者，親戚等に当たって受け入れをお願いすることが重要な活動と

なります。もっとも，対象者は自宅に放火したり，近親者を殺害している例が多く，受け入れ先の確保が難しいことが多いのも事実です。この点は少年事件とは大きく異なっています。

　そのため，付添人としては，対象者との面接や保護者からの事情聴取が重要ですが，特に，対象者との面接については，例えば，妄想性の統合失調症の対象者の場合には，妄想が強く，普通の会話ができない場合があります。しかし，多くの対象者は，急性期を過ぎると大変に落ち着いており，面会等でも普通に会話が成立するので，あまり恐れる必要はありません。

⑭ おわりに

　医療観察法事件は，他の事件とは少し赴きが異なることは確かですが，少年事件に似ている面があり，是非，皆さんも一度，国選事件を引き受けることをお勧めしたいと思います。

　私自身も，医療観察法が施行された後，初めて，精神障害者の事件を担当し，色々と考えさせられたり，勉強することができました。

　精神障害を持った方の事件を直接担当することによって，このような人たちが社会の中で苦しんでいることを肌身を持って知ることも，弁護士として有意義なことではないかと思います。

　私の今日の話が，そのために少しでも参考になれば幸いです。

《参考文献》
東京三会刑事弁護正副委員長会議心神喪失者等医療観察法事件部会編『医療観察法付添人活動マニュアル』(2011年)
「特集・ビギナーズ医療観察法」季刊刑事弁護63号 (2010年)
池原毅和『精神障害法』(三省堂，2011年)
日本弁護士連合会刑事法制委員会編『Q＆A心神喪失者等医療観察法〔第2版〕』(三省堂，2014年)

(増刷に当たり，データを最新のものに入れ替え，本文に一部追加した)

(やました・ゆきお／2011年7月11日講演)

第3部
責任能力をめぐる議論

責任能力総論

① 本稿の概要

(1) 責任能力はどのように判断されるのか
ア 生物学的要素と心理学的要素の混合的方法

　刑法39条は，「心神喪失の者は，罰しない。心神耗弱の行為は，その刑を減軽する」と規定している。行為者の責任能力は，「精神障害」という生物学的要素と「弁識能力（理非善悪を弁識する能力）」や「制御能力（弁識に従って行動する能力）」という心理学的要素に基づいて，完全責任能力，限定責任能力（心神耗弱），責任無能力（心神喪失）を判定する（混合的方法）というのが，大審院以来確立された判例である。

イ 種類

　精神障害には，「統合失調症」，「中毒性精神病」（アルコールや覚せい剤などの薬物によって精神疾患を発症したもの），「知的障害」（精神遅滞，精神発達遅滞のことで知能指数〔IQ〕により診断される），「精神病質」（人格の病的な状態をいい，サイコパスともいい，反社会性パーソナリティ障害と呼ばれている概念に近い），「その他の精神疾患」（うつ病，躁うつ病などの気分障害〔感情障害〕，パニック障害などの神経症，拒食症などの摂食障害など）がある。

ウ 判断基盤

　「精神障害」をどのように考えるのかについて，「診断論」は，鑑別診断を経て確定された精神障害の種類が責任能力を判断する基盤であるとする。ここでいう「診断」とは「症状」ではなく，「病態」を把握する作業であるとされる。たとえば，妄想や幻覚幻聴という症状ではなく，統合失調症という診断が基盤となる。これに対し，「症状論」とは，個別の精神症状が責任能力を判断する基盤であり，精神医学的に認定された症状から直接に弁識能力や制御能力を判断する考え方である。それゆえ，行為者の妄想や幻覚幻聴が弁識能力や制御能力に及ぼした影響の有無や程度を判断することに

なる。

エ　判断方法

「精神障害」の判断方法には，「伝統的診断方法」と「操作的診断方法」がある。

「伝統的診断方法」は，精神疾患が外因性，内因性，心因性の病因に基づくものと考え，行為者の精神症状だけでなく，身体的な検査や理化学的検査，心理試験の結果を加味して，行為者の病態を把握しようとする。しかし，統一した診断基準が形成されなかったことや，多くの精神疾患の病因に未解明なところがあったため，病因論を離れた診断方法が求められるようになった。

これに対し，「操作的診断方法」とは，行為者の症状に着目し，評価項目として上げられた複数の症状項目のうち，一定以上の項目を満たすことによって，診断結果が得られるというチェックリスト方式により，行為者を診断しようとする。

オ　心理学的要素の判断については，「不可知論」と「可知論」がある

精神障害の判断から犯行時の弁識能力や制御能力を判断することができるかどうかについては，「不可知論」と「可知論」の対立がある。「不可知論」は精神障害が判断できても，弁識能力や制御能力は厳密には判断できないという考え方であり，「可知論」は弁識能力や制御能力はかなりの程度まで判断できるという考え方である。もっとも，不可知論の立場からまったく判断できないとしたり，可知論の立場からすべて判断できるという極端な立場をとる論者は少ない。

カ　「不可知論」の論者が提唱する「慣例（コンベンション）」について

不可知論は，精神障害の判断をすることができても，弁識能力や制御能力を厳密には判断できないとする。そのため，法曹関係者と精神医学者の間で「精神障害」の判断に応じた一定の合意（これを「慣例（コンベンション）」という）を形成しておくことを提唱する。たとえば，行為者が統合失調症と診断された場合は原則として責任無能力とすると判定する。これに対し，可知論は，精神障害の判断から弁識能力や制御能力の判断はかなりの程度まで判断できるので，「慣例（コンベンション）」は不要であるとする。しかし，「可知論」でも弁識能力や制御能力のすべてが判断できるわけではないので，

ある程度の取り決めは必要であるとしている。

キ　可知論が台頭してきた経緯
　わが国の精神医学界では，精神医療が発展して精神疾患が治癒・寛解するようになったり，精神病者の社会復帰活動の促進（ノーマライゼーション運動）を背景として，精神病者であっても病的な部分と健康な部分があり，病的な部分が人格に及ぼす影響を考慮して弁識能力や制御能力を判断することは可能であるという可知論の立場が台頭してきた。裁判実務においても，被告人が精神病に罹患していることだけでなく，犯行時にどの程度の病状であったか，その病状が犯行に及ぼす影響の有無やその程度が重視されるようになった。

(2)　裁判実務における精神鑑定の運用について
ア　裁判所は精神鑑定の結果に拘束されない（不拘束説）
　生物学的要素である精神障害については，精神医学者による精神鑑定が行われる。また，心理学的要素である弁識能力や制御能力についても精神障害と密接な関係にあるので，精神鑑定において判断されることが多い。しかし，責任能力の判断は，裁判所の専権事項であるため，裁判所は，精神障害だけでなく弁識能力や制御能力について，従前より一貫して精神鑑定の結果に拘束されないとしてきた。

イ　裁判所は，不可知論の立場か，可知論の立場か
　わが国の精神医学界は，明治以降，ドイツの精神医学界の強い影響を受け，不可知論が主流であった。そして，不可知論の精神医学者は，精神鑑定の結果から慣例（コンベンション）に従って責任能力を判定することを提唱してきた。しかし，裁判所は，混合的方法を採用していることから，慣例（コンベンション）による判定を正面から全面的に採用しておらず，不拘束説の立場から，精神鑑定の結果を参考としながら弁識能力や制御能力について独自の判断を行って来た。しかし，裁判例を検討すると，後記のとおり，慣例（コンベンション）が部分的に採用されていると思われる。

ウ　裁判所の傾向
　裁判所は精神鑑定の結果と比較すると，責任能力を肯定する傾向が強かった。

裁判所は，精神鑑定で重篤な精神障害が認められても，責任無能力（心神喪失）と判断することは少なく，せいぜい限定責任能力（心神耗弱）とする傾向にあった。このような背景には，違法な行為を行った者が責任無能力として処罰されないのは被害者の応報感情に報いることにならないとか，わが国には違法な行為を行った精神障害者のための処罰と治療を兼ね備えた施設が存在しなかったことがあるといわれている。

(3) 最三決昭59・7・3（不拘束説と総合的判断方法）
　この決定は，裁判所は精神鑑定の決定に拘束されることはないという不拘束説の立場を踏襲し，精神障害が重篤で被告人の弁識能力や制御能力に強い影響を与えている場合は心神喪失とするが，そうでない場合は，被告人の病状だけでなく，被告人の犯行前後の諸事情を総合的に判断して責任能力の有無を判断するという「総合的判断方法」を採用した。精神医学的な観点からすれば，精神障害を被告人の犯行時の症状だけでなく，その病態も責任能力を判断する基盤としており，「症状論」ではなく「診断論」を採用している。
　また，この決定は，総合的判断方法を採用していることから，不可知論が提唱する慣例（コンベンション）は否定されたと評する論者も多いが，精神障害が重篤で被告人の弁識能力や制御能力に強い影響を与えている場合は心身喪失とするとしており，慣例（コンベンション）の考え方が部分的に採用されているものと思われる。

(4) 最二判平20・4・25（不拘束説の修正）
　裁判所は精神鑑定の結果に拘束されないとされてきたが，精神鑑定の結果と判決の認定が食い違うことがあると，控訴・上告が増加することになるが，そのような事態は適切ではない。この判決は，不拘束説を修正し，裁判所は精神鑑定の結果に拘束されないが，合理的な理由がないかぎり，精神鑑定の結果を尊重して責任能力を判断すべきであると判示した。

(5) 最一決平21・12・8（総合的判断方法の修正）
　裁判所は，総合的判断方法によって被告人の責任能力を判断していたが，被告人の諸事情のとらえ方次第で事実認定が大きく変化することが少なくない。この決定は，総合的判断方法における諸事情のなかで，①被告人の病状ならびに②精神障害を発症する前の性格（犯罪傾向）と発症後の病状及

び犯行との関連性を重視すべきであると判示した。

(6) 精神鑑定の新たな潮流とその問題点（裁判員裁判における精神鑑定の陥穽）

可知論の立場から操作的診断方法に依拠する精神医学者が中心となって「刑事責任能力に関する精神鑑定書作成の手引き〔平成18～20年度総括版〕」（以下「手引き」という）が作成された。そして，この「手引き」に基づいて精神鑑定を標準化し，裁判員裁判のための精神鑑定制度として運用が開始されている。

「手引き」では，不可知論を不当に非難する記載が目立つが，①可知論の立場からでも犯行時の弁識能力や制御能力のすべてが判断できるわけではない。また，②操作的診断方法は，被告人の犯行に直接関係する個別の精神症状を考慮するだけで，被告人の状態全体（病態）を十分に把握できないのではないか，③「手引き」が推奨する鑑定書は，簡略化され画一化されるため，被告人の責任能力を判断する資料として不十分ではないか，④「手引き」の「7つの着眼点」は，被告人の責任能力を肯定する方向に誘導しないか，という危険性を払拭することはできず，個別事件ごとの慎重な審理に委ねられている。

② 責任能力についての判例の考え方

(1) 責任能力はどのように判断されるのか（混合的方法）

刑法39条は，「心神喪失の者は，罰しない。心神耗弱の行為は，その刑を減軽する」と規定している。同条の解釈として，大判昭6・12・3（刑集10巻12号682頁等）は，精神障害により事物の理非善悪を弁識する能力（弁識能力）がなく，又はこの弁識に従って行動する能力（制御能力）がない状態を心神喪失，精神障害がいまだ弁識能力や制御能力を欠如する程度に達しないが，その能力が著しく減退した状態を心神耗弱とした。それ以降，精神障害を生物学的要素，弁識能力や制御能力の有無及びその程度を心理学的要素とし，それらを併せて責任能力を判断する「混合的方法」が判例理論として定着している。

(2) 生物学的要素と心理学的要素の判断（不拘束説）

心神喪失や心神耗弱という概念は精神医学の領域と密接に関連しており，

生物学的要素である精神障害の認定については，精神医学者の知見と経験に依拠しなければならず，そのために精神鑑定が行われることが多い。また，精神鑑定は心理学的要素としての弁識能力や制御能力にも言及するが，弁識能力や制御能力は裁判所の専権事項とされている。それでは精神医学者による精神障害の判断や弁識能力及び制御能力の判断は，裁判所の責任能力の判断にどのような影響を及ぼすのであろうか。

　判例は，心神喪失や心神耗弱に該当するかどうかは，法律判断であって専ら裁判所にゆだねられる問題であるとし，生物学的要素における精神障害だけでなく，心理学的要素としての弁識能力や制御能力についても，究極的には裁判所の評価にゆだねられる問題であるとし，裁判所は精神鑑定の結果に拘束されることなく，精神鑑定のどの部分についても評価し直すことができるとされている。これを「不拘束説」という（最三判昭58・9・13裁判集刑事232号95頁・判時1100号156頁）。

(3)　最三決昭59・7・3刑集38巻8号2783頁・判時1128号38頁
ア　昭和59年決定の要旨（不拘束説と総合的判断方法）
　この決定は，統合失調症者と責任能力との関係につき，最高裁判所が初めて職権判断を示したものである。
　この決定要旨の前半部分は，「原判決が，所論精神鑑定書（鑑定人に対する証人尋問調書を含む。）の結論の部分に被告人が犯行当時心神喪失の情況にあった旨の記載があるのにその部分を採用せず，右鑑定書全体の記載内容とその余の精神鑑定の結果，並びに記録により認められる被告人の犯行当時の病状，犯行前の生活状態，犯行の動機・態様を総合して，被告人が本件犯行当時精神分裂病の影響により心神耗弱の状態にあったと認定したのは，正当として是認することができる」として，裁判所は責任能力の判断に際して精神鑑定の結果に拘束されないとする不拘束説の立場を踏襲することを明らかにしている。
　この決定要旨の後半部分は，責任能力を判断する資料としては，精神鑑定の結果だけでなく，被告人の犯行当時の病状や犯行前後の諸事情を総合的に判断するという「総合的判断方法」が論じられている。

イ　昭和59年決定についての検討
㋐　昭和59年決定は，被告人を統合失調症と判断したことから直ちに責任無能力者と判断していない。それゆえ，可知論者はこの決定が不可知論者

の提唱する慣例（コンベンション）を採用しなかったと主張する。しかし，この決定は，統合失調症の症状が重篤であったり，弁識能力や制御能力に強い影響を与えている場合は心神喪失とするとあり，慣例（コンベンション）を部分的に採用していると思われる。

㈣　また，昭和59年決定は，統合失調症の症状が重篤でない場合は，個々の事案ごとに，その病状，犯行前の生活状態，犯行の動機・態様等を総合して責任能力の有無，程度を判定すべきであるとしている。これは，総合的判断方法を採用するとともに，被告人の犯行時の症状だけでなく，被告人の病態を責任能力の判断基盤しており，「診断論」を採用している。

㈥　高橋省吾「精神分裂病者と責任能力」昭和59年度最高裁判所判例解説刑事編347頁（以下「高橋解説」という）によれば，昭和59年決定は，これまでの下級審裁判例を是認する判断を示したものであるとされ，統合失調症者を中心とする裁判例の動向を分析すると，次のような傾向があるとする。

a　統合失調症の程度が重症である場合や，統合失調症による幻覚・妄想等の病的体験に直接支配された犯行である場合には，通常，心神喪失と認められる。従って，統合失調症者の責任能力の有無・程度の判定にあたっては，まず，その病状（統合失調症の種類，程度等）の把握が最も重要であり，この点についての精神医学者等による精神鑑定の結果は大きな役割を果たすものと思われる。

b　統合失調症の寛解状態にあるからといって直ちに完全責任能力を肯定することはできず，次のcの場合と同様の事情を併せ考察することが必要である。

c　その他の場合には，①統合失調症の種類・程度（病状），②犯行の動機・原因（その了解可能性），③犯行の手段・態様（計画性，作為性の有無，犯行後の罪証隠滅工作の有無を含む），④被告人の犯行前後の行動（了解不可能な異常性の有無），⑤犯行及びその前後の状況についての被告人の記憶の有無・程度，⑥被告人の犯行後の態度（反省の情の有無等），⑦統合失調症の発症前の被告人の性格（犯罪傾向）と犯行との関連性の有無・程度等を総合考察して，被告人の責任能力を判断すべきことになる。特に，⑦の統合失調症発症前の被告人の性格（犯罪傾向）と犯行との関連性の有無・程度については，統合失調症者＝責任無能力者の見解を採る立場からも，責任能力を肯定する場合の重要な要因となることが指摘されている。

d　高橋解説は，①統合失調症の種類・程度（病状）と⑦発症前の被告人の性格（犯罪傾向）と犯行との関連性の有無・程度を重視しているが，その後，

最一決平21・12・8（刑集63巻11号2829頁・判時2070号156頁）では上記各要因の重要性が明言されるにいたっている。

(4) 最二判平20・4・25刑集62巻5号1559頁・判時2013号156頁
ア　昭和59年決定以降
　昭和59年決定以降も裁判所は不拘束説を堅持してきた。
　裁判所は，生物学的要素としての精神障害について，精神鑑定の結果に拘束されず，精神鑑定の結果のどの部分についても評価し直すことができ，心理学的要素としての弁識能力や制御能力については，本来的に裁判所の判断事項であり，精神鑑定の結果に拘束されないという考え方を堅持してきた。

イ　裁判所は精神鑑定の結果をどのように評価してきたか
　この点については，高橋省吾「精神鑑定と刑事責任能力」小林充＝香城敏麿編『刑事事実認定（上）――裁判例の総合的研究』（判例タイムズ社，1992年。以下「高橋論文」という）が参考となる。高橋論文は，多数の裁判例を分析し，裁判所が精神鑑定の結果を採用しなかった場合の理由として，①鑑定人の鑑定能力及び公正に疑問が生じたとき，②鑑定資料の不備ないし裁判所の認定事実との食い違いなど鑑定の前提条件に問題があるとき，③鑑定結果と他の有力な証拠ないし客観的事実とが食い違ったとき，④鑑定内容に問題があるときをあげている。
　しかし，裁判所が精神鑑定の結果を採用しなかった事案がおびただしい件数にのぼることを考えれば，高橋論文が指摘する理由の背後により大きな問題が存在すると思われる。それは裁判所の厳罰化傾向である。そこで問題となるのは，法令に抵触する行為を行った者が責任無能力として刑事処罰を免れるのは被害者の応報感情にそぐわないという市民感情や，わが国には違法な行為を行った精神障害者のための刑事処罰と治療を兼ね備えた施設が存在しないこと等である。
　精神障害者の言動のなかには，精神障害の影響を受けていることが明らかな言動だけでなく，一見すると正常な精神状態にあるとみられる言動も存在する。裁判所は，後者の言動をことさらに強調して責任能力が存在すると認定し，刑事処罰を行っているのではないかという疑いが残る。

ウ　平成20年判決が登場した経緯

　裁判所による不拘束説の運用が亢進していくと，精神鑑定の結果と裁判所の判断が大きく異なることも予想されるが，本来であれば処罰を免れるべき被告人を処罰して治療の機会を奪うことになりかねないし，そのような場合は判決に影響を及ぼすような事実誤認という理由で控訴・上告も増加するということが予想されるが，そのような事態は適切ではない。そこで，裁判所は，精神鑑定の結果に拘束されないとしつつも，例外的な場合を除き，生物学的要素だけでなく心理学的な要素を判断する上で精神鑑定の結果を尊重すべきであるとし，不拘束説に制限を設けた平成20年判決が登場した。

エ　平成20年判決の要旨（不拘束説の修正）

　平成20年判決は，「生物学的要素である精神障害の有無及び程度並びにこれが心理学的要素に与えた影響の有無及び程度については，その診断が臨床精神医学の本分であることにかんがみれば，専門家たる精神医学者の意見が鑑定等として証拠となっている場合には，鑑定人の公正さや能力に疑いが生じたり，鑑定の前提条件に問題があったりするなど，これを採用し得ない合理的な事情が認められるのでない限り，その意見を十分に尊重して認定すべきものというべきである」と判示した。

　すなわち，平成20年判決は，不拘束説を前提としつつも，証拠の証明力の評価は経験則と論理法則に従ってなされるべきであるから，精神医学の専門家による鑑定結果を採用しない場合には，それだけの合理的な根拠が必要である。換言すれば，精神障害の有無やその程度という生物学的要素については，精神医学の専門家による臨床的な診断がその本分であることを考慮すれば，鑑定人の公正さや能力に疑いが生じた場合や，鑑定の前提事実が裁判所の認定したものと異なる等，鑑定の前提条件に問題があるような場合などを除き，原則としてその意見は十分に尊重されるべきであるとする。

　そして，心理学的要素についても，弁識能力や制御能力の有無やその程度については裁判所の判断事項であり，精神鑑定の結果は裁判所の判断を拘束することはないものの，精神障害が弁識能力や制御能力に及ぼす影響の有無やその程度については，経験科学的に実証可能なものとして鑑定の対象になじむものであり，精神鑑定の結果を尊重すべきであるとした。

オ　裁判所が精神鑑定の結果に拘束されない場合
　平成20年判決の要旨を前提とすれば，裁判所は，精神鑑定の結果を採用しない場合は合理的な根拠を示さねばならないことになる。裁判所が精神鑑定の結果を排斥できるのは，高橋論文が指摘するように，①鑑定人の鑑定能力や公正さに疑問が生じたとき，②鑑定資料の不備ないし裁判所が認定した事実と食い違いがあるとき，③鑑定結果と他の有力な証拠ないし客観的事実が食い違ったとき，④鑑定内容に矛盾があるとか，鑑定が一般に支持されていない学説に依拠しているというようなときに限定されよう。しかし，裁判所が判示した理由が適切な論拠に基づく正当なものかどうかは慎重に検討する必要がある。

(5)　総合的判断方法の問題点
　責任能力の有無やその程度は，精神鑑定の結果と被告人の諸事情に基づいて判断するものとされたが，さまざまな裁判例が積み重なってくると総合的判断方法にも大きな問題があることが浮かび上がってきた。それは裁判所がどのような事情に関心を持ったか，それぞれの事情についてどのような判断をしたのかによって，第一審と控訴審又は控訴審と上告審とで結論が大きく変わってくる事案がめずらしくないのである。これは総合的判断方法が責任能力の有無やその程度の判断基準として有用性がないということにもなりかねない。
　諸事情の判断はいずれについても容易ではない。松藤和博「責任能力(1)――統合失調症」小林充＝植村立郎編『刑事事実認定重要判決50選（上）〔補訂版〕』（立花書房、2007年）は，総合的判断方法における諸事情の判断を詳しく検討し，諸事情ごとの判断の困難性を指摘しているので，同論文を参考としつつ検討する。

ア　統合失調症の種類・程度（病態）について
　統合失調症の病状が重ければ，その余の事情を考慮するまでもなく，心神喪失とされるが，症状が軽かったり，寛解状態にあっても，他の事情と総合して，心神耗弱と認められることがある。以下のとおり，他の事情についての判断も困難な場合が多い。また，複数の精神鑑定が行われ，それらの結果が多岐に分かれることもまれではなく，どの精神鑑定の結果に依拠すべきか，判断に迷うこともある。

イ　犯行の動機・原因（その了解可能性）について
　一般的に犯行動機が了解可能なものであれば，責任能力を肯定しやすくなるが，逆に，了解不可能な犯行動機は，責任能力を否定する方向に作用する。しかし，さまざまな裁判例を検討すると，動機や原因と実際に行った犯行の関係についてどこまでが了解可能で，どこからが了解不可能なのかは事案によって異なる。
　また，統合失調症の場合には，了解可能なように見えて，実際には幻覚幻聴や妄想の影響で動機が形成されたり犯行の原因となっており，そのような動機や原因によって突き動かされていることも見受けられるから，動機が了解可能だからといって，安易に責任能力を肯定することはできない。

ウ　犯行の手段・態様（計画性，作為性の有無，犯行後の罪証隠滅工作）について
　一般的には，犯行の手段・態様が合理的であったり，計画的な犯行であったり，罪証隠滅工作を行っている場合には責任能力が肯定されやすい。しかし，統合失調症に罹患している者のなかには，知能・知識には障害はなく，通常人と比較してもそん色のない能力を備えている場合もある。それゆえ，計画的に犯行を行い，罪障隠滅工作を行っていても，統合失調症の強い影響により形成された犯行動機によって突き動かされたものと認定された事案もある。それゆえ，犯行の手段・態様等について，合理性や計画性が備わっているからといって，その点を過大に評価するのは相当ではない。

エ　犯行前後の行動（了解不可能な異常性の有無）について
　重篤な統合失調症に罹患している者でも，知識・知能・記憶力等には障害を持つに至らない場合があり，その病状に支配されない範囲内では一応の社会生活に適応しうるとされる。しかし，一見了解可能な行動をしていても，当該犯行場面ではその病状に支配されていなかったとはいえない場合もあり，犯行場面とは異なる前後の行動だけを取り上げて判断することはできない。

オ　犯行及びその前後の状況についての被告人の記憶の有無・程度について
　一般的には，記憶が清明に保たれていれば，責任能力を肯定する方向に働くが，統合失調症に罹患している者は，記憶に障害が生じていない者も

多いことから，記憶の有無や程度は責任能力を判定する決定的な要因とはならない。

カ　犯行後の態度（反省の情の有無）について
　犯行後に反省の態度が見られるということは，自らの行為が違法なものであると判断できたことをうかがわせ，責任能力を肯定する方向に作用する。しかし，そのような判断が犯行時に存在したとはいえないから，これのみで責任能力を肯定することはできない。

キ　統合失調症の発症前の被告人の性格（犯罪傾向）と犯行との関連性の有無・程度について
　発症前から犯罪傾向が認められれば，統合失調症と犯罪との関連性が疑わしくなるから，責任能力を肯定する方向に作用する。しかし，統合失調症がいつ発症したのか，犯罪傾向がいつ備わったのか，それらの前後関係を確定することは容易なことではない。また，発症前から犯罪傾向が認められるとしても，統合失調症とは無関係に犯罪が行われたとは断定しにくい面もある。

(6)　最一決平21・12・8刑集63巻11号2829頁・判時2070号156頁
　ア　平成21年決定の要旨（総合的判断方法の修正）
　平成21年決定は，責任能力の判断について，不拘束説の立場を明らかにした後，原判決が，「責任能力の有無・程度については，上記意見部分以外の点ではS鑑定等をも参考にしつつ，犯行当時の病状，幻覚妄想の内容，被告人の本件犯行前後の言動や犯行動機，従前の生活状況から推認される被告人の人格傾向等を総合考慮して，病的体験が犯行を直接支配する関係にあったのか，あるいは影響を及ぼす程度の関係であったのかなど統合失調症による病的体験と犯行との関係，被告人の本来の人格傾向と犯行との関連性の程度等を検討し，被告人は本件犯行当時是非弁別能力ないし行動制御能力が著しく減退する心神耗弱の状態にあったと認定したのは，その判断手法に誤りはなく，また，事案に照らし，その結論も相当であって，是認することができる」とした。

　イ　総合的判断方法のなかで重視する事由
　平成21年決定は総合的判断方法のなかで重視する事由を明らかにした。

平成21年決定は，被告人に関する諸事情のなかで，「病的体験が犯行を直接支配する関係にあったのか，あるいは影響を及ぼす程度の関係であったのかなど統合失調症による病的体験と犯行との関係」，すなわち，統合失調症の種類・程度（病態）と，「被告人の本来の人格傾向と犯行との関連性の程度等」，すなわち，統合失調症の発症前の被告人の性格（犯罪傾向）と犯行との関連性の有無・程度を重視すべきことを明らかにしている。
　平成21年決定によって一応の指針が示されたが，総合的判断方法の問題点が解決されたわけではない。依然として困難な問題を含んでいるのは上記(5)のとおりである。

③ 責任能力判断についての精神医学者のアプローチ

(1) 不可知論の立場

　責任能力判断について、精神医学者はどのようなアプローチをしているのか。まず，伝統的診断方法（診断論）に依拠し，不可知論の立場をとる中田修氏の言説を紹介する（中田修「精神鑑定とは――その現在的課題」中田修ほか編著『精神鑑定事例集』〔日本評論社、2000年〕）。

ア 「精神鑑定の方法」

　面接による問診が中心となる。脳器質疾患の診断については，頭部のCT（コンピュータ断層撮影），MRI（磁気共鳴画像診断）などの精密な検査方法が開発され，脳器質疾患（脳に解剖学的な変化が認められるような疾患）の診断が容易になってきたが，脳器質疾患による事件はきわめて少数である。脳波検査が有力な診断方法であるてんかんも同様である。その他の鑑定資料として，戸籍，学籍簿，入院歴がある場合は病院よりの報告，捜査記録（警察官調書，検察官調書），裁判記録（公判調書），前科調書を閲覧し，親族や友人・知人からの意見聴取を行う。供述調書の内容に疑問がある場合，取調状況を録音録画したテープやビデオの検討の必要性が強調されている。

イ 「責任能力の判定」

　本来は裁判所の職責であるが，精神鑑定を行った際にしばしば意見を求められるので，それに言及している。問診，その他の検査で現在の精神状態の診断がつき，犯行当時の精神状態についての見当がついた段階で，弁識能力と制御能力の有無やその程度の考察に移る。ここで「不可知論」と「可

知論」の対立がある。不可知論とは，弁識能力や制御能力の有無や程度を厳密に判定することは何人にも不可能であるという立場であり，中田氏も自らが不可知論の立場をとることを表明している。そして，責任能力の有無や程度を厳密に判断することはできないので，おおよその指針（ガイドライン）を設定し，それに従って責任能力を判定する方法を提案し，司法関係者の合意を得て「慣例」とすることを提唱している。中田氏の提案した指針（慣例〔コンベンション〕）は次のとおりである。

ウ 「責任能力判定の指針」
① 大精神病（統合失調症，躁うつ病，進行麻痺，てんかんの例外状態）は原則として責任無能力。例外：統合失調症の著しい寛解状態，躁うつ病の最軽症例など。
② 脳動脈硬化症，老年痴呆などの器質疾患では，精神障害の程度によって責任能力の減喪を考える。精神遅滞も同様に主として知能程度によって責任能力の減喪を判定する。たとえば，IQが69～50では限定責任能力，IQが49以下では責任無能力。
③ 酩酊犯罪ではビンダーの酩酊分類に従って，病的酩酊には責任無能力，複雑酩酊には限定責任能力，単純酩酊には完全責任能力を認める。
④ 精神病質，心因反応，性欲倒錯は原則として完全責任能力。

このような指針の最も中心的な理念は，統合失調症，躁うつ病などの精神病には脳に病的な変化があり，それに対して神経症，心因反応などにはそういうものがない，つまり精神病とそうでないもの（心的変種といわれるもの）との間には明確な差異があるというドイツ精神医学の主流的見解に基づいている。そして，このような見解は，精神病の行為は免責されるが，そうでないものの行為は免責されないという責任能力の二者択一論となるが，これに変わるべき良い理念はなく，この理念を放棄すれば，責任能力の判定に大きな混乱をもたらすとする。

エ 中田修氏の裁判批判
中田氏は，生物学的要素の判断だけでなく心理学的要素の判断も裁判所の専権事項なので，裁判官は「可知論」の立場をとらざるを得ないことを指摘している。また，「責任能力判定の指針」があってもそれが必ずしも法曹関係者に採用されないのが実情であるばかりか，一般の裁判官には判決を有罪の方向にもっていこうとする傾向があり，統合失調症者の犯行は指針

よりも厳しい基準で判決がなされていること，酩酊犯罪では病的酩酊という鑑定を認めたがらないこと，覚せい剤中毒の犯罪でも責任無能力を認めたがらないこと等を指摘している。

オ　中田修氏が不可知論に依拠した理由
　中田氏は，精神障害が弁識能力や制御能力にどのような影響を与えているかを厳密に判定することの困難さを十分に理解していたと思われる。そして「責任能力判定の指針」を提唱したのは，精神障害の強い影響下にあり，本来であれば心神喪失あるいは心神耗弱と判定されるべき被告人が，完全責任能力に基づく行為と誤認され，治療の機会を奪われ，刑事処罰を受けるといった不合理をなによりも回避しようとしたのではないだろうか。

(2)　伝統的診断方法の整理
ア　診断の一般的なプロセス
　伝統的診断方法の一般的なプロセスは，医師が，①行為者を問診し，行為者の行動面を観察することによって，行為者の現在の精神症状を把握する。しかし，症状は診断のための一素材にすぎず，これに，②身体的な検査や理化学的検査，心理試験の結果を加味して最終的な診断が行われる。ここでいう診断とは「病態」を把握する作業であり，「症状」の把握そのものではない。

イ　不可知論との結びつき
　不可知論と結びつき，慣例（コンベンション）の設定が必要となった。
　伝統的診断方法は，行為者の行為に示された一定の症状だけでなく，精神医学的な観点から患者の全体的な把握を指す概念であるが，弁識能力や制御能力を厳密に判断することは不可能であるという限界があったため，法曹関係者や精神医学者が，精神医学的に診断された精神障害の異常性を根拠として，責任能力を判定する慣例（コンベンション）を設定し，それに基づいて弁識能力や制御能力を決定することにした。

ウ　統一的診断基準の不形成
　統一的な診断基準を形成できなかった。
　伝統的診断方法は，病因論，主に外因性疾患，内因性精神疾患，心因性精神疾患を基礎とする疾患分類とそれに基づいた診断が行われてきたが，精

神医学者，医療・研究機関あるいは国によって診断基準が食い違って不統一であったことから，診断基準の客観化が要請されるようになった。また，多くの精神疾患の病因に未解明なところがあったため，科学的根拠のない作業仮説に基づいた治療を続けることを余儀なくされたが，そのような対応は適切ではないということから，病因論に基づく「診断」にかわって，個別の精神症状が責任能力を判断する基盤とする操作的診断方法が台頭してきた。

(3) 可知論の立場

　福島章氏は可知論に依拠し，中田氏らの言説を古典的見解といって批判する。

　「精神分裂病についても，いわゆる境界例が注目されるようになったのみならず，軽症例や軽微な欠陥をもって社会生活に復帰している患者が増加した。彼らに対する心理療法・生活臨床的な経験の結果は，『分裂病者は人格の中核を冒されて，心的生活の意味連関を断裂させ，了解不能・予測不能の行動をする人々である』という見方を根本的に変更させるものである。分裂病者と正常者の心理の間には，質的な差があるばかりではなく，量的な移行もある。また，分裂病者の思考・行動の中にも，健康で正常なものと，病的で異常なものとがあろう。したがって，『分裂病という診断が，行為と病気の関係を検討することなく，ただちに責任無能力という判断をもたらす』という古典的な見解は，現在の精神病理学から見れば，奇妙で根拠のないものといわざるをえない。もちろん，病的な部分が健康的な部分を圧倒・支配している場合もあって，この場合は責任無能力と考えるべきであるが，正常に判断・制御する部分が残っているケースでは，その能力が量的にどの程度残されているかを検討・評価すべきである。分裂病者の行動といえども，すべてがまったく疾病の結果というわけではないから，症状の人格に及ぼす影響・支配力などを十分慎重に考量して，その認識能力・制御能力の程度を判断すべきである」とする(福島章「(研修講座)司法精神医学(八)」研修414号〔1983年〕69頁，「同(二三)」研修429号〔1984年〕55頁)。

　すなわち，福島氏は，統合失調症に罹患した者の症状にもさまざまな程度があることやその治療方法も飛躍的に進歩した背景を踏まえ，統合失調症者＝人格の中核を冒された者＝責任無能力者という判断は根本的に改められるべきで，統合失調症がその人の行為にどのような影響を与えたか，正常に判断・制御をする部分がどれだけ残っているかを判断して，責任能

力を判断すべきだとし，統合失調症者につき限定責任能力を認めるべき場合のあることを肯定する。

(4) 可知論者の不可知論者に対する批判の整理

　可知論者は，行為者の行為時の弁識能力や制御能力はかなりの程度まで判断は可能であるという。その根拠として，可知論者は，精神医学の発達によって精神障害が治癒・寛解する症例が増加していること，現在の精神医療の水準からは，特定の精神障害が診断されると慣例（コンベンション）に従って責任無能力と判断されてしまうのはノーマライゼーションとは整合しないことが指摘されている。たとえば，統合失調症患者を直ちに責任無能力と判定するということは，ノーマライゼーションの動きと矛盾するものであると主張される。

　しかし，精神障害について診断がなされた場合に弁識能力や制御能力の判断が一切できないという徹底した不可知論者はいないだろうし，行為者の行為時の弁識能力や制御能力がすべて判断できるという徹底した可知論者も存在しないであろう。可知論者の多くは，行為者の行為時の弁識能力や制御能力はある程度判断できるとするが，すべてが厳密に判断できるわけではないから，可知論の立場からも一定の範囲で慣例（コンベンション）を用意する必要があるとされている。

(5) 操作的診断方法の台頭とその限界

　操作的診断方法とは，評価項目として上げられた複数の症状項目のうち，一定以上の項目を満たすことによって，診断結果が得られるというチェックリスト方式が基調となっており，この方法は世界保健機関による「疾病及び関連保健問題の国際統計分類〔第10版〕」（ICD-10）やアメリカ精神医学会による「精神疾患の診断・統計マニュアル〔第4版〕」（DSM-IV-TR）に採用され，広く普及されている。

　操作的診断方法は，病因論に基づく伝統的診断方法と異なり，弁識能力や制御能力が喪失もしくは耗弱していた可能性を基礎づけるのは症状であり，症状の積み重ねだけで診断を行おうとするものである。精神科医は，身体症状と精神症状を収集して，これらの症状の中に異常がはっきり現れている場合，この異常が行為者の行為に影響を与えたか，与えたとすればどの程度の影響を与えたのかということを確定することになる。このようなことから，診断名のもつ意義は伝統的診断方法による診断に比べて小さくな

り，コンベンションの基礎にできるようなものではなくなった。

　伝統的診断方法ではひとつの病態にひとつの診断をするのが原則であった。そのため，複数の病名に該当するという場合にはいずれの診断を優先させるかという階層性が必要とされた。しかし，操作的診断方法では「多軸診断システム」が発達し，複数の診断の重なり合い，併発が認められることになる。

　このように，わが国の精神医学界では，責任能力を精神病理学的・診断学的視点からではなく，個別の精神症状から捉える考え方が有力となった。岡田幸之氏は，可知論の立場から，精神症状と行為との関連性を軸に責任能力を判断する考え方を表明している。

　しかし，精神医学界においても，操作的診断方法は，なるべく均一の診断を行うという目的には便利であるが，行為者の行為時の精神障害に着目し，当該行為に直接関係する個別の精神症状を考慮するだけでは，精神障害に罹患した行為者の状態全体（病態）を把握することは困難であり，伝統的判断方法の併用が必要なのではないかという批判がなされている。

(6) 判例はどのような立場をとっているのか

　前記昭和59年決定（ ②(3)）は，「被告人の精神状態が刑法39条にいう心神喪失又は心神耗弱に該当するかどうかは法律判断であるから専ら裁判所の判断にゆだねられている」，「被告人が犯行当時精神分裂病に罹患していたからといって，そのことだけで直ちに被告人が心神喪失の状態にあったとされるものではなく，その責任能力の有無・程度は，被告人の犯行当時の病状，犯行前の生活状況，犯行の動機・態様等を総合して判断すべきである」と判示している。

　すなわち，昭和59年決定は，責任能力の判断にあたり，「犯行当時の病状」だけが決定的なのではなく，「犯行前の生活状態」や「犯行の動機・態様等」も同程度に重要であるとして，「症状論」ではなく「診断論」を採用し，被告人の症状そのものの検討の前に，鑑別診断によって判明した行為者の障害の種類と程度が責任能力を判断する基盤であるとする。

　可知論者は，昭和59年決定が，可知論を採用し，不可知論に基づく慣例（コンベンション）を否定したと主張する。たしかに，被告人が統合失調症患者であると診断されたことから直ちに責任無能力と判断されたわけではないが，「統合失調症の症状が重篤であったり，弁識能力や制御能力に強い影響を与えている場合は心神喪失とする」とか，統合失調症であれば少なく

とも限定責任能力が妥当するという枠組がなお存在していると考えられ，その限りで慣例（コンベンション）の考え方が維持されている。

(7) 「刑事責任能力に関する精神鑑定書作成の手引き〔平成18～20年度総括版〕」の検討

ア 「手引き」について

「手引き」は，「厚生労働科学研究費補助金（こころの健康科学研究事業）他害行為を行った精神障害者の診断，治療および社会復帰支援に関する研究」の分担研究班のひとつである「他害行為を行った者の責任能力鑑定に関する研究（分担研究代表者：岡田幸之）」の主たる成果物であり，①精神鑑定の標準化（これまで共有することができなかった精神鑑定の標準を確立すること）と，②裁判員制度の導入にそなえた精神鑑定が求められたために作成されたとする。また，同研究班の五十嵐禎人氏も，同様の立場から，「刑事責任能力総論」松下正明総編集『刑事精神鑑定のすべて（専門医のための精神科臨床リュミエール・1）』（中山書店、2008年）を著している。今後，刑事裁判における精神鑑定の標準となるため，詳しく検討する（以下枠内は「手引き」からの引用）。

イ 「手引き」の「刑事責任能力の考え方──鑑定書に何をどう記すか」について

(ア) 可知論と不可知論

■推奨1■　可知論と不可知論
【要点】責任能力の評価と検討は<u>可知論</u>的な視点からおこなうことを推奨する。
※ただし，同時に，可知論の限界も熟知しておくべきである。

a 「手引き」で紹介されている可知論と不可知論の違いはそれほど大きくない。

「手引き」の説明では，「精神障害」がその人の意思や行動の決定過程にどのように関わるかについて，評価することはできないとする立場を不可知論，できるとする立場を可知論と定義している。しかし，人の意思決定過程は究極的には説明できない部分があることは確かであるから，不可知論はある程度支持されている。一方で精神状況が行動の動機づけに関わるこ

とがあるのも確かなので，可知論もそれなりに支持されている。それゆえ，どちらの立場に立っても，現実的に責任能力の考察をおこなっていくうえでは完全に他方の視点を排除することができない。つまり，評価を「厳密にはできない」という点を重視するのが不可知論「的」立場であり，「かなりの程度までできる」という点を重視するのが可知論「的」立場であるとしている。

　このように，「手引き」の説明では不可知論と可知論の質的な違いは明らかでない。

b　「手引き」は，不可知論と可知論のそれぞれの責任能力判断の方法を紹介している。

　「手引き」の説明では，「不可知論的な立場による責任能力判断」は，「精神医学的診断（疾病診断）を下した時点で判断を停止する。あとは，あらかじめ精神医学者と司法関係者との間で，診断と責任能力との間に一対一対応で決めた『慣例』に基づいて責任能力の結論を導く」とし，「可知論的な立場による責任能力判断」は，「精神医学的診断（疾病診断）を下し，さらに個々の事例における精神の障害の質や程度を判断し，その精神の障害と行為との関係についての考察に基づいて，責任能力を判断する」としている。

　しかし，不可知論が提唱する「慣例」は，中田修氏の言説にみられるように，精神障害が診断されるとすべての場合において慣例に従って判定されるわけではない。それゆえ，精神医学的診断を下した時点で判断を停止するというのは正確ではない。また，実際の精神鑑定では，不可知論の精神科医であっても，精神障害が弁識能力や制御能力にどのような影響をもたらしているかについて検討していると思われる。

c　「手引き」には，可知論的な立場をとる鑑定が多くなり，そしてそれを採用する法廷も多くなってきているとし，その理由を次のとおり記載しているが，その理解が容易でない。

　「手引き」では，①臨床では統合失調症などに軽症例が増えていること，②疫学的研究や生物学的研究からも従来のように外因性，心因性，内因性という疾患の病因論的な分類が必ずしも明確な境界線を引くことができなくなっていること，③生物学的研究や疫学的研究が新たな知見を明らかにし続けており，かつ操作的診断基準の汎用がすすむことで，従来の慣例の基礎となっていた従来診断（伝統的診断）とは疾患概念が異なってきていること，④その操作的診断基準は将来確実に変更されていくから，「慣例」の構築が難しいこと，⑤精神障害者のノーマライゼーションや社会復帰の動きなどとあいまって，精神障害者をあたかも社会的な機能を失った人たち

としてひとくくりにするのではなく，その精神機能をより綿密に多面的に評価するようになってきていることがあげられるとしている。

　①は，統合失調症については，向精神薬療法の発展，社会復帰活動の促進，さらには早期発見・早期治療などによって，入院することなく社会生活を継続できる事例が増えており，「慣例」に従って，「統合失調症は原則として責任無能力」という判定は妥当しなくなってきたことである。②～④は，従来の不可知論の論者の多くは病因論を基調とする伝統的診断方法を採用している。病因論とはすべての疾病には病因（外因性障害，心因性障害，内因性障害）があり，診断においてはその人の生涯診断が重要視されている。しかし，病因論的な診断方法は内因性精神病（統合失調症，躁うつ病，てんかん）についての見解が大きく揺らいでいるとされる。これに対し，近時の可知論に依拠する精神科医は症候学を前提とする操作的診断基準に基づく診断方法を採用している。操作的診断基準では，その人が診断時に示していた症状をICD-10やDSM-IVであらかじめ定められた基準にあてはめて診断する。それゆえ，診断名は常に変わり得るし，同時に2つ以上の診断名がつくこともありうる。すなわち，操作的診断基準による診断は，病因論に基づく診断のように，責任能力判定の根拠におくことができるような普遍的，絶対的な診断とはいえない暫定的な診断なので，病因論に基づいて生涯診断を行い，「慣例」に基づいて責任能力を判定する方法はとれなくなっているということである。⑤は，ノーマライゼーション運動（1950年代に北欧で起こった，知的障害者の処遇改善運動を嚆矢とする社会変革運動）の伸展や開放化・脱施設化とそれに伴うコミュニティ・ケアへの移行により，精神科病院への入院期間も大幅に短縮されており，「慣例」に従って「統合失調症者は原則として責任無能力」と判定するのは，精神科医療の進歩や障害者観の変化と明らかに矛盾するということである。

　しかしながら，操作的診断方法による精神鑑定は，行為者の行為時の精神障害に着目し，当該行為に直接関係する個別の精神症状を考慮するだけであり，精神障害に罹患した行為者の状態全体（病態）を把握しきれないという批判があり，病因論に基づく伝統的診断方法より優れた診断方法であるとの論拠にはならないと思われる。刑事責任は被告人に対する非難可能性を問うものであるから，伝統的診断方法により，被告人の「病態」を理解したうえで，行為時の症状やそれが弁識能力や制御能力にどのような影響を与えたかを判断すべきと考える。

　d　「手引き」は，精神医学や精神医療の状況は，可知論的な精神鑑定に親

和性が高まる傾向にあるとする。

「手引き」は，最三決昭59・7・3の「被告人が犯行当時精神分裂病に罹患していたからといって，そのことだけで直ちに被告人が心神喪失の状態にあったとされるものではなく，その責任能力の有無・程度は，被告人の犯行当時の病状，犯行前の生活状況，犯行の動機・態様等を総合して判定すべきである」という判旨を引用している。しかし，前記のとおり，昭和59年決定は，「統合失調症の症状が重篤であったり，弁識能力や制御能力に強い影響を与えている場合は心神喪失とする」としており，部分的に慣例（コンベンション）の考え方を採用しているものと思われる。

e 「手引き」には可知論の問題点も記載されている。

「手引き」では，「ただ，こうした可知論的な視点を優位に考える方向性は，一方では責任能力の減弱や喪失を認める範囲を狭くしすぎる危険性もあるし（了解可能性や合目的性を過剰に評価するなど），逆に，責任能力の減弱や喪失を認める範囲を広くしすぎる危険性もある（犯罪をしたということは制御能力がなかったからであるといった説明を取り入れすぎるなど）。両方の危険性に注意した慎重な評価をしなければならない」とされている。

上記記載は，可知論に依拠した場合の危険性を論じた部分であるが，五十嵐禎人氏は次のように解説する。すなわち，「たとえ目の前で診察している患者であっても，患者の言動とその背後にある内面の心理状態や病的体験との関係を常に解明することができるわけではない。刑事責任能力の鑑定で問われるのは，被鑑定人が触法行為を行った時点，すなわち過去のある時点における被鑑定人の精神状態である。行為時の被鑑定人の個々の言動と内面の心理状態や病的体験との関係について解明することはより困難な課題といえよう。したがって，可知論の立場に立って精神鑑定を行うとしても，たとえば『統合失調症の急性期に行われた行為の場合には，被鑑定人の判断能力は全般的に低下している可能性が高く，心神喪失や心神耗弱に該当する可能性が高いと考えられる』というような，一定の臨床状態を前提とした司法との間の取り決めは必要となろう」としている。

まさに，不可知論の精神医学者が「慣例」を設定して回避しようとした危険性を，可知論の精神医学者もまた認めざるを得ないのである。

(イ) 鑑定書意見の観点——弁識能力と制御の能力

■推奨２■　鑑定書意見の観点～弁識能力と制御の能力
【要点】責任能力を構成する能力は，弁識能力と制御能力に焦点をあて

> て整理することを推奨する。

　「手引き」は，大判昭6・12・3や心神喪失や心神耗弱の意義を引用し，被告人の弁識能力や制御能力にも積極的に言及することが推奨されている。これまで精神鑑定は生物学的要素である精神障害の診断を主な判断事項としてきた。しかし，「手引き」では弁識能力や制御能力に焦点をあてて整理すること推奨している。可知論の精神医学者は，精神障害が弁識能力や制御能力に与える影響をかなりの程度まではできるとしている。しかし，精神鑑定のそもそもの目的は精神障害の診断にあること，操作的診断方法に従って行為時の個別症状から行為者の弁識能力や制御能力を判断することは可能なのかという根本的な疑問があること，可知論の精神医学者自身が可知論の限界やその危険性を認めていることから，「手引き」による精神鑑定の運用には大きな問題があることを指摘しておきたい。

(ウ)　心神喪失，心神耗弱，完全責任能力

> ■推奨3■　心神喪失，心神耗弱，完全責任能力
> 【要点】責任能力を構成する能力（弁識能力と制御能力）の障害の程度については，「完全に失っていた」「著しく障害されていた」「(単に) 障害されていた」「障害されていなかった」の4段階を考えることを推奨する。
> ※もっとも重要なのは，何らかの精神障害があっても責任能力の文脈で斟酌する必要が必ずしもあるわけではないということである。そのために「(単に) 障害されていた」という水準を鑑定人も「想定」しておくことが望ましい。

　「手引き」は，大判昭6・12・3を引用し，心神喪失，心神耗弱，完全責任能力の違いを解説するとともに，精神障害に罹患していれば心神喪失か心神耗弱のいずれかにあたるとするのは誤解であり，「単に障害されていた」という場合は完全責任能力とされるとしている。

(エ)　「精神の障害」について

> ■推奨4■　「精神の障害」について
> 【要点】当該行為時の弁識能力や制御能力の障害が「精神の障害」によるものであることを確認すること，および，臨床的に何らかの精神医学的な診断名が付されたとしても，それがここでいう「精神の障害」に該

> 当するかどうか慎重に検討することを推奨する。

　「手引き」には，症候学に基づく操作的診断方法は，ICD-10やDSM-IVに基づく診断を行うが，これらは幅広い精神障害を掲載しているので，単に異常所見があるというだけでは責任能力の問題にはならないということが記載されている。
　上記記載は，弁護人が被疑者・被告人について心神喪失もしくは心神耗弱の主張をする場合，被疑者・被告人が単に精神障害に罹患していることだけでなく，犯行時にどの程度の病状であったのか，その病状が犯行に及ぼす影響の有無やその程度についても詳しく検討しなければならないことを意味するが，個別症状に着目し，当該行為に直接関係する個別の精神症状の検討に重点がおかれる操作的診断方法では検討が不十分となる危険性があり，行為者の行為に示された一定の症状だけでなく，行為者の全体的な把握（病態）を志向する伝統的診断方法を取り入れる必要がある。

(オ)　医療の必要性など「参考事項」として記すべき事項

> ■推奨5■　医療の必要性など「参考事項」として記すべき事項
> 【要点】医療の必要性等は，<u>刑事責任能力とは明確に区別</u>して，「参考事項」の欄に積極的に述べることを推奨する。

　「手引き」は，刑事責任能力に関係する弁識能力や制御能力の判断と，精神医学的に言及すべきこと（例えば，医療の必要性）は明確に区別して記載すべきとしている。

(カ)　情報について

> ■推奨6■　情報について
> 【要点】鑑定における評価，判断の前提となる事実については，細心の注意を払うこと。

　「手引き」は，鑑定における評価や判断の前提となる事実に誤りや裁判所の認定と食い違いがある場合は，精神鑑定の結果が採用されない危険性があることに注意を喚起している。

ウ 「手引き」の「鑑定の考察にあたっての7つの着眼点――法曹への説明に備える」について

(ア) 「7つの着眼点」の内容

「7つの着眼点」は，推奨の項目ではなく，参考の項目に位置づけられている。

7つの着眼点は，次のとおりであるが，詳細は「手引き」を参照していただきたい。

　a．動機の了解可能性／了解不能性
　b．犯行の計画性，突発性，偶発性，衝動性
　c．行為の意味・性質，反道徳性，違法性の認識
　d．精神障害による免責可能性の認識の有／無と犯行の関係
　e．元来ないし平素の人格に対する犯行の異質性，親和性
　f．犯行の一貫性，合目的性／非一貫性，非合目的性
　g．犯行後の自己防御・危険回避的行動の有／無

7つの着眼点は，行為者の責任能力を肯定するポイントが列挙され，責任能力を否定するポイントがあまり挙げられていない。そのため，被疑者・被告人の症状全体（病態）を念頭に置かず，表面的な評価に流されると，責任能力を肯定する方向に影響を与えかねない。そのような危険を回避するためには，被疑者・被告人の精神障害について十分な診断がなされ，その診断を前提として着眼点の検討がなされなければならない。しかし，操作的診断方法は，被疑者・被告人の行為時の精神障害に着目し，当該行為に直接関係する個別の精神症状を考慮することに重点が置かれがちであり，常に上記の危険を内包しているので，慎重な検討が必要である。

(イ) 「7つの着眼点」の取扱いについて

「手引き」自身も「7つの着眼点」の取扱いについて注意を喚起している。

　a　「7つの着眼点の扱いについての注意」

「手引き」には，「7つの着眼点については，①項目間でその重要度は同等ではないこと，②各項目は独立しているわけではなく，項目間に重なり合うことがらもあること，③どれかひとつの項目に該当したからとか，何項目あてはまるからというようなことで刑事責任能力を判断するようなものではないこと，④各項目について一方向だけからみるのではなく，ニュートラルな視点から評価する必要があること（たとえば動機の了解可能性だけではなく，了解不能性にも目を向けること），⑤事件によっては全く検討の必要がないものがあること，⑥検討をしても明確に言及することが難しい

ものもあること，などに注意しなければならない」とある。
b 「7つの着眼点と総合的な最終判断との関係についての注意」
　「手引き」には，「これらの項目はあくまでも「視点」としてあげるものである。たとえば「基準」のように扱われるべきものではない。直接，弁識能力や制御能力の程度，あるいは刑事責任能力の結論を導くものではない。これらの項目のうちどれかひとつでも欠ければ，あるいは満たせば，刑事責任能力が認められるとか失われているというような判断ができる，というものではない。（中略）最終的にはこの着眼点を参考にしたうえで，犯行と精神障害との関係を中心にした総合的な説明を法曹に提供することになる」と記載されている。

エ 「手引き」についての留意点（まとめ）
　可知論の精神医学者は，精神障害が弁識能力や制御能力に及ぼす影響をかなりの程度評価できると主張したが，弁識能力や制御能力のすべてを厳密に評価できるわけではないから，不可知論の精神医学者が「慣例（コンベンション）」による判定方法を提唱した趣旨は依然として失われていない。また，操作的診断方法は，被疑者・被告人の犯行前後の諸事情を総合的に判断することが不十分となる危険性があり，精神医学界でも，伝統的判断方法を取り入れる必要があると指摘されている。

④ 責任能力に関する重要判例

(1) 最二判昭53・3・24判時889号103頁
　殺人・殺人未遂被告事件。破棄差戻。
　第一審・高知地判昭和45・4・24，控訴審・高松高判昭50・4・30。

ア　事案の概要
　被告人は元自衛隊員で統合失調症の寛解期にあった。友人の妹に結婚をことわられた不満と友人らが自衛隊に好意をもたなかったことへの反感・憎悪をつのらせて友人ら一家の殺害を企て，深夜被害者方に赴き所携の鉄棒で5名を撲殺し2名に重傷を負わせた事件である。

イ　第一審及び控訴審の経過
　第一審は弁護人の心神喪失・耗弱の主張を排斥し，被告人に死刑を言い渡

した。控訴審は被告人のアリバイの主張を却け，被告人の控訴を棄却した。

ウ　判決の要旨（数字は筆者が付加した）
　①第一審の鑑定人Ａ作成の鑑定書及び原審の鑑定人Ｂ作成の鑑定書（同人に対する原審の証人尋問調書を含む。以下「Ｂ鑑定」という）には，いずれも，本件犯行が被告人の統合失調症に基づく妄想などの病的体験に支配された行動ではなく，被告人は是非善悪の判断が可能な精神状態にあった旨の意見が記載されている。しかし，②両鑑定は，本件犯行時に被告人が統合失調症（破瓜型）の欠陥状態（人格水準低下，感情鈍麻）にあったこと，破瓜型の統合失調症は予後が悪く，軽快を示しても一過性のもので，次第に人格の荒廃状態に陥っていく例が多いこと及び各鑑定当時でも被告人に統合失調症の症状が認められることを指摘しており，さらに，③Ｂ鑑定は，本件犯行を決意するに至った動機には統合失調症に基づく妄想が関与していたこと及び④公判段階における被告人の奇異な言動は詐病ではなく統合失調症の症状の現われであることを肯定している。
　右のような，⑤被告人の病歴，犯行態様にみられる奇異な行動及び犯行以後の病状などを総合考察すると，被告人は本件犯行時に統合失調症の影響により，行為の是非善悪を弁識する能力が著しく減退していたとの疑いを抱かざるをえない。
　ところが，⑥原判決は，本件犯行が被告人の統合失調症の寛解期になされたことのほか，犯行の動機の存在，右犯行が病的体験と直接つながりをもたず周到な準備のもとに計画的に行われたこと及び犯行後の証拠隠滅工作を含む一連の行動を重視し，Ｂ鑑定を裏付けとして，被告人の精神状態の著しい欠陥，障害はなかったものと認定している。
　そうすると，⑦原判決は，被告人の限定責任能力を認めなかった点において判決に影響を及ぼすべき重大な事実誤認の疑いがあり，これを破棄しなければ著しく正義に反するものと認められるとして，原判決を破棄して高松高裁に差し戻した。

エ　判決の検討
　昭和53年判決で注目しなければならないのは，精神鑑定の結果について不拘束説を採用するとともに，総合的判断方法に基づいて事実認定をしているところだけではなく，原判決と同じ認定手法を採用しながら，正反対の結論に至っていることである。

すなわち，昭和53年判決は，①において，第一審のA鑑定及び控訴審のB鑑定のいずれも，被告人が是非善悪の判断が可能な精神状態にあった旨の意見がなされていることを指摘しているが，これらの精神鑑定の結果に依拠せず，②ないし③のとおり，A鑑定及びB鑑定の意見を一部採用するとともに，④のとおり，被告人の公判段階における奇異な行動を指摘し，⑤のとおり，総合的判断方法の結果，被告人は犯行時，統合失調症により心神耗弱の状態であったとの疑いを抱かざるを得ず，⑥のとおり，原判決が認定した事実と正反対の認定を行い，⑦において，原判決は被告人の限定責任能力を認めなかった点において判決に影響を及ぼすべき重大な事実誤認の疑いがあるとしている。

(2) 最三決昭59・7・3刑集38巻8号2783頁・判時1128号38頁
殺人・殺人未遂被告事件。
第一審・高知地判昭45・4・24，控訴審・高松高判昭50・4・30，第一次上告審・最二判昭53・3・24，差戻控訴審・高松高判昭58・11・2。
この決定は，上記(1)事件の第2次上告審決定である。

ア　差戻控訴審の審理と判決
上記(1)事件の差戻控訴審は，2回の精神鑑定（C鑑定，D鑑定）を行った。C鑑定は被告人は本件犯行当時心神喪失の状態にあったとし，D鑑定は被告人に完全責任能力を認めた。差戻控訴審はD鑑定に立脚しつつ，被告人の犯行の動機・態様のほか，被告人の犯行当時の病状，犯行前の生活状況などを総合考察したうえ，被告人は本件犯行当時統合失調症の影響により心神耗弱の状態にあったものと認め，第一審判決を破棄して被告人を無期懲役に処した。

イ　決定の要旨
昭和59年決定は，精神鑑定書（C鑑定）の結論部分に被告人が犯行当時心神喪失の情況にあった旨の記載があるのにその部分を採用せず，右鑑定書全体の記載内容とその余の精神鑑定の結果，並びに記録により認められる被告人の犯行当時の病状，犯行前の生活状況，犯行の動機・態様等を総合して，被告人が本件犯行当時統合失調症の影響により心神耗弱の状態にあったと認定したのは，正当として是認することができるとして上告を棄却した。

(3) 最二判平20・4・25刑集62巻5号1559頁・判時2013号156頁
傷害致死被告事件。破棄差戻。
第一審・東京地判平19・10・29、控訴審・東京高判平18・3・23。

ア　判決の要旨（数字は筆者が付加した）
　平成20年判決は、「①被告人の精神状態が刑法39条にいう心神喪失又は心神耗弱に該当するかどうかは法律判断であって専ら裁判所にゆだねられるべき問題であることはもとより、その前提となる生物学的、心理学的要素についても、上記法律判断との関係で究極的には裁判所の評価にゆだねられるべき問題である（最高裁昭和58年(あ)第753号同年9月13日第三小法廷決定・裁判集刑事232号95頁）。しかしながら、生物学的要素である精神障害の有無及び程度並びにこれが心理学的要素に与えた影響の有無及び程度については、その診断が臨床精神医学の本分であることにかんがみれば、専門家たる精神医学者の意見が鑑定等として証拠となっている場合には、鑑定人の公正さや能力に疑いが生じたり、鑑定の前提条件に問題があったりするなど、これを採用し得ない合理的な事情が認められるのでない限り、その意見を十分に尊重して認定すべきものというべきである」として、原審で取り調べられたS鑑定及びF鑑定が、被告人の本件犯行は統合失調症の幻覚妄想状態に支配され、あるいは、それに駆動されたものであり、他方で正常な社会生活を営み得る能力を備えていたとしても、それは「二重見当識」等として説明が可能な現象であって、本件行為につき、被告人が事物の理非善悪を弁識する能力及びこの弁識に従って行動する能力を備えていたことを意味しないという理解において一致しており、いずれも基本的に高い信用性を備えており、原判決のS鑑定及びF鑑定の結論を排斥したことは妥当ではないとする。
　そして、「②被告人が犯行当時統合失調症に罹患していたからといって、そのことだけで直ちに被告人が心神喪失の状態にあったとされるものではなく、その責任能力の有無・程度は、被告人の犯行当時の病状、犯行前の生活状態、犯行の動機・態様等を総合して判定すべきである（最高裁昭和58年(あ)第1761号同59年7月3日第三小法廷決定・刑集38巻8号2783頁）。したがって、これらの諸事情から被告人の本件行為当時の責任能力の有無・程度が認定できるのであれば、原判決の上記証拠評価の誤りは、判決に影響しないということができる」として、総合的判断方法による検討を行う。

そして，被告人の本件犯行時の病状は病的異常体験のただ中にあったこと，他方，動機の了解可能性，本件行為及びその前後の状況を詳細に記憶しており，意識はほぼ清明であったこと，本件行為が犯罪だと認識していたこと，後に自首していること，それなりの社会生活を送り，就労意欲もあったことなど，一般的には正常な判断能力を備えていたことをうかがわせる事情も多いとするが，最終的には，被告人は，同種の幻聴等が頻繁に現れる中で，訂正が不可能又は極めて困難な妄想に導かれて動機を形成したと見られるのであるから，原判決のように，動機形成等が了解可能であると評価することは相当ではなく，その他の事情があっても，S鑑定やF鑑定がいう「二重見当識」によるとの説明を否定し得るものではないとする。
　「③そうすると，統合失調症の幻覚妄想の強い影響下で行われた本件行為について，原判決の説示する事情があるからといって，そのことのみによって，その行為当時，被告人が事物の理非善悪を弁識する能力又はこの弁識に従って行動する能力を全く欠いていたのではなく，心神耗弱にとどまっていたと認めることは困難であるといわざるを得ない」として原判決を破棄して差し戻した。

イ　判決の検討
　平成20年判決は，①において，不拘束説を踏襲しつつも，精神鑑定の結果は十分に尊重されるべきであり，鑑定人の公正さや能力に疑いが生じたり，鑑定の前提条件に問題があるなどして，これを採用し得ない合理的な事情が認められるのでない限り，その意見を十分に尊重して認定すべきであるとして，不拘束説を制限している。
　そして，原判決が，S鑑定及びF鑑定の「被告人は犯行時心神喪失の状態あった。被告人が一見正常な判断能力があるように見えたのは，二重見当識（妄想や幻覚幻聴の影響で誤った見当識を持ちながら，正しい現実的な見当識が併存されていること）として説明が可能である」という結論を排斥したことは妥当でないとする。
　②において，総合的判断方法に基づいて，被告人の諸事情を検討し，被告人の病状がその動機形成に強く影響を与えていることを重視し，それ以外の事情をもっても被告人が正常な判断能力を有していたと認定することはできず，正常な判断能力を有しているように見えたのは「二重見当識」によるものであるという説明を否定することはできないと判断している。しかし，控訴審と上告審はいずれも総合的判断方法に基づきながら，結論が

正反対になっており，総合的判断方法の困難さがこの事件でも明らかになっている。

③において，原判決が認定したように，被告人が心神耗弱の状態にとどまっていたと認めることは困難であるとして，原判決を破棄して差し戻した。

(4)　東京高判平21・5・25高裁判例集62巻2号1頁・判時2049号150頁
傷害致死被告事件。破棄自判・上告。
　第一審・東京地判平16・10・29，差戻前控訴審・東京高判平18・3・23，上告審・最判平20・4・25。本件は平成20年判決の差戻後控訴審である。

ア　判決の要旨
　①S鑑定及びF鑑定が前提としている「統合失調症にり患した者の病的体験の影響下にある認識，判断ないし行動は，一方で認められる正常な精神作用により補完ないし制御することは不可能である」とする立場は，現在の精神医学的知見の現状から見て，必ずしも一般的であるとは言い難い。
　②被告人は，本件行為自体又はこれと密接不可分な場面において，相応の判断能力を有していたと見る余地のある事情が存するところ，これを「二重見当識」として説明すべきものなのか，別の観点から評価検討すべき事柄なのかについて，必ずしも明らかにはされていなかったが，この用語概念は，統合失調症患者には，病的な体験と正常な精神作用が色々なバランスで総合的に現れるということを意味するだけであって，その機序等を説明するものではなく，いわば静的な状態説明概念にすぎない。したがって，「二重見当識」をもって統合失調症と弁識能力や制御能力の関係を説明できるものではなく，また説明すること自体その使用方法として適当ではない。
　③S鑑定及びF鑑定は，そもそも本件行為後程ない時点で正常な判断能力を備えていたと見られる事情についても，その立脚する立場から，これを考慮要素とはせず，被告人の責任能力について心神喪失状態にあったとの所見を打ち出している。しかし，関係各証拠によると，被告人の統合失調症の病型である妄想型においては，臨床的にも，行為時に強い幻覚，妄想状態にありながら，その後程なくして正常な判断能力を回復することは考えられないと認められる。してみると，「二重見当識」で説明できるというだけで，当該事情を全く考慮しないS鑑定にはその推論過程に大きな問題があるというべきであり，また，前記昭和59年最高裁決定の立場である

いわゆる総合判定とも齟齬するといわざるを得ない。また，同様の批判は，差戻前控訴審におけるF鑑定にも当てはまると考えられる。したがって，両鑑定については，その信用性に問題がある。

④以上の検討の上に立って，改めて，被告人の責任能力について判断すると，本件犯行時の被告人については，統合失調症のため，病的異常体験のただ中にあり，自らの置かれた状況や周囲の状況を正しく認識する能力に著しい障害が存在していたが，命令性の幻聴や作為体験のような自らの行動を支配するような性質の精神症状は存在しておらず，周囲の状況を全く認識できないほどではなかったから，被告人の精神状況は「重篤で正常な精神作用が残されていない」ということはできない。それまでの統合失調症の症状の程度は比較的軽微で，本件犯行前後の行動を見ても，その社会生活機能にはほとんど障害は窺えず，他方，被告人には本件行為時において違法性の意識の認識があったと見られること等の事情を加味して判断すると，本件犯行時の被告人の精神状態は，統合失調症の被害妄想に強く影響されており，被告人の善悪の判断能力及びその判断に従って行動する能力は著しく障害されていたが，善悪の判断能力及びその判断に従って行動する能力は，全くない状態ではなかったと認められ，本件当時の責任能力については，心神喪失ではなく，心神耗弱の状態に止まるとするのが相当である。

イ　判決の検討

平成21年高裁判決は，次のような問題点がある。

①S鑑定及びF鑑定は不可知論の立場に立っているが，日本の精神医学界では，不可知論が必ずしも一般的な知見であるとは言い難いとしている。そして，O医師及びI医師の各意見書，厚生労働省こころの健康科学研究事業他害行為を行った者の責任能力鑑定に関する研究班編の「刑事責任能力に関する精神鑑定書作成の手引き〔平成18年度版〕」を取調べ，O医師，I医師及びS医師の各証人尋問が行われたが，S医師の証人尋問以外はすべて可知論の精神医学者による意見書，証人尋問及び成果物であり，著しく公正さに欠ける証拠調べであるばかりか，一方的に可知論を擁護し不可知論を排斥したことはあまりに恣意的な判断である。可知論や操作的診断方法にもさまざまな問題を内包していることは前記のとおりである。

②S鑑定とF鑑定は被告人が犯行直後に判断能力を有していたと認められることについて「二重見当識」で説明することができるとしているところ，

「二重見当識」という用語は、統合失調症と弁識能力及び制御能力の関係を説明できる概念ではないとして、S鑑定とF鑑定の信用性を否定しているが、その理由は理解が困難である。

③被告人の本件犯行直後に正常な判断能力を有していると見られる事情については、統合失調症の妄想型から説明できるものではないとしている点はある程度理解するところができる。しかし、可知論と不可知論の差異をいたずらに強調し、S鑑定やF鑑定は不可知論の立場に依拠するという理由でその信用性を否定する理由とした点には大きな疑問が残る。

④そして改めて総合的判断方法によって、被告人の統合失調症の病状や本件犯行前後の諸事情を考慮して、被告人は本件犯行時は心神耗弱の状態であったと認定したことは、S鑑定とF鑑定の信用性を否定したことの帰結と考えられるが、問題を残す判決である。

⑸　最一決平21・12・8刑集63巻11号2829頁・判時2070号156頁
　殺人、殺人未遂、銃砲刀剣類所持等取締法違反被告事件。上告棄却。
　第一審・京都地判平18・2・27、控訴審・大阪高等判平20・7・23。

ア　決定の要旨（数字は筆者が付加した）
　①責任能力の有無・程度の判断は、法律判断であり、その前提となる生物学的、心理学的要素についても、上記法律判断との関係で究極的には裁判所の評価にゆだねられるべき問題である。したがって、②専門家たる精神医学者の精神鑑定等が証拠となっている場合においても、鑑定の前提条件に問題があるなど、合理的な事情が認められれば、裁判所は、その意見を採用せずに、③責任能力の有無・程度について、被告人の犯行当時の病状、犯行前の生活状況、犯行の動機・態様等を総合して判定することができる（最高裁昭和58年㋐第753号同年9月13日第三小法廷決定・裁判集刑事232号95頁、最高裁昭和58年㋐第1761号同59年7月3日第三小法廷決定・刑集38巻8号2783頁、最高裁平成18年㋐第876号同20年4月25日第二小法廷判決・刑集62巻5号1559頁参照）。そうすると、裁判所は、④特定の精神鑑定の意見の一部を採用した場合においても、責任能力の有無・程度について、当該意見の他の部分に事実上拘束されることなく、上記事情等を総合して判定することができるというべきである。⑤原判決が、前記のとおり、S鑑定について、責任能力判断のための重要な前提資料である被告人の本件犯行前後における言動についての検討が十分でなく、本件犯行時

に一過性に憎悪した幻覚妄想が本件犯行を直接支配して引き起こさせたという機序について十分納得できる説明がされていないなど，鑑定の前提資料や結論を導く推論過程に疑問があるとして，被告人が本件犯行時に心神喪失の状態にあったとする意見は採用せず，⑥責任能力の有無・程度については，上記意見部分以外の点ではＳ鑑定等をも参考にしつつ，犯行当時の病状，幻覚妄想の内容，被告人の本件犯行前後の言動や犯行動機，従前の生活状況から推認される被告人の人格傾向等を総合考慮して，⑦病的体験が犯行を直接支配する関係にあったのか，あるいは影響を及ぼす程度の関係であったのかなど統合失調症による病的体験と犯行との関係，被告人の本来の人格傾向と犯行との関連性の程度等を検討し，⑧被告人は本件犯行当時是非弁別能力ないし行動制御能力が著しく減退する心神耗弱の状態にあったと認定したのは，その判断手法に誤りはなく，また，事案に照らし，その結論も相当であって，是認することができる。

イ　決定の検討

　まず，責任能力の有無やその程度の認定について，一般論として，①において，不拘束説の立場を確認し，②において，精神鑑定の結果について合理的な事情が認められれば，それを採用しないでよいという平成20年判決の判断を引用し，③において，総合的判断方法に従って責任能力の有無及びその程度を判断すべきとしている。

　次に，④において，本件についても不拘束説に立つこと，⑤において，原判決がＳ鑑定を採用しなかったことは妥当な判断であること，⑥において，被告人の責任能力の有無及びその程度については総合的判断方法に基づいて判断したこと，⑦において，特に原判決は，統合失調症による病的体験と犯行との関係，被告人の本来の人格傾向と犯行との関連性の程度を検討していることを評価し，⑧において，被告人が犯行当時心神耗弱の状態であったと認定したことは是認できるとしている。

精神疾患の種類・概要と判例の動向

1 はじめに

(1) 本稿前半「医師から見た精神疾患」について

本稿の前半部分「医師から見た精神疾患」は、今井淳司医師（東京都立松沢病院精神科）に精神疾患の種類と概要について解説をお願いした。具体的には、さまざまな精神疾患の①概要、②疫学、③症状、④経過、⑤予後、⑥治療について詳しく言及していただいている。特に、③症状について、操作的診断方法（ICD-10）による診断について解説いただいているので、以下、説明を補足する。

操作的診断方法が登場した背景には、伝統的診断方法には精神科の病名診断の統一性が存在していないという問題があった。すなわち、世界各国の精神科診断がそれぞれ独自の方法を用いており、使用している病名は同一でも、かならずしも統一された病態を示すものではないという危険があった。その理由として、①使用する病名とその数が異なる、②同一病名を使用してもそれが含む臨床像の範囲に個人差があるということが指摘されるようになった。

病名診断には、信頼性と妥当性が必要とされている。「信頼性」とは「安定した状態にある患者を反復測定した場合に、同じ結果が得られる程度」のことをいう。「妥当性」とは、「真に評価・診断しようとしているものを、評価・診断している度合い」をいう。ところが、伝統的診断方法は、病因論を基調としており、さまざまな分類や診断がなされてきたため、病名診断の信頼性と妥当性がはかれなかった。そこで、病因論を離れた診断方法が求められたのである。

病名診断の統一性がなければ、患者との間で、病名は何か、その病気の予後はどうなるのか、どのような治療法が存在するのか、複数の治療法が考えられる場合はその長短やその成績について、インフォームド・コンセント（告知同意）を形成することができない。また、精神科治療においては、

医療保護入院や措置入院という強制入院制度が用意されているが，患者にとっては強制入院によって自由の剥奪を受けることになるので，強制入院の要件となる病名診断に統一性がなければ，人権侵害の契機にもなりかねない。さらに個々の精神科医により使用される診断名が異なることは，精神保健に関与する専門家相互の情報交換に多大な支障が生じることになる。

そのため，精神科医の間で診断一致率を向上させるために，共通の診断分類を採用し，それぞれの診断名の包含する臨床病態の範囲に明文の規定を設けることが提案された。これが操作的診断方法の出発点となった。

操作的診断方法は，観察された複数の症状のまとまり（症候群）に基づいて精神疾患を定義して分類したものであり，具体的には評価項目として挙げられた複数の症状項目のうち，一定以上の項目を満たすことによって診断結果が得られるという，チェックリストの方式がとられている。

しかし，操作的診断方法は，病名診断の統一性は確保されるようになったが，患者の状況症状を把握することは十分ではないという批判がある。逆に，伝統的診断方法は，患者の主観的，直感的な体験への理解の手がかりを得ることができ，精神病理現象の生ずる心理学的な機序を精緻に考察することができるという有用性があるとされている。それゆえ，伝統的診断方法と操作的診断方法は相互補完して運用されるべきであろう。

(2) 本稿後半「弁護士から見た精神疾患と判例の動向」

本稿の後半「弁護士から見た精神疾患と判例の動向」は，さまざまな裁判例を精神疾患（精神障害）ごとに分類して特徴点を抽出したものである。裁判例を検討すると，精神疾患ごとに独自の判例法理が形成されている。裁判所が，精神鑑定の結果をどのように評価しているか，精神鑑定の結果以外にどのような事実に着目しているかについてまとめたものである。なお，判例に引用されている鑑定人及び精神鑑定の結果は，不可知論の立場に依拠し，伝統的判断方法に基づいたものが多く，可知論の立場から操作的診断方法に基づいた精神鑑定は少ないことに留意していただきたい。

2 医師から見た精神疾患

(1) 精神作用物質による精神および行動の障害
ア　アルコールによる精神および行動の障害
【概要】

アルコールは社会的に容認されている嗜好品の1つであること，アルコール関連障害の出現頻度や社会的重要性がほかの薬物依存の場合よりもはるかに大きいことなどから，アルコール関連精神障害はほかの薬物依存とは別個に扱われている。ここでは，アルコール関連精神障害のすべてに共通する「依存症候群」，そこから派生し，司法的問題につながることのある「急性中毒」「せん妄を伴う離脱状態」「精神病性障害」「残遺性および遅発性の精神病性障害」について解説する。

【疫学】
　わが国ではアルコール精神病ならびに依存症で入・通院する患者が約2万人，アルコール依存症予備軍ともいえる問題飲酒者が少なめにみてほぼ240万人存在するといわれている。またアルコール依存症の有病率は0.7％とするデータもある。

【症状】
　各病態について，世界保健機関（WHO）による国際疾病分類ICD-10では次のように記載されている。

　F10.2　アルコール依存症候群
　A．以下のうち3項目以上が，1ヶ月にわたり同時に存在していたか，あるいは持続期間が1ヶ月未満であれば，過去12ヶ月以内に繰り返し同時に生じたこと
　1）その物質を摂取したいという強い欲望あるいは切迫感
　2）物質摂取行動の開始，中止，使用量をコントロールする能力の障害
　3）物質使用を減量あるいは中断した際の生理的離脱状態
　4）物質の効果に対する耐性が生じていることの証拠
　5）物質使用に関するとらわれ
　6）有害な結果の明らかな証拠があるにもかかわらず，持続的に物質を使用すること

　F10.0　アルコール使用による急性中毒
　以下のうち1項目以上を証拠とする行動上の機能不全が存在しなければならない
　1）脱抑制

2）口論傾向
 3）攻撃性
 4）気分の易変性
 5）注意の障害
 6）判断の障害
 7）個人的生活機能に生じる支障
以下の徴候のうち1項目以上が存在しなければならない
 1）歩行不安定
 2）立位保持困難
 3）ろれつの回らない話し方
 4）眼振
 5）意識レベルの低下（たとえば，昏蒙，昏睡）
 6）顔面紅潮
 7）結膜充血

以上のように診断基準は記載されているが，せん妄を伴う急性中毒の場合に特に責任能力が問題になることが多い。また，アルコール酩酊（急性中毒）の評価に関して，ビンダーの酩酊分類（単純酩酊，複雑酩酊，病的酩酊）が慣例的に用いられてきたが，発祥地であるドイツ語圏では近年は使用されない傾向にあることや，基準が不明確であること，などを理由に，その使用についての適正性に見解の一致をみていない。
　せん妄を伴うアルコール離脱状態では，次のせん妄とアルコール離脱状態の両者の診断をみたす必要がある。

F05　せん妄
意識混濁，すなわち周囲に対する認識の明瞭度の低下，これは注意を集中する，維持する，あるいは他へ移す能力の低下を伴う，以下の2つの認知機能障害が認められること
 1）即時想起と近似記憶の障害。遠隔記憶は比較的保たれる
 2）時間，場所，あるいは人物に関する失見当識
C．以下の精神運動障害のうち，1項目以上が存在すること。
 1）活動性の低下から活動性の亢進への急速かつ予測不能な変化
 2）反応時間の延長
 3）会話量の増大あるいは減少

4) 驚愕反応の亢進
D. 以下のうち1項目以上が認められる睡眠障害あるいは睡眠覚醒サイクル障害
1) 不眠，重度であると全不眠になることがある
2) 夜間の症状増悪
3) 混乱した夢および悪夢。これらは覚醒後，幻覚と錯覚になって続くことがある
症状は急激に出現し，日内変動を示すこと

F10.3 アルコール離脱状態
以下の兆候のうち，3項目以上が存在しなければならない
1) 舌，眼瞼，あるいは伸展した手の振戦
2) 発汗
3) 悪心，嘔気，嘔吐
4) 頻脈あるいは高血圧
5) 精神運動焦燥
6) 頭痛
7) 不眠
8) 倦怠感あるいは脱力
9) 一過性の視覚性，触覚性あるいは聴覚性の幻覚あるいは錯覚
10) 大発作けいれん

アルコールによる精神病性障害，残遺性および遅発性精神病性障害は後述する薬物による精神病性障害，残遺性および遅発性精神病性障害の診断基準に準ずる。

【経過・予後】
　アルコール依存では，適切な医療を受けられる状況があったり，家族や職場などの援助があるものでは予後がよいが，家庭が崩壊して単身者になってしまっているものなどでは予後不良の傾向がある。アルコール依存症者の死亡率は一般より高く，3年後には33％，13年後には50％にもおよぶとするデータもある。AA参加者の1/3は禁酒を継続し，1/3は完全ではないが改善し，1/3は変化がなかった。アルコール精神病の予後は病型により異なる。

【治療】
① 薬物療法
　離脱時は，ビタミン類や抗不安薬であるdiazepamの内服もしくは点滴，興奮が著しい時は，抗精神病薬の内服や点滴を行う。またアルコールの渇望に対しては，アルコール分解酵素を阻害して下戸の状態にする抗酒薬の内服を継続することも多い。精神病性症状に対しては抗精神病薬を投与する。
② 12ステップアプローチ：AA (Alcoholics Anonymous), 断酒会
　自分が「酒害者」であることを認めた上で，飲酒していたときの状態や断酒の体験を発表し合って討論し互いに励まし合って断酒を続けていこうとするもの。全国各地で毎日のようにミーティングが開催されている。AAは匿名だが，断酒会は匿名ではない。
③ 認知行動療法
　リラプス・プリベンション・モデルに基づき，再飲酒へのハイリスク状況を特定し，効果的な対処技能を身につけることにより再飲酒を防ぐ。

イ　薬物（覚せい剤）による精神および行動の障害
【概要】
　精神病症状を発現しうる薬物は種々あり，近年では脱法ドラッグ，ひいては脱法ハーブなどによる精神障害が急増している。しかし，わが国でもっとも乱用されている違法薬物は覚せい剤であり，精神鑑定の場でも問題となることが多い。よって，ここでは覚せい剤による精神および行動，中でもより中心的概念である覚せい剤による依存症候群，精神病性障害，残遺性および遅発性精神病性障害について解説する。

【疫学】
　2011年の和田清らの調査によると違法薬物の生涯経験率（これまでに1回でも乱用したことのある者の率）は，有機溶剤で1.6％，大麻で1.2％，覚せい剤で0.4％，MDMAで0.1％であり，これらのいずれかの薬物の生涯経験率は2.7％であった。

【症状】
　薬物による依存症候群はアルコール依存症群の診断基準に準ずる。薬物

による精神病性障害と残遺性および遅発性精神病性障害の診断基準は以下のとおりである。

F1x.5　精神病性障害
　通常は物質の使用中あるいは使用直後に起こり，生き生きとした幻覚（典型的には幻聴，しばしば2種類以上の知覚に生ずる），人物誤認，関係妄想および/または関係念慮（しばしばパラノイドあるいは迫害的な性質のもの），精神運動障害（興奮あるいは昏迷），激しい恐怖から恍惚にまで及ぶ異常な感情などによって特徴づけられる精神病性症状の一群である。識覚は通常明瞭であるが，激しい錯乱へはいたらないものの，ある程度の意識混濁は存在することがある。典型的な場合，この障害は少なくとも部分的には1カ月以内に，そして完全には6カ月以内に消失する。

F1x.7　残遺性および遅発性精神病性障害
　認知，感情，パーソナリティ，あるいは行動などの面で，アルコールあるいは精神作用物質による変化が，その精神作用物質が直接影響していると合理的に想定される期間を超えて持続している障害。
　覚せい剤による精神病症状は，統合失調症に類似したものが多いが，まれに躁うつ状態も見られる。幻覚は幻聴がもっとも多く，幻視，幻聴などもある。妄想は関係妄想，被害妄想，追跡妄想などが主で，特に周囲の人に監視，嘲笑，脅迫，迫害，殺傷されるといった被害妄想が多い。統合失調症に比べて疎通性がよく保たれている傾向があり，幻覚妄想の内容は統合失調症のそれに比べて了解可能であり，患者自身自分の体験について病感をもつ場合もある。

【経過・予後】
　精神病状態は使用中止10日後には約半数，1カ月後には大半が消失する。しかし一部の症例では統合失調症様症状が残存し，統合失調症との鑑別が困難な例も少なくない。覚せい剤を再使用しなくても，覚せい剤使用時によく似た異常体験が出現することがあり，これをフラッシュバックという。

【治療】
①　薬物療法
　急性期の精神病症状に対して，抗精神病薬が使用され，症状が改善後も

継続の内服が必要なことが多い。
② 認知行動療法
　アルコール治療に準ずる。現在では病院やクリニック，精神保健福祉センターなど多くの場所で治療が提供されるようになった。
③ NA：Narcotics Anonymous
　アルコール治療におけるAAと同様。
④ 社会復帰施設：DARC（Drug Addiction Rehabilitation Center）など
　回復途上の薬物依存症者が共同生活をしながら，各種のミーティングを通して，社会のミニモデルである入寮制の社会復帰施設を共同運営することによって社会適応能力を身につけていく。

(2) 統合失調症
【概要・歴史】
　統合失調症概念は年代にクレペリンにより「早発性痴呆」の概念として確立され，1911年にスイスのブロイラーによって「精神分裂病（Schizophrenie）」という名称が提唱された。以降，わが国でも「精神分裂病」と呼ばれてきたが，精神障害に対する差別や病名告知率の低さを助長するなどの考えから，2002年に「統合失調症」と病名変更された。

【疫学】
　1979年にアメリカ精神保健研究所で行われた調査によると，統合失調症の生涯有病率は1.5％とされている。わが国での1963年の実態調査では，統合失調症有病率に男女差はみられず，男女における発病率はほぼ等しいと考えてよい。大多数が30～40歳代に発症し，10歳以前や初老期以後に統合失調症を発病することは少ない。

【原因】
　統合失調症の原因は現在のところ不明であるが，生物学的原因による病的素因ないし中枢機能の脆弱性があり，心理的社会的ストレスを誘因として発病するとの考え（脆弱性・ストレスモデル）が有力である。また統合失調症の発病に遺伝素因が関係しているといわれ，1996年のわが国における双生児研究によれば，一卵性，二卵性の一致率がそれぞれ，30～50％，4～15％であった。

【症状】
　ICD-10では次のように記載されている。

　F20　統合失調症
　G1. 以下の1）に挙げた症候群・症状・徴候のうち1項目以上，あるいは下記の2）に挙げた症状・徴候のうち2項目以上が1カ月以上続く精神病エピソードのほとんどの間（あるいは，ある時期にほとんど一日中），存在すること。
　1）以下のうち1項目以上が存在しなければならない
　　a）考想化声，考想吹入または考想奪取，あるいは考想伝播
　　b）身体あるいは手足の動き，あるいは特定の思考・行為・感覚に明確に関係付けられた，被支配妄想，被影響妄想，あるいはさせられ体験，妄想知覚
　　c）患者の行動に実況解説を加える幻声，患者について話し合う幻声，あるいは身体のある部分から聞こえる他の型の幻声
　　d）文化的に不適切かつ全くありえない，他の種類の持続的妄想（たとえば，天候をコントロールできる，宇宙人と交信しているなど）
　2）あるいは以下のうち2項目以上
　　a）感覚の種類を問わず持続性の幻覚が，1カ月以上毎日出現し，明らかな感情的内容のない妄想（浮動的あるいは形成の不完全なことがある），あるいは持続性の優格観念を伴う。
　　b）言語新作，思考途絶，あるいは思路への割り込み，その結果，滅裂や的外れな会話が生じる。
　　c）興奮，常同姿勢，蝋屈症，拒絶症，緘黙，昏迷などの緊張病性行動
　　d）顕著な無感情，会話の貧困，情動的応答の鈍麻あるいは場にそぐわないなどの「陰性症状」。

【病型】
　以下のように分類されているが，この類型にあてはまにくい症例や各病型間の移行例も少なくないので，無理に病型にあてはめる必要はない。
　① 妄想型統合失調症
　　30歳以後に発病することが多く，妄想型あるいは幻覚妄想状態などの陽性症状を主とし，陰性症状は目立たず，慢性に経過し，人格障害は起こっ

ても比較的軽度である。
② 破瓜型統合失調症
　青年期(15〜25歳)に発病し，陰性症状が前景にたち，幻覚・妄想はないかあっても断片的で，直線的に進行あるいは少数回の病勢増悪を繰り返しながら慢性に進行して末期状態に近づく，予後不良な病型である。
③ 緊張型統合失調症
　20歳前後に急激に発病し，緊張病性の興奮，あるいは昏迷などの緊張病症候群を示し，病像増悪を反復し，周期性の経過をとるが，症状が消退している間欠期には多少の人格の欠陥を残すが，ほぼ完全に近い寛解状態に達するものである。
④ 単純型統合失調症
　陰性症状を主症状とし，陽性症状が破瓜型よりもさらに少ない病型である。20歳頃に緩徐に発病し，潜行性に進行し，患者は無気力で引きこもって無為自閉な生活を送り，進行すると生活に介助が必要になり，浮浪者になるなど社会の最下層に転落することもある。
⑤ 鑑別不能型統合失調症
　統合失調症の診断基準は満たすが，妄想型，破瓜型，緊張型の3亜型のどれにも合致しないか，または2つ以上の亜型の特徴を合わせもつものを分類不能型とする。

【経過】
　経過は，病型やエピソードが初回か再燃かなどにより異なるが，各エピソードは概ね次のような経過をたどる。
① 前兆期：明確な統合失調症症状がまだ出現していないが，神経症性障害やうつ病に類似した症状が認められる。抑うつ，不安，思考力の低下，集中困難，弱い陽性症状（錯覚，関係念慮，魔術的思考），社会的引きこもり，関心の低下，などの症状を呈する。初回エピソードの前に症状が認められる時期を前駆期といい，平均5年前後といわれているが，緊張型など急速に発病することもある。
② 急性期：精神的な興奮が激しく，幻覚・妄想，などの症状が現れる。
③ 消耗期：急性期にエネルギーを使いきった結果，症状は改善したものの，意欲・活動性の低下が続き，精神病後抑うつといわれる強いうつ状態を示すこともある。月から年単位で改善していく。
④ 回復期：少しずつ意欲が回復し，行動範囲が広がる時期。

約2/3が症状再燃を繰り返す波状の経過をたどり，約1/3が単純な経過をとる。発病後5年間が再燃頻度が高く，徐々に再燃の頻度が少なくなっていくことが多い。再燃を繰り返しながら，間欠期にも幻覚，妄想が慢性的に持続することや，最初から急性の症状増悪がなく，統合失調症状が徐々に進行し慢性化することもある。

【予後】
1/4は寛解し，1/4は軽度の欠陥状態，1/4は中等度の欠陥状態，1/4は重度の欠陥状態にいたるとされる。軽度の欠陥状態までであれば，通常の日常生活を営むことができる。

【治療】
① 薬物療法
　統合失調症の薬物療法には主として，抗精神病薬が使用される。従来は強力なドーパミン受容体D2拮抗作用を持つhaloperidolなどの定型抗精神病薬が使用されていたが，錐体外路症状などの副作用が強い，陽性症状には効果があるが陰性症状への効果が乏しいことなどから，近年は非定型抗精神病薬が用いられることが多い。
　非定型抗精神病薬は，ドーパミン受容体D2拮抗作用だけでなく，セロトニン受容体などへの拮抗作用を持ち，副作用の軽減，陰性症状の改善，などの長所があり，1990年代後半の発売以降，薬物療法の主流となった。現在では，risperidone, olanzapine, quetiapine, perospirone, blonanserin, aripiprazole, など多くの非定型抗精神病薬が使用可能となっている。
　上記の薬物療法に反応しない治療抵抗性統合失調症に対しては，clozapineという薬剤が開発され，一部の施設で使用が可能となっている。
② 心理社会的治療
　認知行動療法，作業療法，生活機能訓練，レクリエーション療法などが治療時期，必要性に応じて行われる。
③ 修正型電気けいれん療法（modified electric convulsive treatment: m-ECT）
　頭部の皮膚から脳に通電してけいれん発作を起こす治療法で，興奮が強い場合や自殺のリスクが高い場合，緊張病症状，副作用のために十分な薬物療法が行えない場合などに施行される。近年は，麻酔医の管理の下に麻

酔薬と筋弛緩薬を併用して通電し，脳波上だけの発作を起こさせる修正型電気けいれん療法が主流である。

(3) 気分障害（うつ病など）
ア　うつ病
【概要】
　うつ病の歴史は古く，紀元前4～5世紀の古代ギリシャ時代の「黒胆汁症」概念までさかのぼることができる。わが国では，気質因は明らかになっていないが素因に基づく精神病性のものとされる「内因性うつ病」，もともと神経症的な人格をもった人に心因が加わって発症した「神経症性うつ病」という用語が用いられてきたが，それらの区別が容易でないことから最近ではあまり用いられなくなっている。一方で，上記二分法を廃したICD-10やDSM-IVなどの操作的診断基準が浸透するに従い，軽症のうつ状態の多くがうつ病に組み込まれたことに加え，最近では「新型うつ病」などという概念が広まり，うつ病概念が拡散している。そのようにうつ病の過剰診断が増加していることに対し警鐘をならす動きもある。

【疫学】
　うつ病の生涯有病率は13.3％～17.1％といわれている。男女比はおよそ1対2と女性に多い。平均発病年齢はおおよそ40歳である。

【症状】
　ICD-10では重症うつ病エピソードとして次のように記載されている。

　F32.2およびF32.3　重症うつ病エピソード
　A．うつ病エピソード（F32）の全般基準を満たさなければならない
　B．次の3項目の症状のすべてが存在しなければならない。
　1）患者にとって確実に異常な程度の抑うつ気分が，ほとんど1日中，ほとんど毎日，ほとんど状況に影響されることなく，2週間以上持続する。
　2）通常なら快楽をもたらす活動に対する，興味あるいは喜びの喪失
　3）エネルギーの低下，あるいは易疲労性の亢進
　C．次のリストのうちの症状も加え，合計8項目以上の症状が存在しなければならない。

1）自信喪失，あるいは自己評価の低下
2）不合理な自責感，あるいは過剰で不適切な罪業感
3）死あるいは自殺に関する反復思考，あるいはなんらかの自殺行動
4）決断困難あるいは優柔不断といった思考力や集中力低下の訴えあるいは証拠
5）焦燥あるいは制止を伴う，精神運動性の変化
6）なんらかの型の睡眠障害
7）食欲の変化（低下あるいは亢進）がそれに相応する体重変化

　基準Bが2項目以上，合計4項目以上で軽症うつ病エピソード，基準Bが3項目以上，合計で6項目以上で中等症うつ病エピソードとなる。
　重症のうつ病では，妄想などの精神病症状を認めることがある。うつ病における妄想は微小妄想と呼ばれ，罪業妄想（すべてが自分の責任だと確信する），貧困妄想（実際とは異なる経済的な危機を確信する），心気妄想（回復不能な重病に罹患していると確信する），などの三大主題がよくみられる。

【経過】
　発病して数カ月，ないし数年の間欠期を隔てて病相を反復するものが多い。うつ状態を反復しているうちに軽い状態が遷延して持続する症例もある。

【予後】
　患者の約75％が5年以内に再発する。再発すればするほど，病相の間隔は短縮し，重症度は増す。女性よりも男性の方が慢性の経過をたどりやすい。

【治療】
① 薬物療法
　従来，三環系，四環系抗うつ薬とよばれる抗うつ薬が用いられていたが，近年はより副作用の少ない選択的セロトニン再取り込み阻害薬（SSRI）や選択的ノルアドレナリン再取り込み阻害薬（SNRI）が開発され，これらが抗うつ薬療法の主流となっている。
② 認知療法
　うつ病に存在すると仮定される，否定的・非現実的な認知の歪みに焦点

をあてる。否定的認知を認め見直すように促すことにより，うつ病を軽減させ再発を防ぐ。
③　修正型電気けいれん療法(m-ECT)
　統合失調症同様，うつ病に対しても効果を示すことが多い。①薬物療法に反応を示さないとき，②薬物療法に耐えられないとき，③臨床症状が重篤で急速な改善が必要なとき，に用いられる。

イ　双極性感情障害(躁うつ病)
【概要】
　躁うつ病は統合失調症と並んで代表的な内因性精神病と呼ばれてきた。躁状態あるいはうつ状態の病勢期を1回あるいは2回以上繰り返す。各病相期の間の寛解期にはほぼ正常な状態に回復するのが特徴で，病勢増悪期を過ぎても完全には寛解しにくい統合失調症とは異なる。躁状態もしくはうつ状態の極期には，幻聴や妄想などの精神病症状を認めることがある。躁状態における妄想には誇大妄想が多く，精神病症状を伴った躁状態と統合失調症の幻覚妄想状態は鑑別が困難なことが少なくない。

【疫学】
　双極性障害の生涯有病率は0.24〜1.6％で，性差はないとされる。平均発病年齢は，うつ病より早く，30歳である。

【症状】
　前述のうつ病エピソードと次の躁病エピソードを繰り返す。

　F30　躁病エピソード
　A．気分は主に高揚，誇大的，あるいは易刺激的であり，患者にとって確実に異常なものでなければならない。気分変化は顕著であり，1週間以上持続しなければならない(ただし，入院を要するほどの重症の場合は除く)
　B．次の徴候のうち3項目以上が存在し，日常の個人の生活機能に重度の支障をきたしていなければならない。
　1)　活動性の亢進，あるいは身体的な落ち着きのなさ
　2)　会話量の増加
　3)　観念奔逸，あるいは思考の進み方が速いという主観的体験

4）正常な社会的抑制の喪失，その結果として状況に不適切な行動となる
5）睡眠欲求の低下
6）過度な自己評価，あるいは誇大性
7）注意転導性，あるいは活動や計画の絶え間ない変化
8）そのリスクを患者が自覚しない無鉄砲あるいは無謀な行動，たとえば乱費，馬鹿げた企て，無謀な運転
9）顕著な性的エネルギー，あるいは性的逸脱

症状の持続が4日以上，1週間未満である場合で入院を要しないほどのである場合，軽躁病エピソードと診断される。躁病相やうつ病相の極期では幻覚や妄想などの精神病症状を伴うことがある。

【経過】
躁病相を1回経験した患者の90％はまた次の病相を繰り返す。およそ40〜50％は初回の病相から2年以内に2度目の躁病相を呈する。疾患が進行するに従い，病相間の間隔はしばしば短縮する。

【予後】
15％は予後良好で，45％は予後良好であるが再発を繰り返し，30％は部分寛解し，10％は慢性化する。病相の平均回数は9回であり，患者の約40％は10回以上の病相を経験する。

【治療】
薬物療法が治療の中心で，躁とうつの気分の波を改善するために，気分安定薬（lithium carbonate, valproate acid, lamotorigine）や気分安定作用を有する抗精神病薬（olanzapine, quetiapineなど）が用いられることが多い。

(4) てんかん
【概要】
WHOの定義によると，てんかんは「種々の病因によって起こる慢性の脳障害で，大脳ニューロンの過剰な発射の結果起こる反復発作（てんかん発作）を主徴とし，これに種々の臨床症状および検査所見を伴うもの」である。

【疫学】
　出現頻度は，0.3％前後である。性差はなく，発病年齢は小児期から思春期が多いが発作型により異なる。

【症状】
① 臨床発作
　ⓐ 全般発作：全般発作は発作の起始部位が不明瞭であり，意識障害だけのものと，けいれんを伴うものとがある。
　ⓑ 欠神発作：意識欠損を主徴とする発作。突然起こり突然回復する数秒ないし数十秒の意識消失発作で，患者は動作を急に停止し，放心状の表情になる。
　ⓒ ミオクロニー発作：ふつう両側の四肢に同時に起こる強いけいれんで，通常意識障害を伴わない。
　ⓓ 間代発作：ミオクロニー発作が律動的に反復するものをいう。
　ⓔ 強直発作：数秒間程度の強直状態が起こる発作で，意識は障害されるが回復は早い。
　ⓕ 強直間代発作（大発作）：突然意識消失が起こり，患者は凝視し，その後両側四肢および体幹が強く突っ張る強直けいれんが数秒ないし数十秒続き，次第に律動性の間代けいれんに移行し，これが数十秒持続する。発作後はもうろう状態が続く。本人は記憶していない。
　ⓖ 部分発作：意識障害を伴わない単純部分発作と，意識障害を伴う複雑部分発作に大別される。
② 精神病状態
　てんかんには比較的まれ（数％）ではあるが精神病状態が出現することがあり，てんかん精神病と呼ばれる。また，強直間代発作，複雑部分発作後に意識障害，失見当識，健忘などを主症状とする発作後もうろう状態があらわれることもあり，意識障害の背景のうえに，幻覚妄想状態，緊張病症候群，不穏，興奮などの精神症状を呈することがある。

【経過・予後】
　病因と臨床発作型によりその経過は大きく異なる。一般に特発性てんかんは予後がよく，脳に損傷を持つ症候性てんかんは予後不良である。臨床発作型では部分発作よりも全般発作のほうが予後がよい。発作後10年経過

群での治癒率は56％といわれている。

【治療】
　てんかん発作に対しては抗けいれん薬，発作重積状態に対してはdiazepamなどの静脈注射，てんかんの精神症状に対しては，抗精神病薬などが症状に応じて使用される。

⑸　広汎性発達障害（アスペルガー症候群）
【概要】
　1944年，ハンス・アスペルガーにより初めて報告された概念で，1981年，ローナ・ウイングにより「三つ組」といわれる，社会性の障害，コミュニケーションの障害，想像力の障害を特徴とする症候群として再提唱された。以降，1990年代に国際的診断基準に相次いで記載されるようになり，その疾患概念は本邦でも急速な広がりをみせている。

【疫学】
　知的障害を伴った広汎性発達障害は0.6％，知的障害を伴わない高機能広汎性発達障害は1.5％といわれている。男児に多い。

【症状】
①　社会性の障害
　相手の気持ちや状況を察し，自分の言動が周囲に与える影響について想像しながら，様々な人と状況に応じて適切な対人関係を結ぶ能力の障害。
［具体例］
・相手の気持ちを想像できない
・その場の空気を読むことができない
・常識やマナーが分からない
②　コミュニケーションの障害
　自閉症では言語発達に遅れが認められる。高機能自閉症やアスペルガー症候群では遅れは認めないが，言語的コミュニケーションの成立が困難だったり不得意であったりすることがある。
［具体例］
・相手に合わせて言葉や話し方を使い分けることができない
・言葉を字義通り受け取り，冗談が分からない

・相手に無関係に一方的に話す
・騒がしい場所で会話に集中できない
・難しい言い回しをしたり話し口調が文語調となる
③　想像力の障害
　想像力を働かせることが苦手なため，臨機応変に対応することができない。強いこだわりを示す。
〔具体例〕
・興味の集中
・興味がないことにはほとんど関心を示さない
・予定外のことにパニックとなる
・突然のスケジュール変更が苦手
・生活パターンや習慣，規則をかたくなに守りたがる
・１つのことしか注意が向かない
　また，その他の特性として，聴覚をはじめとした各種の感覚過敏を認めることが多い。
④　二次障害
　三つ組の症状を基礎に，二次障害として，うつ症状や強迫症状，統合失調症のような幻覚や妄想を呈することがある。

【経過・予後】
　発達障害の特性自体は変化するようなものではないが，特性に応じた環境の調整や対処行動の獲得により社会適応を向上させることが可能である。

【治療】
　現段階では二次障害の治療が中心となり，幻覚妄想や興奮などに対しては抗精神病薬，うつ症状などに対しては抗うつ薬，気分変動に対しては気分安定薬などが症状に応じて使用される。また，本人の生きやすいような環境調整を行ったり，生活機能訓練（Social skills training〔SST〕）などにより，対処技能の獲得に努める。

(6)　精神遅滞
【概要】
　精神遅滞は精神の発達停止あるいは発達不全の状態であり，発達期に明らかになる，全体的な知的水準に寄与する能力，たとえば認知，言語，運

動および社会的能力の障害によって特徴づけられる。知的水準の評価は臨床所見，適応行動および心理測定テスト所見を含め，入手できる情報のすべてに基づいて行うべきである。精神遅滞をもった人にはあらゆる精神障害が生じ，他の精神障害の有病率は一般人口に比べて少なくとも3～4倍多くみられ，統合失調症が約3％に合併するといわれる。

【疫学】

　全検査IQが70未満の知的障害は全人口の約2.2％である。その知的障害によって社会的な適応障害を生じている精神遅滞は，1.2％程度といわれている。知的障害の約9割が軽度精神遅滞域であり，中度以下の精神遅滞は人口の0.2％程度である。男女比は1.5対1と男児に多い。

【症状】

　IQの高さはあくまで1つの指標として提供されるものではあるが，精神遅滞は大まかに以下のように分類されている。

① 　軽度精神遅滞（IQ50～69）

　言語習得や発達が幾分遅れるものの，会話を持続し家庭内の技能は自立してできる。主な困難は通常学業にみられ，多数の者でとりわけ読み書きに問題がある。軽度遅滞の中で高い水準のものの大部分は，手仕事をはじめ，学業よりも実地の能力が要求される仕事をする潜在的能力を持っている。学力の達成をほとんど要求しない社会では問題にはならないかもしれないが，結婚や育児に対する処理能力の欠如，文化的伝統や慣習にしたがうのが困難なことが多い。器質的病変は少数のものにのみ確認されるにすぎない。

② 　中等度精神遅滞（IQ35～49）

　言語面での発達に限界があり，身のまわりのことや運動能力の達成も遅れ，生涯を通じて監督が必要な者もいる。学業の進歩には限界があるが，何割かは読み書きと数えるのに必要な基本的技能は習得する。

　熟練した監督のもとに置かれれば，単純な実際的な仕事をすることができるが，大人になって完全に自立した生活ができる者はまれである。中度精神遅滞をもった人のほとんどで器質的病因が同定できる。他の精神医学的状態を同定できることもあるが，言語的発達水準の低さのため診断が困難であることが多い。

③ 　重度精神遅滞（IQ20～34）

臨床像，器質的病変の存在，合併症という点で中等度精神遅滞とおおよそ類似している。ほとんどの人々に顕著な運動障害やその他の合併する欠陥がある。
④　最重度精神遅滞（IQ20未満）
　要求あるいは指示を理解したり，それに応じたりする能力がきわめて制限されている。ほとんどの者は動けないかあるいは動くことが著しく制限されており，失禁し，非言語的交通しかできず，常に援助と管理を必要とする。ほとんどのもので器質的病変を同定することができる。

【経過・予後・治療】
　精神遅滞そのものは改善したりするようなものではなく，予後は精神遅滞の重症度による。早期から，家庭・療育・特別支援教育などが協力して適応的行動や自立的能力を積み上げ，生活の質（QOL：quality of life）の向上をはかることが大切である。また個々のケースについて，対処すべき問題があれば，医療・福祉・教育が連携して問題解決に取り組む。行動障害に対しては，環境調整，構造化療育を行いながら，精神科的薬物療法が必要なことが少なくない。

《参考文献》
・市川宏伸＝鈴村俊介編『日常診療で出会う発達障害のみかた』（中外医学社，2009年）．
・ベンジャミン・J・サドックほか編（井上令一ほか監訳）『カプラン臨床精神医学テキスト――DSM-IV-TR診断基準の臨床への展開〔第2版〕』（メディカル・サイエンス・インターナショナル，2004年）．
・松下正明総編集『薬物・アルコール関連障害（臨床精神医学講座〔8〕）』（中山書店，1999年）．
・World Health Organization編（中根允文ほか訳）『ICD-10精神および行動の障害――DCR研究用診断基準〔新訂版〕』（医学書院，2008年）．
・大熊輝男『現代臨床精神医学〔改訂第10版〕』（金原出版，2005年）．
・杉山登志郎『発達障害の子どもたち』（講談社現代新書，2007年）．
・上野一彦＝市川宏伸『図解よくわかる大人のアスペルガー症候群』（ナツメ社，2010年）．
・World Health Organization編（融道男ほか監訳）『ICD-10精神および行動の障害――臨床記述と診断ガイドライン〔新訂版〕』（医学書院，2005年）．

③ 弁護士から見た精神疾患と判例の動向

(1) 精神作用物質
ア 飲酒酩酊事犯について

(ア) 酩酊は，アルコールによる中毒の結果であり，精神医学的には中毒性精神病又は外因性精神病に位置づけられる。そして，ビンダーの分類にしたがって，単純酩酊と異常酩酊に，異常酩酊は複雑酩酊（量的異常）と病的酩酊（質的異常）に，病的酩酊はもうろう型とせん妄型にそれぞれ分類される。

(イ) 単純酩酊，複雑酩酊及び病的酩酊の特徴は次のとおりである（國井恒志「責任能力(2)——病的酩酊」小林充ほか編『刑事事実認定重要判決50選〔上〕〔補訂版〕』〔立花書房，2007年〕）。

a 単純酩酊（完全責任能力）
① 麻痺期に達した後に興奮期が再現することはない
② 見当識は保たれており，自己統制は可能である
③ 気分は一般に多幸的で，幻覚・妄想はみられない
④ 原則として著しい健忘は残さない

b 複雑酩酊（心神耗弱〔限定責任能力〕）
① 生気的興奮の強度と持続性の異常
② 外的態度の秩序が失われ，平素の人格に異質的な行動が出現してくる
③ 気分は一般的に刺激的であり，往々にして粗暴な行為に発散される
④ その行為は周囲の状況から了解可能である
⑤ 無差別，盲目的，非現実的な色彩を帯びることはない
⑥ 見当識には粗大な障害はない
⑦ 浮動的な妄想着想はともかく，明確な被害妄想などはみられず，真の幻覚は決してみられない
⑧ 概括的な記憶のあることが多く，広範な記憶欠損がみられることは少ない
⑨ 犯罪には激情犯罪が多い

c 病的酩酊（心神喪失〔責任無能力〕）
① 生気的興奮の強度と持続性の異常（複雑酩酊と共通）
② 意識障害が急激に起こり，ただちに極点に達する
③ 状況に関する見当識に最初から深刻な障害が生じ，全情況に本質的

な誤認があり，現実意識の欠如がある
　④　深い睡眠状態の後に広汎な記憶の脱落がみられる
(a)　もうろう型は，精神的上層が遮断されるために低級な欲動や傾向が盲目的（無対象，無差別）に発散され，その行為は夢幻的，非現実的で，現実との関連をもたず，了解不能である。しかし，精神世界そのものも完全に秩序を失っているわけではなく，本人にとってはある程度有意味な関連性をもっている。
(b)　せん妄型は，慢性アルコール中毒の基礎の上に生じ，振戦せん妄と原則的な差異はなく，意識がまったく崩壊し外界との関連性のみならず内的関連性も失っている。
　上記の分類法は，精神医学者において一致しているわけではなく，最終的には被疑者・被告人が，犯行時の弁識能力や制御能力が喪失していたか，あるいは著しく減退していたかについて，総合的判断方法により判断していくということに帰着する。
(ウ)　飲酒酩酊事犯における総合的判断方法で特徴的な要因
　a　精神障害の有無・程度（病状）について
　被疑者・被告人の犯行時の酩酊状態を判断するために，内在的病的素因，外部的誘因及びアルコールの摂取量等が検討される。そして，病的酩酊と認定されるのは，被疑者・被告人が生物学的・生理学的に病的な基礎や契機がある場合と酩酊状態が精神病的症状や重い意識障害を示すことから判断される場合がある。内在的病的素因（病的基礎）として，精神病，てんかん，脳波異常，精神遅滞，外傷，器質脳疾患，慢性アルコール中毒，代謝障害等があげられる。また，外部的誘因として，身体的過労，栄養障害，不食，不眠，中毒，酷暑，厳寒，性的不摂生，激しい情動等があげられる。また，アルコールの摂取量も考慮しなければならない。
　b　犯行の動機・原因（その了解可能性）
　被告人の犯行の動機やその原因と犯行の関係が了解可能かどうかが大きな判断要素となる。
　c　犯行前後の行動（了解不能な異常性の有無）
　被告人が飲酒により見当識障害や意識障害を起こしていたかどうかが大きな判断要素となる。
　d　犯行及びその前後の状況についての被告人の記憶の有無・程度
　病的酩酊の場合は，深い睡眠状態の後に広範な記憶の脱落がみられる。
　e　従前の人格（犯罪傾向）と犯行の関連性

飲酒していない時の被告人の人格（犯罪傾向）と飲酒して犯行に及んだ時の被告人の人格を比較する必要がある。

イ　覚せい剤事犯等について
　以下，覚せい剤を中心に論じるが他の薬物も同様である。
㋐　覚せい剤事犯については，覚せい剤を摂取したためにその薬理作用で犯行時に弁識能力や制御能力が喪失もしくは著しく減退した場合と，覚せい剤を連用していたために精神病と同様に精神に障害を有するようになった場合があるので，両者は明確に区別する必要がある。後者を「覚せい剤精神病」，「覚せい剤中毒症」もしくは「物質誘発性精神病性障害」と呼称される。
　「覚せい剤精神病」は，一般には３カ月ないし６カ月の連用で生じるものが多いとされ，たとえば統合失調症のように幻覚妄想状態を主とする精神病状態を呈する。経過的に，幻覚などが１週ないし４週で消退する早期症状消退型と，薬物の使用中止にもかかわらず幻覚妄想状態が長期間持続する（よって無症状期を特定することができない）持続型があるとされている。
㋑　覚せい剤事犯の責任能力についての考え方
　a　幻覚妄想状態があるような場合は統合失調症の妄想や幻覚の場合と同じで責任能力がないとする立場（不可知論の立場）と，覚せい剤中毒の場合には，幻覚を含めた知覚の変容に対して病識を持ちやすく，妄想も分裂病のように固定化・体系化するというよりむしろ流動的で変化しやすく確信性・恒常性に乏しいという特徴があり，分裂病のように情意鈍麻・人格荒廃が著しいということがなく，人格の核心が冒されることがなくて，本来の性格が行為の選択に決定的な役割を演じていることがほとんどであるから，覚せい剤中毒による幻覚妄想状態の多くは，責任能力が十分にあるいはある程度残されているとする立場（可知論の立場）がある。
　b　判例は，後者の立場であり，幻覚妄想に動機づけられた犯行であっても，直ちにこれに支配された犯行として責任能力を否定するのは正当でないとの立場に立脚しつつ，総合的判断方法に基づき，被告人の性格，犯行前後の言動，犯行の動機・態様，幻覚妄想の有無・強さなどを総合的に考慮した上，犯行が幻覚妄想などに完全に支配されていたか否かにより判断するのが一般的である。以下に覚せい剤事犯等に特徴的な要因を紹介する。
㋒　覚せい剤事犯等の総合的判断方法で特徴的な要因
　a　精神障害の有無・程度（病状）
　被疑者・被告人が犯行以前に覚せい剤をどの程度使用していたのかとい

うことと被告人の犯行前における精神異常の程度を把握することが必要である。
　b　犯行の動機・原因(その了解可能性)
　動機が犯行当時の状況に照らして了解可能であるか,幻覚妄想等が動機に関係しているかは,覚せい剤等による幻覚妄想等が被疑者・被告人の人格を支配しているかどうかを判断する重要な指標である。
　c　犯行前後の行動(了解不可能な異常性の有無)
　犯行及びその前後の言動,幻覚妄想等の異常体験の有無,意思疎通性,意識の清明度等,犯行時における精神状態を示す事情は重要である。
　d　犯行及びその前後の状況についての記憶の有無・程度
　犯行及びその前後の状況についての記憶の有無及び程度も,犯行時における精神状態を示すものとして重要である。
　e　従前の人格(犯罪傾向)と犯行の関連性
　覚せい剤等を使用する以前の本来の性格や犯罪傾向が犯行時の人格とかけ離れているかは,覚せい剤等が被疑者・被告人をどれだけ支配していたかの指標となる。

　ウ　飲酒酩酊事犯や覚せい剤事犯等における「原因において自由な行為」の法理
(ア)　飲酒や覚せい剤の摂取は被疑者・被告人が任意に行うものであり,摂取時に犯罪を実行する可能性が高い場合は,原因において自由な行為の法理が適用され,犯行時に心神喪失または心神耗弱であっても責任の減免はなされない。
(イ)　飲酒した後に自動車を運転して事故を起こした場合には,原因において自由な行為の法理が適用される事例が多い。覚せい剤を摂取しその薬理作用が生じて弁識能力や制御能力が喪失又は著しく減退した状態で犯罪を起こした場合も,同様に適用されることが多い。
(ウ)　しかし,覚せい剤精神病の場合は,犯行直前に覚せい剤を使用したのではなく,過去に使用した覚せい剤の影響で弁識能力や制御能力が喪失もしくは減退しているのであるから,原因において自由な行為の法理は適用が困難となろう。

(2) 統合失調症
ア 統合失調症について
　従前は「精神分裂病」という名称であったが，2002年に統合失調症と病名が変更された。統合失調症には，「妄想型」，「破瓜型」，「緊張型」，「単純型」，「識別不能型」というような類型が想定されている。また，時系列でみると「前兆期」，「急性期」，「消耗期」，「回復期」という流れになるが，急性期には神経の興奮から起こる「陽性症状」とエネルギーが下がる「陰性症状」がみられる。陽性症状には，幻覚（あるはずのない声が聞こえたり，ものが見えたりする），妄想（危険にさらされていると思い込み，強い不安や敵意をいだく），させられ体験（誰かに操られているような感覚を抱く），集中力が続かず，ものの見え方，考え方に一貫性がなくなる等がある。陰性症状には，感情の起伏がなくなる，自分の殻に閉じこもる，うつ状態になる等がある。また，症状が再燃を繰り返して悪化，慢性化することがある。

イ 判例の傾向
　本書「責任能力総論」で紹介した昭和53年判決，昭和59年決定，平成20年決定，平成21年決定はすべて統合失調症の事例である。以下は昭和59年決定（刑集38巻8号2783頁・判時1128号38頁）で判示された総合的診断方法で特徴的な要因である。
(ｱ) 統合失調症の程度が重症である場合や，統合失調症による幻覚・妄想等の病的体験に直接支配された犯行である場合には，通常，心神喪失と判定する。
(ｲ) それ以外の場合（症状が寛解状態の場合を含む）は，次の事情を総合考察して，被告人の責任能力を判断する。
　① 統合失調症の種類・程度（病状）
　② 犯行の動機・原因（その了解可能性）
　③ 犯行の手段・態様（計画性，作為性の有無，犯行後の罪証隠滅工作の有無を含む）
　④ 被告人の犯行前後の行動（了解不可能な異常性の有無）
　⑤ 犯行及びその前後の状況についての被告人の記憶の有無・程度
　⑥ 被告人の犯行後の態度（反省の情の有無等）
　⑦ 統合失調症の発症前の被告人の性格（犯罪傾向）と犯行との関連性の有無・程度
(ｳ) 平成21年決定は，①と⑦が重要な要因となることを指摘している。

ウ　事例の概要
　以下,【　】は本書第4部「判例紹介」でとりあげている判例を示す。
(ア)　責任無能力とされた事例
　統合失調症に伴う妄想に匹敵する重篤な強迫観念にとらわれていた事例【35】,妄想型の統合失調症の事例【36】,統合失調症による幻聴等の精神状態を苦にした自殺念慮が認められた事例【37】,妄想型統合失調症とされた事例【38】,総合的判断方法により責任無能力とされた事例【39】,重度の破瓜型統合失調症による感情鈍磨と緊張型統合失調症による攻撃性の発現とされた事例【40】,妄想知覚,自閉的な思考,精神発達遅滞に近い症状が認められた事例【41】,緊張型統合失調症の増悪状態にあり妄想,幻聴等に支配されていた事例【42】,統合失調症及び有機溶剤遅発性精神病性障害による幻覚・妄想が認められた事例【43】,初期の破瓜型統合失調症で活発な妄想等が存し,病勢の著しい時期であったとされた事例【44】,統合失調症が急激に重症化し幻聴に支配された事例【45】,単純型ないしは破瓜型の統合失調症の急性期にあり,陰性症状が著明とされた事例【46】,妄想型統合失調症が悪化し幻聴や妄想に強く影響されていた事例【47】,統合失調症による人格水準の低下,ストレス耐性の脆弱化,過度のストレスにより病状悪化した事例【48】,思考のゆがみや現実検討能力の著しい障害が見られ,被害者の苦痛や悲しみを感じ取ることができなかったとされた事例【49】,統合失調症が改善傾向にあったとはいえず,被害妄想によるものとした事例【50】,慢性期の統合失調症による著しい人格変化があったとされた事例【51】。
(イ)　限定責任能力とされた事例
　妄想型統合失調症による妄想や幻聴があったとされた事例【52】,晩発性統合失調症に基づく幻覚,妄想状態にあったが病的体験とは直接関係がないとされた事例【53】,体感異常を伴う被害妄想を中心とする妄想状態が認められた事例【54】,統合失調症により,殺人は心神耗弱,死体遺棄については完全責任能力と認定した事例【55】,妄想型統合失調症の慢性経過中であったとする事例【56】,総合的診断方法により心神耗弱が認められた事例【57】,統合失調症妄想型に罹患し訂正困難な強固な被害妄想を抱いていたことが認められた事例【58】,統合失調症の残遺症状があったとされた事例【59】,第一審において精神鑑定を実施せず,控訴審において心神耗弱が認められた事例【60】,妄想型統合失調症による妄想があり,攻撃衝動を抑制

することが困難であったとする事例【61】，統合失調症の症状が相当程度悪化し，欲動が亢進して脱抑制状態になっていたと認めた事例【62】，統合失調症による症状のほかに平素の人格からの乖離や犯行動機の異常性が認められた事例【63】，心神耗弱とした第一審判決を是認した控訴審の事例【64】，総合的判断で心神耗弱を認めた事例【65】，差戻前控訴審が心神耗弱と判断し上告審が差し戻した後の控訴審で改めて心神耗弱とされた事例【66】，心神喪失とした第一審判決を破棄して心神耗弱とした控訴審の事例【67】，統合失調症による妄想が影響したことが認められた事例【68】，統合失調症の一般的な症状である幻覚や妄想はなく，著しい意欲の低下，現実検討能力の障害，感情障害が認められた事例【69】，統合失調症に罹患していたことだけで直ちに心神喪失の状態にあったとはいえないとして，総合的判断方法により心神耗弱と認定した事例【70】。

㈦ 完全責任能力が認められた事例

　衝動制御能力の乏しさや内省力の欠如などの性格特性に基づき，加虐的心理を昂進させ，悪魔祓いといった観念のこだわりから犯行に及んだものと認定され，心神喪失や心神耗弱が否定された事例【71】，被告人の犯行時の病状は統合失調症の辺縁群の疾患であり，動機も了解不可能とはいえないとして完全責任能力を認めた事例【72】，統合失調症に罹患していると窺われるも，犯行時の病状の程度は重くなく，犯行動機も了解可能であるとして完全責任能力を認めた事例【73】，被告人が罹患している可能性のある精神疾患は，主観的異常体験が確認できず，軽度の連合弛緩を窺わせる程度であり，幻覚・妄想等の影響もなく，犯行動機も了解可能として完全責任能力を認めた事例【74】，統合失調症に罹患し，弁識能力や制御能力が一定程度減退していたこと，軽度の精神発達障害があることを認定しつつも，それらが責任能力に著しい影響を与えたとは認められないとして完全責任能力を認めた事例【75】，犯行当時に統合失調症に罹患していても，計画的かつ合理的な行動，犯行状況，犯行に至る経緯及び犯行後の状況について詳細かつ具体的な供述をしていること，犯行当時の記憶も十分に保持されていることから，完全責任能力を認めた事例【76】，統合失調症に罹患していても，その辺縁・境界の症例であり，幻聴，幻覚及び自殺念慮が犯行に直接影響したわけではなく，犯行方法も合目的・合理的であり，犯行後に警察に出頭し，注意力や記憶力も保持されていることから，完全責任能力が認められた事例【77】，統合失調症に罹患していた疑いがあるが，幻覚以外の症状が乏しく，事理弁識能力を直接に障害するような症状が認められ

ず，統合失調症の典型例とは異なる特徴が見られ，それは辺縁に位置する症状であるとして完全責任能力を認めた事例【78】，妄想型統合失調症に罹患していたが，重症度は高いものではなく，本件犯行に及ぼした影響は著しいものではなく，了解可能な動機，周囲の状況を適格に認識して相応の理性的判断を行い，臨機応変に行動していたことを認定し，完全責任能力を認めた事例【79】。

(3) 気分障害（うつ病等）
ア 気分障害について

気分障害あるいは感情障害とは，従来の躁うつ病あるいは躁うつ精神病に代わり，DSM-IVや国際疾病分類（ICD-10）などにおいて用いられている診断名である。

おおまかに，躁状態のみのもの，躁とうつを反復するもの，うつを反復するもの，持続的に気分変調あるいはうつ状態を示すものに分類される（中谷陽二編『刑事事件と精神鑑定〔司法精神医学（２）〕』〔中山書店，2006年〕）。

イ 事例の傾向
(ｱ) 躁状態での犯罪

躁状態での犯罪は，気分の高揚によって窃盗，詐欺（無銭飲食など），恐喝などの財産罪や，わいせつ罪などに走るケースが多く，うつ状態での犯罪と比較して重大犯罪が少ないと言われている。

しかしながら，本書第４部収録【90】の事例のように，抗うつ剤の服用によって躁とうつの混合状態となり，旅客機のハイジャック，機長の殺害といった極めて重大な犯罪に至った特殊な事例も存在する。

(ｲ) うつ状態での犯罪

一方，うつ状態での犯罪は，殺人などの重大な犯罪に至る事例が多く，その多くは，自殺を決意した者が，道連れに家族など身近な者を殺害する拡大自殺の事例である。本書第４部では，気分障害について平成元年以降の判例19例を紹介しているが，そのうち11例（【80】【82】【85】【87】【88】【89】【91】【92】【93】【94】【98】）が，拡大自殺ないしはそれに類する事例である。

そのほか，子どもの将来を悲観して自分の子を殺害した事例（【81】【84】）や産褥期うつ状態で自分の子を殺害した事例（【86】）などもある。

ウ　責任無能力と認められた事例
　犯行当時，躁うつ病に起因する高度の抑うつ気分に支配されており，「拡大自殺」の衝動が病的抑うつ気分に基づいて発作的に発現したとして，心神喪失を認めた事例【80】。

エ　総合的判断方法で特徴的な要因
　他の精神障害事例と同様，犯行当時の病状のほか，犯行前の生活状態，犯行の動機・態様等を総合して判断がされる。
　しかしながら，「うつ病の場合は，幻覚体験等を伴うことの多い分裂病の場合と異なり，感情移入が容易であるため，犯行の動機も一見了解可能に見えることが多いことが禍いして，裁判所がしばしば責任能力に関する判断を誤ることがあるとの専門家の指摘（福島章『精神鑑定』〔有斐閣，1985年〕173頁）にかんがみ，動機の了解可能性，犯行態様の異常性等の検討にあたっては，単に抽象的・形式的に検討するのではなく，被告人の病前性格からみて，そのような動機からそのような行動に出たという事実をどの程度合理的に理解することができるかを検討し，窮極的には，現に被告人のとった行動が，被告人の本来の人格と明らかに異質なものである疑いがないかどうかを，具体的・実質的に考察する必要がある」と指摘する判例も存在する（【81】）。
　重症のうつ病では，微小妄想（罪業妄想，貧困妄想，心気妄想）が生じるとされ，希死念慮から拡大自殺等の動機が生じて犯行に至るケースが多いが，これらの事例では，動機形成から犯行に至る過程が一見して合理的な行動と誤解される可能性が高いため，上記判例が指摘するように，「被告人本来の人格との異質性」が，責任能力を判断する上で重要な要因となる。
　また，うつ病の特徴として，うつ状態が重篤な場合はかえって抑制が強く，実際に自殺を実行することはむしろ少なく，うつ病が軽症例や回復期の方が自殺の実行が多いことを指摘し，「うつ病としては初期の段階で，それほど重篤な状態にはなかったこと」を理由の一つとして完全責任能力を肯定した原審を取り消し，心神耗弱を認定した事例もある【87】。精神障害の進行状況・重篤さは，うつ病の事例においてはこれを責任能力判断要素として極度に重要視することは危険である。

(4) てんかん
ア　てんかんについて

　てんかん発作の分類方法は様々であるが，①大発作（全身けいれんと意識喪失を主症状とする発作），②焦点発作（身体の一部に現れる発作），③小発作，④精神運動発作及び⑤自律運動発作に分類される。精神運動発作とは，患者の主観的体験として，幻視・幻聴・幻嗅・幻触・異常身体感覚などの幻覚，不快・恐怖・焦燥・恍惚などの気分変調，夢幻様意識，被害妄想・宗教妄想・妄想気分などの妄想などが起こるものである（前掲・福島『精神鑑定』201頁以下）。

　「てんかん精神病」とは，「てんかんの経過中に，性格変化や痴呆過程とは別に，積極的な精神病様状態がみられること」（原俊夫ほか編『てんかんの臨床と理論』〔医学書院，1974年〕405頁）であるとされる（福島・前掲書227頁参照）。

イ　判断要素
(ア)　犯行態様

　犯行時及びその前後の行動が甚だしく無防備かつ衝動的であることは，意識狭窄等の意識障害の存在を窺わせ，てんかん性もうろう状態の存在を推認させる事情となりうる（【103】）。

　被告人が合目的で複雑な行動をしている場合は，発作中の行動ではないという判断につながりうる。ただし，そのような場合でも，発作後のもうろう状態であると判断されることはありうる（【101】）。一応外見的には合理的で特に異常を看取させないような行動をとっていたとしても，もうろう状態，殊に分別もうろう状態（福島・前掲書216頁参照）の下では，外見上そのような外形の行為をとることがありうる（【103】）。

　犯行が数十分にわたって行われている場合，もうろう状態の継続時間は医学上の見解が分かれるが，発作が重積する場合にはもうろう状態が相当の長時間に及ぶことはある（【103】）。

(イ)　犯行前後の状況

　もうろう状態は，何らかの外界からの刺激によって急速に解消し，意識が清明の状態に回復しうるとされる。たとえば，万引きの犯行直後，保安係員から声をかけられただちに謝罪していたとしても，犯行中にもうろう状態であったことと矛盾するものではない（【103】）。

(ウ)　被告人の供述状況・供述内容

被告人の供述状況・供述内容を検討して，犯行直後から部分的で不完全な記憶しか有していなかったのか，犯行状況を記憶に基づき説明することができるのかについて判断される。
　被告人が，自己の罪責を免れ，又は軽減しようとして，犯行時の心理状態を偽って異常を装っているのではないかということが問題となりうる（詐病の可能性）。この場合，被告人の異常心理供述を裏付けるに足る相当の事情があるかどうかが検討される。犯行前から被告人を診察していた主治医が，詐病ではない旨を証言することは，詐病ではないという判断を得るために有効な場合がある（【103】）。
(エ)　鑑定内容
　裁判所によって，鑑定意見と異なる認定がされることもある。たとえば，鑑定人が鑑定の資料とした被告人の供述調書の信用性に問題がある場合，鑑定人が心神耗弱の意見を述べていたとしても，信用性に疑問のある供述調書を資料としなければ同様の判断に至ったかどうか疑わしいとして，心神喪失が認定されることはある（【99】）。
　犯行時にもうろう状態だったと認められる事例では，限定責任能力であると判断される例がある（【101】【103】）。ただし，相当重度のもうろう状態の下での犯行で，被告人の人格とは全く別個の人格に基づく犯行としか考えられないような場合など，もうろう状態下の犯行につき責任無能力と判断されることもある（【99】）。

ウ　原因において自由な行為ないし過失犯の構造
　実行行為時点においててんかん発作を起こしていたとしても，発作中の行為がその直前の意思に従ったものであれば，故意に欠けるところはないとされている例がある（【105】）。これは，「原因において自由な行為」の理論によっているものと考えられる。
　また，自動車を運転中にてんかん発作を起こして交通事故を発生させた事例では，事故当時，責任能力が欠けているとしても，完全責任能力下での予見可能性・結果回避可能性が認められる場合には，過失責任が肯定される（【100】）。医師から運転を差し控えるように忠告を受けていなかった場合であっても，自動車運転中に一時的な意識障害に陥る発作に見舞われうることが予見可能であるような場合には，運転開始時において運転を差し控える義務があったとして，過失責任が肯定される。

(5) 広汎性発達障害（アスペルガー症候群）
ア　広汎性発達障害（アスペルガー症候群）について
　広汎性発達障害（アスペルガー症候群）については，1980年以降からしばしば認知されるようになり，1990年以降になって世界保健機関（WHO）が定めたICD-10（『疾病及び関連保健問題の国際統計分類〔第10版〕』），アメリカ精神医学会が刊行したDSM-IV-TR（『精神疾患の分類と診断の手引〔第4版新訂版〕』）などにおける分類上の概念として相次いで扱われるようになるなど，比較的新しい概念である。そのため，裁判例においても2000年代以降になっても，その数は極めて少ない。また，広汎性発達障害（アスペルガー症候群）の影響のみをもって責任能力が否定された例は見当たらない（東京地判平20・5・27判時2023号158頁では，死体損壊罪について心神喪失状態にあるとし無罪となっているものの，アスペルガー症候群の影響だけでなく，むしろ行為当時に解離性同一性障害にあったことが重視されているものである）。
　もっとも，この障害の特徴であるいわゆる「三つ組の症状」（①社会性の障害，②コミュニケーションの障害，③創造力の障害）を基礎とした二次障害（うつ症状や強迫症状，統合失調症のような幻覚や妄想など）もあわせて考慮した結果，限定責任能力と判断された例も見られる。他害行為以外の選択肢を否定したことについて，強迫的傾向等の影響を強く受けていた可能性を否定し難いとしたもの（東京高判平19・5・29東高刑時報58巻1～12号32頁）や，アスペルガー症候群と著しい幻覚妄想等の精神病様症状の影響により，自己の行為の是非善悪を区別し，これに従って行動する能力が著しく減退した心神耗弱の状態にあったとしたもの（大阪高判平21・3・24公刊物未登載）などである。
　なお，その意味では，前記の無罪判決も，二次障害の影響とも言えなくもないと考えられるところではある。

イ　広汎性発達障害（アスペルガー症候群）が問題となった事案における総合的判断方法で特徴的な要因
(ア)　犯行の動機・原因（その了解可能性）
　被告人の犯行の動機やその原因と犯行の関係について，了解可能かどうかが大きな判断要素となっている。
(イ)　犯行前後の行動（了解不可能な異常性の有無）
　とりわけ，計画性が顕著であって，それに沿って忠実に行動を行ってい

ることが多いところ，この点が責任能力肯定の大きな判断要素となっている。
(ウ) 犯行及びその前後の状況についての被告人の記憶の有無・程度
　ほとんどの事案で記憶の欠落等もなく，意識もはっきりしている場合が多いため，その点が責任能力肯定の大きな判断要素となっている。

ウ　広汎性発達障害（アスペルガー症候群）が問題となった事案での量刑事情としての考慮
　前記のとおり，限定責任能力と認定されて刑が減軽された事案のみならず，責任能力が認められたとしても，量刑判断において，広汎性発達障害（アスペルガー症候群）の影響を考慮する事案もいくつか見られる。
　こうした裁判例は，犯行そのものへの影響や犯行に至る経緯の説明にあたっては広汎性発達障害（アスペルガー症候群）の症状の影響を考慮せずには考えられない場合など，責任能力の判断要素に沿って弁護人が主張した結果，是非弁別能力に対する影響が存在しているなど量刑事情として考慮されているものであると考えられる。

(6)　精神遅滞
ア　定義
　精神遅滞とは，全般的知的機能が同年齢の平均よりも明らかに低く，意思伝達，自己管理，家庭生活，社会的・対人的技能，学習能力などの各適応機能スキルにおいて明らかな制限がある状態と定義される。つまり，知的障害の症状＋生活面にも問題がある場合と解釈される。出生前の胎生期からおおむね18歳までの発達過程で生じる。
　精神遅滞そのものを改善させることは難しいとされる。しかし，原因が明らかになった場合には，医学的治療，薬物治療により症状が軽くなることもある。

イ　責任判断における精神遅滞の位置づけ
　生物学的要素である弁識能力は，行為の違法性の認識能力であり，この認識能力が欠ける場合は責任能力なしと判断され，具体的状況においてこの能力が欠ける場合は違法性の意識の可能性がなく，責任が否定される。制御能力は，意思決定の制御能力のことであり，この能力が欠ける場合は責任能力なしと判断され，具体的状況においてこの能力が欠ける場合は期

待可能性がなく，責任が否定されることになる。

　弁識能力についてみると，精神遅滞ゆえに，すなわち，その知的機能の低さゆえに行為の違法性を認識する能力がなかった，あるいは，具体的状況においてこの能力が欠けていたと判断されれば，責任が否定される。また，制御能力についてみると，精神遅滞ゆえに，意思決定の制御能力が欠けていた，あるいは，具体的状況においてこの能力が欠けていたと判断されれば，責任が否定されることになる。弁識能力及び制御能力はあるが，それらの能力が著しく減退している場合には限定責任能力とされる。

ウ　裁判例の傾向

　精神遅滞であるというだけで，その者に犯罪傾向があるということにはならない。犯罪を犯した者の中に精神遅滞の者がいるというに過ぎない。裁判例を概観すると，精神遅滞と認定しているが，そのことのみで責任無能力と判断された裁判例はほとんどない。最重度精神遅滞者は責任能力（弁識能力及び制御能力）を欠くといってよいが，その者は，重い身体的異常や運動障害があり，また，人からの問いかけの言葉も理解できず，他人の介護なしでは生存できない状態にあるため，現実には自らの意思で犯罪を遂行することが不可能だからである。

　裁判例に現れてくるのが，中等度及び軽度の精神遅滞の場合である。中等度精神遅滞と認定した事案では，心神耗弱と判断されることが多い傾向にある（【114～116】）。軽度精神遅滞と認定した事案では，心神耗弱と判断するもの（【117】。なお，【118】は，軽度から中等度の中間と認定している）と，完全責任能力ありと判断するもの（【119】）とに分かれる。

　裁判例においては，精神遅滞のみを原因として判断するもの（【119】クラインフェルター症候群。ただし，完全責任能力を認めた）と，精神遅滞と併せて，躁状態（【114】），飲酒（【115】。ただし，この裁判例では，飲酒の影響は低いと判断している），自閉症障害（【116】），心因性意識障害（【118】）などの原因も考慮して判断するものとがある。

　さらに，裁判例においては，弁識能力と制御能力について，そのレベルを分けて判断しているものも窺える。弁識能力は著しく低下していたとはいえないが，制御能力は著しく低下していたと認定したもの（【114】【116】），両能力とも著しく低下していたと認定したもの（【115】【117】【118】）とがある。

エ 精神遅滞が問題となった事案における総合的判断方法で特徴的な要因
(ア) 被告人の病状（精神病の種類と程度）
　精神遅滞の症状のみが問題となっているものと、躁状態等他の原因と併せて問題となっているものとがあるのは前述のとおりである。精神遅滞の程度は、極めて重要な判断要因である。
(イ) 犯行の動機・原因（その了解可能性）
　精神遅滞者の場合、腹いせや復讐等のために犯行に至る動機を一度形成すると、反対動機を形成できずに犯行に及ぶという傾向が認められる（【115】【116】）。それゆえ、精神遅滞の場合も犯行の動機・原因は、極めて重要な判断要因である。
(ウ) 犯行の手段・態様（計画性、作為性の有無、犯行後の罪証隠滅工作の有無）
　精神遅滞の程度にもよるが、入念な計画を練ること自体がそもそも難しいため、重要な判断要因の１つとなろう（計画性、犯行後の罪証隠滅工作の存在を認定したものとして【119】）。
(エ) 被告人の犯行前後の行動（了解不可能な異常性の有無）
　精神遅滞であるがゆえに、犯行前後に了解不可能な行動をとることもある。その意味で重要な判断要因である（この要因に言及したものとして、【118】）。
(オ) 犯行及びその前後の状況についての被告人の記憶の有無・程度
　上記(エ)と同様、重要な判断要因である（この要因に言及したものとして、【118】）。
(カ) 被告人の犯行後の態度（反省の情の有無等）
　精神遅滞の程度または他の原因との併存にもよるが、自己の行為の違法性を意識している場合が多いため、これも判断要因とされるべきであろう。
(キ) 精神病の発症前の被告人の性格（犯罪傾向）と犯行との関連性の有無・程度
　精神遅滞は、生来的な原因に基づくことが多く、一度発症して快復し、後に再度発症するというものではない。それゆえ、この要因は、精神遅滞においては重要視されるべきではないだろう。

第4部
判例紹介

1 精神作用物質（アルコール）

(1) 責任無能力が認められた事例

【1】 被告人の行為の主観的ないし客観的特徴は，病的酩酊に特徴的な諸事情をほとんど全て具備しており，病的酩酊の発生原因たる病的基礎及び誘因の存在が証明されていないので，病的酩酊とは断定できないものの，その可能性は否定し難いとして，被告人が心神喪失の状態であったことを認定して無罪とした事例。後掲【2】の原審判決。

静岡地判昭55・10・27判時1125号166頁
罪名：強姦致死・殺人
結果：無罪（検察官控訴）
裁判官：和田保・太田昇・岡文夫
控訴審：東京高判昭59・1・25判時1125号166頁・高刑速昭和59年101頁（後掲【2】）

▶▶ **事案の概要**
　被告人は，就寝中の被害者（当時67年）を強いて姦淫しようとして迫ったところ，抵抗されたので，同女を殺害して敢えてその目的を遂げようと決意し，同女の口を塞ぎ，かつその頸部を両手で強く締めつけるなどしてその反抗を抑圧し，同女を強いて姦淫するとともに，頸部圧迫によりそのころ，同所で，窒息死させた。

▶▶ **鑑定意見等**
○溝口正美の鑑定
　被告人が本件犯行当時病的酩酊状態にあった可能性を肯定するかのような口吻を漏らしながら，被告人には病的酩酊の素因を認めず，過去に病的酩酊を発したことがないことを理由に，被告人はその当時是非善悪の弁識

能力が著しく減退した心神耗弱の状態にあったものと推定するとして，病的酩酊状態にあった可能性を否定した。
○中田修の鑑定
　被告人には病的酩酊の定型的な素因は認められないが，何らかの素因が存在するとしたうえで，本件犯行当時病的酩酊状態にあった蓋然性が高く，是非善悪を弁識し，これに従って行動する能力が欠如していた疑いが極めて濃厚であるとした。
○保崎秀夫の鑑定
　被告人には病的酩酊の定型的な素因及び発現の引き金となる外部的誘因の存在を認めるにいたらず，かつ，飲酒実験でも病的酩酊の発現をみなかったとしたうえで，本件犯行の態様及び事後における本件犯行に関する被告人の記憶の内容，程度のうち，特に後者に重点を置いて，複雑酩酊状態にあったことは間違いないが，病的酩酊にあったかどうかについては，その可能性は否定できないものの，断定するにはいたらないとした。

▶▶ 判決要旨

　本件犯行当時の被告人の責任能力について，まず，病的酩酊の発生原因の存否という側面について検討すると，病的酩酊は一般的に言って，脳の器質的疾患，精神病，精神病質，低知能などの病的素因が内部的に存在し，これに身体的疲労，酷暑，厳寒などの外部的誘因とアルコールが作用して発現するものと考えられるが，溝口，中田，保崎の各鑑定によってもその存在を認定することはできない。次に，外部に現れた行為の客観的，主観的側面を検討すると，①本件犯行当時狂暴な興奮状態と激しい運動性の発散を示すとともに，身体的な麻痺症状がなかったか，極めて少なかったこと，②被告人には周囲の状況に対する著しい見当識障害があったと見られること，③被告人の一連の行為は周囲の状況から了解不可能であること，④本件犯行後，興奮状態の後の深い睡眠状態の存在が認められること，⑤本件犯行に関し著しい記憶の欠損があることが認められる。病的酩酊の原因の存在は必ずしも証明されないが，外部的な行為事情が病的酩酊に特徴的な諸事情のほとんどを具備している場合は，後者に重点を置いて判断するのが相当である。被告人が本件犯行当時，病的酩酊状態にあり，心神喪失の状態にあった可能性は否定し難い。

【2】被告人の犯行及び犯行前後の状況について不明の点が相当にあり，被告人の酩酊状態も典型的な病像とはいえず，明快な鑑定も得られないが，病的酩酊の可能性は否定し難く，原判決に事実誤認はないとして検察官の控訴を棄却した事例。前掲【1】の控訴審判決。

東京高判昭59・1・25判時1125号166頁・高刑速昭59号101頁
罪名：強姦致死・殺人
結果：控訴棄却（確定）
裁判官：時國康夫・下村幸雄・中野久利
原審：静岡地判昭55・10・27判時1125号166頁（前掲【1】）

▶▶ 事案の概要

　前掲【1】の「事案の概要」参照。検察官の控訴の趣旨は，病的酩酊の判断は「アルコール精神疾患の診断基準」（昭和54年3月31日アルコール中毒診断会議）によるべきであり，これによれば，被告人は高度の単純酩酊ないしは複雑酩酊の状態であり，心神耗弱の状況下にあったものであり，責任能力を否定した原判決には事実誤認があるというものである。

▶▶ 鑑定意見等

○新井尚賢の鑑定
　本件犯行当時，異常酩酊（複雑酩酊）に継続し，ほぼ病的酩酊に近い状態が短期間に存在した。複雑酩酊が比較的長く続き，最後に短時間病的酩酊とみなされる状態があったと考える。

▶▶ 判決要旨

　「アルコール精神疾患の診断基準」は公定の診断基準ではなく，それによったとしても病的酩酊の可能性は否定しがたい。被告人の行動とその評価，すなわち，①被害者に対する激烈な暴行，狂暴な興奮状態，激しい運動性の発散，運動麻痺がなかったこと，②周囲の状況に対する著しい見当識障害，③一連の行為が了解不可能であること，④興奮状態の後の深い睡眠状態の存在，⑤犯行に関する著しい記憶の欠損について事実誤認はない。溝

口鑑定を排斥したことについて，同鑑定の真意は病的酩酊とも高度の単純酩酊とも判断できないというものであって，同鑑定は病的酩酊の可能性を全く否定するものではない。新井鑑定は，本件犯行に限れば，犯行の初めから終りまで病的酩酊とみなされる状態が続いたと推定するとの趣旨と解され，病的酩酊の可能性を否定し難いとする原判決の判断を補強するものである。それゆえ，被告人の犯行及び犯行前後の状況について不明の点が相当にあり，被告人の酩酊状態も典型的な病像とはいえず，明快な鑑定も得られないため，検察官の控訴趣意のような疑問が提起されるのももっともな面がないではないが，少なくとも，病的酩酊の可能性は否定し難いというかぎりにおいて，その判断には動かし難いものがあるというべきであり，結局のところ，原判決に所論のような事実誤認はない。

【3】被告人の犯行当時の状況は，飲酒によって病的酩酊の状態に陥り，自己の置かれた状況を十分に把握できないまま，何らかの理由から衝動的に犯行に出たものとしかいえないのであって，被告人は，本件当時，自己の行為の是非善悪を弁え，それにしたがって行動する能力を完全に欠如していた可能性が高く，少なくともそのような合理的な疑いを否定できないとして無罪とした事例。

大阪地判平5・9・24判タ854号285頁・判時1477号155頁
罪名：強盗傷人
結果：無罪（確定）
裁判官：西田元彦・神坂尚・野田惠司

▶▶ 事案の概要

　被告人は，午前1時50分ころ，通行中の被害者（当時24年）に対し，背後からいきなり所携のレンガ塊で同人の後頭部を3回くらい殴打した上，「金を出せ」などと申し向け，その反抗を抑圧して金員を強取しようとしたがその目的を遂げず，右暴行により同人に加療約10日間を要する後頭部打撲及び挫創並びに頚部打撲の傷害を負わせた。

▶▶ 鑑定意見等

○井川玄朗の鑑定

　被告人の犯行当時の酩酊状態は，いわゆる病的酩酊であり，その精神状態は病的酩酊によるもうろう状態・夢幻状態にあったとして，被告人の責任を問うことはできないと結論付けた。

▶▶ 判決要旨

　被告人の犯行当時の責任能力を検討すると，被告人が犯行現場に赴いた理由を十分に説明することができないばかりか，強盗を働いてまで金銭を取得しようとする犯行の動機が了解できない。しかも，犯行態様が，被告人の平素の人格から大きく乖離したものである上，途中で態度を急変させる不自然な部分が認められるなど，本件犯行状況それ自体に，責任能力の欠如をうかがわせる事情が認められる。加えて，責任能力に影響を及ぼす程度の飲酒も認められるところである。しかも，鑑定意見によれば，被告人は，犯行当時，病的酩酊によるもうろう状態・夢幻状態にあったというのである。右のような事情を総合して，被告人の責任能力を判断すると，被告人の犯行当時の状況は，飲酒によって病的酩酊の状態に陥り，自己の置かれた状況を十分に把握できないまま，何らかの理由から衝動的に犯行に出たものとしかいえないのであって，被告人は，本件当時，自己の行為の是非善悪を弁え，それにしたがって行動する能力を完全に欠如していた可能性が高く，少なくともそのような合理的な疑いを否定できない。

【4】被告人は，本件犯行及びその前後の状況において記憶の欠落が著しく，また，本件犯行について了解可能な動機を見いだすことができず，本件犯行が幻覚に支配されて行われた可能性を否定することはできないため，本件犯行は被告人の人格と隔絶した行為というほかなく，被告人は，本件犯行当時，事物の理非善悪を弁別する能力を喪失した状態であった可能性を否定できず，責任能力の存在を認定することはできないとして無罪とした事例。後掲【9】の原審判決。

福岡地判平7・5・19判時1544号132頁

罪名：殺人未遂・殺人
結果：無罪（検察官控訴）
裁判官：仲家暢彦・冨田一彦・中園浩一郎
控訴審：福岡高判平10・9・28判タ998号267頁（後掲【9】）

▶▶ 事案の概要
　被告人は，殺意をもって，通りがかりの被害者2名に対し，それぞれ柳刃包丁で突き刺し，よってうち1名を死亡させて殺害し，うち1名には傷害を負わせたにとどまり殺害の目的を遂げなかった。

▶▶ 鑑定意見等
○小田晋の鑑定
　健忘は虚偽であると考えられるが，被告人は本件犯行当時酩酊しており，アルコール依存症で離脱性幻覚が出没している状態であり，本件犯行が被告人の人格から了解可能であるとはいいがたく非定型的な異常酩酊であると考えられるものの，他方，アルコール酩酊のために抑制力がなくなり，いわゆる欲動放散によって原始反応的な短絡行動として，八つ当たり的に行われた犯罪であって，典型的な複雑酩酊には相当しないがこれと等価な状態における犯行といえる。
○仲村禎夫の鑑定
　動機が明らかではないことや，被告人の人格とは異質な行為で了解の範囲を超えていることなど異常酩酊の病的酩酊を思わせるものもあるが，漠然とした記憶が残っている可能性があること，病的酩酊とすると行動がまとまっていること，病的酩酊に特徴的な不機嫌等の気分を示していないことなどからすれば病的酩酊とするには疑問が残るものの，何らかの病的体験が存在していた可能性は否定できず，典型的とはいえないが，病的酩酊（もうろう型）に近い状態にあったと考える。

▶▶ 判決要旨
　被告人は，本件犯行及びその前後の状況において記憶の欠落が著しく，また，被告人に暴力的・加虐的傾向は全く認められず，本件犯行について了解可能な動機を見いだすことができず，本件犯行が幻覚に支配されて行われた可能性を否定することはできない。結局，本件犯行は被告人の人格

と隔絶した行為というほかない。したがって，前提事実を異にする小田鑑定の結論は採用できず，仲村鑑定を採用するのが相当である。よって，被告人は，本件犯行当時，事物の理非善悪を弁別する能力を喪失した状態であった可能性を否定できず，責任能力の存在を認定することはできない。

(2) 限定責任能力が認められた事例

【5】飲酒酩酊によって，被告人が心神耗弱状態にあったのではないかとの疑いがあるとされた事例。

東京高判平元・4・24判タ708号264頁
罪名：殺人・銃刀法違反
結果：破棄自判懲役6年（被告人上告）
裁判官：船田三雄・松本時夫・秋山規雄
原審：横浜地判昭63・3・22

▶▶ 事案の概要

　犯行当日，日本酒約5合を飲んだ被告人がかつての自分の勤務先であるパブスナックに未払給料をもらいに出かけるにあたって，場合によっては経営者を脅してでもこれを取り立てるつもりで，小刀及び登山ナイフを所持して同所に赴き，連れ立っていった同僚とビールを飲み続け，その後その場に来合わせた同店従業員の友人に対し，所持していた小刀で，3回にわたって突き刺し，心臓刺創による出血のため死亡させた。
　原審では，被告人の犯行当時の精神状態につき複雑酩酊の状態にあったとする医師の鑑定書が提出されていたにもかかわらずこの見解を採用しがたいものとし，完全責任能力を認めた。
　そこで，犯行当時の酩酊の程度を誤認し，原審の宮内鑑定を排斥し，新たな精神鑑定を怠り，心神喪失ないし心神耗弱の状態になかったと認定した原判決（懲役7年）には，採証法則の誤り及び審理不尽の違法並びに事実誤認があるとして控訴したものである。

▶▶ 鑑定意見等

○宮内利郎の鑑定（原審鑑定）

　被告人は，犯行当時，複雑酩酊状態にあり，判断力を完全に喪失していたとは言い難いが，平常に比し減退しており，この状態に本来の性格が加わって犯行に及んだものである。

○保崎秀夫の鑑定（控訴審鑑定）

　被告人が犯行直前までは単純酩酊であったが，情動反応が加わった結果，犯行時には複雑酩酊に相当した状態であった可能性が強い。

▶▶ 判決要旨

　犯行に至るまでの経過と態様，被告人と被害者との関係，飲酒量，犯行後の被告人のやや特異な言動などに照らし，その酩酊が病的酩酊にあたるものでないことは認められるものの，単純酩酊にとどまらず，宮内医師の鑑定するように複雑酩酊の状態にあった可能性が強いものと考えられる。

　原判決は，宮内医師の見解を採用しがたいとして排斥しているが，排斥の根拠も必ずしも明確ではなく，新たな精神鑑定を行うなど十分に審理を尽くした結果導き出された結論と見ることもできない。むしろ，保崎秀夫の鑑定も複雑酩酊に相当した可能性が強いと鑑定していることに鑑みると，宮内医師の鑑定も合理的なものであって，これを採用できないとした原判決の判断には誤りがあるものというほかない。

　そうすると，心神喪失の状態になかったと認めた原判決の判断は正当なものとして是認できるが，複雑酩酊の状態にあった可能性は認めるべきであるので，被告人においては，犯行時自己の行為の是非善悪を弁識し，その弁識に従って行動する能力において通常人に著しく劣った状態にあったのではないかという疑いが残る限り，被告人が心神耗弱の状態になかった旨認定した原判決には事実誤認がある。

1○精神作用物質（アルコール）

【6】飲酒をしながら暴行行為を行ない当初は単純酩酊であったものが最終的には心神耗弱となったものの，刑法39条2項を適用すべきではないとした事例。

長崎地判平4・1・14判時1415号142頁・判タ795号266頁

罪名：傷害致死
結果：懲役3年執行猶予3年（確定）
裁判官：赤塚健・坂主勉・浦島高広

▶▶ 事案の概要

　被告人が，午前11時頃から自宅において焼酎を飲み始めたところ，妻との間で簡易保険の生存剰余金を引き出すかどうかについて，口論となった。口論を続けながらも飲酒を継続し，午後2時頃，執拗に生存剰余金の引き出しを主張する妻に立腹し，手拳で頭部，顔面等を殴打し始め，その後，同日午後11時頃までの間，腹立ちまぎれに飲酒し，暴行を継続し，妻に頭部，顔面及び胸背部及び肋骨骨折による胸腔内出血等の傷害を負わせ，同日午後11時頃，同所において妻を同傷害に基づく外傷性ショックにより死亡させた。

▶▶ 鑑定意見等

○金澤彰の鑑定
　本件犯行の初めの時期には単純酩酊の状態にあったが，その後本件犯行の中核的な行為を行った時期には複雑酩酊の状態になっていたので，犯行途中より心神耗弱の状態にあった。
○吉浦一成の鑑定
　被告人は普通酩酊状態であった。

▶▶ 判決要旨

　本件犯行の動機は，妻が生存剰余金の引き出しを執拗に主張することに立腹したものであり，それ自体十分了解可能な動機が認められる。
　しかし，証拠によれば，本件犯行当日午前11時すぎから焼酎を少なくとも1升以上飲んでおり，飲酒量はそれ自体極めて多量である。被告人の平素の飲酒量と比しても極めて多量の飲酒量である。そして，被告人の本件犯行の記憶についてみるに，妻に対し最初の暴行を振るう経緯については比較的詳細な記憶を有していることが認められ，しかし，その後の記憶に関しては，全体として詳細であるとは言いがたく，妻に暴行を開始して以降のことは実際には殆ど覚えていない。
　被告人が客観的状況と符合する供述を行おうとして考えながら供述した，

と述べていること，被告人宅に午後3時40分頃焼酎を配達した者がおり，同人には被告人がその代金を支払っているところ，被告人は一貫して，その記憶がなく，同配達の事実が判明した後は，焼酎を飲み始めた時間につき供述が大幅に変わっていること，これら事実と被告人の多量の飲酒量を考えあわせると，被告人には妻への暴行を開始して以後の記憶に関しては部分的な欠落が多くあることは否定できないものと認められる。本件犯行は，その動機において十分了解可能であるとはいえ，その態様は，約50年間連れ添ってきた妻に対するものであることを合わせ考えると，その動機と態様との間は著しく均衡を欠く。

被告人は犯行途中より心神耗弱の状態になったと認めるのが相当である（普通酩酊とした吉浦鑑定については，被告人が本件犯行を詳細に記憶していることを前提にしており，その前提事実について，疑問が残る）。

本件は，同一の機会に同一の意思の発動にでたもので，実行行為は継続的あるいは断続的に行われたものであるところ，被告人は，犯行開始時において責任能力に問題はなかったが，犯行を開始した後に更に自ら飲酒を継続したために，その実行行為の途中において複雑酩酊となり心神耗弱の状態に陥ったとし，このような場合に非難可能性の減弱を認めその刑を必要的に軽減すべき実質的根拠があるとは言いがたい，とした。

【7】被告人は犯行当時もうろう状態におちいつた可能性が強いとして心神喪失を理由に無罪とした原判決を破棄して，心神耗弱にとどまるとした事例。

札幌高判平4・10・29判時1508号163頁
罪名：殺人
結果：破棄自判懲役5年（上告）
裁判官：鈴木之夫・田中宏・木口信之
原審：札幌地小樽支判平2・10・8

▶▶ 事案の概要

被告人（42歳）は，18歳ころから毎日酒を飲み，特に30歳過ぎ頃から酒量

が増え，幻聴が現れるようになった。30代後半にはアルコール依存症との診断を受け，入院治療などを経て，事件当時は，通院治療を受けていたが，飲酒は止めることはできなかった。本件犯行当日朝も，病院からの帰り道に焼酎400ccを飲み，昼ごろに帰宅した妻に，前夜聞こえた幻聴のことを確認しようとしたが，妻はこれを無視した。被告人は，妻が無視することに腹を立て，「起きねばぶっ殺すぞ」と怒鳴ったりしていたが，無視していた妻が起き上がって，居間で電話しようとしたので，被告人は告げ口されると思い，電話のコードを引き抜くなどして取っ組み合いの喧嘩となった。もっとも，頸椎疾患のため力が出ない被告人が劣勢となり，妻とそれに加勢した娘が一緒になり，紐で被告人を縛ろうとしたので，被告人は怒りが爆発し，妻らをはねのけて台所に逃げ，文化包丁を認めるや，激情のまま殺意を抱き，包丁を右手に持って，追いかけてきた妻の背部等8カ所に刺創等を負わせ，よって外傷性気胸等により死亡させた。

▶▶ 鑑定意見等

○甲鑑定（原審）

犯行当時一時的に正常な意識状態を喪失し，もうろう状態に陥った可能性が強い。

○乙鑑定（原審）

甲鑑定と同様。

○丙鑑定（当審）

妻らとの喧嘩から犯行まで行為に連続性があり見当識が失われた形跡はなく，行為の内容も合目的的であり，状況的な異質性はないうえ，人格的な異質性もなく動機は了解可能であって，被告人に本件犯行当時意識の断絶ひいてはもうろう状態等があったとは考えにくい。犯行前後も現在もアルコール依存症に罹患しており，人格障害には，長年のアルコール乱用及び頭部外傷の影響による器質性の人格特徴の尖鋭化が加重していたのではあるが，必ずしもその程度は強いものではない。犯行前後には右アルコール依存症によるアルコール幻覚症の症状が出没していたが，犯行の動機はこれと関係しない。犯行自体酩酊に情動の影響が加わって生じた複雑酩酊等価の状態での激情犯罪で，当時，事理を弁識し弁識に従って行動する能力は著しく障害されていた。

▶▶ 判決要旨

　被告人の記憶について，内容が具体的である捜査段階の供述の供述経緯や内容を検討し，供述に任意性・信用性が存することを前提に，「一部記憶の欠損や細部のあいまいさなどがあるとしても，右犯行状況について記憶を全く欠いていたということではない」として，犯行自体についての記憶を全く欠いていた可能性が強い旨判断した原判決は是認できないと判示した。

　動機については，被告人は，被害者や子供から攻撃を受け，屈辱感で激しく興奮し怒りの感情が一気に爆発した結果本件犯行に出たところ，このような何らかの体験刺激に対して急性に起因する反応性・一過性の強度の感情によって駆り立てられたのは，情動行為と呼ばれるもので，そこにおいては冷静であれば予想もつかないような残虐な犯行に及ぶ事例もまれではなく，特に特異視するのは相当でないから，被害者を殺害する動機は存在したのであり，動機が了解困難ということはないと判示した。

　本件犯行が被告人の人格と異質的か否かについては，被告人が，普段，被害者に飲酒やそれに関連する問題行動を責められて，反論できないような相互の力動関係にあつたことを容易に推測することができ，反撃の際，包丁を持ち出すことになったことは何ら不思議ではないこと，被告人は婚姻当初妻子に飲酒の上暴力を振るうことが度々あり，また，乙鑑定人に対し，被告人自らが，「全国を転々としていた時期には刃物を携帯しており，その後の結婚生活で酩酊時に振り回していた。自分には刃物の様な物を持つ傾向があることに気付いていた」旨を述べていることなどを併せ考えると，本件犯行が人格異質的とされる理由はないと判示した。

　被告人がもうろう状態にあったか否かについては，もうろう状態とは「通常始まりと終わりがはっきりしている。高度の意識野の急激なかたよりと狭縮をきたすために，平常の意識の流れは断たれて突然別の内容を持った意識に変わる。回復時には平常の意識の流れに急速にもどるために，健忘を残す。意識混濁は軽く，外界認知は可能であるが，外界を広く適切に把握することができない」ことと述べ，本件犯行は，行為の連続性があり，見当識が失われた形跡がなく，行動内容も合目的的であり，状況的異質性がないことや動機の了解可能性があることから，もうろう状態があったとは考え難いとした丙鑑定の判断について推論の過程及び結論とも十分合理性を有するとし，もうろう状態であったことを排斥した。

　その上で，犯行は複雑酩酊等価の状態での激情犯罪で，当時，事理を弁

識し弁識に従って行動する能力は著しく障害されていたと判定した丙鑑定に依拠して，犯行当時被告人は心神耗弱の状態にあったと判示した。

【8】連続放火事件につき，精神薄弱及び酩酊の程度等に照らし行動制御能力が著しく減退していないとは断定し難いとして，心神耗弱を認めた事例。

東京地判平8・1・30判タ916号252頁
罪名：現住建造物等放火
結果：懲役20年（確定）
裁判官：金谷暁・若園敦雄・佐藤晋一郎

▶▶ 事案の概要
　精神薄弱（精神遅滞）の障害を持つ被告人が，飲酒の上，むしゃくしゃした不快な気分を放火によって晴らしたいと考え，夜間，所携のライターでビニール袋に火をつけ，これを建造物付近の板壁に燃え移らせる等して建造物を焼損させ，5人を焼死させた。

▶▶ 鑑定意見等
○高橋鑑定
　犯行当時も現在も軽愚に属する精神薄弱者であるが精神病の疑いはない。かなりの程度行動制御能力が劣っていたと思われるが，それが著しいといえるかどうかは判断できない。当時の被告人の酔いの程度は単純酩酊であった。

▶▶ 判決要旨
　被告人の精神障害及び本件各犯行時の酩酊の程度は，個々的には責任能力の著しい減退をもたらすものとはいえないが，被告人には，酩酊時に火に対する特殊な感覚ないし感情が邁進するという特徴がある。被告人の特徴が病的なものとはいえないので，本件各犯行が単なるうっ憤晴らしではなく，特殊な感情によって呼び覚まされた強い放火欲動に基づくものと認め

られること，他方，精神薄弱のためもともと行動制御能力が低い上，本件各犯行時はかなり高度の酩酊により右能力が一層低下していたと推認されることを併せ考えると，本件各犯行時，被告人が是非弁別能力が著しく減退した状態にはなかったとしても，行動制御能力についてもこれが著しく減退した状態になかったとまでは断定し難い。

よって，被告人は，本件各犯行時，心神耗弱の状態にあったものと認めるのが相当である。

【9】犯行当時異常酩酊により心神耗弱の状態にあった可能性はあるものの，それ以上に心神喪失の状態にあった可能性を認めることはできないとして原判決を破棄し，心神耗弱を認定したうえで有罪とした事例。前掲【4】の控訴審判決。

福岡高判平10・9・28判タ998号267頁
罪名：殺人未遂・殺人
結果：破棄自判懲役7年（確定）
裁判官：清田賢・坂主勉・林田宗一
原審：福岡地判平7・5・19判時1544号132頁（前掲【4】）

▶▶ 事案の概要

検察官の控訴の趣旨は，被告人は犯行当時少なくとも限定責任能力を有していたと認められるから，原判決には事実誤認があるというものである。

▶▶ 鑑定意見等

○福島章の鑑定

行為者が側頭葉てんかんの負因を有する場合を除いて，酩酊時の精神状態は血中アルコール濃度（酩酊度）によって規定されるとの見解を前提としたうえ，被告人に側頭葉てんかんの負因はなく，計算上求められる被告人の本件犯行時の血中アルコール濃度によれば，異常酩酊の発現する可能性のまったくない微酔程度の酩酊度であり，被告人は完全な責任能力を有していたとした。

▶▶ 判決要旨

　被告人は，本件犯行当時において，客観的に酩酊の程度が高かったとは認められないのみならず，犯行前後において，意識障害，見当識障害があったとはみられず，犯行後には本件犯行を基本的に想起できていたのであり，本件犯行時における行動も，被害者らが通るのを予め待って攻撃を加え，その攻撃も事態に即応し秩序立ったものであるうえ，通常人の行動としてまったく了解不能という訳ではないのであるから，被告人が，病的酩酊によるもうろう状態の下において，あるいは幻覚等の異常体験に支配されて本件犯行に及んだ可能性はなく，被告人が，本件犯行当時，自己の行為の是非善悪を弁識し，これに従って行動する能力を失っていた可能性があると認めることはできない。

　しかし，本件犯行は，被告人の普段の生活の状況や行動傾向等と乖離し，被告人の人格から了解が困難であるばかりでなく，被告人は，本件当時，アルコール依存症に陥っていた可能性があるというべきであり，さらに，被告人の犯行に対する記憶がかなり抽象的なものにとどまっているといわざるを得ないことをも併せ勘案すると，被告人が，本件犯行当時，飲酒による異常な酩酊状態にあり，行為の是非善悪を弁識しこれに従って行動する能力を著しく障害された心神耗弱の状態にあった可能性を否定することができないというべきである。

　研究者間において，酩酊時の精神状態が，酩酊度と相関関係があることが一応の傾向として捉えられているとしても，これが酩酊度によって一律に規定されるという見解自体，わが国において一般的であるとはいい難く，側頭葉てんかんの負因がない場合でも，比較的少量の飲酒でもうろう状態やせん妄状態に陥ることがあり，福島鑑定の見解を基にして直ちに責任能力を判定することには，躊躇を禁じ得ないことなどから，計算上求められた血中アルコール濃度から，直ちに，被告人に完全責任能力があったと認めることが相当であるとはいい難い。

【10】飲酒中に睡眠薬を服用した影響により，是非善悪の判断及びそれに従って行動する能力が著しく減弱していた可能性は否定できないが，犯行前後の会話や呼気のアルコール保有量に照らせば，

被告人の心神障害の程度は重度とまではいえず，右能力を全く欠いていたとまでは認められないとして，被告人が心神耗弱の状態であったことを認定して有罪とした事例。

東京地判平15・7・8判時1850号145頁
罪名：強制わいせつ致傷
結果：懲役3年（確定）
裁判官：井上弘通・岡田健彦・赤松亨太

▶▶ 事案の概要

　被告人は，午前7時ころ，東京都新宿区歌舞伎町の路上において，通りがかりの女性（当時20歳）に対して強いてわいせつな行為をしようと企て，後方からいきなり同女の腕を掴み，スカート内に両手を差し入れ，下着の上から陰部を触るなどしたうえ，下着を掴んで引っ張るなどしてその場に転倒させ，同女に馬乗りになり，平手でその顔面を殴打し，その頸部を右手で締め付けるなどの暴行を加え，同女のスカート内に手を差し入れて下着を引き下ろし，左手で陰部を弄ぶなどし，もって強いてわいせつな行為をし，前記暴行により傷害を負わせた。

▶▶ 鑑定意見等

○田口寿子の鑑定
　被告人は，本件犯行当時，アルコールの大量摂取と睡眠薬の併用による混合酩酊状態にあり，重度ではないが意識障害を呈しており，その酩酊状態は，臨床症状からすれば，アルコール酩酊における複雑酩酊と同程度の状態にあったが，病的酩酊のような著しい異常を呈するものではないとした。

▶▶ 判決要旨

　犯行の態様が極めて強引であり，犯行時自己の犯行を到底正当化できないような理由を通行人に叫ぶなど，犯行時の被告人の様子にはおよそ理解し難い異常なものがあることや，犯行時の模様等の記憶に曖昧な点が多くあり，自己の行為の意味内容自体をはっきりとは認識していなかったとみる余地があること，田口鑑定は被告人の言動や客観的状況等に照らし十分

支持できることなどからすれば，被告人は，犯行当時，本件犯行の3，4時間ほど前に被告人が服用した睡眠薬の作用とそれにより増強されるアルコールの作用によってアルコール血中濃度以上に深い混合酩酊状態を呈し意識障害を生じ，是非善悪を判断し，その判断に従って行動する能力を減弱していた可能性を否定できないが，犯行前後ろれつが回らない等の高度の酩酊状態等を示す徴表はみられず，犯行約1時間後のアルコール保有量は呼気1リットルにつき0.4ミリグラムであることから，完全な見当識障害には陥っていたとまでは認められないことや，被告人の酩酊状態は病的酩酊のような著しい異常を呈するものではないとする田口鑑定からすれば，被告人の心神障害の程度は重度とまではいえず，是非善悪を判断しその判断に従って自己の行動を制限する能力を全く書いていたとまでは認められず，被告人は，犯行当時，心神耗弱の状態にあったものと認めるべきである。

(3) 完全責任能力が認められた事例

【11】酒酔い運転中に発生した業務上過失致死傷事件について，事故発生時点では酩酊のため心神喪失ないし心神耗弱の状態にあったとしながら，飲酒の時点で飲酒量を抑制すべき注意義務を認め，酒酔い運転の行為について，原因において自由な行為の法理を適用し，完全責任能力を肯定した事例。

大阪地判平元・5・29判タ756号265頁
罪名：業務上過失致死傷・道交法違反
結果：懲役1年6月（確定）
裁判官：谷村允裕・中川博之・高見秀一

▶ 事案の概要

　被告人は，自動車運転の業務に従事するものであるが，昭和64年1月5日午後3時ころから大阪府東大阪市内のA方で行われた新年会に出席するにあたり，すでに当日午前10時ころから午後0時30分ころまでの間にビールをコップに4杯分以上，日本酒を1合以上飲酒し，同日午後3時ころか

ら午後4時過ぎころまでの間，A方において，さらに日本酒約4合を飲酒し，正常運転に支障を来たす程度の酩酊に陥り，新年会終了後は兵庫県尼崎市内の自宅まで普通貨物自動車を運転して帰宅すべく，同車の運転を開始して時速約40キロメートルで走行中，同日午後5時40分ころ，同市内において，自動車前部を道路左側の信号柱に衝突させて自車を左前方に暴走させ，折から右道路左側を南方から北方に向かって縦に一列になって歩行していた被害者B，同Cの両名に自車前部を次々に衝突させて，被害者両名を道路外休耕地等に転倒させ，よって，被害者Bを死亡させ，同Cに傷害を負わせた。

▶▶ 鑑定意見等

なし。

▶▶ 判決要旨

被告人がA方で飲酒した後，自車の運転を開始して本件交通事故を惹起するに至るころは，被告人は飲酒酩酊によって心神喪失ないし少なくとも心神耗弱の状態にあったことを否定することはできない。しかしながら，本件交通事故については，A方に至る前に被告人は既にビールと日本酒を少なくない量飲酒していて，しかもA方で飲酒をするにあたって被告人は飲酒後自動車を運転して帰宅するつもりであり，A方では相当量の酒が用意されていたのであるから，A方で飲酒を開始する時点で，それ以上適量を超えて飲酒すれば飲酒酩酊の影響で正常な運転ができず，交通事故を起こし他人に支障を与えるという具体的な危険が既に発生していたということができ，その時点において被告人にはそれ以上の飲酒を止めるか，あるいは，あえて飲酒するのであれば，酩酊に陥らないように飲酒量を抑制すべき注意義務が発生していた。A方における飲酒行為の時点において，本件交通事故の発生の予見が可能であったものと認められる。

被告人は，A方で飲酒を開始する時点で，被告人の通常の飲酒量及び当日のそれまでの飲酒量から判断して，それ以上適量を超えて飲酒すれば酒酔い状態になり，その影響で正常な運転ができなくなるかもしれないこと及びA方での新年会が終われば自動車を運転していたと認められるから，A方で日本酒をさらに飲酒したという事実によって，被告人は，その時点で，アルコールの影響により正常な運転ができないおそれがある状態で車両を運転するかも知れないことを認識・認容していたと認めることができる。

その時点では被告人の責任能力については何等の問題もなく，本件酒酔い運転行為は，責任能力に欠けるところのなかったA方での飲酒開始時における未必的な酒酔い運転の故意に基づくもので，その飲酒行為の原因となったものと認められるから，いわゆる原因において自由な行為の理論によって，被告人は本件酒酔い運転についても完全責任能力者としての責任を負わなければならない。

【12】被告人の飲酒に関する供述が変遷していることなどを理由に，犯行当時大量の飲酒のため複雑酩酊の状態にあったとの鑑定意見について失当とし，弁護人の犯行当時心神耗弱であったとの主張を排斥し，完全責任能力を認めたが，死刑とした原審判決を破棄し，無期懲役とした事例。

東京高判平3・10・22判時1422号142頁
罪名：殺人・殺人未遂
結果：破棄自判無期懲役（上告）
裁判官：近藤和義・反町宏・栗原宏武
原審：新潟地判昭63・3・30

▶▶ 事案の概要

被告人は，A女と執拗によりを戻そうとし，それがかなわないと知るや，同女のみならずその母や子供等まで巻き添えにし，同女とその母親を柳刃包丁で突き刺し殺害したほか，A女の子供等3名も同様に包丁で突き刺したが，殺害の目的を遂げなかった。

▶▶ 鑑定意見等

〇松下昌雄の鑑定
　本件犯行当時大量の飲酒のため複雑酩酊の状態にあった。

▶▶ 判決要旨

原審で取調べた関係各証拠によると，被告人は，知能は低く，また，激

情的,粗暴的性格の持主ではあるものの,知能,性格その他生来の面での精神異常は全く窺えず,更に,飲酒は長時間しかも小刻みに分けて飲んだものであること,本件犯行直前に被告人と接触しその行動等を目撃した被告人の知人らやタクシーの運転手は,一様に,被告人は酩酊しているようには見えなかったと供述していること,被告人は本件犯行自体だけではなく,その前後の経過,言動等の詳細までをよく記憶し供述していること,被告人が本件各犯行に及ぶ動機等は前述のとおりであって十分了解できるほか,本件各犯行は綿密とはいえないものの,ある程度の計画性が認められること,このような諸事情を総合すると,本件においては,所論指摘の被告人の知能,性格,不眠状態,飲酒酩酊等による心神耗弱の疑いを入れる余地はないのであって,被告人が本件各犯行当時是非善悪を判断しこれに従って行動する能力を著しく減退していなかったことは明らかであり,原判決がこの点につき弁護人の主張に対する判断の項で説示するところも正当として是認できる。

なお,当審は,本件事案の重大性にかんがみ,慎重の上にも慎重を期し,被告人につきその性格特徴,精神状態等の鑑定をしたが,鑑定人松下昌雄作成の鑑定書及び同人の当審における証言によると,被告人にはいわゆる内因性精神病を推測させるような病的体験や状況などはなく,その知能は「普通知の下」から「境界知」の範囲内にあり,性格は,執念深く粘着性で,興奮し易く易怒的であり,抑制力が弱く衝動的に行動しがちで爆発性もあり,自己中心的であるなどとするものであるが,これらの諸点は本件犯行当時の被告人の責任能力に影響を及ぼすものとは認められない。

もっとも,同鑑定人は,被告人は本件犯行当時大量の飲酒のため複雑酩酊の状態にあったとするけれども,鑑定の際の飲酒テストでは,普通酩酊であるとの結果が出ており,同鑑定人の判断はその前提において失当であり,さらに同鑑定人は,当審公判廷では,被告人は本件犯行当時飲酒酩酊のため複雑酩酊に陥り心神耗弱の状態にあったと述べるが,複雑酩酊に陥ったとする点自体疑問であることは前記のとおりであるのみならず,当時の判断能力等については,同鑑定人は一貫して,当時被告人は,自己の行為の是非善悪を正しく認識し,その認識に従って自己の行為を制禦する能力は,軽度に減弱していたにすぎないというのであるから,これをもって法律上心神耗弱の状態にあったと認めるべきものでないことは明らかである。

1 ◎精神作用物質(アルコール)

【13】覚せい剤精神病により通院中であり，人格障害者である被告人が，飲酒による酩酊状態により行った犯行について，完全責任能力が認められた事案。

東京地判平5・7・29判時1513号179頁
罪名：殺人
結果：懲役13年（控訴）
裁判官：吉本徹也・戸倉三郎・河本雅也

▶▶ 事案の概要

　殺人の前歴等があり，覚せい剤精神病として通院していた被告人が，前日知り合い意気投合した被害者と飲酒などして，ホテルに入ったものの，同人に対しその顔面を多数回手拳で殴りつける等して飲酒の影響と被害者に対する憤激が高まるとともに，嗜虐的欲望も加わって，殺意をもって，被害者の頚部を扼し，急性窒息により死亡させた。

▶▶ 鑑定意見等

○福島章の鑑定
　被告人は，爆発性，意志欠如性及び情性欠如性を主徴とする人格障害（精神病質）である。加えて性的倒錯傾向，特にサド・マゾヒズム傾向がある。本件犯行は，人格障害で感情的に刺激されやすい傾向を有していた被告人が軽度の酩酊状態にあって抑制がとれた状況にあったことによるものである。

○中谷陽二の鑑定
　被告人は，爆発性，意志欠如性及び情性欠如性を主徴とする人格障害（精神病質）である。本件犯行には，人格障害及び飲酒のみでなく，覚せい剤精神病の残遺症状としての過敏性・刺激性も複合的要因として作用した。

▶▶ 判決要旨

　本件犯行は，爆発性，意志欠如性及び感情欠如性を主徴とする人格障害（精神病質）者である被告人が，軽度の酩酊状態にあって抑制がとれた状態で，被害者の言動に爆発的に憤激してその顔面殴打の暴行に及ぶうちにそ

の憤激が極度に高まるとともに，倒錯した嗜虐的欲望も加わって，被害者の殺害にまで及んだものであり，前記認定の被告人の犯行前後の行動内容，本件犯行状況及びその前後の記憶及び見当識等をも総合すると，被告人は完全責任能力であった。

　なお，覚せい剤精神病の残遺症状としての過敏性・刺激性も本件犯行の複合的要因として作用するとしていたという中谷鑑定は，本件犯行当時に覚せい剤精神病の残遺症状があったとしてもこれによる妄想は確固たるものではなく，妄想に支配されて本件犯行に及んだことは否定されるのであるから，覚せい剤精神病の残遺症状としての過敏性・刺激性を主要な要因として考慮に入れなくとも本件犯行については十分これを解明できるので，採用しない。

2 精神作用物質（覚せい剤ほか）

(1) 責任無能力が認められた事例

【14】 急性の覚せい剤中毒ではない覚せい剤精神病に罹患していた被告人につき，本件犯行が被告人の人格の発現であると認めることは困難な面があることは否定できず，犯行当時被告人に責任能力が限定的にでも存していたとすることには疑問が残り，心神喪失の状態にあったのではないかとの合理的な疑いを払拭し得ないとして無罪とした事例。

横浜地判平13・9・20判タ1088号265頁
罪名：殺人・殺人未遂
結果：無罪（検察官控訴）
裁判官：矢村宏・柳澤直人・石井芳明

▶▶ 事案の概要

被告人は，自宅で同居していた父母に対し，殺意をもって包丁で数回突き刺すなどして父親を殺害し，母親には傷害を負わせたにとどまり，その目的を遂げなかった。

▶▶ 鑑定意見等

○徳井達司の鑑定
殺意の形成と行為は被告人の人格的特性によるものであり，その意味で犯行時は，理非の弁識，行為能力は著しく減退していたが喪失した状態には至っていなかった。

○岡田幸之の鑑定
被告人は覚せい剤精神病に罹患しているとした上，本件犯行は夢幻様の幻視，妄想による脅威，瞬時の命令性の幻聴，身体的被影響の四者が複合して起こされたものであるとしつつ，犯行時においては重症の精神分裂病

と同程度に重篤な幻覚妄想回帰型の症状を有しており，これは本件犯行に対して極めて大きな影響を与えたとして，明言はしないものの心神喪失を示唆している。

▶▶ 判決要旨

犯行当時，被告人が覚せい剤精神病に罹患していたこと，「殺すぞ」という幻聴や，「ユウタイ」と被告人が称する人が自分の体に入ってくる幻覚妄想を有していたことに加え，幻覚妄想や幻聴を抜きに考えると本件犯行動機としては理解しがたいものであること，犯行状況についても不自然・不合理であることなどからすれば，本件犯行が被告人の人格の発現であると認めることには疑問があり，犯行当時被告人に責任能力が限定的にでも存していたとすることには合理的疑いが残るとして心神喪失を認めた。

【15】各犯行前の状況，被告人の性格，行動傾向等，犯行及びその前後の状況，動機の了解可能性と幻覚妄想等の関係等を総合して考察すると，犯行時において，塩酸メチルフェニデート誘発性精神病による著しい幻覚妄想状態の全面的な支配下にあったことが強くうかがわれ，本件各犯行当時，被告人に行為の是非善悪を弁識し，その弁識に従って行動する能力が欠如していたとの合理的疑いが残ると認定して無罪とした事例。後掲【16】の原審判決。

東京地八王子支判平19・7・10判タ1269号335頁
罪名：殺人・現住建造物等放火
結果：無罪（検察官控訴）
裁判官：小原春夫・安藤祥一郎・多田尚史
控訴審：東京高判平20・3・10判タ1269号324頁（後掲【16】）

▶▶ 事案の概要

被告人は，被害者方で，被害者に対し，殺意をもって，口腔内に所携のドリルの先端を突き刺して小脳等を貫通させるなどして，同人を軟口蓋刺創による出血性ショックにより死亡させて殺害し，被害者方（鉄筋コンク

リート造5階建ての一室。床面積約47平方メートル）に放火しようと企て，そのベランダで，カラースプレー缶から噴霧させた可燃性ガス等に所携のライターで点火し，その火力で書籍等を詰めたゴミ袋に火を放ち，その火を同ベランダ上の新聞紙等を介して被害者方台所内の敷居等に燃え移らせ，よって，現に人が住居に使用している被害者方約37平方メートルを焼損した。

▶▶ 鑑定意見等

○A鑑定

　被告人は，塩酸メチルフェニデート誘発性精神病及び塩酸メチルフェニデート依存症であり，反社会性人格障害及び境界性人格障害を合併しており，犯行当時の精神状態は，塩酸メチルフェニデート誘発性精神病の著しい幻覚妄想状態にあり，是非善悪を弁識する能力及び同弁識に従って行為する能力はいずれも著しく障害されていたが，犯行後周囲の状況を認識して適応的な行動をとっていたことなどに照らしいずれも完全に障害されていなかったとした。

○B鑑定

　被告人は，塩酸メチルフェニデート誘発性精神病の著しい幻覚妄想状態にあり，被害者を人と認識しておらず，また，火を放ったことによる帰結を合理的に推定する能力は欠如しており，いずれにおいても罪の意識は全くなく，是非善悪を弁識し，同弁識に従い行動する能力は著しく損なわれていたが，同能力が完全に失われていたという判断もありうるとして，心神喪失を示唆した。

▶▶ 判決要旨

　被告人の薬物乱用歴や，被告人に衝動的・粗暴な挙に出て極端に走る傾向のあることも否定できないが，憎悪してけんかもしている被害者との関係では殊更の加害行為は思いとどまっていたといった被告人の性格や行動傾向等，犯行中やその前後に儀式のようなことを行ったりして奇怪な行動をとるなど幻覚妄想を抜きにしてはおよそ理解しがたい行動をとっているといった犯行及びその前後の状況，各犯行の動機が幻覚妄想に基づくものと考えられ被害者への従前の憎悪等に基づくものと理解することには疑問が残ることといった動機の了解可能性と幻覚妄想等との関係を総合して考察すると，被告人は，犯行時において，塩酸メチルフェニデート誘発性精神

病による著しい幻覚妄想状態の全面的な支配下にあったことが強くうかがわれ、人格がすべて支配されるに至っていなかったと認定するには合理的な疑問が残り、本件各犯行当時、被告人に行為の是非善悪を弁識し、その弁識に従って行動する能力が限定的にでも存在していたと認めるには疑問があるといわざるを得ず、前記各能力が欠如していたとの合理的疑いが残る。

【16】原判決は、その結論として、事理弁識能力だけでなく、行動統御能力についても、「限定的にでも存在していたと認めるには疑問がある」旨説示しているが、被告人は、自己の認識（その認識内容自体に問題があったことは後に説明するとおりであるが）に従った行動をすることはできていたと認められるから、行動統御能力（事理弁識能力を欠いた状態で認識した事柄を前提として、自らの行動を統御できる能力の意味）に関する原判断は支持できないことなど、全面的に支持できる内容とはなっていないものの、判決に影響を及ぼすべき事実誤認があるとまでは認められないとして、検察官の控訴を棄却した事例。前掲【15】の控訴審判決。

東京高判平20・3・10判タ1269号324頁
罪名：殺人・現住建造物等放火
結果：控訴棄却（確定）
裁判官：植村立郎・村山浩昭・伊藤顕
原審：東京地八王子支判平19・7・10判タ1269号335頁（前掲【15】）

▶▶ 事案の概要

前掲【15】の「事件の概要」参照。検察官の控訴の趣旨は、少なくとも心神耗弱の限度で責任能力が認められることは明らかであるから原判決には事実誤認があるというものである。

▶▶ 鑑定意見等

前掲【15】の「鑑定意見等」参照。

▶▶ 判決要旨

　本件各犯行態様が，被告人の供述する幻覚妄想の内容を抜きにしてはおよそ理解し難い態様のものであったことや，被告人が被害者に対して激しい憎悪を抱いていて犯行当時の意識は比較的清明であったと見られることなどから，行動統御能力は有していたと認められるが，事理弁識能力を欠いていた疑いが残るとする限度で原判決は支持でき，被告人には犯行当時責任能力が欠如していた合理的疑いが残るとした原判決の判断自体に誤りはない。

(2) 限定責任能力が認められた事例

【17】被告人の本件傷害については，妄想等の異常体験に支配されてなされた犯行とは到底認められずそれが直接の動機とはなっていないと認められるうえ，被告人の本件犯行当時の記憶はかなり詳細，正確であり，被告人がある程度の規範意識を保持していたことも認められるから，本件殺人もまた，妄想等に全人格を支配されてなされた犯行とは認められないが，覚せい剤の常用によりかなり尖鋭化した爆発的性格が本件各犯行において重要な役割を果たしていることも明らかであるとして，覚せい剤を反復使用した結果被告人が各犯行当時心神耗弱であったことを認定して有罪とした事例。後掲【19】の原審判決。

東京地判昭53・11・22判タ386号154頁・判時929号142頁
罪名：傷害・殺人・覚せい剤取締法違反
結果：懲役6年（弁護人控訴）
裁判官：小野幹雄・平良木登規男・川合昌幸
控訴審：東京高判昭54・9・27判時958号121頁（後掲【19】）

▶▶ 事案の概要

　被告人は，昭和51年2月9日午後3時ころ，自宅において，妻が疲れているから休養させようと考え，一緒に寝るよう命じてともに約36時間布団

の中で過ごし，さらに同女を眠らせるため睡眠薬を渡したりしたが，同女が被告人に恐怖を感じ逃げだそうとしたため，これに激昂し，同女を布団の上に押し倒して顔面等を灰皿で殴打したり包丁で切りつけるなどして，よって同女に対し傷害を負わせ，同年6月18日午前6時30分ころ，自宅に帰宅して野球用バットを振り回していたところ，シャワーを浴びていた同女の様子等から同女が被告人の不在中に他の男性と情を通じていたのではないかと疑心を抱いて不快に思い，さらに同女の言動からやはり裏切られたと考え激昂し，同女を殺害しようと決意して，同女の頭部を数回バットで強打した後，同女の首を絞め，顔面や頭部を浴槽の湯につけるなどの暴行を加え，よってそのころ同所において急性窒息，頭蓋内損傷及び失血により死亡させて殺害した。

▶▶ 鑑定意見等

〇影山任佐の鑑定

被告人は覚せい剤の乱用による慢性中毒により被害妄想，嫉妬妄想を主症状とする精神状態にあり，本件殺人の犯行は，これら妄想に支配され，妻を敵との密通者，国民にとって害になるものであるとし，殺さねばならないとの使命を確信して犯行に及んだものであるとして，殺人について被告人が心神喪失の状態にあったことを示唆した。

〇保崎秀夫の鑑定

被告人は各犯行当時覚せい剤の常用により嫉妬妄想，被害妄想を主体とする異常な精神状態にあり，各犯行はこの基盤の上に行われたものであり，事物の善悪を判断する能力及びその判断に基づいて行動する能力は欠けていたとして，被告人が各犯行当時心神喪失の状態にあったことを示唆した。

〇岩佐金治郎の鑑定

被告人は覚せい剤の反復使用の結果被害妄想を主体とする異常体験を生じ，各犯行当時も妄想を主体とした精神障害を有していたとしながらも，本件各犯行の直接動機は被告人の本来的な性格の異常性が介在した爆発反応であり，妄想に支配された犯行ではないとして，心神耗弱の状態であったことを示唆した。

▶▶ 判決要旨

覚せい剤中毒による精神障害は，人格が破壊し，病的体験が全人格を支配するとされる精神分裂病などとは異なり，妄想というような病的体験は

人格全体を支配せず，病的体験の関与には濃淡，強弱があって，病的体験を有しながら知情意の面にはなお健康な部分が残存し，疎通性を保持したり，通常の生活活動をするなど生活能力の点では殆ど正常である場合も少なくないとされているのであるが，被告人の場合は，妄想を主体とする異常体験に捉われることもあったが，通常は，生活能力に格段の低下はなく，意識も概ね清明であり，覚せい剤使用の違法性や薬害も認識して，その中止を考慮しており，通常における異常体験の関与は必ずしも強くはなかったと認められる。そして，本件傷害については，妄想等の異常体験の関与が薄く，これに支配されてなされた犯行とは到底認められず，また，本件殺人の場合に比し，妄想等の異常体験の関与が強かったとはいえ，それが直接の動機とはなっていないと認められるうえ，被告人の本件犯行当時の記憶はかなり詳細，正確であって意識の清明であったことが認められるし，犯行前後の被告人の理に適った言動に照らせば，被告人がある程度の規範意識を保持していたことも認められるから，本件殺人もまた，妄想等に全人格を支配されてなされた犯行とは認められず，被告人は，本件各犯行当時，是非善悪を弁識する能力及びこれに従って行動する能力を未だ欠くには至っていなかったものと認められる。しかしながら，被告人の爆発的で情緒不安定な性格は，覚せい剤の常用によりかなり尖鋭化し，精神の荒廃もある程度進行していたことは証拠上否定し難く，しかもその尖鋭化した爆発的性格が本件各犯行において重要な役割を果たしていることも明らかであって，本件各犯行当時，被告人は是非善悪を弁別し，これに従って行動する能力を著しく減弱した状態にあったと認められる。

【18】被告人の本件犯行は，覚せい剤の影響による嫉妬妄想，自殺念慮などに端を発しているとはいえ，被告人がそれらによって完全に支配され衝動的に本件犯行に及んだということはできず，被告人は，本件犯行当時是非善悪を弁別し，これに従って行動する能力を全く欠いた状態にあったものではなく，これら能力が著しく減退した状態，すなわち心神耗弱にあったと認めるのが相当であるとして有罪とした事例。

京都地判昭54・8・24判時958号127頁

罪名：現住建造物放火・殺人・殺人未遂
結果：懲役7年（確定）
裁判官：村上保之助・楠井勝也・水谷博之

▶▶ 事案の概要

　自己の将来に悲観的となっていた被告人は，妻の浮気を邪推してそれを追及するうち激昂して，同女のみならずその場にいる知人ら3名をまきぞえにして殺害したうえ自殺しようと決意し，自室に放火し，よって現住建造物を全焼させて焼損したうえ，右火災により同女及び知人1名をその場で窒息死させて殺害したが，知人2名はその場を逃れたため傷害をそれぞれ負わせたにとどまり殺害するに至らなかった。

▶▶ 鑑定意見等

〇中山宏太郎の鑑定

　被告人は犯行当時ヒロポン中毒症による迫害妄想，嫉妬妄想，自殺念慮及び自殺企図を来たしており，妻への攻撃は，主要に嫉妬妄想にもとづくものと考えられるが，迫害妄想，絶望と自殺念慮，激昂による抑制不能がそのエスカレーションに重要な役割を果しており，ガソリン爆発には，自殺念慮，激昂による抑制不能が主要な役割をになっているが，一言にしていえば，失敗した拡大自殺であり，一般論として被告人のような精神状態に陥った者には是非善悪の弁別能力はないと考える。

〇加藤伸勝の鑑定

　被告人は犯行当時慢性覚醒剤中毒による精神病様状態にあり，犯行は精神異常状態下で行われたが，直接的動機は覚醒剤中毒による精神症状のみを基礎にしたものではなく，被告人の性格的脆弱性，特殊な環境などが複雑に関連してそれらの相互作用によって行われたものであり，一般的に被告人のような精神状態にあれば心神喪失ないしは耗弱の状態にあるといえ，被告人の場合には是非善悪の弁別能力及びこれに従い自分の行動を抑制する能力を欠いていたと考えられる。

〇長谷川源助の鑑定

　被告人が犯行当時覚せい剤の乱用による精神病様状態にあるとして，被告人は本件犯行当時是非善悪の弁別能力がきわめて重大な障害を受けていた。

▶▶ 判決要旨

　被告人が犯行当時，慢性覚せい剤中毒により妄想等にとらわれ，精神障害を来たしていたものの，妄想にとらわれるようになってからも日常生活を送る上で格別の障害はなく，常時精神障害の影響を受けていたものとは認められず，むしろ妄想などの異常体験にとらわれながらも，ある程度社会性を保ち，人格を保っていたものと認められること，そして，被告人は，妻に対し，執拗，残忍な暴行を加え，それでも強く浮気を否定する同女の態度に激昂し，本件犯行に及んでおり，この間の状況，特に同女に対する暴行行為には，いささか常軌を逸したものがあることは否定できないが，被告人のように長年にわたる暴力団員としての経歴を有し，粗暴犯の前科を重ね，更には後記のような異常生活を持ち合わせた者が及んだ場合であってみれば，全く了解不能な異常な行動とも認め難いこと，加えて，被告人は，一旦決意した自殺を二度にわたって同女に制止され，その都度簡単に思い止まっているなど，その程度の抑制力はあったものと認められること，また，本件犯行直後知人に「おい逃げよう」と口走るなどの被告人の言動から，被告人において当時ある程度の規範意識が存し，それが働いたとみられること，さらに，一般に慢性覚せい剤中毒による異常精神状態が犯罪に結びつくことは少なく，むしろ中毒者のもともとの性格的な犯罪傾向がより深く犯罪と関係するとされているところ，被告人は，不適切な環境の下では異常な犯罪を惹起する可能性のある性格異常者であることが認められることなどから本件犯行の基礎に被告人の異常性格が深く関係している面があることは否定できないものと認められること等の事情によれば，被告人の本件犯行は，覚せい剤の影響による嫉妬妄想，自殺念慮などに端を発しているとはいえ，被告人がそれらによって完全に支配され衝動的に本件犯行に及んだということはできず，被告人は心神耗弱の状態にあったと認めるのが相当である。

【19】原判決挙示の証拠を総合考察すると，原判決の被告人が各犯行時心神耗弱であったとする認定は優に首肯できるとして，弁護人の控訴を棄却した事例。前掲【17】の控訴審判決。

東京高判昭54・9・27判時958号121頁

罪名：傷害・殺人・覚せい剤取締法違反
結果：控訴棄却（上告）
裁判官：向井哲次郎・山木寛・礒邊衛
原審：東京地判昭53・11・22判タ386号154頁・判時929号142頁（前掲【17】）

▶▶ 事案の概要
　前掲【17】の「事案の概要」参照。弁護人の控訴の趣旨は，影山鑑定及び保崎鑑定によれば，被告人は犯行当時覚せい剤慢性中毒による嫉妬妄想，被害妄想を主体とする異常な精神状態にあり，犯行の動機はいずれも右妄想に支配された病的なものであったと認められ，被告人は心神喪失であったものであり，心神耗弱とした原判決には事実誤認があるというもの。

▶▶ 鑑定意見等
　前掲【17】の「鑑定意見等」参照。

▶▶ 判決要旨
　原判決挙示の証拠を総合考察すると，原判決の，妄想ないしは異常体験が被告人の日常生活に常時影響を与えていたものとは認められず，右各犯行の直接の動機は，妻の対応に触発された被告人の異常性格に基づく爆発反応であって，妄想を主体とする異常体験ではなく，被告人は右各犯行当時是非善悪を弁識する能力及びこれに従って行動する能力を未だ欠くには至っていなかったが，右各能力を著しく減弱した状態にあって心神耗弱と認めるのが相当である旨の判示は，いずれも優に首肯できる。
　所論は，岩佐鑑定には信用性がないというが，記録を精査するもその信用性に疑いをさしはさむべき証跡は認められないし，特に原判決が詳細に判示している各犯行の状況並びに犯行前後の被告人の理に適った言動等に徴すると，犯行の直接動機は爆発反応であるとして心神耗弱を示唆する岩佐鑑定は，心神喪失を示唆する影山鑑定及び保崎鑑定に比しより事実に符合し説得力があるということができる。なお，関係証拠によると，影山鑑定については，被告人は同鑑定の問診に際し，狂った振りをし異常体験を殊更強調して事実と異なることを答え，同鑑定はその答えを資料としてなされたことが窺われるし，また保崎鑑定については，覚せい剤中毒による精神障害は，病的体験が全人格を支配するとされる精神分裂病と異なり，

その病的体験が全人格を支配することはないので、右両者を比較しながら論議するのは適当ではないとされているところ、同鑑定人もその点を認めておりながら、被告人については妄想を主体とする異常体験が遷延化しているとして、無意識のうちに分裂病との対比をしながら判断をしていると窺われるところがあり、それらのことがそれぞれの鑑定の信用性に微妙な影を投じていることも否定し難いのである。

【20】被告人のいう覚せい剤中毒による妄想は一過的、浮動的なものであり、確固として妄想体系が確立し、これによって被告人の全人格が支配されていたとまでは認められないため心神喪失状態までは至らないが、心神耗弱状態と認定した事例。

札幌地判昭54・10・1 判時958号124頁
罪名：覚せい剤取締法違反・強姦未遂・殺人・殺人未遂
結果：懲役10年（控訴）
裁判官：坂井智・仲宗根一郎・橋本昌純

▶▶ 事案の概要

　覚せい剤の常用により慢性中毒状態にあった被告人は、更に一挙に約0.3グラムもの大量の覚せい剤を摂取して急性中毒状態に陥り、実の兄妹同様に育てられてきた15歳のAを強姦しようとし、これを制止した実母Bを、残忍な態様の下に殺害し、更にマンション管理人Cに対し、殺害の意思の下に強度の暴行を加えて瀕死の重傷を負わせた。

▶▶ 鑑定意見等

○山上皓の鑑定その他
　不明。

▶▶ 判決要旨

　まず覚せい剤取締法違反についてみると、犯行当時、被告人は、覚せい剤の慢性中毒状態下にあったとはいえ、自分の実体が人間以外の生物では

ないかとのかねてからの疑問が解消するのではないかと考えて前記犯行に及んだというのであって，いまだその責任能力に影響を受ける程の状態にはなかったと認めるのが相当である。

次に，Aに対する強姦未遂及びBに対する殺人についてみると，被告人が実の兄妹同様にして育ったAに対し淫らな行為に及んだ点において覚せい剤中毒の影響が窺われるものの，右犯行の直接的動機はその行為自体から推認されるとおり，被告人の性欲であったものと認めるのが相当であり，妄想が右犯行の直接的動機であったと認めることはできない。

またCに対する殺人未遂についてみると，Aに対する強姦行為を制止されて憤激し，激情のおもむくまま行った衝動的，反撃的行為であると認めるのが相当であり，妄想が直接的動機となって敢行されたものとは認め難い。

さらにBに対する殺人についてみると，他人の部屋の鍵の借用を求めた契機においては，覚せい剤中毒の影響が窺われるものの，同人に対する攻撃は自己の要求に応じないことに対する憤激の念によるものと認めるのが相当であり，妄想が直接的動機になったものとは認め難い。

以上のとおり，Aに対する強姦未遂，Cに対する殺人未遂，Bに対する殺人は，いずれも，了解可能な動機に基づくもので，妄想が直接の動機となったものではないと認められるが，事実を綜合して判断し，かつ，覚せい剤中毒による精神障害においては，病的体験が全人格を支配する精神分裂病などとは異なり，妄想のような病的な体験があってもなお意思，判断の自由が残されている場合の多いことが特徴とされていることをも参酌すると，本件において被告人のいう妄想は一過的，浮動的なものであったと認めるのが相当であり，確固とした妄想体系が確立し，これによって被告人の全人格が支配されていたとまでは認めることができない。

しかしながら，各犯行時における被告人の精神状態は，覚せい剤の慢性中毒下に一挙に約0.3グラムもの覚せい剤を摂取したことにより，急性中毒状態に陥り，その強い影響下において，判断力，抑制力が著しく低下し，是非善悪の弁識能力及び右弁識に従って行為する能力が著しく減弱した状態即ち心神耗弱状態にあったと認めるのが相当である。

【21】犯行当時，被告人は，覚せい剤使用の影響により異常な精神

状態にあったが，その人格が妄想や幻覚に完全に支配されていたとは認められないとして，心神喪失ではなく心神耗弱と認定した事例。

東京高判昭59・11・27判時1158号249頁
罪名：監禁・殺人・公務執行妨害・銃刀法違反・脅迫〔変更後の訴因：暴力行為等処罰に関する法律違反〕・覚せい剤取締法違反
結果：破棄自判懲役20年（確定）
裁判官：小野慶二・香城敏麿・長島孝太郎
原審：静岡地沼津支判昭57・5・10

▶▶ 事案の概要

　被告人は，同棲していたA女に傷害を負わせたことから，その治療費を払うとともに謝罪して警察への通報を阻止しなければならないと考え，A女の妹であるB子からA女の所在を聞き出すべくB女の勤務先に向かい，B女に対し散弾銃を示して自動車内に乗せ，警察官の追跡を受けながらB女を約8時間40分にわたり自動車内に監禁し，警察の阻止線に進路を塞がれて停車した際，警察官が被告人の緊張を和らげるため笑みを浮かべながら被告人を説得しようとするや，同人が自分を逮捕できると思い笑っているものと曲解して憤激し，とっさに同人を殺害しようと決意し，いきなり自動車内から同人に対して散弾銃を一発発射して胸部に命中させ，同人を失血により死亡させた。

▶▶ 鑑定意見等

○佐野欽一の鑑定
　心身はかなり疲労していたが意識のこん濁は認められず，犯行当時，理非を弁別しこれに従って行為する能力に著しい障害はなかったことを理由に，覚せい剤，アルコールその他の薬物による影響はないとして，責任能力を肯定した。
○中田修の鑑定
　犯行当時，覚せい剤中毒による幻覚症の状態にあったとして，責任能力を否定した。
○保崎秀夫の鑑定
　被告人の本件犯行当時における精神状態は幻覚・妄想状態であったとし

て，責任能力を否定した。

▶▶ 判決要旨

　被告人は妄想や幻覚の現れた異常な精神状態にあったが，被告人は，自己の行為の意味やその反規範性を認識する能力，他人に対する配慮をし，事態に応じ自己の意思により行為する能力をある程度保持していたと認められ，被告人の人格が妄想や幻覚に完全に支配されていたとは認められない。

　本件犯行は，めまぐるしい行動による心身の疲労のもとで生じたこのような被告人の本来の性格の現れとして理解できる面も多いように思われ，妄想幻覚に支配された平素とは全く異なる錯乱状態における行動とは認められない。とはいえ，被告人は，覚せい剤使用の影響により異常な精神状態に陥っており，妄想幻覚に影響された異常な行動も多かったのであるから，本件犯行当時，被告人は是非を弁別する能力及びこれに従って行動する能力が著しく減弱した心神耗弱の状態にあったと認めるのが相当である。

【22】覚せい剤を服用した被告人が，拳銃を発射し，3名に重軽傷を負わせ，警察官1名を殺害した事案につき，心神耗弱が認められた事例。

浦和地川越支判平 2・10・11判タ742号214頁
罪名：覚せい剤取締法違反・殺人未遂・公務執行妨害・殺人・銃刀法違反・火薬類取締法違反
結果：懲役20年（確定）
裁判官：村重慶一・金野俊男・飯塚圭一

▶▶ 事案の概要

　被告人は，一度に多量の覚せい剤を服用し，その影響で被害妄想に陥り，実包6発が装填されたけん銃と実包18発を携えて戸外に赴き，自己に攻撃するように見えた者，かねて敵意や恨みを抱いていた者，被告人を検挙しようとして現場付近に赴いた警察官に対し，次々とけん銃を発射し，うち

3名に重軽傷を負わせ，警察官1名を殺害した。

▶▶ 鑑定意見等
○西山詮の鑑定

　被告人は，本件犯行当時，覚せい剤依存症の上に生じた（覚せい剤使用による）急性中毒性精神病様状態（精神病様状態とは，一見精神病のようではあるが，その行動が本人の平生の人格から了解できる状態をいう）にあり，右幻覚は，一回性の単純な幻聴（要素性幻聴）にすぎず，また，右妄想も，被告人の当時の生活状況，人格傾向から，容易に了解できる妄想様観念（二次妄想）にすぎないのであって，いずれも病的症状に乏しい。

　また，被告人は，現在，本件犯行時の状況につき比較的広汎な健忘を訴えているが，①被告人の本件犯行時の行動は，一貫して合目的であること，②被告人が逮捕直前に自殺を試みたことや逮捕後に司法警察員に話した内容をみると，被告人は本件犯行時には正しい現実認識を有していたとみられることに照らせば，被告人が本件犯行時に意識障害に陥っていたとはいえず，仮に，意識障害に陥っていたとしてもごく軽微であったと考えられる。

　被告人は，当時，事物の理非善悪を弁識し，かつ，この弁識に従って行動する能力がかなりの程度減弱していたものの，いまだ著しく減弱していたとはいえない。

▶▶ 判決要旨

　一般に，覚せい剤中毒による精神障害においては，病的体験が全人格を支配する精神分裂病などとは異なり，妄想のような病的体験があっても，なお意思・判断の自由が残され，事態に応じて行動する能力をある程度保持していることが多いとされるところ，被告人の本件各犯行はいずれも目的的であって，医師西山詮作成の鑑定書にもあるとおり，了解可能なものであり，また，被告人は当時その行為の意味内容を認識していたと認められること，被告人は，本件犯行時，おとなしい女子高校生や動かずに立っていた人には発砲しなかったなどの被告人なりの敵味方の分別が認められ，また，逮捕直前には，重大な結果を引き起こしたことに思い及び自殺を図っていることなどの事実に照らせば，被告人は，本件犯行時，被害妄想により全人格を支配されていたとはいえず，なお意思・判断の自由が残され，事態に応じて行動する能力をある程度保持していたと認められ，したがっ

て，是非善悪を弁別する能力及びその弁別に従って行動する能力をいまだ欠くには至っていなかったと認められる。

　しかしながら，被告人は本件犯行の直前に覚せい剤約0.4グラムを注射し更に約5グラムを飲んで使用していた事実や被告人が，急性心肺不全及び意識障害により危篤の状態に陥ったが，これが覚せい剤使用により生じた疑いがあり，本件犯行時もこのような危篤状態に陥るような身体的状況下にあった疑いもあることの外，本件犯行時の具体的行為態様，被告人の覚せい剤使用歴やその間の幻覚妄想体験等に鑑みれば，被害妄想等の症状が病的症状に乏しいとか意識障害が軽微であったと認めることには疑問が残り，むしろ，覚せい剤中毒後遺症の症状再燃による被害妄想及び一度に多量の覚せい剤を使用したことにより急性中毒に陥り，そのため是非善悪を弁別する能力及びその弁別に従って行動する能力が著しく減弱した状態，すなわち心神耗弱の状態にあったものと認めるのが相当である。

【23】被告人が犯行当時，生来のてんかん性要因の上に生じた覚せい剤中毒による活発な幻覚妄想状態のため，心神耗弱状態にあったとされた事例。

大阪地判平3・6・26判タ775号231頁
罪名：殺人
結果：懲役8年（控訴）
裁判官：大西忠重・河原俊也・官谷鐵雄

▶▶ 事案の概要

　被告人は，ホテルの一室において，電話で呼び寄せたデート嬢のJが部屋に入り，客のもとに到着した旨の電話をデートクラブへ入れようとした際，「刺せ」との幻聴を聞いて，同女が死亡することがあるかもしれないことを認識しながら，同女に背後から近付いて所携の前記包丁（刃体の長さ約14.1センチメートル）を右手に持ってその左脇腹を1回突き刺し，更に，全裸にならせた同女と性交し，再び「刺せ」との幻聴を聞いて，同女が死亡することがあるかもしれないことを認識しながら，右包丁でその右背部を1

回突き刺し，同女を右肺肺静脈刺創等により失血死させた。

▶▶ 鑑定意見等
○斎藤正己の鑑定
　不明。
○樫葉明の鑑定
　不明。

▶▶ 判決要旨
1　本件犯行当時の被告人の精神状態及びこれに至る経緯は，おおむね次のように理解することができる。
(1)　脳波検査所見によればてんかん性脳波異常がみとめられるので，被告人にはてんかん性要因が存するものと認められる。しかし，被告人の病歴にてんかん発作がみられないから，被告人がてんかん症それ自体に罹患していることは否定される。
(2)　被告人は，幻聴やパレイドリア体験などの覚せい剤による慢性中毒とみられる症状を呈するまでに至っており，覚せい剤中毒の残遺症状とみられる症状が存した。そのような中で，覚せい剤の使用を再開したため，覚せい剤による慢性中毒症状が持続的に出現するようになり，それと生来的なてんかん性要因とが競合することによって，次第に幻覚妄想状態，気分易変性，易被刺激性，感情爆発，衝動行為，不機嫌性，残忍性，粘着性が増幅され，行動の異常性も一層増し，被告人の周囲の関係者がすべて被告人を異常だと感じるようになっていた。そして，本件犯行も覚せい剤による慢性中毒症状としての活発な幻覚妄想状態下で行われたものと認められる。したがって，本件犯行当時，被告人はてんかん性要因の上に生じた覚せい剤中毒による幻覚妄想状態という精神障害下にあったものである。
2　そこで進んで，右精神障害が本件犯行にどのような影響を及ぼしているかを検討するに，
(1)　被告人は，本件被害者のみならず，本件被害者の直前に呼んだHについても，「刺せ」との示唆的幻聴を受けていたが，Hについては幻聴に従って刺していないことが認められるのであって，たとえ幻聴による示唆がなされても，被告人の恣意的選択の範囲内では自己の行為の制御が可能であったこと
(2)　被告人は，本件犯行の瞬間に体内に埋め込まれているペースメーカー

から「刺せ」という示唆的幻聴を受け，自分の感情や意志ではどうにもならなかったというのであるが，行為時に自らが他の何者かによって体を動かされているという実感があるわけではなく，頭の中で説明のためにそのように考えているに過ぎないものであること
(3) 被告人が覚せい剤の使用を始める以前の生活歴をみると，病前人格として，年少時から小児性，気分易変性，爆発性，自己顕示性，自己中心性などのかなり強い人格偏奇がみられるところであり，本件犯行は，被告人の病前人格と全く異質なものとはいいがたく，同人格とかなりの程度に連続性を有しているものと解されるのであって，もっぱら幻覚にのみ支配された行為とはいえないこと
(4) 被告人には本件犯行前に覚せい剤による慢性中毒症状とみられる異常な他害行為が頻発していたが，それらの他害行為は，被害の対象になった人たちに対する敵意や依存心などの被告人の心理的布置と，先に指摘した被告人の強い人格偏奇を考慮しながら子細に検討すれば，動機においていずれも了解可能性が認められること
(5) 被告人は，本件犯行直後，部屋のチャイムが５，６回鳴るや，警察か女の連れの暴力団員が来たのではないかと思って慌てて部屋から逃げ出し，知人方に帰ってから凶器の包丁を玄関の下駄箱下に隠匿するなど，自己の置かれた状況を認識し，合理的な行動に出ていること
(6) 被告人は，本件犯行時及びその前後の状況について良く記憶しており，意識障害は存しなかったことが認められ，右認定の各事実を総合すれば，被告人が，本件犯行当時，行為の是非善悪を弁別し又はその弁別に従って行動する能力がない心神喪失の状態にあったものとはいえない。

　もっとも，幻覚のあること自体，相当に高度な精神障害であり，かつ，その幻覚が本件犯行の契機となっていることは否定できないところであるから，本件犯行当時，被告人は右能力が著しく低い心神耗弱の状態にあったものと認められる。

【24】殺人事件について完全責任能力を認めたうえで，その後に犯した無免許運転，重過失傷害，救護義務違反，報告義務違反については，被害者殺害後の精神状態，睡眠薬の副作用や作用の増強，服用した量や服用後の時間，無免許運転をした動機が不明なこと，

重過失傷害の被害者であるBへの対応が理解しがたいこと，自首，罪証隠滅及び逃亡の形跡がなく，記憶の欠落があること等を理由に，完全責任能力を認めた原判決を破棄自判し，被告人は心神耗弱の状態にあったとした事例。

東京高判平 5・8・9 判時1494号158頁
罪名：殺人・道路交通法違反・重過失傷害
結果：破棄自判懲役 7 年（確定）
裁判官：小泉祐康・松尾昭一・伊藤茂夫
原審：浦和地川越支判平 4・12・18

▶▶ 事案の概要

被告人は，既婚者Aと結婚を約束したものの，Aの離婚話が進展せず，将来を悲観し，睡眠薬に頼る生活をし，Aを殺害して自らも自殺しようと思いつめ，Aを殺害した後に自殺を試みるも果たせず，睡眠薬を服用した後，無免許で自動車を乗り回し，交通事故を起こしてBに傷害を負わせ，Bの救護義務や交通事故の報告義務を怠った。

▶▶ 鑑定意見等

判決文からは不明。

▶▶ 判決要旨

殺人について，犯行当時の被告人の精神状態について検討すると，もともと被告人には精神病を疑わせるような点は全く存しない。被告人が常用していた睡眠薬等の薬物の影響についても最終服用から少なくとも24時間は経過している。服用後犯行までの間の被告人の行動に異常とすべき点は見当たらないから，服用にかかる薬物の影響が当時まで存続していたものとは考えられない。被告人の犯行動機は十分に理解することができ，犯行直前の行動に不自然なところは認められず，犯行直後の行動も了解可能であり，犯行前後の行動について記憶もよく保たれており，犯行時の意識は清明であったと認めることができ，弁識能力や制御能力がまったく欠けたり著しく低下していた状態にはなかった。

道路交通法違反や重過失傷害について，断片的ながら記憶を有しており，

血痕が付着した衣類を着替えていること，車を突っ込ませた農地の農夫と会話していること，車を運転し駐車場に駐車していることから弁識能力や制御能力が全く欠けた状態（心神喪失）の状態にはなかった。しかし，①被害者を殺害後の精神状態は極めて不安定であったこと，②睡眠薬には副作用として健忘やまれにもうろう状態が現れ，飲酒を伴った際には作用が増強されること，③服用された睡眠薬の量は甚だ多く，服用から犯行までにあまり時間が経っていないこと，④自動車を運転した動機が不明であり，被告人も明確な説明ができないこと，⑤重過失傷害の犯行直後からいささか理解し難い行動をとっていること，⑥自首もしなければ，罪証隠滅や逃亡の形跡も見られないこと，⑦記憶の欠損があること等から，弁識能力及び制御能力が著しく減弱した状態，すなわち心神耗弱の状態にあった。

【25】殺人罪につき，被告人が人格障害，覚せい剤精神病の残遺症及び多量の飲酒から心神耗弱状態にあったとされた事例。

東京高判平6・3・25判タ870号277頁・刑集63巻11号2829頁
罪名：殺人
結果：破棄自判懲役9年（上告）
裁判官：松本時夫・小田健司・虎井寧夫
原審：東京地判平4・7・29判時1513号179頁

▶▶ 事案の概要

被告人は，前日に知り合った若い女性Aとラブホテルに入り，同女の言動から著しい興奮状態に陥り，同女に対し，顔面をはじめ全身を多数回殴打するなどの暴行を加えたうえ，首を絞めて殺害した。

被告人は，覚せい剤の使用をやめてから9年近く経過していたものの，過去にかなりの量の覚せい剤を使用していたことがあり，また犯行時は，大量の飲酒による酩酊状態にあった。

▶▶ 鑑定意見等

○徳井達司の鑑定

犯行は妄想の直接支配よりも，酩酊による除制止状態において何らかの誘因による情動行為を招来したとする方が可能性として高いと思われる。また，妄想様観念の関与を完全には否定できず，もし本件殺人が，何らかの誘因によって，被告人に生起した激情がＡに対する妄想様観念と結合して犯行を駆動した場合，または犯行がＡに対する妄想様観念自体の攻撃的な追求による場合は，精神能力は著しい障害を受けていたとみなされる。
○福島章の鑑定
　被告人の本件犯行当時の精神状態は，現在の人格障害の上に，軽度の単純酩酊が加わったものであり，被害妄想の出没が認められるが，行為の是非善悪を認識する能力またはこの認識にしたがって行為する能力は，著しい程度まで低下していたとは考えられない。
○中谷陽二の鑑定
　妄想の存在を思わせるが，自分の行為を妄想に結び付けて意味づけし直す余地があった。
○共通鑑定意見
　内因性精神病の発現はなく，覚せい剤精神病の残遺症状があるにとどまる。また，フラッシュバックによる幻覚妄想状態は生じておらず，病的酩酊や複雑酩酊の状態にあったとは認められない。

▶▶ 判決要旨

　かつて覚せい剤を乱用していた者が，覚せい剤の使用以外の例えばアルコールの影響や強いストレス等により，覚せい剤精神病様の状態が再現するいわゆるフラッシュバック（再燃現象）が起こる場合のあることは精神医学において一般的に認められている。もっとも，被告人の本件犯行当時ないしその前後の行動や覚せい剤の使用歴などと，中谷鑑定，徳井鑑定及び福島鑑定とを総合すると，被告人が本件犯行当時，覚せい剤精神病の残遺症状と多量の飲酒とが重なって再燃現象による幻覚妄想状態にあったものではないと認められる。
　しかしながら，本件犯行の状況，犯行の動機などについて再度検討すると，通常人の行動として理解することの困難な部分のあることも否定できない。被告人は，本件の前日にＡと出会った当初から，女性として好感を持ち，本件当日もうまく行けば，同女と性的交渉を持とうと考えていた旨述べているところ，被告人が２軒の店で飲酒した際，性的関心も高まった様子を見せ，Ａに寄り添って話しかけたり，同女の身体に接触し，その手

や首筋にキッスするなどして親密感を示し，同女をホテルに誘っていることが明らかである。他方，Ａも，被告人が自己の身体へ接触することをさして嫌がっている様子は窺われず，ホテルへの誘いに応じていることは明らかである。客室内においても，同女は，全裸になっているが，被告人が同女の着衣を無理矢理脱がしたとは考えにくく，またその時被告人と性交渉を持つことに同女が否定的な態度をとるようになったなどとは到底考えられない。それにもかかわらず，被告人は，ホテルローヤルに入ってさほど時間もたたない内に，突如として同女に対して激しい暴行を加え，両手で同女の首を絞めて殺害しているのであって，何故このような残虐な行動に出たのか，容易に理解しがたいものが残るというほかない。

このように本件犯行の動機が不明であることや，被告人の本件犯行時の行動に了解困難な部分もあることに加え，各鑑定の結果を合わせ考えると，結局，中谷鑑定も指摘するように，本件犯行が，被告人の人格障害や覚せい剤精神病の残遺症状，多量の飲酒を複合的要因として爆発性が高まった状態で，何らかの刺激が誘因となって爆発的興奮が生じたのではないかという疑いが残るというほかない。すなわち，本件犯行当時被告人が心神耗弱の状態にあった疑いがあるというべきである。

【26】慢性覚せい剤精神病と診断された被告人の覚せい剤使用事犯につき心神耗弱を認定し，心神耗弱を招いた原因を特定できず，よって完全責任能力時の犯意を認定できないとして「原因において自由な行為」理論を準用しなかった事例。

広島地判平9・8・5判タ973号262頁
罪名：覚せい剤取締法違反
結果：懲役1年（控訴）
裁判官：池本壽美子

▶▶ **事案の概要**

被告人は，覚せい剤の自己使用をした。被告人は，犯行当時慢性覚せい剤精神病に罹患していた。

▶▶ 鑑定意見

○久郷敏明の鑑定

　本件犯行当時及び鑑定時ともに慢性覚せい剤精神状態を呈し，本件犯行当時の幻聴を中心とする精神病様症状は，本件犯行に明確な促進的な役割を果たしている。被告人は，是非善悪の弁識に従って行動する能力が一定程度にわたり障害されている。

▶▶ 判決要旨

　被告人においては，幻覚による異常心理下で，被告人の行動決定の自由は既に覚せい剤入手・使用に関しては著しく搾取して阻害され，これを阻止する反対動機を形成することができず，抑止行動にでることができなかったとみる余地がある。被告人は本件当時覚せい剤精神病による幻覚幻聴の作用により是非善悪の弁識に従って行動する能力を相当程度に阻害されて減弱していた疑いがある。そうすると，これを否定するに足りる他の証拠のない本件においては，被告人は，心神耗弱の状態にあったと認められる。

【27】被告人は，本件犯行当時，鎮咳剤ブロンの乱用に起因する中毒性精神病及びこれに心因反応が加重された反応性精神病の状態にあったものであり，自己の行動の是非善悪を弁識して，これに従って行動する能力を喪失してはいなかったが，それが著しく減弱した状態，すなわち，心神耗弱の状態にあったものと認められるとして有罪とした事例。

東京地判平14・3・25判時1801号156頁
罪名：強盗致傷・傷害・道路交通法違反
結果：懲役5年（確定）
裁判官：峯俊之・中村光一・野口佳子

▶▶ 事案の概要

　被告人は，大型バスの運転手が休憩中にバスを離れた隙にバスに乗り込

みこれを発進させて窃取し，これに気づいた運転手がバスの正面に立ちふさがったところ，バスを取り返されることを防ぐため，これを避けることなくバスを進行させ，運転手に接触させて転倒させたうえ，両足を轢過する暴行を加え，よって骨折等の傷害を負わせ，さらに引き続きバスを運転して，信号待ちのために停車していた普通乗用自動車，普通貨物自動車，自動二輪車にバスを衝突させて同車の運転手等に傷害を負わせるなどした。

▶▶ 鑑定意見等

○田口寿子の鑑定

被告人は，事件の半年前からブロンを濫用し，これに起因する中毒性精神病の症状がでていたところ，事件の1週間前から犯行時まで精神病状態は急激に増悪したが，濫用中止からの時間が経過していること，通常中毒性精神病は薬物から離脱すれば徐々に改善傾向に向かうこと，被告人が当時置かれたストレスの状態等を考慮すると，症状増悪は，すでに存在していた中毒性精神病状態に心因反応が加重されたために起こったものと考えられるとして，犯行当時中毒性及び反応性精神病状態にあったと診断し，心神耗弱状態にあったとした。

▶▶ 判決要旨

まず，被告人の精神状態は，事件前からブロンの影響で精神状態がおかしいと友人から指摘されていたうえ，精神状態が徐々に増悪しており，犯行当時も強い恐怖感を感じ，被害妄想が生じるなどの異常な精神状態にあり，犯行の動機に関する供述はおよそ了解しがたく，本件犯行は全く計画性のない，極めて衝動的なものであり，また，本件犯行が平素の被告人の人格傾向が現れたものとして理解することは困難であり，犯行前後の一連の行動を全体としてみるとあまりにも脈絡が欠けているし，記憶が曖昧であることなどにかんがみると，犯行当時，被告人の責任能力は少なくとも著しく減弱していたと認められるが，一方で，バスの走行につき周囲の状況に応じて自己の意思で行動をしていること，犯行前後の記憶も曖昧ながら概ね残っていること，幻想妄想状態はあるが現実に起こっている事象をもとに想起されたものであることなどにかんがみると，被告人の人格が妄想により完全に支配されていたような状況にまではなかったと認められ，被告人は，犯行当時，心神耗弱の状態にあったと認められる。

【28】特定の精神鑑定の意見の一部を採用した場合においても，責任能力の有無・程度について，当該意見の他の部分に拘束されることなく，被告人の犯行当時の病状，犯行前の生活状態，犯行の動機・態様等を総合して判定することができるとした事例。

最判平21・12・8刑集63巻11号2829頁・判タ1318号100頁
罪名：殺人・殺人未遂・銃刀法違反
結果：上告棄却懲役12年（確定）
裁判官：甲斐中辰夫・涌井紀夫・宮川光治・櫻井龍子・金築誠志
原審：京都地判平18・2・27刑集63巻11号2848頁（第一審），大阪高判平20・7・23刑集63巻11号2873頁（控訴審）

▶▶ 事案の概要

　被告人は，C方1階寝室において，同人に対し，殺意をもって，金属バットでその頭部を強打し，さらに，同人方2階食堂兼居間において，多数回にわたり，サバイバルナイフでその頭部，顔面を切り付け，その胸部等を突き刺すなどして失血死させ，さらに，Hに対し，殺意をもって，サバイバルナイフでその右頸部，左手，右前腕を切り付けるなどしたが，同人が逃走したため，同人に対し加療約2カ月間を要する頸部，右前腕切創，左小指屈筋腱断裂の傷害を負わせたにとどまり，殺害の目的を遂げなかった。また，そのころ，業務その他正当な理由がないのに，サバイバルナイフを携帯した。

▶▶ 鑑定意見等

○中山宏太郎の鑑定
　被告人を人格障害の一種である統合失調型障害であり，広汎性発達障害でも統合失調症でもないとした上で，被告人は本件犯行当時に是非弁別能力と行動制御能力を有しており，その否定ないし著しい減弱を考えさせる所見はなかったが，心神耗弱とみることに異議は述べない。

○佐藤忠彦の鑑定
　被告人は，本件犯行時，妄想型統合失調症にり患しており，鑑定時には

残遺型統合失調症の病型に進展しつつある。そして，被告人には，平成16年3月ころから妄想型統合失調症の病的体験が再燃し，同年4月中旬ころから同年5月ころにかけて被害者方がその対象となって次第に増悪し，犯行時には一過性に急性増悪しており，本件犯行は統合失調症の病的体験に直接支配されて引き起こされたものであり，被告人は，本件犯行当時，是非弁別能力及び行動制御能力をいずれも喪失していた。

▶▶ 判決要旨

　責任能力の有無・程度の判断は，法律判断であって，専ら裁判所にゆだねられるべき問題であり，その前提となる生物学的，心理学的要素についても，上記法律判断との関係で究極的には裁判所の評価にゆだねられるべき問題である。したがって，専門家たる精神医学者の精神鑑定等が証拠となっている場合においても，鑑定の前提条件に問題があるなど，合理的な事情が認められれば，裁判所は，その意見を採用せずに，責任能力の有無・程度について，被告人の犯行当時の病状，犯行前の生活状態，犯行の動機・態様等を総合して判定することができる。

　そうすると，裁判所は，特定の精神鑑定の意見の一部を採用した場合においても，責任能力の有無・程度について，当該意見の他の部分に事実上拘束されることなく，上記事情等を総合して判定することができるというべきである。

　原判決が，佐藤鑑定について，責任能力判断のための重要な前提資料である被告人の本件犯行前後における言動についての検討が十分でなく，本件犯行時に一過性に増悪した幻覚妄想が本件犯行を直接支配して引き起こせたという機序について十分納得できる説明がされていないなど，鑑定の前提資料や結論を導く推論過程に疑問があるとして，被告人が本件犯行時に心神喪失の状態にあったとする意見は採用せず，責任能力の有無・程度については，上記意見部分以外の点では佐藤鑑定等をも参考にしつつ，犯行当時の病状，幻覚妄想の内容，被告人の本件犯行前後の言動や犯行動機，従前の生活状態から推認される被告人の人格傾向等を総合考慮して，病的体験が犯行を直接支配する関係にあったのか，あるいは影響を及ぼす程度の関係であったのかなど統合失調症による病的体験と犯行との関係，被告人の本来の人格傾向と犯行との関連性の程度等を検討し，被告人は本件犯行当時是非弁別能力ないし行動制御能力が著しく減退する心神耗弱の状態にあったと認定したのは，その判断手法に誤りはなく，また，事案に照らし，

その結論も相当であって，是認することができる。

(3) 完全責任能力が認められた事例

【29】被告人が，犯行当時覚せい剤の薬理作用によりその精神に何らかの影響を受けていたことは否定できないとしつつも，覚せい剤を使用すると自己の精神状態に悪影響が出ることを十分に認識していたこと等を理由に完全責任能力を認めた事例。

東京地判昭62・12・11判タ661号255頁
罪名：現住建造物放火
結果：懲役3年（確定）
裁判官：豊田建・竹花俊徳・畑一郎

▶▶ 事案の概要

　被告人は，古新聞等を詰め込んだ段ボール箱に灯油をまいて火をつけた上，隣家のベランダに投げ込んで放火したが，隣人によって直ちに発見・消火されたため未遂に終わった。被告人には過去に覚せい剤の使用歴があった。被告人は，本件犯行当日にも覚せい剤を使用し，その効果により隣から騒がしい物音がしているように感じるようになり本件犯行に至った。

▶▶ 鑑定意見等

○徳井達司の鑑定
　覚せい剤中毒による精神障害は，人格そのものの変化によるものでなく，毒物による脳の刺激現象として起こるものであり，従って，覚せい剤中毒者においては，精神分裂病類似の幻覚や妄想を呈する状態にあるような場合でも，それが慢性化していない限り，そうした異常体験に対する批判やある程度の洞察が保たれていることが通常。
　本件被告人も，その覚せい剤使用経験からして覚せい剤使用により自己の精神状態に悪影響が出ることを十分認識していた。
　被告人の精神症状の内容は，不可避的に被告人を本件放火行為に走らせ

るような内容のものではなく，本件犯行当時被告人には自由な意思選択の余地が十分に残されていた(完全責任能力)。

▶▶ 判決要旨

　覚せい剤使用により騒がしい物音がしていると感じ，隣人乙らに対する日頃からの鬱憤がやるかたなく，隣家の前に立ち盛んにうなずき，隣人に対して奇妙な言動をとっていること，また，幻聴が聞こえる当の事実からすると，被告人が本件犯行当時，覚せい剤の薬理作用により，その精神に何らかの影響を受けていたことは否定できない。

　しかし，覚せい剤中毒による精神障害は，人格そのものの変化によるものでなく，毒物による脳の刺激現象として起こるものであり，従って，覚せい剤中毒者においては，精神分裂病類似の幻覚や妄想を呈する状態にあるような場合でも，それが慢性化していない限り，そうした異常体験に対する批判やある程度の洞察が保たれていることが通常である。

　本件被告人も，その覚せい剤使用経験からして覚せい剤使用により自己の精神状態に悪影響が出ることを十分認識していた。

　被告人の精神症状の内容は，不可避的に被告人を本件放火行為に走らせるような内容のものではなく，本件犯行当時被告人には自由な意思選択の余地が十分に残されていた，そして，被告人が火を放った目的も隣家に現在する住人を驚かそうというものであってその心理的側面は段階を踏んでおり，隣家の住人を日頃から快く思っていなかった被告人の立場及び被告人が興奮しやすい性格の持ち主とうかがわれることを合わせて考えると，本件犯行は，覚せい剤による病的な精神過程を介在させなくても十分了解可能である。

　本件放火未遂につき，覚せい剤の影響は否定できないものの，その程度については，犯行当時覚せい剤中毒の幻覚や妄想に深く支配され事理弁識能力及びこれに従って行動する能力が失われた状態でなかったことはもちろん，これが著しく減弱した状態でもなかった(完全責任能力)。

【30】訴因で犯行時点として掲げられた時点において心神喪失，心神耗弱の状態にあったとしても，法的評価としてその所持が続いていると認められる限り，全体にわたって考慮することを要するとして，

訴因の時点以前の所持開始時に完全責任能力を有していたとして，完全責任能力を認めた事例。

東京高判平6・7・12判時1518号148頁
罪名：覚せい剤取締法違反
結果：控訴棄却懲役1年6月（確定）
裁判官：松本時夫・円井義弘・河合健司
原審：東京地判平6・1・24

▶▶ 事案の概要

　覚せい剤の使用および所持の事案である。被告人は，遅くとも寮で覚せい剤を使用した直後，覚せい剤をズボンのポケットに入れて所持した。被告人は，所持開始の時点では，責任能力に問題がなかったものの，逮捕時には錯乱状態であったため，責任能力の有無をどの段階で判断すべきかが問題となった。

▶▶ 鑑定意見等

　原審のみ。

▶▶ 判決要旨

　覚せい剤の所持は継続している時点で別罪を構成するものではなく，ある時点について裁判を経たときは，他の時点における所持にも既判力がおよび，再度起訴することもできなくなるのであるから，本件におけるように，覚せい剤を所持した者が責任能力を有するかどうかについては，所持が継続していると認められる間全体にわたって考えなければならないというべきである。
　ある時点においては，心神喪失ないし心神耗弱の状態にあったとしても，その時点にいたる前には完全な責任能力があると認められるような場合，責任能力のあった間の所持につき刑事責任を問うことができるのはいうまでもない。しかし，いったん心神喪失ないし心神耗弱の状態にあったとの判断を行ったときは，それが最終の時点における所持のみにかかわる判断であっても，一罪の関係に立つその時点以前の所持につき起訴することもできず，結局，全体としてみれば所持罪を構成する行為について正当な法

的評価ができなくなるものである。

【31】原審では責任能力が争われなかったものの，控訴審で犯行当時アルコール依存症に罹患しておりアルコールや睡眠導入剤に起因する病的酩酊となり心神喪失状態であったと主張されたが，控訴審にて鑑定を3回行い，そのうち認定された諸事実にもっとも符合する鑑定が信用できるとして，完全責任能力を認めた事例。

札幌高判平8・4・25判時1583号149頁
罪名：傷害致死
結果：控訴棄却懲役4年6月（上告）
裁判官：萩原昌三郎・高麗邦彦・宮森輝雄
原審：札幌地判平5・7・22

▶▶ 事案の概要

　被告人は酔余，当時65歳の妻が銀行からおろした預金の使い道を明らかにしなかったことに憤激し，被害者に対し，竹刀を用いるなどして激しい暴行を加えて全身打撲傷の傷害を負わせた結果，右暴行に基づく出血性ショックにより死亡させた。

▶▶ 鑑定意見等

○齋藤利和の鑑定
　被告人は，本件犯行当時，是非・善悪の判断能力は著しく低下していたと推量される。
○有田矩明の鑑定
　本件犯行時には，責任能力が完全に問えないほど極めて著しい障害を受けている精神状態にあった。
○片岡憲章の鑑定
　本件犯行当時，被告人の是非弁別能力が精神病的に障害されたり，アルコールによる複雑酩酊状態によって障害されていたとはいえない。

▶▶ 判決要旨

　片岡鑑定によれば，被告人には，精神病を示す人格障害や複雑酩酊の素因となるようなものはなく，猜疑心から，長年にわたり飲酒しては被害者の不貞を疑い暴力に及んできているものと判断されるというのであることなどを併せ考えると，被告人が被害者に暴行を加えた動機として述べるところもそれなりに了解可能である。

　確かに，被告人の本件犯行の際の暴行はこれまでになく激しいものであるが，それでも本件犯行はこれまでの飲酒の上での暴力等の延長線上にあるものと認められ，ただ，このような行為にまで及んだ契機やその内容については，被告人がすべてを語っているとはいいがたい点から確定することができないのである。

　そうしてみると，本件犯行当時，被告人は，相当量の飲酒によりかなり酩酊してはいたが，いまだ事理の弁別能力，弁別にしたがって行動する能力が著しく低下した状況にはなかったものと認められ，まして，このような能力を喪失した状況にはなかったことは明らかであるといわなければならない。

【32】被告人が，犯行当時覚せい剤精神病により幻覚・妄想が存在していたと認められるとしつつ，覚せい剤の使用については前科も複数あることから違法性を十分に認識しており，使用をしないですませようと思えば自己の意思によって使用しないことができたものとして，完全責任能力を認めた事例。

大阪地判平11・1・12判タ1025号295頁
罪名：覚せい剤取締法違反
結果：懲役2年（確定）
裁判官：菱田泰信

▶▶ 事案の概要

　被告人は，非現住建造物放火等（別件）を行い，その数日後に，覚せい剤の自己使用（本件）を行った。

▶▶ **鑑定意見等**
○乾正の鑑定（別件捜査段階）
　①別件犯行当時，覚せい剤精神病による幻覚妄想状態であって，②別件の犯行は覚せい剤精神病による病的体験に支配されて行われた。③別件犯行当時，被告人は物事の是非善悪を判断し，それに従って自己の行動を統御する能力は失われていた。

▶▶ **判決要旨**
　別件被疑事件については，確かに，覚せい剤精神病による幻覚・妄想に支配されていたことにより，自己の行為が許されるものと考え，事理弁別能力及び行動の統御能力に欠けていたものであるが，本件覚せい剤使用については，その経緯となる生活状況や動機において，別件被疑事件と同様の幻覚・妄想が影響を与えていたと考えられるが，それによっても，被告人において正当な理由や動機付けとなるものではないことは認識しているのであるから，被告人においては，本件覚せい剤自己使用が許されず，これが犯罪となることの弁別能力には全く問題がなかったものと認められる上，行動の制御能力についても，本件の被告人において，通常の覚せい剤常用者の覚せい剤自己使用と異なる点は見いだし難く，その責任能力に影響を与えることはないものと認められる。

【33】被告人は，犯行当時精神分裂病または有機溶剤の影響による脳機能傷害が残存していたことが認められるとしつつも，犯行発覚の防止のために合理的な行動をしていることや通常の社会生活を送っていることなどから，精神障害の程度は軽度であり犯行における影響は小さいとして，完全責任能力を認めた事例。

神戸地判平14・11・15裁判所ウェブサイト
罪名：強姦未遂・強制わいせつ・強盗・傷害・窃盗
結果：懲役6年
裁判官：森岡安広・前田昌宏・伏見尚子

▶▶ 事案の概要

①被告人は，夜間一人歩きの被害者Aに対し，脅迫を加えてその反抗を抑圧し，強いてわいせつな行為をした上，性的欲求から被害者の履いていたサンダル1足を強取した強制わいせつ，強盗。②被害者B・C・Dに対し，暴行を加えて傷害を負わせるとともに同女らのサンダルを窃取した傷害，窃盗。③被害者Eを強いて姦淫しようとしたものの，未遂に止まった。

▶▶ 鑑定意見等

不明。

▶▶ 判決要旨

関係各証拠によれば，被告人は本件各犯行当時も精神分裂病又は平成3年ころに濫用した有機溶剤（シンナー）の影響による脳機能障害が残存していたことが認められる。

しかしながら，関係各証拠によれば，被告人は，前記の退院後は症状が次第に安定し，平成13年当時は幻覚・幻聴・妄想を全く感じない状態になっていて，本件各犯行も幻覚・幻聴・妄想に支配ないしは影響されての犯行ではないこと，被告人は，犯行の発覚を防止するために原動機付自転車のナンバープレートを隠したり，被害者が被害申告しないように脅したりなどしていること，被告人が，上記のように女性のミュールやサンダルを奪うことを累行したのは，女性の身体に密着していて下着と同様の性的興奮を感じることができる上，下着を盗むほど困難ではなく，デザインがきれいであることなどからであって，特にミュールやサンダルに限っていたわけではなく，実際，逮捕後，被告人方からミュールやサンダルとともに女性の下着も発見されていること，被告人は，本件各犯行当時，新聞配達員として真面目に稼働し，その点では通常の社会生活を送っていたこと，被告人は，有機溶剤を濫用する以前の未だ幻聴等の症状が発現していない中学生のころに初めて痴漢行為に及び，平成3，4年ころにも同種の犯行に及んでいるが，被告人の結婚後離婚までの期間中は同種犯行に及んでいないことなどもまた認められるのであって，これらの事実を総合すれば，本件各犯行当時，被告人に精神分裂病又は有機溶剤による脳機能障害が残存していたとしても，その程度は軽度であって，本件各犯行におけるその影響は小さいというべきであるから，本件各犯行当時，被告人が是非弁別能力

及びその弁別に従って行動する能力を欠き又はこれが著しく減退する状態には至っていなかったものと認めることができる。
　よって，弁護人の上記主張は採用することができない。

【34】犯行当時覚せい剤精神病に罹患していた被告人の犯行当時の精神症状の程度が問題となったところ，被告人はせん妄状態にまで至っていなかったとして完全責任能力を認めた事例。

東京地判平15・6・10判時1836号117頁
罪名：殺人・死体遺棄・殺人未遂・覚せい剤取締法違反
結果：死刑（控訴）
裁判官：中谷雄二郎・横山泰造・蛯原意

▶▶ 事案の概要
　ホームレスとして荒川の河川敷に小屋を建てて生活していた被告人は，朝方，被告人同様にホームレスの境遇にあった3人をバタフライナイフで突き刺すなどして立て続けに殺害し，その夜，住宅街の路上で出会った友人のホームレスに同ナイフを突き出すなどして殺害しようとし，翌朝，殺害した3人の死体を次々と荒川の水中に投棄して死体を遺棄し，さらに，これらの犯行に先立って，覚せい剤の使用にも及んでいた。

▶▶ 鑑定意見等
○米元の鑑定（捜査段階）
　被告人には反社会的人格障害があり，本件各犯行当時，覚せい剤乱用による何らかの精神障害があった。
○工藤の鑑定（公判段階）
　本件各犯行当時，被告人が，比較的大量の覚せい剤摂取時の急性覚せい剤中毒によって惹起された「せん妄」の状態にあり，現実との関わりを冷静に判断し，その判断に基づいて被告人なりに自らの行動をコントロールする機能が介入する余地は極めて乏しかった（心神耗弱）。
○作田の鑑定（公判段階）

本件各犯行当時，被告人が覚せい剤によるせん妄状態にあったとは考えられず，仮に覚せい剤の影響があったとしても，本件各犯行の実行に当たって，被告人本人の爆発性・粗暴性をある程度誇張・増幅させたにすぎないとして，被告人は，事理弁識能力及び行動制御能力が，ある程度低下していたものの，著しく低下していたとは考えられない。

▶▶ 判決要旨

1　被告人は，本件各犯行当時，反社会性人格障害に加え，覚せい剤の使用に伴う覚せい剤精神病が現われて，幻覚のあったことも認められる。そして，本件殺人未遂の前後ころには，被告人がその幻覚を追い掛けて荒川の河川敷を走り回るなどしており，本件各犯行当時も，このような精神症状が，相当程度，被告人の行動に影響を与えていたことは否定できない。

2　しかしながら，被告人は，本件各犯行当時も，見当識をおおむね保っており，周囲の状況を把握し，これに対応して行動する能力も保持していたことが認められる。しかも，被告人が記憶障害を伴うような重度の意識障害に罹患していた事実もないのであって，覚せい剤精神病に伴う精神症状は，作田鑑定も判定するとおり，せん妄状態の程度に至っていたとも，定型的な不安状況反応型であったとも認められないというべきである。

3(1)　そして，Bの殺害については，水汲みをめぐる口論からエスカレートして殺人に及んだものとして，その動機は十分に了解可能である。また，Bから口答えされて激高し殺害にまで及んだ点は，両鑑定人が共に指摘するような被告人の衝動性や攻撃性を内容とする本来の人格の発現と認められ，その意味において，他のホームレスらへの過去の粗暴な行動と質的な相違はないということができる。

(2)　また，D及びEの殺害について，作田鑑定人は，Bを殺害したことにより，被告人が興奮した可能性はあるが，責任能力という観点で，5分前の行動が心神耗弱で5分後の行動が心神喪失であるような大きな変化は通常は起こらない旨供述し，工藤鑑定人も，B殺害によって，被告人が更に混乱の度を大きく増した可能性はあるが，本件各犯行は，一連の流れの中の各断片ととらえているとして，共にB殺害との間で責任能力のレベルに違いはないことを前提に供述している。このような両鑑定人の意見は，専門家の専門的知見として十分信頼するに値する。

(3)　そして，D及びEに対する殺人及びCに対する殺人未遂については，（判決の前半において）被告人の性格，本件各犯行前の精神状態，本件各犯

行の態様，動機，被告人の認識や記憶等につきそれぞれ検討したところに加えて，作田鑑定人の犯罪心理に関する前記見解も参酌するならば，殊更に覚せい剤の影響による異常心理の介在をもって説明しなければならないような状況は全く存しない。すなわち，被告人が，Bを殺害したことによって自暴自棄となり，D及びEについては，日ごろから募らせていた周囲の者に対する鬱屈した感情や疎外感を，両名が自分をバカにしているという猜疑心や憤まんの情に転化し一気に高じさせて，その憤激を両名にぶつけたものと認められ，また，Cについては，日ごろからの漠然とした不信感等を背景に，一方的に猜疑心や憤まんを募らせた上，衝動的に殺意を形成したものと認められるのであり，このような各犯行の動機はいずれも，通常心理の範囲内にとどまる了解可能なものとして，B殺害と同様に，被告人の本来の人格の発現と認められる。

4 本件各死体遺棄についても罪証隠滅という合理的な動機に基づく犯行であると認めることに疑問の余地はない。

5 以上の次第で，本件各犯行は，正に被告人の本来の人格の発現にほかならず，その動機も，いずれも十分に了解可能なものというべきである。そして，覚せい剤の影響は，本件職務質問の際に，被告人自身が，覚せい剤を打ってムシャクシャしていたと述べているように，本件各犯行に及ぶに当たり，被告人の爆発性・粗暴性を高め，抑制を十分には利かなくするという側面において加功したにすぎなかったものと認められる。そうすると，本件各犯行当時，被告人が，是非善悪を弁識し，その弁識に従って行動を制御することがある程度困難となっていた可能性までは否定できないものの，著しく困難な状況にはなかったことについて，合理的な疑いをいれる余地はないというべきである。

したがって，被告人には完全責任能力が優に認められるのであり，これに反する弁護人の主張は採用できない。

3 統合失調症

(1) 責任無能力が認められた事例

【35】被告人の当時の行為は，精神分裂病による妄想に支配されてなされたものとはいえないが，精神分裂病に伴う妄想にも匹敵するほどの重篤な強迫観念にとらわれてなされたものであり，そのような状態のもとでは，被告人にはもはや行為の選択の自由がなかったといわざるを得ないとし，被告人が心神喪失の状態であったことを認定して無罪とした事例。

東京地八王子支判平元・6・26判タ713号278頁
罪名：強盗致傷
結果：無罪（確定）
裁判官：長崎裕次・山本武久・成川洋司

▶▶ 事案の概要

被告人は，かつて交際していたAから強姦されたとして同人から慰謝料名下に金員を強取しようと企て，Bと共謀のうえ，同人に対し，所携の文化包丁を示しながら「これでぶっ殺してやる。落とし前を付けてやる」「200万円出せ」などと語気鋭く申し向け，右包丁でその右肩・頭部・背部・腹部等を刺しあるいは切り付け，竹刀で顔面・胸部等を突きあるいは殴打するなどの暴行を加え，その反抗を抑圧して同人から現金を強取し，その際右暴行により，同人に対し，入院加療約1カ月を要する挫傷，両眼球結膜下出血等の傷害を負わせた。

▶▶ 鑑定意見等

○仲村の鑑定
犯行時の概略的記憶は保たれているようであるとし，犯行自体も精神分裂病による妄想等に直接支配されてなされたものではない。

○内沼の鑑定

　被告人には犯行時の健忘が認められ，竹刀を振り回したころより，完全に主体性を失って錯乱または昏迷ないし両者の混合状態に陥ったことは疑う余地がない。

▶▶ 判決要旨

　被告人は，今度妊娠中絶をしたら自己の生命が危険であると思い込み，深く思い悩んでいたもので，このとき，被告人は精神分裂病に伴う強迫神経症症状としての「妊娠恐怖ないし中絶恐怖」という強迫観念にとらわれていたものと推察され，被告人が重篤な強迫的心性の持主であることを考慮すれば，この強迫観念が当時の被告人の頭の中を満たし，まさに被告人はこの問題を解決しなければ一歩も先へ進めないというような状態にあったことは想像するに難くない。被告人の本件犯行は，この問題を解決すべき強迫観念に基づく行為として，被告人にとって「妊娠恐怖ないし中絶恐怖」という強迫観念を生じさせた元凶であるAに対して攻撃を加えるという形で現れたものと認めることができる。この点，本件犯行の際，被告人がAに対し，さかんに「子供ができたんだ」「医者に子供をおろしたら私の命が危ないと言われたんだ。どうしてくれる」「この子供を産むよ」「この子供をどうする」などと追及し，これに対しAが「自分で育てる」と答えるや，今度は「産んだら私の命が危ないんだよ」などと矛盾したことを言っているのはこの証左であると考えられる。

　このように，本件犯行を含めた被告人の当時の行為は，精神分裂病による妄想に支配されてなされたものとはいえないが，精神分裂病に伴う妄想にも匹敵するほどの重篤な強迫観念にとらわれてなされたものと認められる。そして，被告人の強迫観念に基づく行為は，その執拗性や貫徹性等の点において，一般通常人には了解不可能な常軌を逸したものであって，被告人がこの強迫観念にとらわれている状態のときには，周囲の状況がどのようになっているか，行おうとしている行為が果たして合理的なものかなどという考慮判断は全くなされておらず，また，行為が社会的に是認されるものかどうかということも，被告人にとっては意味をなさず，被告人としてはまさに強迫的に行為に出ざるを得ないが故にこれに及んだものと考えられる。即ち，このような状態のもとでは，被告人にはもはや行為の選択の自由がなかったといわざるを得ない。

【36】原判決は，簡易鑑定による妄想性障害であることを前提に，心神耗弱としたところ，これに対して，被告人側より責任能力についての事実誤認を理由として控訴がされた。そして，控訴審において鑑定が実施され，同鑑定により被告人につき妄想型の精神分裂病であるとされ，かかる鑑定に依拠して，被告人を心神喪失と判断し，事実誤認を理由に，原判決を破棄し，無罪とした事例。

大阪高判平4・10・29判時1508号170頁
罪名：殺人
結果：破棄自判無罪（確定）
裁判官：岡本健・阿部功・鈴木正義
原審：和歌山地判平2・12・11公刊物未登載

▶▶ 事案の概要

　商業ビルで合鍵づくりと靴の修理の店を営んでいた被告人が，当該商業ビルの改装に伴い自分の店が追い出されるのではないかと心配し，妻に対しても当該商業ビルと裏取引をして立退料をもらうなどしているのではないかと疑念を抱き，妻への邪推・妄想を深めていたところ，税務署に提出した青色申告書の数字が妻により改ざんされたものと妄信し，刺身包丁で，被害者である妻の頸部を突き刺す等して死亡させた。

▶▶ 鑑定意見等

○K鑑定（原審の簡易鑑定）
　妄想性障害。
○茂原一郎医師（主治医）の供述
　精神分裂様の状態。
○J鑑定（当審）
　妄想型の精神分裂病。

▶▶ 判決要旨

　J鑑定は，①被告人の発病が妄想の出現した54歳ころとすると，比較的まれな晩発分裂病の症状といわざるをえないが，まったく考えられないケー

スではない，②これまで長い間被告人には分裂病質的な境界状態・潜伏状態というべき神経衰弱状態・異常性格状態・心身症状態が持続していて，その後はっきりした妄想状態に進行し，精神分裂病的な症状があらわになった，③被告人には唐突に被害妄想が形成されてきているように見える。妄想の対象も多彩，多人数に及び，無限定である，④被告人は遅くとも本件犯行の約3カ月前以降，周囲の人々から「ノイローゼ」と言われるほどの精神状態の変化を示していた。また，自分でも，「自殺するのではないかと思う」という病的な精神状態の自覚が回想されている，⑤被告人は思考障害（連想弛緩）が著明であり，著明でないにせよ幻聴を体験していると考えられ，ベンダー・ゲシュタルト・テスト，ロールシャッハ・テストなどでも精神分裂病を示唆する所見が得られた，⑥被告人は，仕事，人間関係などの面で機能低下があり，それが「著しい」かは多少問題であるが，この点を除けばDSM−ⅢRの精神分裂病の診断基準をも満たしている，との諸点を挙げて，被告人につき妄想型の精神分裂病（長い潜伏状態を持ち，初老期に発病した精神分裂病）と診断するのが正しいとしており，当該J鑑定は説得力が高く，信頼に値する。

　そのうえで，犯行当時の被告人の精神状態を検討すると，本件犯行は，活発な陽性症状である妄想のなせる業としか受け取りようがない。反対動機形成の余地があったとするのは正しくなく，心神喪失の状態であったと認めるのが相当であり，原判決が心神耗弱と認定したのは判決に影響を及ぼす事実誤認である。

【37】被告人が有していた自殺念慮に生活不安が重なり，他の症状と相まって，それらの影響のもとに現実に対応できないまま，瞬間的に焼身自殺を決意し，直ちに実行したとの推論を否定できず，被告人は，本件犯行当時，精神分裂病に罹患していて，事物の是非善悪を弁別する能力又はその弁別に従って行動する能力を欠く状態にあったとの疑いを払拭できないとして，無罪が言い渡された事例。

岡山地判平7・12・18判時1565号149頁
罪名：現住建造物等放火
結果：無罪（確定）

裁判官：谷岡武教・市川昇・藤原道子

▶▶ 事案の概要

　被告人が単身居住していたアパートの自室に放火して焼身自殺を企て，同室において灯油合計約14リットルを撒いた上，新聞紙にガス着火器で点火してこれを台所に放り投げて放火し，同台所の床板等に燃え移らせ，よって，同室のほかＣらが現に住居に使用するアパートの２階２室及び１階１室を焼損した。

▶▶ 鑑定意見等

○村上伸治の簡易鑑定
　被疑者は分裂病にかかっており，幻聴も認められる状態であった。
○狭間秀文の鑑定
　被告人は破瓜型の分裂病と考えられ，症状の程度は，重度，少なくとも中等度であると考える。被告人は犯行前後の自己の行動を詳細に語ることができ，この供述は，関係証人の供述とほぼ一致しているから，犯行当時，被告人に意識障害があったとは考えられない。

▶▶ 判決要旨

　精神分裂病者の責任能力については，犯人が精神分裂病に罹患していたからといって，そのことだけで直ちに心神喪失の状態にあったとされるものではなく，責任能力の有無・程度は，犯行当時の病状，犯行前の生活状態，犯行の動機・態様等を総合して判定すべきである。
　被告人の犯行の動機は，幻聴ないし妄想それ自体に支配されて焼身自殺を図ったというものではなく，幻聴及び生活不安からの逃避にあったと解することができ，それだけを捉えると，一応了解可能であるということができる（ただ，幻聴は主たる症状そのものであるから，幻聴からの逃避は，生活不安からの逃避に比べ，精神分裂病の影響が強いものといえよう）。そして，前記の被告人が自殺を決意した後の行動には，特に不合理，不自然と思われるものはない。
　被告人は，昭和60年に精神分裂病に罹患し，以後，幻聴を中心とする多くの精神症状を有し，ほぼ10年間にわたり入退院を繰り返したものの，寛解に至らず，このため，自閉的生活に追い込まれていたもので，その病状

は軽度とはいえず，中等度以上とみるのが相当である。被告人は，就労困難のため障害年金及び生活保護に依存しながら，アパートの一室で一人暮らしをしていたところ，幻聴等の精神症状を有しており，適切な指導援助のない自閉的な生活状況の中で，所持金がないため，食事も困難となって，かねての自殺念慮を募らせ，幻聴及び生活不安から逃れるため，短絡的に焼身自殺を企て，自室に灯油を撒いて放火し，本件犯行に及んだものである。本件犯行の動機は，幻覚妄想に支配されたものではなく，幻聴及び生活苦から逃れるため自殺することであり，それだけを捉えれば一応了解可能であり，犯行の態様は一応合理的であるということができる。

しかしながら，その動機の背景には，精神分裂病による幻聴等の精神症状を苦にした被告人の自殺念慮があること，かつ，本件犯行当時，被告人は再入院が可能であり，かつ生活保護費が近く支給される予定であったことに鑑みれば，その動機は極めて短絡的であり，その犯行の態様・方法も，これによってもたらされる公共の危険に対する配慮を欠いており，極めて短絡的なものであって，分裂病の病状に強く影響されたものと見るのが相当である。

これらの事情を考慮すると，本件は，被告人が有していた自殺念慮に生活不安が重なり，他の症状と相まって，これらの強い影響のもとに，現実に対応できないまま，瞬間的に焼身自殺を決意し，直ちに実行したとの推論を否定できない。

そうすると，被告人が本件犯行当時，是非善悪を弁別し，その弁別に従って行動する能力を有していたと認めるについては疑問がないとはいえない。

【38】被告人は，本件犯行当時，精神分裂病が急性的に悪化の過程にあり，病態が軽くなかったため，同病によってもたらされた被害念慮に起因する嫌悪感（妄想的曲解）が核となって，突然被害者に対する殺意を形成し，その不可解な動機形成によって衝動的に本件各犯行を短時間のうちに敢行したものであり，心神喪失の状態にあったとの合理的疑いが存するとして無罪となった事例。後掲【126】と同事例。

京都地判平8・11・28判時1602号150頁

罪名：窃盗・銃刀法違反・強盗殺人未遂・殺人・殺人未遂
結果：無罪（確定）
裁判官：藤田清臣・岩倉広修・奥野寿則

▶▶ 事案の概要

被告人は，元勤務先の工場でナイフを窃取し，警察官を殺害してけん銃を強奪しようと企て，正当な理由がないのに同ナイフを携帯し，警ら中の警察官を同ナイフで突き刺し，けん銃を強取し，B子の殺害を決意し，C方に赴きけん銃でB子を撃って殺害し，F子の殺害を決意し，E方に赴きけん銃でF子を撃ったが殺害の目的を遂げず，勤務先の工場に戻ってズボンを窃取し，法定の除外事由がないのにけん銃を所持したものである。

▶▶ 鑑定意見等

○水野精一の鑑定

非典型的精神分裂病の類破瓜型（破瓜型に似ているが，人格崩壊が寛徐）に罹患しており，弁識能力は幾分かは損なわれており，制御能力も幾分か障害されていた。

○竹山恒寿の鑑定

破瓜型精神分裂病であり，それに起因する妄想的曲解によって，本件犯行を発想し，実行したものであって，本件各犯行当時の被告人の精神障害の程度は，是非の弁別や弁別に従って行動することを期待するのは困難であった。

○守田嘉男の鑑定

本件犯行は精神分裂病という全人格を侵害する精神障害によるものである。

▶▶ 判決要旨

被告人は，本件犯行当時，精神分裂病が急性的に悪化の過程にあり，病態が軽くなかったうえに，精神分裂病によって持たらされた被害念慮に起因する嫌悪感が核となって，突然被害者らに対する殺意を形成し，その実行準備のために包丁を盗み出して後は，前記の不可解な動機形成によって，衝動的に本件各犯行を短時間のうちに敢行していったもの，すなわち，被害者らの殺害を決意する程の切迫した事情があったとは認められないのに，

罹患した精神分裂病の強い影響によって，抑制力が失われ，被害者らに対する妄想的曲解（解釈）をして，殺意を発想し，それに基づく衝動行為として本件各犯行が敢行されたと考えられるから，被告人は，竹山鑑定が指摘するとおり，本件犯行当時，是非を弁別する能力及びそれに従って行動する能力を失っていた疑いがある。
（検察官の主張に対する補論）
　精神分裂病は，道徳感情の低下ないし情意の鈍磨に病気本来の症状があり，この道徳感情の低下のためには殺人行為という目的には抑制がほとんど作用しない一方，精神分裂病であっても損なわれていない知的能力は，その犯行目的のために，右の如き一見周到な計画性を生み出すのであり（水野鑑定），その犯行は，不自然な着想と確実な行動の連続であるが，着想の尋常でない点に注目すれば，その精神障害の深さに気がつくが，行動が秩序立っている点だけを注目すると，精神障害の程度はそれほど重篤でないようにも見え，精神分裂病による犯行には，そうした不一致が見られるのである（竹山鑑定）。被告人の場合も精神分裂病ではあるが，知的能力は障害されておらず，従って本件犯行が計画的であり，変装や犯行後逃走等の行動をしていても，そのことが是非を弁別し，それに従って行動を制御する能力の認定が左右されるものではない。検察官の主張は，右の障害されていない知的能力，あるいは行動が秩序立っている点のみに注目するもので妥当でない。

【39】被告人は本件犯行当時，是非弁別能力が著しく減退していたし，その行動制御能力は完全に失われていたものと疑うべき合理的理由があるとして，被告人が心神耗弱の状態にあった旨判示した原判決を破棄，自判し，被告人を無罪とした事例。

名古屋高判平13・9・19判時1765号149頁
罪名：殺人
結果：破棄自判無罪（確定）
裁判官：堀内信明・堀毅彦・手﨑政人
原審：岐阜地判平12・4・25

▶▶ 事案の概要

被告人は，被害者である実母との口論の末，被害者の喉元に包丁を2度突き刺し，死亡させた。

▶▶ 鑑定意見等

○C鑑定（捜査段階）

被告人は，本件犯行当時重度の欠陥症状をともなった破瓜型精神分裂病の状態にあり，自己の行動の是非善悪を判断し，それに従って行動する能力はいずれも有していたが，その程度は，いずれも著しく障害されていたと判断し，本件犯行は破瓜病の重度の欠陥病状をもとに短絡的になされたもの。

○D医師（本件犯行直前まで被告人を診察していた担当医の供述）

被告人が本件犯行当時是非善悪の区別がつかない状態であった可能性がある。

○E鑑定（当審）

被告人は，本件犯行当時重症の破瓜病で，社会適応については入院すべき場合に準ずる程度の適応不良であったし，人格欠陥も著しいものであった，犯行当時の是非弁別能力は著しい減弱を示していた，犯行当時の行動制御能力は完全に失われていた。

※　C，D，Eは，いずれも被告人を破瓜型精神分裂病と診断。

▶▶ 判決要旨

E鑑定は，17回にわたって被告人と面接を行い，身体的諸検査及び心理学的諸検査を実施した上でのものであって，鑑定の資料や手法において特に問題とすべき点はなく，被告人の変更後供述（途中で被告人の供述が変遷していた）をも踏まえて判断がなされていて，その判断に不合理な点は認められない。

他方，C鑑定は，捜査段階の資料によりなされ，その証言も被告人の変更後供述より前になされたものであって，変更後供述の存在とその内容等について被告人に確認する等の作業をしておらず，その意味で鑑定の資料及び手法に不十分かつ不完全な点があることは否めず，採用しがたい。

そうすると，本件犯行当時の被告人の是非弁別能力は著しく減弱していたし，その行動制御能力は完全に失われていたものと疑うべき合理的な理

由があるから，犯行当時の責任能力が欠如していて，本件犯行は心神喪失者の行為といわざるを得ない。

【40】犯行当時相当重度の破瓜型精神分裂病等の圧倒的影響下において行われたものであり，心神喪失と認め無罪とした事例。

大阪地判平15・9・16判タ1155号307頁
罪名：殺人未遂・殺人
結果：無罪（確定）
裁判官：朝山芳史・松山昇平・今井学

▶▶ 事案の概要

　被告人は，求職もままならないことに悩んでいたところ，両親である被害者らから，仕事に就かず自宅に引きこもっていることを度々非難されたことから，前途を悲観するとともに，上記両名に対する憤懣の情を募らせ，両名を殺害し自らも死ぬことを決意し，自宅の1階居間で横臥してテレビを見ていた父に対し，殺意をもって，文化包丁で同人の背部を数回にわたり突き刺したものの，加療約14日間を要する背部刺創等の傷害をおわせ，殺害の目的を遂げず，この騒ぎを聞き2階から駆けつけた母に対し，同文化包丁で，同人の胸部を突き刺し，よって同所において，母を死亡させた。

▶▶ 鑑定意見等

○中川和子の鑑定（捜査段階・本鑑定）
　心神耗弱。
○岡江晃の鑑定（公判段階）
　心神喪失。

▶▶ 判決要旨

　鑑定の信用性判断をした上で，岡江鑑定の信用性を肯定し，他方中川鑑定の信用性を排斥した上で，責任能力について，生物学的要素と心理学的要素から判断した。

岡江鑑定は，被告人が犯行直後に入院した病院の診療録を含めた一件記録，被告人に対して行った37回にわたる面接の結果，心理テスト，知能検査等の結果をもとに，被告人の精神分裂病の発症の初期から，病状の悪化，本件犯行当時の精神状態，犯行後の精神状態までの推移を詳細に分析しており，その判断過程は説得力に富む。特に，被告人が虚ろな表情のままに一言も発せず，父の言葉にも耳を傾けずに約2時間にわたって執拗に父を攻撃し続け，母が多量の出血をして倒れていることに意を介さず父への攻撃を続けたという本件犯行時の被告人の行動の異常さに鑑みると，被告人が感情鈍麻等を基盤とした重い破瓜型精神分裂病に罹患しており，緊張病性症状も混在していたという診断内容は，首肯しうる。
　これに対し，中川鑑定は，本件犯行時にみられる感情鈍麻，犯行時にみられる異常な行動等を，病状の診断に当たってほとんど考慮にいれておらず，上肢の不随意運動や硬直からただちに緊張病型分裂病と診断しているのは，表面的な判断といわざるを得ないし，その他前提事実が認定事実と矛盾すること，判断内容にも疑問を差し挟むべき点があるとし，中川医師が，被告人と合計6時間程度しか面接していないこと，病院の診療録を取り寄せていないなど，資料収集にも不備があるといわざるを得ない。
　以上によれば，中川鑑定は，岡江鑑定と比較して明らかに信用性が低いというべきである。（その他検察官の中川鑑定を信用できるとの主張を検討した上で排斥し，）したがって，岡江鑑定は信用性が高いと認められる。
　そして，責任能力判断については，生物学的要素について，被告人は，本件犯行当時，破瓜型を基調とした緊張型も混在した重度の精神分裂病と認定し，心理学的要素については，本件犯行の動機につき，両親を殺害し自ら死刑になろうというものである等指摘し，一見了解可能であるかのようであるが，自殺の動機が精神分裂病の症状を契機とするものであることに加え，自殺のために他人を殺害して死刑になろうという思考自体，通常人の思考とはかけ離れたものであって，全体としておよそ了解し難いとし，犯行直前に飼い犬が人間に見えたため痛み止めの薬を飲ませようとするなど支離滅裂なものであること，犯行態様も唐突に父に攻撃を加え，その後，母を殺害し，血を流して倒れている母を気にもとめず，約2時間もの長時間にわたって，虚ろな表情のまま一言も発せず父を執拗に攻撃し，感情鈍麻及び異常な緊張状態持続を伴うものであること，犯行直後には母を殺害したにも関わらず性的興奮を感じ，犯行の翌日には昏迷状態に陥っていること等被告人の本件犯行前後の行動ないし挙動につき，いずれも一見して

極めて異常であることを根拠として，本件犯行を重度の破瓜型精神分裂病に基づく感情鈍麻と緊張病型精神分裂病に基づく攻撃性の発現という精神分裂病の圧倒的影響下において行われたものと認め，心神喪失とした。

【41】知能犯である有印私文書偽造等の罪において，犯行動機や犯行態様を検討した上で，統合失調症の影響下で犯行に及んだものとして心神喪失とした事例。

名古屋地判平16・1・14裁判所ウェブサイト
罪名：有印私文書偽造・同行使・電磁的公正証書原本不実記録・同供用・公正証書原本不実記載・同行使・詐欺・免状不実記載・道路交通法違反
結果：無罪
裁判官：沼里豊滋・後藤眞知子・安達拓

▶▶ 事案の概要

　被告人は，A及びその家族の住民登録を異動した上，Aの印鑑登録等を行うとともに，Aらを被保険者とする国民健康保険被保険者証を騙し取ろうと考えて，愛知県某町の役場において，行使の目的で，A作成名義の住民異動届1通を偽造した上，これを真正に成立したもののように装って提出行使し，Aらが転出した旨虚偽の申立てをし，同役場に設置された電子計算機の磁気ディスクにその旨不実の記録をさせて，これを備え付けさせた。その他転出先の役所においても，転入届を偽造・行使し，同役所においてAが転入した旨の不実の記録をさせて，これを備え付けさせ，国民健康保険被保険者証の交付申請と印鑑登録の申請をし，国民健康保険被保険者証1通の交付を受け，印鑑票原本に不実の記載をさせた（以上，第1事件）。

　また，被告人は，B及びその家族の住民登録を異動した上で，Bの印鑑登録等を行おうと企て，名古屋市某区役所において，行使の目的でB作成名義の住民異動届，印鑑登録申請書及び住民票の写し等交付申請書各1通をそれぞれ偽造して，一括して提出行使した（以上，第2事件）。

　さらに，被告人は，Aになりすまし運転免許証を不正に取得しようと企て，運転免許試験場において，行使の目的でA作成名義の再交付申請書1

通を偽造し，提出行使し，虚偽の申立てをして，不実の記載をさせ，Aに対する運転免許証1通の交付を受けた（以上，第3事件）。

そして，被告人は，行使の目的で，D作成名義の郵便貯金通帳等再交付請求書1通を偽造し，郵便局に郵送し，行使した（以上，第4事件，なお以上第1事件から第4事件までを第1次事件という）。

被告人は，行使の目的で，D作成名義の会員入会申込書1通を偽造した上，乙株式会社S支店宛に郵送し，行使した（以上，第5事件，なお第5事件を第2次事件ということがある）。

以上の全5事件からなるが，第1次事件（第1ないし4事件）は，名古屋高裁において平成14年5月14日に被告人が，当時心神耗弱の状態にあったとの疑いが残るため，責任能力を的確に判断するため，名古屋地裁に差し戻す旨の判決が宣告された。そして，差し戻された第1次事件は，第2次事件と併合して審理されることとなった。なお，第2次事件は，第1次事件の1審判決後，釈放された後（懲役2年6月，執行猶予4年の判決であった）に発生したものである。

▶▶ 鑑定意見等

○F鑑定（公判段階〔一審〕）
　心神喪失（ただし，第2次事件についてのみ，第1次事件については明示的に判断せず）。
○G鑑定（第2次事件後に実施，捜査段階の簡易鑑定と思われる）
　完全責任能力。

▶▶ 判決要旨

平成14年5月14日名古屋高裁判決の差戻し審について，鑑定の信用性判断をし，心理学的要素を検討の上責任能力判断をしている。
（鑑定について）
　F鑑定は，被告人につき，昭和61年頃（本件各犯行より10年以上前）には統合失調症が発病したものと認められ，第2次事件の犯行当時，統合失調症の影響により是非弁別の判断能力及び行動制御能力を喪失していたとする。（これに対し，検察官は種々信用できないことを主張するが，全て排斥し）F鑑定は，十分な判断資料に基づき，精神医学の知見に照らし，合理的推論の結果として前記結論を導いたものと評価でき十分に信用できる。
　G鑑定は，1回の面接及び捜査記録のみから判断したものである点で鑑

定資料及び鑑定方法について必ずしも十分なものとは言えず，同鑑定の結論を採用することは躊躇を覚えると言わざるをえない。

（責任能力の有無について）

被告人は，Dからつきまとわれるなどの嫌がらせを受けたために自己の婚姻生活が破綻したことを恨み，同人を困らせて仕返しをすることを考えて，第1次事件を敢行し，さらに，第1次事件判決を受けて釈放された後も，同人に対する嫌がらせを企図して第2次事件を敢行したと述べる。

しかし，被告人とDとは，昭和54年の不倫関係を解消した後は，時折近況を報告する程度の関係しかなかった。Dから嫌がらせを受けたという思い込みが統合失調症の症状である妄想知覚あるいは自閉的な思考のあらわれであると考えなければ理解できない。被告人が述べる犯行動機は，連合弛緩により原因と結果という関係形成していないというべきである。

犯行態様については，私文書偽造等のいわゆる知能犯と呼ばれるものであるが，（種々の事情を指摘し）計画性に欠け，極めて稚拙な態様と評価するほかない。かかる評価は，知的能力が，統合失調症の影響によって，精神発達遅滞に近い水準にあり，系統的，計画的な行動を遂行することが困難な状態にあると認められることからも裏付けられる。

このように，犯行態様，犯行の内容からしても被告人が統合失調症の影響下で犯行に及んだものと評価することができる。

（結論）

以上より，少なくとも第2次事件の当時，被告人は統合失調症の影響下で各犯行に及んだものと認められ，是非を弁別し，それに従って行動を制御する能力は欠けていた。そして，第1次事件は，第2次事件のわずか半年前に敢行されたものであること，被告人は遅くとも昭和61年には統合失調症を発病しており，同症状の医療措置は講じられず，症状は寛解することはなかったと認められることをも併せ考えれば，第1次事件の当時も心神喪失の状態下にあったものと推認できる。

【42】検察官調書記載の被告人供述の内容が矛盾しているだけではなく不自然不合理であるとして全面的に信用性を否定するとともに，同調書を判断の基礎資料とするなどして限定責任能力があると判断した鑑定書の信用性をも否定し，本件犯行当時，被告人は緊張型

統合失調症の増悪状態にあり，妄想，幻聴等に完全かつ直接に支配されていたとして心神喪失状態にあったとした事例。

福岡高那覇支判平16・11・25高刑速平16号205頁
罪名：殺人未遂・銃刀法違反・殺人・傷害
結果：原判決破棄・控訴棄却無罪（確定）
裁判官：不明
原審：那覇地裁（判決日不明）

▶▶ 事案の概要

　被告人は，約15分の間に，実母及び実父を殺傷し，その後，4名の通行人をも殺傷した。うち1名が死亡した。

▶▶ 鑑定意見等

○W1の鑑定（捜査段階）
　心神耗弱（鑑別不能型統合失調症の中等度と判定し，限定責任能力があったと判断している）。
○W2の鑑定（公判段階）
　心神喪失（緊張型統合失調症の増悪状態と判定し，責任無能力であったと判断している）。

▶▶ 判決要旨

1　両鑑定の検討
　W1鑑定は，捜査段階の後期の被告人自身が本件犯行当時の心理状況を合理的に説明しているかのような供述（検察官調書）と，同供述とほぼ同趣旨のW1医師と被告人との面接時の被告人の供述を主軸としている。しかしながら，被告人の検察官調書で録取されている供述は，幻聴の内容，事件の動機の点について全く信用性がなく，かかる供述を基本にして被告人の病状を判断したW1鑑定の結果は完全に誤っている。
　W2鑑定は，被害者，目撃者の供述や客観的証拠から認められる事実を中心にして，これと整合する被告人の供述を加味したものを判断の基礎としており，判断の基礎の選択に問題はない。
2　本件犯行の動機・心理的背景

被告人は，警察官調書では，本件犯行の前から「お前以外は悪魔だよ，とにかく全員殺せ」という幻聴が聞こえたと供述していた。しかし，検察官調書では，このような幻聴はなく，「お前は神だ」という幻聴から連想して（警察官調書記載の）供述をしたと述べた。その後原審公判以降は，再度警察官調書記載の通りの供述をしている。
　捜査機関は，詐病を警戒する必要があるところ，警察官調書は，その作成されるに至った経緯等のどの点をとっても高い信用性を有するものと認められる。
　検察官調書は，そもそも現実に存在した幻覚妄想の内容について質問を受けているのに，連想によって存在していなかった幻覚妄想があった旨の供述をしたなどというのは不自然，不合理である上，被告人には詐病の意思は全くなかったから，何故，現実には存在していないものを連想で付加したのかその理由が見いだしがたく，その説明も全くないから，同調書は信用性がない。さらに，被告人が逮捕後でされている意味不明な言動等につき，検察官調書は，留置場の中でいかに助かるかを考えていたところ，幻聴が聞こえてきて，幻聴の言うとおりに警察に供述した，自分が超越した存在になれば，怖さから逃げることもできるし，全てを許してもらえると思った，完全に現実逃避しようとしていた，という趣旨の供述が録取されているところ，現実逃避を意図して妄想に入るなどということ自体があり得ない，と述べ，また，検察官に対する弁解録取の内容が理路整然と供述しており，その理由として，検察官の目を見ていたので，幻聴は聞こえなかったと記載されているが，これも弁解録取の前後の幻覚妄想の激しさに照らすと，不自然，不合理極まりなく，ご都合に過ぎるというべきである。
　検察官の各犯行の動機に関する所論は，実母への殺傷につき，「病院に行く羽目になる」と言われたことから憤まんを爆発させたこと，実父への殺傷につき，実母への行為の延長線上のものであること，通行人への殺傷につき，両親を殺害しようとした行為に及んだことの怖さから逃避するため，幻覚妄想を拡大させたことにあった，八つ当たりであった，とし，了解可能な動機があったという。
　しかし，被告人は，実母へ憤まんの情を抱いていたところ，反面，その情と同程度の強さで依存感情を有しており，その実質は，甘えの度が過ぎたものに過ぎず，両者間に深刻な葛藤や相剋があった訳ではない。正常心理で了解できる側面はないものと言わざるを得ない。また，通行人への殺

傷についての動機であるが，自らの幻覚妄想をコントロールできるなどということが科学的合理性を有しないことは再三説示したとおりである。さらに，八つ当たりというのは，正常な精神状態の中で生じた了解可能な憎悪等を関係もない第三者に向けるというものであり，本件の場合は，正常な精神状態ではなく，妥当しないことは明らかである。

3　責任能力の有無に対する判断

被告人は，緊張型統合失調症の増悪状態にあったと認定できる。

被告人が両親を攻撃したのは，了解可能な点は全くなく，その行為が統合失調症による妄想，幻聴に完全かつ直接に支配されてなされたことが認められ，心神喪失の状態にあった。通行人への殺傷行為は，当時，自分は神であるという妄想，殺せという幻聴を主軸とし，これに支配された状態で行為に及んだものと認められ，心神喪失の状態にあった。

【43】罪状認否において責任能力が争点化されていなかったとしても，被告人の供述内容や入通院歴より責任能力について慎重に審理する必要があるとし，精神鑑定を実施した結果，統合失調症及び有機溶剤遅発性精神病性障害であり，本件犯行が幻覚・妄想に支配された状態にあったとして心神喪失とした事例。

広島高岡山支判平18・3・22裁判所ウェブサイト
罪名：暴力行為等処罰に関する法律違反
結果：破棄自判無罪
裁判官：安原浩・河田充規・吉井広幸
原審：岡山地判平17・3・15

▶▶ 事案の概要

生活保護を受給している被告人が，Bという人物が被告人の金員2億円を盗んだと思って立腹し，同金員を返してもらおうと考えて，包丁を所持して（B宅ではなく）D宅を訪問し，D宅の家人（Dの妻，59歳の女性）に対し，「旦那に金をとられた。返せ」などと申し向けながら，包丁を突きつけたものである。

▶▶ 鑑定意見等

○M鑑定（控訴審段階）

　心神喪失（被告人が現実的な是非善悪の判断能力を有していなかったと判断した）。

▶▶ 判決要旨

　被告人の供述内容に徴すると，本件犯行が相当強固かつ不可解な幻覚・妄想の影響下で敢行されたことが強く疑われ，被告人がこれまで毒物及び劇物取締法違反の前科が存すること，捜査段階で被告人がシンナー後遺症の治療のために複数回入通院したことがある旨供述していたことに鑑みると，原審罪証認否において責任能力の点が特に争点化されなかったことを考慮しても，被告人の責任能力に欠けるところがなかったか否かは，できる限り慎重に審理・判断する必要があった。

　当審において実施した精神鑑定において，被告人が本件当時統合失調症，有機溶剤遅発性精神病性障害，両疾患の合併のいずれかの状態にあったとされた。

　被告人は，一定程度の見当識を残存しているものの，家賃の何万倍もの預金があったのは不自然であるとの矛盾点を突き付けても，巨額の金員を盗られたという主張は揺るぎなく訂正不能であり，妄想として固定化していること，被告人が財産を盗ったと主張する人物と無関係の被害者宅を訪れていること，59歳の女性という被告人よりも身体能力が劣ると考えられる人物によって携帯した包丁を取り上げられたこと，犯行後逃走したり隠れたりする積極的な行動を取らず，駆けつけた警察官に現場のすぐ近くで逮捕されたことなどに徴すると被告人は，本件当時，相当強固かつ不可解な幻覚・妄想に支配された状態にあり，現実的な是非善悪の弁別能力を有していなかったと認めるのが相当である。

【44】初期の統合失調症ながら，犯行時に寛解期にはなく，病勢の著しい時期にあった被告人が，妄想や幻覚の影響により通常人の心理から了解できる範囲を超えた動機を形成し，観念的に是非善悪の判断能力を有していたとしても，それを自己の直面する現実にあてはめ，行為の是非を論理的に判断して行動する能力が失われていた

可能性があるとし，被告人が本件犯行時，是非弁別能力及び行動制御能力を欠いた状態にあったという合理的疑いが払拭できないとした事例。

釧路地判平19・2・26裁判所ウェブサイト
罪名：現住建造物等放火
結果：無罪
裁判官：本田晃・木村曉宏・石田佳世子

▶▶ 事案の概要

一家5人（父，母，被告人，妹2人）で暮らしていた被告人が，自宅（2階木造家屋）の2階の一室において，食用油を浸したティッシュペーパー数枚にライターで火を点け，同ティッシュペーパーを布団上に置いて放火し，自宅を全焼させた。

▶▶ 鑑定意見等

○X鑑定（捜査段階・簡易鑑定）
　被告人が初期の統合失調症に罹患しており，責任能力につき尋常であったとはみなし難い，と判断しつつ，動機が一定程度了解できること（不快感やいらいらを解消するため），被告人が観念的に善悪の判断を有していることなどを考慮し，心神耗弱と判断した。
○Y鑑定（公判段階）
　本件犯行当時，統合失調症による幻覚妄想状態にあったもので，責任無能力と判断した。
○Z鑑定（公判段階）
　本件犯行当時，統合失調症に罹患していて，その程度は中等度と判断し，本件犯行当時，被告人は寛解期にはなく，むしろ病勢が著しかった時期にあり，思考障害も含めた人格水準の低下の病状が，横断的にみて決して軽症であったとはいえず，責任無能力とした。

▶▶ 判決要旨

1　生物学的要素と心理学的要素
　生物学的要素については，各鑑定によれば，被告人は本件犯行当時，初

期のいわゆる破瓜型（ないし解体型）の統合失調症に罹患していたと認められる。

心理学的要素については，動機につき，被告人はいくつかの犯行動機を述べており（①通りの隙間から家族などに僕の様子をのぞかれて腹が立った，②自分のことが嫌になった・人生あきらめた，③妹が気に入らなかった，④テレクラに行って性格が変わり，そのせいで火をつけた），供述に変遷が認められるところ，（各動機を逐一検討した上で）動機を形成する過程で精神疾患の影響があったことは明らかである。次に犯行態様等については，犯行当時の記憶をおおむね保持しており，意識が清明であったことが推認されるとしながらも，その一事をもって被告人に判断能力が残っていたと結論づけることはできないとし，むしろ，被告人は犯行後，自己の犯罪であることを知らしめるように本件犯行に用いたライターを自室に置きに行ったこと，犯行現場から逃走するでもなくぼう然と自宅付近にたたずんでおり，放火という重大犯罪を行い終わった者の行動としておよそ現実感に乏しく，精神疾患の影響が色濃くうかがわれる。

2　責任能力に関する各鑑定の検討

X鑑定については，動機につき一見了解可能というが，本件犯行は，被告人の性格（内向的で大人しい，決められたことを守るという評価）からみて，かなり異質であり，被告人本来の人格の発露として了解し難いものと指摘して斥け，また，鑑定留置を経たものではなく，診察時間が限られていたこと，妄想や幻覚に支配された犯行でなければ原則として心神喪失には相当しないという基本的立場に立っているものの，かかる立場が責任無能力を認める範囲が限定されすぎるのではないかという疑念を抱かざるを得ないこと，を指摘する。

Y鑑定については，犯行態様や犯罪性の認識等，犯行動機以外の要素についての検討が十分でない面があるものの，犯行当時の幻覚や妄想の程度が著しかったことから，被告人が心神喪失であった可能性を示唆するものとして無視できない，と指摘する。

Z鑑定については，同鑑定が，本件犯行につき妄想や幻覚に影響されたものであることを前提とし，かつ被告人が統合失調症に基づく思考障害により，本件犯行当時は心神喪失であったとの見解であることを前提とし，Z鑑定が，投薬等により疎通性の改善を図りつつ，十分な時間をかけて問診等を行っており，鑑定手法は合理的であること，鑑定実施時期が本件犯行から1年近く経過した時点であったところ，犯行当時の被告人の精神状

態については，犯行時から鑑定時までに著しい病状の変化がないことを前提として，鑑定時の精神状態から推認することを余儀なくされたが，かかる判断手法自体は適切であると指摘する。

3　結論

被告人は初期の統合失調症に罹患しており，本件犯行当時は，活発な妄想等が存し，病勢の著しい時期にあった。動機は，かかる妄想等が多分に影響して形成されたものと考えられ，通常人の心理から了解できる範囲を超えている。観念的には善悪の判断を有していたとしても，統合失調症による思考障害のため，善悪の判断を自己の直面する現実に当てはめ，当該行為の是非を論理的に判断して行動する能力が失われていた可能性がある。そうすると犯行態様が一見合理的であることなど検察官が指摘する事情を最大限考慮しても，是非弁識能力及び行動制御能力を欠いた状態にあったという合理的疑いを払拭しえない。

【45】殺意を持って通行人5名を自動車で次々にはねて，うち2名を死亡させた殺人及び殺人未遂の罪に問われた事案について，被告人は，当時統合失調症が急激に重症化しており，犯行は「悪魔の命令」と称する幻聴に支配されて行われたものであるから，心神喪失の状態にあったとの合理的疑いが残るとした事例。

大阪地判平19・2・28判タ1278号334頁

罪名：殺人・殺人未遂

結果：無罪（検察官控訴）

裁判官：西口眞基・千賀卓郎・野口登貴子

▶ **事案の概要**

被告人は，自転車に乗って通行中の被害者5名を殺害しようと考え，自分が運転する普通乗用自動車を時速約50キロメートルに加速し，次々と，被害者の背後から，自車の前部を被害者の自転車の後部に激突させ，2名を死亡させ，3名を負傷させたものである。

検察官は，動機について「自殺の道連れ」であるとして心神耗弱を主張し，

弁護人は、動機について「悪魔に命令され（た）」として心神喪失を主張した。

▶▶ 鑑定意見等
○樫葉明の鑑定（捜査段階鑑定書、第9回公判証言、第13回公判証言）
　全面的に悪魔の声（幻聴）に命令された犯行である。しかし、肉親を殺すのを避けたという選択性があり、完全に幻聴に支配された犯行とはいえず、被告人自身の意思が部分的に残っていたと解される。行為の状態をみると、2番目の被害者の殺し方は入念にして残忍であり、衝動性に支配された行為とは言い難い。以上を総合すると、本件各犯行時、是非弁別能力及びそれに従って行為する能力は著しく障害されていた。
○岡江晃の鑑定（公判段階鑑定書、第11回公判証言）
　本件各犯行は、統合失調症が急激に重症化に向かっている初期段階のときになされたものである。動機は、幻聴の命令・指示であり、正常心理では了解不能である。本件各犯行は、元々の被告人の人格、人柄とは全く異質な行為である。したがって、理非善悪を弁識する能力及びその弁識に従って行動する能力が全く失われていたと判断する。

▶▶ 判決要旨
　岡江医師は、本件各犯行時に、被告人の人格変化が始まっていた可能性があると判断した理由について、①鑑定時に相当重い方向に人格変化が進んでおり、これらの陰性症状は、年単位で徐々にはっきりしてくるものであること、②以前から、同僚に対し、小声で「ばか」と言ったり、その後も乱暴な運転をするなど、「人柄の小さな変化」は見受けられたこと、③本件各犯行中に眼前で繰り広げられた悲惨な状況や被害者に対して一顧だにしなかったことを挙げているところ、いずれも納得のいくものである。
　被告人は、統合失調症の症状である幻聴を、病気と捉えず、霊的なもの（悪魔の命令）と信じ、悪魔の命令に従って、犯行を決意したものであるから、犯行の動機が、正常心理からかけ離れた了解不可能なものであることは明らかである。
　岡江医師の分析は、被告人と家族との極めて密接な関係、被告人の犯行直後の行動、母と妹については幻聴から罰を言われなかったことと良く整合しており、納得がいくものである。よって、被告人が、幻聴から、母と妹を殺すように命令されたときに、我慢して耐えた行為は、被告人が本件各犯行時、自由な意思で被害者の対象選択をしたことを示すものではない。

被告人の統合失調症に基づく幻覚妄想状態が急激に悪化していき，本件各犯行時，それが高度のものに至っていたこと，本件各犯行は，被告人が，幻聴に命じられたからこそ敢行したものであること，被告人は，2分間という短時間のうちに，次々と激突しに向かっていき，その過程で咄嗟に殺害に向けて行動しているのであり，しかも，それらは何ら複雑な行動ではないこと，自動車の運転自体は，被告人が日常的に行っていた動作であることなどからすれば，被告人の殺害方法その他の行為態様をもって，被告人に行動制御能力が残存していたことの徴表とみるのは疑問である。被告人が一見して殺害という目的に沿った行動をとったことは，被告人に是非善悪の判断能力や行動制御能力が残っていたことを示すものとはいえない。被告人の犯行前の生活状況や犯行後の言動に，通常人と異ならない部分が存在することは，被告人に本件各犯行時，是非善悪の判断能力や行動制御能力があったことを示すものではない。
　他人の生命に対して，残虐な方法で次々と直接危害を加えるという本件各犯行は，被告人の平素の人格とは，全く異質な行為である。
　以上のとおり，被告人の本件各犯行当時の精神病の病状に加え，犯行の動機，犯行の態様，犯行前後の被告人の行動，被告人の平素の人格，被告人の生活状況等を総合して考慮すると，被告人は，本件各犯行時，統合失調症が，急激に重症化の一途を辿り，高度の幻覚妄想状態にあった上，被告人が「悪魔の命令」と称する幻聴に直接支配され，その圧倒的な影響を受けて本件各犯行に及んだものであって，被告人は，本件各犯行時，是非善悪の弁別能力及び行動制御能力を失い，心神喪失の状態であったとの合理的疑いが残るといわざるを得ない。

【46】現住建造物等放火の事案について，本件犯行当時，被告人は単純型ないしは破瓜型の統合失調症に罹患しており，その病状は急性期にあったものと認められ，陰性症状が著明であることからすれば，是非弁別能力，行動制御能力ともに合理的な疑いが残るといわざるを得ないとして無罪を言い渡した事例。

大分地判平20・5・15裁判所ウェブサイト
罪名：現住建造物等放火

結果：無罪
裁判官：宮本孝文・中島崇・大黒淳子

▶▶ 事案の概要

　被告人は，父A所有の木造瓦葺2階建居宅に，Aほか4名と共に居住していたところ，上記居宅に放火して日頃のうっ憤を晴らそうと決意し，平成17年11月4日午後1時ころ，1階6畳居間において，押入内の布団に点火したマッチを置いて火を放ち，Aらが現に住居に使用している居宅を全焼させて，これを焼損した。

▶▶ 鑑定意見等

○D鑑定
　被告人は，平成11年から平成16年11月ころまでの間のいずれかの時点で，単純型統合失調症を発症していた。感情鈍麻，無為・無気力で目的欠如，思考障害，自己や周囲への関心欠如，引きこもり等が著明となり，著しい人格変化を来した。被告人は，本件犯行当時，是非善悪の判断能力が著しい程度に障害されており，是非善悪の判断能力に従って行動する能力を喪失していた。類型については単純型である。

○E鑑定
　平成16年10月ころから，幻聴が出現していたことを前提として，被告人は，本件犯行当時，軽度精神遅滞であって，かつ，破瓜型統合失調症に罹患していたため，是非弁別能力及び行動制御能力を喪失していた。類型については破瓜型である。

▶▶ 判決要旨

　本件においては，被告人に犯行時の記憶の欠落や意識障害がなく，犯行の態様も一見合目的的で，統制がとれているようにみえる。また，犯行の動機も一見了解可能であり，違法性の認識もあったように思われる。
　D鑑定及びE鑑定によれば，被告人は，単純型ないしは破瓜型の統合失調症に罹患し，行動制御能力ないしは是非弁別能力及び行動制御能力を喪失していて，責任能力がなかったとされるが，上記のような点にかんがみれば，少なくとも限定責任能力はあったとの検察官の主張にも首肯できるところがないわけではない。

しかしながら，被告人が単純型ないしは破瓜型の統合失調症に罹患していたとの両鑑定の精神医学的判断は信用することができるものであるところ，被告人は，思考障害のほか，感情の鈍麻，自己や他者への関心欠如といった陰性症状が著明であった上，発症後，全く治療を受けていなかったのであるから，その病状は急性期にあったものと認められる。そして，既に詳述したとおり，そのような陰性症状からすれば，家に放火するということの社会的・規範的な意味をほとんど理解できていなかった可能性があり，行為の違法性を認識していたとはにわかに認めがたい。

　したがって，被告人に是非弁別能力があったとするには合理的な疑いが残る。また，陰性症状の著しさにかんがみると，一見了解可能にみえる犯行の動機や合目的的にみえる犯行の態様も，陰性症状の影響を抜きにして理解することは困難であるともいえる。さらに，E鑑定によって指摘された幻聴の存在からすると，幻聴が犯行の動機の形成に大きな影響を与えた可能性もある。そして，そうであるとすると，是非弁別能力にとどまらず，行動制御能力があったとするのにも合理的な疑いが残るといわざるを得ない。

　以上より，本件犯行当時，被告人に責任能力があったと認めることはできない。

【47】隣家に侵入し，携帯した包丁で隣家の家人4人を突き刺すなどしたが，殺害するには至らなかったという殺人未遂の事案について，被告人が殺害を決意した犯行動機は了解することが著しく困難で，犯行時の状況や犯行後の行動を検討しても，犯行時に違法性の認識を有していたとは断定し難く，本件犯行当時，統合失調症による幻聴や妄想に強く影響されていたことが明らかであり，心神喪失状態であったとの合理的な疑いが残るとした事例。

大阪地判平20・5・26裁判所ウェブサイト
罪名：殺人未遂・銃刀法違反
結果：無罪
裁判官：西田眞基・千賀卓郎・馬場崇

▶▶ **事案の概要**

　統合失調症に罹患していた被告人（23歳前後）が，隣家の家人から誹謗中傷されていると思いこみ，同家人らを殺害しようと考えて，隣家に侵入し，携帯した包丁で当時12歳の子供を含む同家人4人を突き刺すなどしたが，傷害を負わせるにとどまり，殺害するには至らなかった。

▶▶ **鑑定意見等**

○G鑑定

　本件犯行は，幻聴の支配力と違法性の認識という二重の見当識の上に成立していたのである。具体的には，幻聴による行動力が違法性の認識による抑制力を凌駕したことにより，本件が惹起されたことになる。本件犯行時における被告人の是非弁別能力及びこれに従って行動する能力は著しく減じていたものと思料する。

○H鑑定

　被害者らの不当な行為すなわち「悪口」は言うまでもなく幻聴であり，被告人は，被告人は合理的な根拠なく自己の行為を正当とみなしていた。仮に弁別能力が多少とも保持されていたとしても，問答無用の行動態様に現れているように，怒りという情動（急激に生じる強度の感情）に支配されており，弁別によって行動を制御する能力は失われていたとみるべきである。本件犯行時における被告人の是非善悪を弁別し，その弁別に従って行動する能力は失われていたと考えられる。

▶▶ **判決要旨**

　被告人は，統合失調症の症状を相当悪化させ，幻聴や妄想が活発化していたところ，本件犯行直前に聞いた幻聴により八方ふさがりの状態になったことから，この上は被害者一家を殺害しようと決意したものであって，このような犯行動機は了解することが著しく困難であるし，被告人の本来の人格とは全く異質なものであり，統合失調症による幻聴や妄想がなければ殺害を決意することはなかったという意味において，幻聴や妄想に強く影響されていたことは明らかである。また，犯行時の状況も，被告人が犯行をためらった形跡はなく，110番通報をしたことなどの犯行後の行動を検討しても，被告人が正に犯行時に違法性の認識を有していたとは断定し難い。被告人は，常日頃，殺人が違法な行為であるという抽象的かつ観念

的な知識を有していたが，犯行時，統合失調症による幻聴や妄想の強い影響を受けて，自らの行為について，長年にわたって悪口を言ってくるという不当な行為に対する最後の対抗手段として，正当性を有するものと不合理にも認識していたものと認められ，反対動機を形成する前提として，自己の直面する具体的状況に応じて行為の是非善悪を弁別する能力は，完全に失われていた疑いが濃厚である。さらに，幻聴とのやり取りで激情に駆られ，強度の精神運動興奮の状態にあり，意識が清明でなかった可能性すらあるのであるから，仮に犯行時，是非善悪を弁別する能力がごくわずかに残存していたとしても，その弁別に従って自己の行動を制御する能力は失われていた疑いが濃厚である。

よって，被告人の本件各行為は，心神喪失者の行為として罪とならない。

【48】被告人が実兄の背部を洋出刃包丁で刺突して殺害した事案について，被告人は，統合失調症により変化した人格に基づいて本件犯行に及んだと理解され，本件犯行当時，是非弁別能力又は行動制御能力を有さない状態にあったとの合理的な疑いが残るとした事例。

大阪地判平20・6・26裁判所ウェブサイト

罪名：殺人

結果：無罪

裁判官：笹野明義・安永武央・野村昌也

▶▶ 事案の概要

被告人は，平成2年頃，統合失調症と診断され，平成6年から10年間の間に断続的に22回入院し，犯行当時も，父Aと実兄である被害者（当時44歳）と同居しながら，精神科に通院していた。被告人は，以前から被害者に家事分担を要求されていたところ，犯行前日，家事分担を強く求められ，そのことを非常に負担に感じ，犯行当日に，被告人の求めに従って家事分担の要求があっさり取り消されたにもかかわらず，また要求されるかもしれないと心配になり，家事分担を求めたことの反省文を書くよう求めたが，

被害者からこれを断られたりしたことから，被害者に対する怒り・興奮を高め，その後被害者が土下座したものの，土下座している被害者の背中を包丁で突き刺し殺害したという事案。

▶ 鑑定意見等
○Y医師（裁判所選任）の鑑定
　被告人は，犯行当時統合失調症（鑑別不能型）に罹患していた。被告人は重度の統合失調症であり，犯行生起時の精神状態は，幻覚，妄想等の病的体験は活発ではないが，長期にわたる統合失調症の罹患によりストレスに対しての脆弱性や，衝動性を制御することの困難さを認め，短絡的な行動に移行しやすい状態にあった。動機は一見了解性があるように見えるが，その過程には長期間の統合失調症の罹患が大きく関係しており，犯行態様に計画性，作為性は認められない。犯行後の行動も感情の鈍磨や平板化を表すものであり，現在の暴力的な性格も，発病前の被告人の性格からすれば生来のものとはいえない。本件においては，統合失調症に罹患していることが犯行に至る過程に大きく影響を与えていることが明らかであり，本件犯行時の被告人は事物の理非善悪を弁識し，それに従って行動する能力は喪失していた。
○Z医師の鑑定
　被告人を重度の統合失調症と診断したことは誤りであり，Y医師の診断は信用できない。

▶ 判決要旨
　被告人は，長年にわたって入院生活を伴う統合失調症に罹患しており，本件犯行当時は，活発だった陽性症状は収まったものの，陰性症状の進行によって感情の鈍麻・平板化が著しくなり，規範意識が浅薄なものへとなる一方で，衝動性を制御することが困難で，易刺激的・攻撃的な性格へ変化していった。また，被告人は，統合失調症によりストレス耐性が脆弱化していたところ，平成17年5月以降不眠が続き，平成18年ころよりAの認知症による問題行動をきっかけに，ストレスを蓄積させ，ストレスの原因となったAに対する強い暴力行為に及んだり，幻聴・幻覚が出現するなどその病状は悪化していった。
　このような中，被告人は，当時の被告人にとっては加重な負担と感じられる家事分担を被害者から要求されたことをきっかけに，その後被告人の

申入れにより家事分担の要求があっさり撤回された後も，了解困難な程度に一方的かつ急激に殺意を形成し，その形成された殺意を一気に実行に移し，本件犯行後も不可解な言動をとっている。

　なお，被告人は，本件身柄拘束後，拘禁反応の影響も否定はできないものの，妄想追想を生じるに至っている。これらのことからすると，本件犯行と統合失調症の結びつきは極めて強く，被告人は，統合失調症による人格水準の低下に加え，ストレス耐性が脆弱化しているところに過度のストレスがかかって病状が悪化し，統合失調症により変化した人格に基づいて本件犯行に及んだと理解されるのであり，本件犯行当時，是非弁別能力又は行動制御能力を有さない状態にあったとの合理的な疑いが残るといわざるを得ない。

【49】被告人が，母親の首を絞めて窒息させたとして，殺人の罪に問われた事案について，被告人の病状，犯行動機が理解できないこと及び本件犯行は統合失調症の影響を強く受けてなされたものと考えられるとする起訴後の精神鑑定等を前提に，被告人は，本件犯行当時，統合失調症の影響により，善悪を判断し，その判断に従って行動する能力を失っていた合理的疑いが残るといわざるを得ないとした事例。

鹿児島地判平21・4・16裁判所ウェブサイト
罪名：殺人
結果：無罪
裁判官：平島正道・加藤陽・橋口佳典

▶▶ **事案の概要**

　被告人（当時44歳）は，自宅で，殺意をもって，同居する実母（当時64歳）の頚部を圧迫して，その場で，同人を窒息死させて殺害した事案。被告人（当時44歳）は，平成3年ころ統合失調症と診断され，入退院を繰り返しつつ，平成19年の犯行当時も通院投薬治療を続けていた。

▶▶ 鑑定意見等

〇起訴前の精神鑑定

　被告人が本件犯行を否認し，犯行動機や犯行状況等について詳しく供述しないまま行われたものであったところ，起訴後，被告人が弁護人に対して本件犯行を認めた上，犯行動機等について具体的な供述をするに至ったことから，弁護人が改めて請求した精神鑑定を採用したため，不採用。

〇乙鑑定

　被告人の人格水準は著しく低下している。本件犯行は妄想に支配されて行われたものではないが，妄想に大きく影響されて開始されたものであり，計画的なものではないと認められる。

　被告人には，現実検討能力の著しい障害と人格水準の著しい低下により，自分の行為の邪悪性の認識が存在したかは疑わしく，仮に邪悪性の認識が多少なりともあったとしても，表面的・観念的なものにすぎず，決して社会的・規範的な認識ではなく，また，事が起きた後の認識にすぎず，犯行時には邪悪性の認識はなかったと推測される。

▶▶ 判決要旨

　被告人の犯行中の状況に関する公判供述の要旨は，「母親から，『甲君，病院に行くが』と言われ，人間は熱がないと生きていけないのに，病院に入院すれば，その熱を奪われてひどい目に遭うので，そういう苦しい生活はしたくないと思い，かっとなり，母親の首に両手をかけて押し倒し，力一杯絞めたところ，母親は，『マッケンロー』と言って，その口が左側に伸びてとがった。母親を早く楽にしてやろうと思って，抵抗する母親の首を絞め続けた」というものであるところ，このような状況からすると，被告人には，思考のゆがみや現実検討能力の障害が見られ，相手の肉体的・精神的な苦痛や悲しみ等を感じることができていないとみることができる。

　乙鑑定の医学的所見に加えて，突如母親に殺意を抱いた動機に関する供述が全く了解不能であることや，犯行に着手した後，何のためらいもなく一気呵成に母親を殺害した犯行態様からは，自己の行動を抑制する能力が欠けていると見られること，母親がいなくなったお陰で健康になったと供述するなど自省や後悔の念が見られず，感情の形成面でも正常さを欠いていること等を総合すれば，被告人が，本件犯行当時，統合失調症の影響により，善悪を判断し，その判断に従って行動する能力を失っていた合理的疑いが残るといわざるを得ない。

【50】被告人が，母親の頸部を薪で多数回殴打し死亡させたとして殺人の罪に問われた事案について，被告人に殺意を認める一方，本件犯行当時，被告人の統合失調症が改善傾向にあったとはいえず，また，本件の犯行動機が被告人の被害妄想にあった可能性があること等から，被告人に責任能力があったとするには合理的な疑いが残るとした事例。

仙台地判平21・5・7裁判所ウェブサイト
罪名：殺人
結果：無罪
裁判官：卯木誠・宮田祥次・新宅孝昭

▶▶ 事案の概要
　統合失調症の治療中であった被告人が，母親（当時76歳）の頭部を，殺意をもって，薪（長さ約32センチメートル，重量約567グラム）で多数回殴打し，外傷性脳障害により死亡させた。

▶▶ 鑑定意見等
○Cの意見書（弁号証）及び証言
　本件犯行当時，被告人には病識がなく，自ら進んで服薬をする態度ではなかった。向精神薬の服薬中も被告人の独語は残存していた。
○Dの精神鑑定書（検察官請求証拠）
　被告人は，犯行当時，心神耗弱であった。しかし，生きていかれないと感じたために本件犯行に及んだとの被告人の説明を全面的に採用すると，身の危険を感じてやむを得ず犯行に至った回避困難な状況だった可能性が高く，この場合，心神喪失にかなり近い状況になってくる。
○E及びFの意見書（弁号証）及び証言
　本件犯行時に，被告人は母親が母親でないという妄想知覚下にあったが，約1時間後には，その妄想知覚が去っているから，110番通報において被告人が一見判断能力があるような言動をしているからといって，犯行時にも判断能力があるとはいえない。

▶判決要旨

　検察官は，責任能力があったことの根拠として，①統合失調症が改善傾向にあったこと，②犯行動機が十分了解可能であったこと，③被告人が本件犯行後，自分の行為の意味を理解し，善悪を判断して行動していたことを挙げる。

　しかし，C医師の証言からすれば，被告人の統合失調症が改善傾向にあったと直ちにはいえない。

　また，検察官は，被害者と土地を売ることについて口論となった点を本件犯行の動機として指摘しているが，当該口論は，被告人の妄想に基づくものであることを否定できず，口論が実際にあったと認めるには合理的な疑いが残る。検察官は，風呂が沸いているいないで，被害者に馬鹿にされたように思い，カッとなったことも了解可能な動機として主張するが，かかるささいな事情で被告人が被害者の頭部を硬い薪で多数回強く殴打するという行為に出るというのは，動機として了解不能である。

　さらに，E医師及びF医師は，本件犯行時に，被告人は母親が母親でないという妄想知覚下にあったが，約1時間後には，その妄想知覚が去っているから，110番通報において被告人が一見判断能力があるような通報をしているからといって，犯行時にも判断能力があったとはいえない旨指摘している。また，被告人は，生きていかれないという一貫した妄想の主題により，心理的に追いつめられていたと解することもでき，110番通報についても，生きていかれないとの妄想を有していた被告人が生きていくために警察に連絡をしたと評価することもできるのであって，検察官の主張するように，被告人の行為が罪の意識等を示すものとは断定できない。

　以上から，本件犯行当時，被告人に責任能力があったとするのには，合理的な疑いが残る。

【51】被告人は，慢性期の統合失調症に罹患しており，精神障害の程度は重いものであって，本件犯行が被告人の本来の人格とは異質な行為であることに照らしても，統合失調症の影響のもとに行われたものであることは明らかであり，本件犯行当時，被告人が，事理弁識能力及び行動制御能力のいずれも失っていなかったと認めるに

はいまだ合理的な疑いが残るというべきであり，「被告人が本件犯行当時心神耗弱の状態にあった」として，被告人に限定的ながらも責任能力を認めて懲役3年（5年間の保護観察付き執行猶予）を言い渡した原審（裁判員裁判）を破棄し，無罪を言い渡した事例。後掲【69】の控訴審判決。

福岡高判平23・10・18裁判所ウェブサイト
罪名：殺人
結果：破棄自判無罪（確定）
裁判官：川口宰護・松藤和博・山野幸雄
原審：大分地判平23・2・2（後掲【69】）

▶▶ 事案の概要

被告人は，殺意をもって，実母の首及び左側胸部等を金属製の缶切りで多数回突き刺すなどし，よって，そのころ，同人を心刺創などによる失血により死亡させて殺害した。

▶▶ 鑑定意見等

○C鑑定（原審）

被告人は，本件犯行当時，統合失調症に罹患しており，発病後約18年以上が経過した慢性期の状態にあった。これにより，著しい人格変化をきたしており，特に現実検討能力の著しい障害があり，意欲の著しい低下，喜怒哀楽の感情の乏しさ，道徳感情や憐憫の感情，共感性などにも著しい障害があった。本件犯行は，慢性期の著しい人格変化の状態でなされたものであり，前後の脈絡なく唐突に「母親と弟を殺そう」との考えが浮かび，現実検討能力，喜怒哀楽の感情の乏しさ，道徳感情や憐憫の感情，共感性などが著しく障害された状態であったために，自身の行動を止められず，徹底して実行されたものである。

▶▶ 判決要旨

被告人は，1審判決が「争点に対する判断」の第2の7項で説示するように，「慢性期の統合失調症に罹患しており，精神障害の程度は重いものであった。そして，本件犯行が被告人の本来の人格とは異質な行為であるこ

とに照らしても，統合失調症の影響のもとに行われたものであることは明らかである」上，その動機は了解不可能なものであること，犯行態様は相当に奇妙なものであること，犯行前後の行動にも不可解なところがあることなどからすると，本件犯行当時，被告人が，事理弁識能力及び行動制御能力のいずれも失っていなかったと認めるにはいまだ合理的な疑いが残るというべきである。そうすると，「被告人が本件犯行当時心神耗弱の状態にあった」として，被告人に，限定的ながらも責任能力を認めた1審判決は，証拠の評価を誤り，事実を誤認したものといわざるを得ず，これが判決に影響を及ぼすことは明らかであるから，破棄を免れない。

　弁護人らの事実誤認の主張は理由がある。

(2)　限定責任能力が認められた事例

【52】被害者の首筋をシャープペンで突き刺したという傷害の事案について，被告人は犯行当時精神分裂病に罹患していたとしつつ，重症には至っておらず，動機は了解可能であり，犯行態様や犯行前後の行動に不自然ないし不合理な点はないとして，限定責任能力にとどまるとした事例。

東京地判平3・10・15判タ780号263頁
罪名：傷害
結果：懲役7月（確定）
裁判官：戸倉三郎

▶▶ 事案の概要

　被告人は，簡易宿泊所の向かいの部屋に宿泊していた被害者が自己の金銭を盗んだと考えていた上，被害者らしい声で被告人を愚弄するような幻聴等が加わり，被害者に対する憤まんを一層募らせていたところ，犯行当日戸の開け閉めを巡って被害者と口論になったが，その際被害者から，「友達じゃないか」と被告人にしてみれば神経を逆撫でするようなことを言われたため，憤まんが一挙に爆発し，改造シャープペンを被害者の首筋に下

から突き上げるような形で突き刺し，左頸部刺創の傷害を負わせた。

▶▶ 鑑定意見等

○高木洲一郎の鑑定

　被告人は，少なくとも昭和63年以後，妄想型精神分裂病に罹患しており，本件犯行時にも同病に罹患していた。本件犯行は精神分裂病に基づく明らかな幻覚妄想の上に行われたもので，犯行当時，被告人は，物事の是非善悪を弁別し，それに従って行動する能力に欠けていた。

▶▶ 判決要旨

　本件犯行当時の被告人の精神分裂病は軽症とはいえないが，いまだ重症に至ってはいなかったものと認められる。

　被告人の被害者に対する憤まんの根本は，被害者が被告人の金を盗んだと考えていたことにあり，被告人がそのように考えるに至った直接の根拠はそれなりに了解可能な推論である。この推論は，妄想や幻聴とは一応切り離されたものであるから，被告人が本件犯行に及んだ動機は，その根本においては，なお了解可能なものである。少なくとも，本件犯行が，妄想や幻聴に支配されたり，直接動機付けられたものということはできない。

　被告人の犯行の態様，犯行前後の行動には，何ら不自然，不合理な点は見受けられない。

　本件犯行の前後を通じ，被告人は意識が清明で，一時的にも錯乱状態に陥った形跡がなく，犯行に至る経緯，犯行状況，犯行後の行動に至るまで，被告人の記憶見当識は極めて明瞭で，前後矛盾するところは何ら認められない。

　以上からすると，高木鑑定のうち，被告人は物事の是非善悪を弁別し，それに従って行動する能力に欠けていたとする部分はたやすく採用することができない。一方，自己制御が著しく困難になっていたことは明らかで，犯行当時罹患していた妄想型精神分裂病に起因する妄想や幻聴により，自己の行為の是非を弁識し，これに従って行動する能力が著しく減じており，心神耗弱状態にあったと認めるのが相当である。

【53】晩発性精神分裂病に基づく幻覚，妄想状態にあったが，このよ

うな病的体験とは直接の関係がない建造物侵入，窃盗を犯した被告人につき心神耗弱状態にあったと認定し，完全責任能力を認めた原判決を破棄した事例。

東京高判平8・2・19東高刑時報47巻1〜12号20頁
罪名：建造物侵入・窃盗
結果：破棄自判
裁判官：香城敏麿・森眞樹・林正彦
原審：東京簡裁（判決日不明）

▶▶ 事案の概要

建造物侵入，窃盗の事案（詳細不明）。

▶▶ 鑑定意見等

○仲村禎夫の鑑定（控訴審）
　被告人は，本件犯行当時，晩発性精神分裂病に基づく幻覚，妄想状態にあった。

▶▶ 判決要旨

　当審鑑定人仲村禎夫作成の（精神）鑑定書によれば，被告人は，本件各犯行当時，晩発性精神分裂病に基づく幻覚，妄想状態にあったものと認められる。しかしながら，被告人の当時の責任能力については，本件が金銭に窮した末の窃盗及びその手段としての建造物侵入事犯であって，幻覚等の病的体験とは直接の関連がないと考えられるほか，各犯行に至る経緯に不自然な点はなく，具体的な犯行やその後の盗品の処分等に際して十分に合理的な行動が採られており，これらについての被告人自身の記憶もよく保持されていることの諸点に照らすと，事理の是非を弁別し，これにしたがって行動する能力が失われていたとは認められず，これらの能力が著しく減退した状態にあったものと認めるのが相当である。
　以上のとおり，被告人は，本件各犯行当時，心神耗弱の状態にあったものであるから，完全責任能力を認めた原判決は事実を誤認したものであり，これが判決に影響を及ぼすことは明らかである。

【54】本件各犯行当時，被告人は，体感異常を伴う被害妄想を中心とする妄想状態にあり，右妄想状態が精神分裂病によるものか妄想性障害によるものかは別として，物事の事理弁別を判断し，その判断に従って行動する能力が著しく減退している状態にあったとは認められるが，それらの能力を欠く状態にあったとまでは認められないとして，心神耗弱を認めた事例。

東京地判平9・8・12判時1629号156頁・判タ965号270頁
罪名：殺人・銃刀法違反
結果：懲役12年（確定）
裁判官：三上英昭・後藤眞理子・大串真貴子

▶▶ 事案の概要

　そけいヘルニアの手術を受けた後，体調不良の症状を訴えるようになった被告人が，当該手術は人体実験であったと考えるに至り，至近距離から拳銃を利用して発砲する方法により，手術執刀医を殺害した事案。

▶▶ 鑑定意見等

○保崎秀夫の鑑定
　被告人の犯行は，妄想性障害による被害妄想に基づくもので，本件犯行当時心神耗弱の状態にあった（限定責任能力）。
○斎藤正彦の鑑定
　犯行当時，妄想型精神分裂病により切り離された状態にある上，思路障害，精神内界の貧困化などの陰性症状もすでに進行しており，正常な理非善悪の判断をなす能力を欠いていた（責任無能力）。

▶▶ 判決要旨

　被告人の体感異常を中心とする被害者に対する被害妄想は，手術後の体の不調を契機として形成されたと考えられ，妄想の内容自体は奇異で理解困難なものであるが，そのような妄想を抱くようになった経緯及び動機の形成過程は了解可能なものである。犯行に至るまでの行動についても，そ

れなりに合理的な判断に基づいたもので，犯行後の行動も了解可能な行動といえる。

　各事実及び保崎鑑定を総合すると，本件各犯行当時，被告人は，体感異常を伴う被害妄想を中心とする妄想状態にあり，右妄想状態が精神分裂病によるものか妄想性障害によるものかは別として，物事の事理弁別を判断し，その判断に従って行動する能力が著しく減退している状態にあったとは認められるが，それらの能力を欠く状態にあったとまでは認められない。

　斎藤鑑定は，拳銃を入手する際の被告人の行動や犯行後の計画性のない逃走行動，書面を用意してテレビ局を回るといった行動等が理解に苦しむ行動であり，日ごろの被告人の人格とはかい離しているとするが，裁判所の認定した考えとは見解を異にしていて採用できない。また，被告人には精神分裂病に特有の陰性症状の進行が認められるとする点も，保崎秀夫の再鑑定における心理検査結果等によれば，必ずしもそのように断定できず，精神分裂病かどうかは別として，被告人が本件犯行当時心神喪失状態であったとする点においては，到底採用できない。

　したがって，被告人は，本件犯行当時，物事の事理弁別を判断し，その判断に従って行動する能力が著しく減退しており，心神耗弱の状態にあった。

【55】被告人は，本件殺人の犯行当時には，精神分裂病のため心神耗弱の状態にあったと認めつつ，心神喪失の状態にはなく，本件死体遺棄の犯行当時には，心神喪失の状態にも心神耗弱の状態にもなかったと認定し，殺人について刑の減軽を行い懲役8年を言い渡した事例。

福岡地判平13・6・19公刊物未登載
罪名：殺人・死体遺棄
結果：懲役8年
裁判官：濱崎裕・向野剛・岡崎忠之

▶▶ 事案の概要

被告人が，精神病院に入院中に知り合ったAから持ちかけられた仕事の話が実現しないことから騙されていると疑念を抱き，また，Aが知人のBを差し向け，被告人を殺そうとしているなどと誤信して，Aを殺害した上，その発覚を恐れて，実兄らとともにAの遺体を車のトランクに積み込んで遺棄したという殺人，死体遺棄の事案。

▶▶ 鑑定意見等

○福島章の鑑定（公判段階）

被告人の現在の精神状態は，精神分裂病であり，また反社会性人格障害でもある。被告人は，殺人の犯行当時，精神分裂病のために，自己の行為の是非善悪を判断する能力及びその判断に従って行為を制御する能力が著しく低下していたと考えざるを得ないが，死体遺棄の犯行当時には，上記能力が精神分裂病のために多少減退していた疑いもあるが，それが著しい程度の減退であったとまではいえない。

○林幸司の鑑定（捜査段階）

犯行時，現在時とも，被告人（鑑定時被疑者）は，反社会性人格障害と診断され，行為の不法性を弁識して行動する能力に障害を及ぼすものではない。幻覚妄想様状態のために精神分裂病と診断された既往があるが，薬物性の可能性が高い。

▶▶ 判決要旨

本件殺人の犯行当時の被告人の精神状態については，ア）犯行動機は一応了解可能であること，イ）犯行の際，被告人に幻覚は認められず，被告人が，精神分裂病による異常体験に直接支配されていたとはいえないこと，ウ）犯行時の意識は相当鮮明で，意識障害等はなかったと認められること，エ）犯行後の被告人の言動は，前後の脈絡が認められて了解可能なものであること，オ）犯行は残虐ではあるが，反社会性人格障害者の行為とみても，特に不自然，不合理であるとまではいえないことなどの事情が指摘できるが，他方，カ）被告人は，精神分裂病に罹患していると認めるのが相当であるところ，犯行時の症状は，現在より重症であった可能性が高いこと，キ）犯行当時の被告人に，精神分裂病に由来する妄想が介在している可能性があること，ク）犯行態様は，執拗かつ残虐で，犯行にあたって躊躇したりしている様子も見受けられず，犯行に至る経緯を併せ考慮しても，このような行

為の残虐性，異常性が病的な負因と無関係であるともいえないことなどの事情も指摘することができ，かかる諸事情を併せ考えると，被告人は，殺人の犯行当時，是非善悪を弁別し，これに従って行動する能力を欠いた状態には至っていなかったものと認められるが，精神分裂病のため，その能力が著しく減弱した状態にあった可能性を否定できない。

本件死体遺棄の犯行にあっては，一面で無計画かつ場当たり的な行動状況を呈しているものの，他面で，被告人が殺人の犯行の発覚を恐れて死体を隠匿しようとした犯行動機，自首に至るまでの約1週間，一応死体の隠匿という目的を遂げていること，精神障害者であれば免責されると考え，また，共犯者らをかばおうとも考えて自首していることなどの事情に照らすと，その当時の行動は，相応に合理的で納得できるものであって，前記の被告人の精神状態等を考慮しても，是非善悪を弁別し，これに従って行動する能力が著しく減弱した状態には至っていなかったものと認められる。

以上のとおりであるから，被告人は，①殺人の犯行当時には，精神分裂病のため心神耗弱の状態にあったと認めるのが相当であるが，心神喪失の状態にはなく，②死体遺棄の犯行当時には，心神喪失の状態にも心神耗弱の状態にもなかったと認めるのが相当である。

【56】 妄想型精神分裂病に罹患し，その慢性経過中であった被告人が，隣家の住民2名を鉈を使用して殺害等したという事案について，本件犯行当時，被告人は妄想型精神分裂病のため，その責任能力が心神耗弱の状態にまで減退していたものの，心神喪失の状態にまで至っていなかったと認め，懲役20年を言い渡した事例。

千葉地判平13・12・21公刊物未登載
罪名：殺人・銃刀法違反
結果：懲役20年
裁判官：下山保男・加登屋健治・森田強司

▶▶ **事案の概要**

妄想型精神分裂病に罹患し，その慢性経過中であった被告人が，生き甲

斐として日々手入れに明け暮れていた盆栽に，隣家に居住するAが再三悪戯をしていると思い込み，同人の殺害を決意してA宅に赴き，AとAの実母であるBを認めたが，A殺害の決意が固く，その犯跡を隠蔽するためには，犯行の目撃者となるBをも殺害するほかないと考え，両名を鉈で殺害したという事案。

▶▶ 鑑定意見
○G鑑定（捜査段階）
　A殺害については，心神喪失。B殺害については，心神耗弱。
○H鑑定（公判段階）
　心神耗弱。

▶▶ 判決要旨
　被告人は昭和50年ころ妄想型精神分裂病に罹患して入退院を繰り返し，その後通院投薬治療を継続しており，本件犯行当時も妄想型精神分裂病に罹患していたこと，それに起因して，被告人は，平成5年ころから，自らが生き甲斐としている盆栽を隣家のAが執拗に悪戯をしているとの被害妄想を持ち，その仕返しとしてAに対する嫌がらせを繰り返し続け，本件当時に至るまで同様の強固な被害妄想を有していたことが認められる。

　そして，A殺害を決意した過程をみるに，同人が盆栽に悪戯をしているとの長年の被害妄想に端を発し，本件犯行直前に盆栽のカリンの実にAが傷を付けたとの妄想を抱いたことが犯行を決意した原因となっており，その犯行動機が妄想型精神分裂病に起因していることに加え，本件犯行は，殺傷能力の高い鉈を用いて，Aらの頭部等を力一杯めった打ちにするという極めて残虐，冷酷な態様であるところ，盆栽の悪戯という自らに対する嫌がらせをやめないAを殺害して排除するという犯行動機は，結果の重大性と対比して極めて不均衡であり，通常謀殺に至らしめるに首肯できる動機とはいい難く，犯行態様との間にも大きな不均衡があるといえ，その犯行動機に了解し難い面があることは否定できない。

　しかしながら，他面で，前記認定事実及び関係証拠によれば，次のような事実が認められる。

　まず，本件犯行前の被告人の生活状況をみるに，被告人は，本件当時，その職業・稼働能力こそ低下していたものの，相当程度の社会適応能力を有していたと認められる。

次に，本件犯行当時の被告人の病状をみるに，Ａに対する被害妄想を除いては，本件当時，被告人には格別問題視すべき幻聴，幻覚，その他の妄想等がなかったと認められ，その生活状況等も併せれば，被告人は，妄想型精神分裂病に罹患していたものの，その病状は顕著なシュープが認められるいわゆる急性期にはなく，慢性経過中であったとみられる。
　また，本件犯行の動機をみるに，本件犯行に及んだことにはなおわずかながらの了解可能性を有しているといえる。Ｂ殺害はＡ殺害の犯跡隠蔽のためのものであり，その動機が十分に了解可能であることはいうまでもない。
　更に，本件犯行の態様をみるに，Ｂが在宅するという意外な状況を瞬時に把握し，自らの価値判断を瞬時に行った上で犯行に及ぶなど，その行動は合目的であると評価できる。
　加えて，被告人はＡ殺害という目的に向かって合目的に周到な準備をしており，本件犯行が極めて計画的であること，被告人が本件犯行が極めて重大な刑事責任を問われる犯行であることを十分に認識していた。
　これらの事実に加えて，被告人が本件犯行状況等について具体的，詳細に記憶し，供述していることを総合すると，本件犯行当時，被告人は妄想型精神分裂病に罹患しており，完全責任能力を有していたとはいえないが，心神喪失の状態にまでは至っておらず，著しく減退した状態，すなわち心神耗弱の状態にあったと認めるのが相当とみられるところである。
　Ａに対する殺害行為と，Ｂに対する殺害行為は，同一日時場所でなされたものであり，全体として一つの行為と評価すべきであると考えられるところ，Ｇ医師は，行為の多様性，多質性，多重性等を観念し得るとの前提に立った上で，被告人の強固な被害妄想に直接起因したＡ殺害については心神喪失の状態，そうではないＢ殺害については心神耗弱の状態にあったとして被害者毎に異なる判断をしているが，その前提とする行為の多様性，多質性等なる概念が明確ではない。

【57】被告人の病状，犯行態様・動機，犯行前後の行動等の諸事情を総合考慮すると，被告人には，本件犯行当時，行為の是非善悪を弁別しこれに従って行動する能力が多少は残されていたことが認められるが，本件犯行の経過の唐突さや衝動性は否めないことか

ら，統合失調症により，自己の行為の是非を弁別し，これに従って行動する能力が著しく減弱しており，心神耗弱状態にあったと認めるのが相当であるとされた事例。

甲府地判平16・5・6裁判所ウェブサイト
罪名：殺人
結果：懲役6年
裁判官：山本武久・柴田誠・肥田薫

▶▶ 事案の概要

　被告人は，横手小刀で被害者の背部を突き刺すなどして大動脈切断による出血性ショックにより死亡させた。

　本件犯行の経緯は，被告人は，平成14年の暮れころから，「アメリカ合衆国に行く」という発言をするようになり，平成15年3月12日，A店（以下「A」という）において，「ニューヨークに行くから車を貸してくれ」と発言し，同月14日に返還する約束で普通乗用自動車（H。以下「H」という）を賃借したが，Hの返還期限である同月14日を経過してもこれを返還しないまま使用し続けていたところ，A次長らによる再三の返還要求に被告人が応じなかったため，A次長らは，同年5月23日，被告人居住団地駐車場からHを同店に持ち帰ったのであるが，被告人は，翌24日，妄想により自分がイギリスから借りているHがAに勝手に持ち去られたものと思いこみ，このままでは自分が賠償しなければならなくなるという不安に駆られるとともに，自分が現に使用しているHを勝手に持ち去られたことに憤り，Hを取り戻そうと決意した上，Aの従業員が拳銃や包丁を持っているという妄想に基づく恐怖感から横手小刀を携帯して同店に赴いたところ，たまたま応対した次長からHの返還要求を拒否されたことから立腹し，同人の胸を右手で突き飛ばし，さらに，その場に居合わせた被害者から，「暴力はやめましょう」などと諫められたのに対しても，自分の返還要求を阻むための文句と受け止めて激高し，横手小刀を取り出して被害者の顔を切り付け，さらに，まだ怒りがおさまらなかったことから，その場に背中を向けてうずくまった被害者に対し，反撃される前に殺害しようと考えて，その背中に横手小刀を突き刺して殺害したというものである。

▶▶ 鑑定意見等

○Ⅰ鑑定（簡易鑑定）

　犯行当時，被告人には精神異常が存在し，犯行に至るきっかけに大きく関与していることは否めないが，妄想が犯行の直接的な原因であるとは考えられないし，また，意識障害や健忘をきたす状態下で犯行に及んだわけではない。その上，被告人は，鑑定時，笑いながらの話で，深刻さに欠ける感は否めないものの，「刺すことは悪いこと，反省しています」と述べているから，是非善悪の弁別能力は有しているものと判断される。

　被告人には，本件犯行当時，統合失調症の影響により，自己の行為に対する是非善悪の弁別能力がある程度損なわれていたものの，これが著しく減弱していたとまではいえず，完全責任能力が認められる。

○Ｊ鑑定

　被告人の知能の程度は，正常範囲ではあるが，軽度精神遅滞に極めて近い程度の知能と判断される。本件犯行は，別のところでリースしている車を盗まれたという妄想に強く影響を受けて，車を取り返す行動をとり，認知の歪みから「馬鹿にされた」と感じ，被害者を刺す行為に及んだものと理解される。

　本件犯行当時，被告人の是非善悪を弁識する能力は妄想と認知障害により著しく障害されており，その弁識に従って行為を制御する能力は，統合失調症により引き起こされた人格変化も加わり，有していなかった。

▶▶ 判決要旨

1　病状

　本件犯行当時の被告人は，統合失調症による妄想の症状を呈し，易怒性の人格変化を来して，社会適応能力を段階的に低下させながらも，なおその病状は精神荒廃に至る重度のものとまではいえず，実際の社会生活において，ある程度の社会的適応性を保ち，人格の崩れも比較的軽度であったことが認められる。

2　犯行の動機・態様

　確かに，本件犯行の動機は，妄想の基盤の上に形成されたものであり，その犯行態様は衝動的であり，被害者の諫言に対し，殺意を抱くまでに激高したという心理過程は突飛で通常人には直ちには理解しがたいものがある。したがって，被告人が本件犯行に及ぶについては，Ｈはイギリスから借りている車であるとの妄想が相当程度影響していたことは否定できない。

しかしながら，被告人の抱いていた妄想の内容は，それ自体，被告人を直接かつ必然的に本件殺人行為に駆り立てるようなものではなかったし，犯行に至る心理過程を子細に見れば，全く荒唐無稽なものではなく，ある程度のまとまりをもっており，それなりに了解可能なものと評価することができる。その上，犯行態様を見ても，衝動的な行動の最中にも，そこには理性の働きをうかがい知ることができる。そうすると，被告人は，妄想に動機づけられ，妄想に影響されて犯行に及んだところがあったにせよ，妄想による支配は完全なものではなく，理性による行動抑制の能力がある程度は残されていたものと認められる。

3　被告人の犯行前後の行動

被告人は，即座に逃走行為や証拠隠滅工作を図っており，また，警察に出頭すべきか否か逡巡するなど心理的葛藤が見られるところ，かかる犯行直後の行動に格別不合理な点は見られない。また，検察官の取調べにおける供述からも，犯行直後は相応の罪の意識や反省も存していたことが窺える。したがって，被告人は，犯行時ないし直後においては，犯行の重大性を認識しており，自己の行為の意味を理解していたものと認められる。

4　犯行時の意識状態

さらに，被告人は，本件犯行の前後を通じ，意識は清明で，統合失調症による妄想や認知の歪みは別として，犯行時の自分の行為の概要を理解できている。特段の記憶の欠落もなく，妄想的追想に粉飾されていない範囲では，鮮明で客観的状況とも合致した記憶を保持している。一時的にせよ錯乱状態に陥った形跡はない。

5　結論

被告人の病状，犯行態様・動機，犯行前後の行動等の諸事情を総合考慮すると，被告人には，本件犯行当時，行為の是非善悪を弁別しこれに従って行動する能力が多少は残されていたことが認められる。しかし，本件犯行の経過の唐突さや衝動性は否めないことから，統合失調症により，自己の行為の是非を弁別し，これに従って行動する能力が著しく減弱しており，心神耗弱状態にあったと認めるのが相当である。

【58】殺人の犯行当時，被告人には是非弁別能力が備わっており，また，ある程度の行動抑制能力を有していたが，他方，統合失調症

妄想型に罹患し，訂正困難な強固な被害妄想を抱いていたとして，心神耗弱の状態にあったものと認めた事例。

広島地呉支判平17・1・28裁判所ウェブサイト
罪名：殺人
結果：懲役6年
裁判官：渡辺了造・鵜飼祐充・宮本博文

▶▶ 事案の概要

　被告人は，精神病院の閉鎖病棟で長期にわたり入院生活を続けていたが，外出を許可しないO理事長に対し，「自分が理事長から薬を飲まされて殺される」という被害妄想を抱くようになり，また被告人の隣の病室のLに対して，Lが被告人の土地を勝手に売却して大金を手に入れたという被害妄想を抱くようになったことに加え，Lが身体障害者であることに対して被告人が日頃から抱いていた嫌悪感やLの親族がしばしば面会に訪れることに対する妬ましさ等も加わった結果，自分が殺された後にもLが生きながらえていくことは我慢できないとの思いを強めるようになり，就寝中のLに対し，同人が火傷により死亡するかもしれないことを認識しながら，深夜就寝中のLのベッドの敷き布団に火の付いたトイレットペーパーを放り，その火を着衣に燃え移らせて同人に全身熱傷の傷害を負わせ，当該傷害に基づく敗血症性多臓器不全により死亡させた。

▶▶ 鑑定意見

○乙鑑定
　被告人は統合失調症妄想型に罹患していたが，是非弁別能力は有しており，また，行動抑制能力もある程度有していたとものと考えられるから，責任能力は著しく減退していたが，全く喪失していたわけではない。なお，本件犯行は幻覚に左右されたものではなく，欲求不満により衝動行為に発展したものである。

▶▶ 判決要旨

　まず，被告人の犯行動機の点につき検討するに，被告人が本件犯行の動機として挙げる内容は，一般人には到底了解困難なものではあるが，被告

人が抱いていた強固なO理事長及びLに対する被害妄想を前提として考えた場合には，それなりに了解可能ということができる。

また，本件犯行当時，被告人には，血統妄想，被害妄想，幻聴及び作為体験はあったものの，その一方で，思考の解体は著明ではなく，家業であるたばこの自動販売機の商品及び売上金の管理を一人で行ったり，入院費用を自分で支払うなどしていたこと，さらには，K大学法学部の通信教育課程を受講していた点からすると，被告人は是非弁別能力を有していたものと考えられるし，本件犯行の際に，被告人が入院患者が皆寝静まった深夜を選び，Lや被告人がLのボディガード役と考えていたTら308号室の患者が全員眠りに就いたことを確認した上，隠し持っていた本件ライターを使用して予め準備したトイレットペーパーに着火してこれをLに投げ付ける方法により実行行為に及んでいることからすると，ある程度の行動抑制能力を有していたといえる。さらに，被告人につき犯行状況に関する記憶は概括的に保持されていたことからすれば，本件犯行時の被告人の見当識に著しい障害はなかったことは明らかである。

以上によれば，本件犯行当時，被告人には是非弁別能力が備わっており，また，ある程度の行動抑制能力を有していたが，他方，統合失調症妄想型に罹患し，訂正困難な強固な被害妄想を抱いていたことから，被告人は，これにより是非善悪を弁別し，これに従って行動する能力が著しく減弱した状態，即ち心神耗弱の状態にあったものと認めるのが相当であり，弁護人の心神喪失の主張は採用しない。

【59】各犯行時，被告人には，統合失調症の残遺症状が見られ，これと本件各犯意形成とは密接な関連があることから，被告人は，心神耗弱の状態にあったと認められるとされた事例。

東京地判平17・1・28公刊物未登載
罪名：殺人・銃刀法違反・器物損壊
結果：無期懲役
裁判官：小坂敏幸・小森田恵樹・真鍋浩之

▶▶ 事案の概要

統合失調症の間歇期にある被告人は、自己の殺人欲求を満たすため、深夜路上において通りすがりの老人Aの頸部や胸部等を、所携のナイフで多数回突き刺すなどして殺害し、同事件の2年後に再び、公園内で散歩中の老人Bの頸部や胸部等を突き刺すなどして殺害し、加えて、駐車中の自動車13台のタイヤをナイフで突き刺す等してパンクさせた。

▶▶ 鑑定意見

○鑑定者不明

被告人には、会話の内容が飛躍、脱線しやすく、表面的で上滑りになる傾向があり、会話中に突然沈黙に陥り、5分でも10分でも沈黙を続け、その後平然と会話を再開するという特徴的な行動があり、短期間で気分変動の波がみられ、重大事件の被告人に似つかわしくない感情の浅薄、平板化がみられるだけでなく、仮性幻覚、言語性幻聴がみられ、連合弛緩、途絶、気分変動等といった諸相がみられたことが明らかである。

▶▶ 判決要旨

被告人は、平成12年9月5日にA殺害等の犯行に及び、平成14年7月18日にB殺害等の犯行に及んだ上、その後、2度の入院を繰り返している。

被告人の病歴と現在症からすると、平成2年ころから現在に至るまで、被告人が統合失調症に罹患していると認められる。

被告人のA殺害の動機は、被告人が自室で音楽を聴いたり煙草を吸っていたりした際、高校時代にいじめを受けたことを思い出し、かつて自分をいじめた同級生に対して憤りを感じ、苛立ちの中で無差別殺人を決意したというものであり、B殺害の動機は、被告人が、煙草を吸いながら窓の外を眺めていた際、2年前のA殺害を思い出し、ふと「今日、誰か殺そうかな」と思い立ち、そして、2年間捕まらなかったことから「もう一度人を殺害することで、捕まるか捕まらないか賭けてみよう」と考え、再度無差別殺人を決意したというものである。これらの殺人の犯意形成はそれまでの怒りとの繋がりがなく、不連続であって、不意に、理由なく意識に浮かび上がっている。特に、B殺害意思形成の際には、過去の記憶の蘇り、賭けの観念が、脈絡なしに同時に浮かび上がってもいる。

このように、被告人の殺意の形成は、鑑定人が指摘する「自生観念」すなわち、「考えがひとりでに次から次に浮かび上がる状態」であって、犯行動

機は通常人には理解が非常に困難である。そして，2件の殺人行為の犯行態様は，無抵抗な老人を数十回にわたり刺し続けるといった極めて執拗かつ残忍なものであり，殺害欲求が頭に浮かぶや，すぐさまこれを実行に移すべく準備行動をなし，老人を目にするや否や殺害を実行していることなど，いったん決意した殺害欲求を満たすために，盲目的・衝動的に行動していることが窺われる。殺意を形成した場合，その観念に取り憑かれ興奮が高まって，精神的視野が狭まり，躊躇なく実行に及んでいるのである。

以上のように，各犯行時，被告人には，統合失調症の残遺症状が見られ，これと本件各犯意形成とは密接な関連があることから，被告人は，心神耗弱の状態にあったと認められる。

【60】被告人には，統合失調症の診断を受け通院歴があるにもかかわらず，原審においては，精神鑑定を一度も実施しないまま完全責任能力を認めたため，事実誤認を理由に控訴された控訴審で，本件犯行当時，事理弁別能力及び行動制御能力が著しく減退した状態にあった疑いは残るとし，被告人の責任能力を認めた原判決を破棄して，自判し，心神耗弱を認めた事例。

東京高判平18・11・21東高刑時報57巻1～12号64頁
罪名：窃盗
結果：破棄自判（確定）
裁判官：安廣文夫・山田敏彦・前澤久美子
原審：小田原簡裁（判決日不明）

▶▶ 事案の概要

被告人は，履歴書用紙セット1組及びボールペン1本を窃取した。

▶▶ 鑑定意見等

不明。

▶▶ 判決要旨

　被告人が，捜査段階では，自分が急に仕事をしようと思い立ち，そのためには履歴書用紙等が必要だと思って万引きした旨一応了解可能な動機をも供述していたことや，本件犯行当時の被告人の言動は一応の合理性を有するもので，記憶も相応に保持されていることが認められ，捜査段階から原審公判に至るまで，本件犯行に関し，被告人は幻聴等の幻覚や妄想があったとうかがわせるような供述はしておらず，被告人が幻覚や妄想等統合失調症の精神症状に支配され，もしくはそれに強く影響されて本件犯行に及んだとは認められないのであって，本件犯行当時，被告人に事理弁別能力及び行動制御能力が全く欠けていたとはいえず，被告人は心神喪失の状態にはなかったと認められる。

　しかしながら，被告人が本件犯行以前に統合失調症との診断を受けていたこと，被告人の実父作成の上申書によると，被告人は，本件犯行前，近親者等に対してもしばしば異常な言動を見せていたようにうかがわれること，被告人が原審公判以降も手紙等で特異な考えを述べていることなどからすると，被告人が，本件犯行当時，統合失調症のため，心神耗弱の状態にあったとの疑いを払拭することはできない。

　結局，本件犯行当時，被告人の統合失調症の精神症状の影響下で本件犯行に及んだとの疑いを払拭することはできず，同病が軽症でその影響が軽微であったとも断じ得ないから，本件犯行当時，被告人は事理弁別能力及び行動制御能力が著しく減退した状態にあったとの疑いは残ると言わざるを得ない。論旨は理由があると判断され，破棄を免れない。

【61】被告人は，かねて罹患していた妄想型の統合失調症の影響により妄想にとりつかれており，かつ，被告人に内在する攻撃衝動を抑制することが困難になっていたもので，事理弁識能力や行動統御能力が著しく減弱していたとは認められるものの，全くこれらを欠いていたとまではいえず，本件犯行時には心神耗弱状態であったと認められるとし，懲役2年10月の実刑に処した原判決を破棄して，自判した事例。

名古屋高判平19・2・16高刑速平19号369頁・判タ1247号342頁

罪名：殺人未遂・銃刀法違反
結果：破棄自判懲役3年執行猶予5年（上告）
裁判官：前原捷一郎・坪井祐子・山田耕司
原審：名古屋地判平17・6・11公刊物未登載

▶▶ 事案の概要

　被告人は，妄想型統合失調症による心神耗弱状態の下で，被害者との関係で恋愛妄想を抱き，被害者を他の男性に奪われないためには，同女を刺し殺して自殺するしかないなどと考えて，自動車を同女に衝突させ，その場で同女を刃物で刺し殺すという殺人の計画を立て，実際に同女に自動車を衝突させたものの，刃物を持ち出す間際に翻意したものであり，その際，法定の除外事由がないのに刃物を所持した。なお，被告人は，昭和62年に好意を寄せていた女性に自動車を衝突させて同女を所携の包丁で刺すという方法で殺害し，実刑判決を受けている。

▶▶ 鑑定意見等

○松橋俊夫の鑑定
　心神耗弱。
○若松昇の鑑定
　心神耗弱。

▶▶ 判決要旨

　鑑定書並びに当審証人松橋俊夫及び同若松昇の各供述によれば，被告人は，20歳代の半ばで妄想型の統合失調症を発病し，以後，寛解することなく病状は本件各犯行当時まで継続しており，その精神症状として被害者との関係で恋愛妄想，嫉妬妄想，被害妄想等からなる系統的な妄想を抱き，その妄想が契機となって被告人の人格に内在する攻撃衝動を誘発し，さらに統合失調症によって衝動制御が脆弱化していたため，被害者の殺害を決意し，実行に着手するに至ったことが認められる。
　もっとも，被告人が被害者の殺害を決意した理由は，同女を殺して自殺することで，同女を別の男性にとられず，永遠に同女と一緒にいられると考えたからというものであって，その根底には自らの恋愛が報われないことへの苦痛があり，妄想そのものに支配されて殺害を決意したとまではい

えず，むしろ恋愛対象を殺害することで永遠にその対象を所有したいという倒錯した愛情が基本になっている。巷間でも，報われない愛情の対象を殺害して自殺を図るといういわゆる無理心中の事例はときに認められ，本件の犯行の動機も基本的にはその一類型に属するものであるから，それ自体は全く理解不能な思考というわけではなく，妄想は間接的に殺意の形成に寄与しているに過ぎない。したがって，被告人の妄想は，事理弁識能力を著しく障害しているものの，これを全く失わせるほどのものであるとみることはできない。

そして，上記各鑑定書等によれば，被告人は，統合失調症に罹患する以前から人格に内在する傾向として攻撃衝動を有していたところ，その衝動こそが愛情の対象の殺害を図るという倒錯の直接原因で，統合失調症に罹患したことで，衝動制御が困難になり，妄想等もあいまって攻撃衝動行動が誘発されたことにより，昭和62年の殺人事件及び本件を引き起こしたものと認められる。

昭和62年の殺人事件と本件とでは，被告人の恋愛妄想が引き金となっている点や，売春組織による恋路の妨害という被害妄想も共通している点，まず自動車を被害者に衝突させておいてから刃物で攻撃するという手順が同一である点などにおいて著しい類似性が認められ，両事件の根底には，共通する被告人の人格的な問題点や精神病の影響などが横たわっていることがうかがえる。

しかしながら，昭和62年の殺人事件の折りには被害者を実際に殺害するに至ったにもかかわらず，本件では被害者を突き刺す直前に翻意しており，翻意した主たる理由，原因等について，被告人の明確な供述はなく，明らかとはいえないが，被告人の原審公判供述の内容や事後の被告人の行動，あるいは若松鑑定書に照らしてみると，同女への一種の憐憫の情が湧いたか若しくは自己の行動についての自責の念が起きたためと考えるのが合理的であると認められ，そうすると被告人の攻撃衝動の抑制は相当に困難であるとはいえ，全く不可能ということもなかったものと認められる。

以上によれば，被告人は，かねて罹患していた妄想型の統合失調症の影響により妄想にとりつかれており，かつ，被告人に内在する攻撃衝動を抑制することが困難になっていたもので，事理弁識能力や行動統御能力が著しく減弱していたとは認められるものの，全くこれらを欠いていたとまではいえず，本件犯行時には心神耗弱状態であったと認められる。

【62】裁判所が，識別不能型統合失調症として完全責任能力が認められるとしたＣ鑑定，心神喪失としたＤ鑑定，妄想型統合失調症として責任無能力としたＥ鑑定のいずれの鑑定の結論も採用せず，被告人について，犯行当時統合失調症のため，心神耗弱状態にあったとして，懲役４年を言い渡した事例。

東京地判平19・11・16公刊物未登載
罪名：強盗致傷
結果：懲役４年
裁判官：朝山芳史・駒田秀和・櫻庭広樹

▶▶ 事案の概要

被告人（48歳男性）は，女性に暴行を加え，手提げバッグを強奪し，その際加療２週間の傷害を負わせた。

▶▶ 鑑定意見等

○Ｃ鑑定

識別不能型統合失調症，完全責任能力。

○Ｄ鑑定

心神喪失。

○Ｅ鑑定

妄想型統合失調症，責任無能力。

▶▶ 判決要旨

Ｄ鑑定は，本件犯行場所が，被告人の自宅近く，防犯カメラがあるマンションであることなどをとらえて，被告人の判断能力への影響を過大に評価したり，本件犯行の動機について，死に神に命令されたという妄想による支配を認めるなど，裁判所の認定と異なる事実を前提としている。

Ｃ医師は，行動制御能力の減退を理由として心神耗弱となる場合について，他の行為を選択する余地がないほど追い詰められたような場合であると述べており，心神耗弱の判断基準がいささか厳格にすぎる。

被告人は，本件犯行の1カ月前から服薬を中断するようになって，統合失調症の症状が相当程度悪化しており，欲動が亢進して脱抑制状態になっていたと認められること，本件動機に何らかの妄想が関与していた疑いがあることなどを考慮すると，事物の理非善悪を弁識し，その弁識に従って行動する能力が著しく減退していなかったと認めるには合理的な疑いが残る。
　したがって，本件犯行当時，統合失調症の影響により心神耗弱の状態にあった。

【63】精神鑑定を行った上，その結論と同じく，被告人は本件犯行当時，統合失調症型障害に罹患しており，同障害のため心神耗弱の状態にあったと認定した事例。

大阪地判平20・5・30裁判所ウェブサイト
罪名：殺人・殺人未遂
結果：懲役6年
裁判官：水島和男・山崎威・寺村隼人

▶▶ 事案の概要

　被告人は，実父方において，自己の二男に対し，その頚部を右腕で締め付け，口及び鼻を左手でふさぐなどして同人を頚部圧迫による窒息により死亡させ，また，同所において自己の長男に対し，その頚部を右腕で締め付け，口及び鼻を左手でふさぐなどして殺害しようとしたが，実父らに制止されたため，同人に対し，加療日数不詳の低酸素性虚血性脳障害の傷害を負わせたにとどまり，殺害の目的を遂げなかった。

▶▶ 鑑定意見等

○F及びGの鑑定
　被告人は統合失調症型障害に罹患している。
　本件各犯行時，被告人は統合失調症型障害に起因する病的体験に思考や行動を支配されていた。

本件各犯行当時の被告人の事理弁識能力とそれに従って自己の行動を制御する能力は大きく障害されていた。

▶▶ 判決要旨
1　精神鑑定について

　鑑定人F及びGの鑑定主文は，被告人は統合失調症型障害に罹患しており，犯行当時被告人は統合失調症型障害に起因する病的体験に思考や行動を支配されていたため，事理弁識能力とそれに従って自己の行動を制御する能力は大きく障害されていたとしている。生物学的要素である精神障害の有無及び程度並びにこれが心理学的要素に与えた影響の有無及び程度については，鑑定人の公正さや能力に疑いが生じたり，鑑定の前提条件に問題があったりするなど，これを採用し得ない合理的な事情が認められるのではない限り，その意見を十分に尊重して認定すべきである（最二判平20・4・25）。本件におけるF及びG医師にはその公正さや能力に疑うべき点はなく，鑑定の前提条件にも問題はうかがえない。

2　その他の考慮要素

　被告人の本件各犯行は，被告人の平素の人格からのかい離が大きく，理解が困難であって，異常性が強い。

　子供たちが体を引き裂かれるなど残酷な方法で殺害されるとの妄想観念に支配されていた被告人が，それよりは自らの手で殺してやった方が子供たちのためであるなどと考えて本件各犯行を敢行したものとの可能性を否定できず，そうだとすると，本件各犯行の動機は異常というほかない。

　被告人の犯行時，二男が「痛い」というのを聞き，かわいそうになり腕に込めた力を抜いたが，思い直して再度頸部を締め付けたこと，隣室から入室してきた実母に対して二男殺害をごまかすため言い訳等をしていること，長男を殺害する際，実父らに制止されたが，殺害を途中でやめると子供に障害が残ることになりかえってかわいそうであると考えて，なお頸部を締め続けたこと，長男殺害を実父らに制止された後，階下で包丁を探し，これが見つからないと知るやフォークで左胸や首筋を突き刺して自殺を図ったことなどからすると，被告人は，突発的な事態にも相応の対応をしており，その際の判断及びそれに基づく行動は概ね合理的といえる。

3　本件各犯行後の事情

　被告人は留置中，3回にわたり自傷行為などの特異行動を示しているが，他方で，犯行態様について詳細に供述し，その内容は実父，実母らの供述

と概ね合致していて，犯行時の記憶は清明であってこれが保持されていたといえる。
　4　結論
　以上，F及びG医師の鑑定に加え，被告人の平素の人格からのかい離の大きさや犯行動機の異常性等を併せて考慮すると，本件各犯行当時の被告人の事理弁識能力及び行動制御能力は，当時罹患していた統合失調症障害の影響により著しく低下していた可能性を否定できず，よって，被告人は本件各犯行当時，心神耗弱の状態にあったものと認めるのが相当である。

【64】 被告人は各犯行時統合失調症により心神喪失状態にあったとの弁護人の主張に対して，本件各犯行時に被告人が心神耗弱の状態にあったと認めた原判決には，最判平20・4・25が示した責任能力の判断枠組みに従って判断すれば，判決に影響を及ぼすことが明らかな事実の誤認及び法令解釈の誤りは認められないとして，控訴を棄却した事例。

名古屋高判平20・9・18高刑速平20号177頁
罪名：窃盗・殺人・傷害
結果：控訴棄却懲役22年（弁護人上告）
裁判官：田中亮一・松岡幹生・水上周
原審：名古屋地判平20・2・18

▶▶ 事案の概要

　被告人は，ショッピングセンターにおいて，ペティーナイフ1本を盗んだ上，このナイフを使って乳児を殺害し，さらに，幼児と成人の女性に対し足で蹴るなどの暴行を加え傷害を負わせた。

▶▶ 鑑定意見等

○甲鑑定（捜査段階の簡易鑑定）
　犯行時，被告人は，幻覚状態であり，精神疾患による影響は皆無とは言えないが，障害の程度としては正常な是非善悪の弁別，行動制御能力の著

名な障害を来しておらず，おおむねそれらが可能な状態。
○乙鑑定（弁護人依頼の医師）
　統合失調症に罹患していた可能性が極めて高く，それに特徴的な症状を呈する中で犯行に及び，責任能力を喪失していた。
○丙鑑定（検察官請求の鑑定人）
　被告人は，統合失調症の診断基準を満たし，障害の程度はやや重度であったが，違法性・反道徳性の認識をある程度保ち，犯行後の自己防御的ないし危機回避的な行動をある程度とっていたことなど，総合的に判断すると，是非善悪の判断能力は若干減弱し，行動制御能力は喪失していないが，殺人時には著しく減弱し，窃盗，傷害時は若干減弱していた。窃盗時命令性幻聴があり，殺人時「刺せ」等の幻聴体験による不穏・緊張状態から殺人衝動が発生したと考えられ，思考障害により欲動と決断力が失われ目標が放棄されたため，行動は目標のない動機を欠いた独特なものとなり，傷害時にもこの状態は減弱しながら持続しており，本件犯行は精神障害の影響下に行われた。
○丁意見（弁護人依頼の医師）
　本件犯行当時，被告人は，頻繁に幻聴を体験し，統合失調症に特有な思考障害，作為体験などもある重症の状態にあり，各犯行は幻聴に支配され，あるいは影響されたものと考えられ，責任無能力と認定されるのが妥当。

▶▶ 判決要旨

　原判決が丙鑑定に信用性を認めて採用し，その余の鑑定を採用せず，証拠から認定できる状況や被告人の心理状況を含めた状況等を踏まえ，被告人が心神喪失状態になかったとして説示するところは，その判断枠組みを含め，基本的に是認できるから，原判決に影響することが明らかな事実誤認及び法令適用の誤りがあるとは認められない。

　乙鑑定は，丙鑑定と比べて，資料的に少ない等，本件犯行時の精神状況の鑑定としては，問題を残していると言わざるを得ず，採り難く，乙鑑定に従って，本件犯行時の被告人の責任能力を考察することはできない。

【65】被告人は，本件各犯行当時，統合失調症の影響により，是非善悪を弁別する能力及びそれに従って行動する能力が著しく減退し

た心神耗弱の状態にあったとし，情状を併せて考慮して，被告人に対しては，刑の執行を猶予した上で，早期に医療観察法その他の医療，福祉上の措置を採り，その精神障害の改善を図るのが相当とした事例。

松山地判平21・1・16裁判所ウェブサイト
罪名：殺人未遂
結果：懲役3年執行猶予5年
裁判官：村越一浩・西前征志・杉本敏彦

▶▶ 事案の概要

　被告人は，平成14年ころに，医院で精神分裂病との診断を受け，以後定期的に通院して投薬治療を受けていたところ，本件の1週間前くらいから何となくいらいらして，「生きとってもつまらんから死のうかな」と漠然と思うようになり，本件当日，自殺を決意したが，一人で死ぬのは嫌なので，両親に一緒に死んでもらおうと考え，両親を包丁で刺し殺すことに決めた。
　被告人は，まず，居間で座ってテレビを見ていた父親の背中を刺したあと，助けを求めるために屋外に出た母親を追い掛け，自宅の西側路上で追い付き，倒れた状態の母親の胸部等を何度も刺したが，母親を刺している途中で包丁の刃が折れ曲がったので，被告人は自宅に戻って文化包丁を持ち出し，119番通報していた父親の腹部を刺し，さらに逃げようとした父親を追い掛け自宅の西側路上で頭部等を刺し，父親に対し全治約3カ月間を要する傷害を負わせ，母親に対し加療約2カ月間を要する傷害を負わせた。なお，被告人は，最初に父親を刺してから逮捕されるまでの間にいったん自室に戻り，首を吊って自殺しようとしたが，果たせなかった。

▶▶ 鑑定意見等

○D鑑定（捜査段階の簡易鑑定，公判証言）
　被告人は，犯行の1週間前くらいから妄想気分と呼ばれる状態にあり，次第に症状が増悪していき，感情鈍麻や意欲減退のため生きていてもつまらないと感じて，自殺を図ろうと考え，両親と一緒に死のうとして本件各犯行に及んだのであり，被告人は，是非善悪の弁別能力やこれに従って行動する能力が著しく減退していたと判断される。

▶▶ 判決要旨

　被告人が両親の殺害を決意した動機は，一般人からみるとにわかに理解し難く，統合失調症の影響を多分に受けており，被告人に完全な責任能力があるといえないことは明らかである。もっとも，本件各犯行当時，被告人は，幻覚，幻聴の影響を受けるなどして妄想に支配されて本件各犯行を行ったわけではない。この点，被告人は，公判廷で「殺せ」との幻聴が聞こえたと供述しているが，捜査官に対してそのような事実を訴えた形跡はないし，D医師との問診においては明確に幻聴の存在を否定していることからすると，少なくとも明確な形での幻聴を体験したとは認めがたい。そして，両親を殺害すると決断した後は，一応合目的的な行動をとっている。以上からすると，被告人は，本件各犯行当時，是非善悪を弁別する能力及びそれに従って行動する能力が著しく減退した心神耗弱の状態にあったが，いまだこれらの能力を喪失するには至っていないものと認められる。

【66】統合失調症の被害妄想の強い影響下で行われた傷害行為について，上告審判決が，差戻前控訴審の下した心神耗弱の判断は本件行為につき統合失調症の激しい幻覚妄想状態の直接の影響下で行われたなどとした2つの鑑定の意見を信用しなかったことなどから是認できないとして差し戻したところ，差戻控訴審では，上告審判決で検討を指摘された事項につき，さらに他の医師作成の意見書を取り調べるなどして検討した結果，本件両鑑定意見はその信用性に問題があるなどとして，心神耗弱と判断した事例。

東京高判平21・5・25判タ1318号269頁・判時2049号150頁・東高刑時報60巻1〜12号67頁・高刑速平21号109頁
罪名：傷害致死
結果：破棄自判懲役2年6月（上告）
裁判官：中山隆夫・菱田泰信・中島真一郎
原審：最判平20・4・25（上告審），東京高判平18・3・23（差戻前控訴審），東京地判平16・10・29（第一審）

▶▶ 事案の概要
　被告人は，東京都北区の有限会社 a 店店内及び同店先路上において，被害者（当時62歳）に対し，その顔面及び頭部を手拳で数回殴打し，同人をしてその頭部を同店内備品及び路面等に打ち付けさせるなどの暴行を加え，よって，約1週間後，同都板橋区のb病院救急救命センターにおいて，同人を外傷性くも膜下出血により死亡させた。

▶▶ 鑑定意見等
○坂口正道の鑑定（第一審）
　被告人は，本件行為当時，統合失調症の激しい幻覚妄想状態にあり，直接その影響下にあって本件行為に及んだもので，心神喪失の状態にあった。そして，被告人が，一方で現実生活をそれなりにこなし，本件行為の前後において合理的に見える行動をしている点は，精神医学では「二重見当識」等と呼ばれる現象として珍しくはなく，本件行為に至る過程で，被告人が一定の合理的な行動を取っていたことと被告人が統合失調症による幻覚妄想状態の直接の影響下で本件行為に及んだことは矛盾しない。
○深津亮の鑑定（差戻前控訴審）
　被告人は統合失調症に罹患しており，急性期の異常体験が活発に生じる中で次第に被害者を「中心的迫害者」とする妄想が構築され，被害者は被告人に対し様々なひぼう中傷や就職活動の妨害を働く存在として認識されるようになり，被告人において，それらの妨害的な行為を中止させるため攻撃を加えたことにより本件行為は生じたと考えられる。幻覚妄想に直接支配された行為とはいえないが，統合失調症が介在しなければ本件行為は引き起こされなかったことは明らかである。被告人は，一方では「人に対して暴力を振るい，けがさせたり，殺したりすることは悪いこと」との認識を有していたが，他方では異常体験に基づいて本件暴行を加えており，事物の理非善悪を弁識する能力があったということは困難であり，仮にこれがあったとしても，この弁識に従って行動する能力は全く欠けていたと判断される。

▶▶ 判決要旨
1　上告審の指摘
　①坂口鑑定及び深津鑑定は，統合失調症に罹患した者の病的体験の影響下

にある認識，判断ないし行動は，一方で認められる正常な精神作用により補完ないし制御することは不可能であるという理解を前提とするものと解されるが，これと異なる見解の有無，評価等，この問題に関する精神医学的知見の現状は，記録上必ずしも明らかではない。また，②被告人は，本件以前にも，被害者を殴りに行こうとして，交際相手に止められたり，他人に見られていると思って思いとどまったりしているほか，本件行為時にも通行人が来たため更なる攻撃を中止するなどしており，本件行為自体又はこれと密接不可分な場面において，相応の判断能力を有していたと見る余地のある事情が存するところ，これをも「二重見当識」として説明すべきものなのか，別の観点から評価検討すべき事柄なのかについて，必ずしも明らかにはされていない。さらに，③被告人は本件行為の翌日に自首するなど本件行為後程ない時点では十分正常な判断能力を備えていたとも見られるが，このことと行為時に強い幻覚妄想状態にあったこととの関係も，坂口鑑定及び深津鑑定において十分に説明されているとは評し難い。

2　当裁判所の判断

　当裁判所は，上告審が審理不十分であると指摘した諸点について，前記のような事実取調べを行い，検討した結果，次のような結論に達した。すなわち，上告審が指摘する①との関係において，坂口鑑定及び深津鑑定が前提としている，「統合失調症にり患した者の病的体験の影響下にある認識，判断ないし行動は，一方で認められる正常な精神作用により補完ないし制御することは不可能である」とする立場は，現在の精神医学的知見の現状から見て，必ずしも一般的であるとはいい難い。同②については，「二重見当識」の用語概念は，統合失調症患者には，病的な体験と正常な精神作用が色々なバランスで総合的に現れるということを意味するだけであって，その機序等を説明するものではなく，いわば静的な状態説明概念にすぎない。したがって，そもそも「二重見当識」をもって説明できるものではなく，また説明すること自体その使用方法として適当ではない。同③については，同①，②と関連するものではあるが，坂口鑑定及び深津鑑定は，そもそも本件行為後程ない時点で正常な判断能力を備えていたと見られる事情についても，その立脚する立場から，これを考慮要素とはせず，被告人の責任能力について心神喪失状態にあったとの所見を打ち出している。しかし，関係各証拠によると，被告人の統合失調症の病型である妄想型においては，臨床的にも，行為時に強い幻覚，妄想状態にありながら，その後程なくして正常な判断能力を回復することは考えられないと認められる。してみる

と、「二重見当識」で説明できるというだけで、当該事情を全く考慮しない坂口鑑定にはその推論過程に大きな問題があるというべきであり、また、最決昭59・7・3刑集38巻8号2783頁（後掲【70】参照）の立場であるいわゆる総合判定とも齟齬するといわざるを得ない。また、同様の批判は、差戻前控訴審における深津鑑定にも当てはまると考えられる。したがって、両鑑定については、その信用性に問題がある。

　以上の検討の上に立って、改めて、被告人の責任能力について判断すると、本件犯行時の被告人については、統合失調症のため、病的異常体験のただ中にあり、自らの置かれた状況や周囲の状況を正しく認識する能力に著しい障害が存在していたが、命令性の幻聴や作為体験のような自らの行動を支配するような性質の精神症状は存在しておらず、周囲の状況を全く認識できないほどではなかったから、被告人の精神症状は「重篤で正常な精神作用が残されていない」ということはできない。それまでの統合失調症の症状の程度は比較的軽微で、本件犯行前後の行動を見ても、その社会生活機能にはほとんど障害は窺えず、他方、被告人には本件行為時において違法性の認識があったと見られること等の事情を加味して判断すると、本件犯行時の被告人の精神状態は、統合失調症の被害妄想に強く影響されており、被告人の善悪の判断能力及びその判断に従って行動する能力は著しく障害されていたが、善悪の判断能力及びその判断に従って行動する能力は、全くない状態ではなかったと認められ、本件当時の責任能力については、心神喪失ではなく、心神耗弱の状態に止まるとするのが相当である。

【67】被告人は、本件当時心神耗弱の状態にあったものと認めるのが相当として、心神喪失の状態にあったと認めて無罪とした原判決を破棄した事例。

東京高判平21・9・16高刑速平21号129頁
罪名：殺人
結果：原判決破棄（弁護人上告）
裁判官：植村立郎ほか
原審：水戸地土浦支判平20・6・27

▶▶ 事案の概要

　被告人は，①平成16年11月24日，茨城県所在の被告人方において，殺意をもって，実母に対し，出刃包丁（刃体の長さ約16.5センチメートル）でその胸部等を力任せに数回突き刺すなどし，よって，そのころ，同所において，同女を左側胸部刺創による大動脈損傷により死亡させて殺害した。
　また，被告人は，②同日，被告人方において，殺意をもって，実姉に対し，文化包丁（刃体の長さ約16センチメートル）でその顔面及び頭部を100回以上切りつけるとともに，その腹部を数回突き刺し，さらに，八角玄能でその頭部を力任せに数十回殴打するなどし，よって，そのころ，同所において，同女を頭蓋骨骨折を伴う脳挫傷により死亡させて殺害した。
　さらに，被告人は，③同日，被告人方において，殺意をもって，実父に対し，前記八角玄能及び両口玄能でその顔面，胸部等を力任せに数十回殴打するなどし，よって，そのころ，同所において，同人を顔面骨粉砕骨折を伴う脳挫傷により死亡させて殺害した。

▶▶ 鑑定意見等

○S鑑定
　被告人は，回避性人格障害あるいは受動攻撃性人格障害若しくはその傾向にある者であって，犯行当時，意識障害，幻覚，妄想などの精神病の状態にはなかったものであって，責任能力に欠けるところはない。
○M鑑定
　統合失調症に罹患しており，本件犯行には，悪化しつつある統合失調症の症状，特に妄想が大きく関与していたものであって，被告人の本件犯行時における是非善悪を弁識し，同弁識に従い行動する能力は，著しく損なわれていた。
○I鑑定
　本件犯行当時の被告人は，統合失調症に罹患していたと判断され，本件犯行は，統合失調症による妄想に基づく犯行と考えられる。被告人の善悪の判断能力及びその判断に従って行動する能力は保たれていたものの，統合失調症により著しく障害された状態にあったと考えられる。

▶▶ 判決要旨

　論旨は（S鑑定については，被告人が統合失調症に罹患していなかったと

いう誤った前提に立つものであるので，信用性は認められないとして排斥した上で），「被告人の本件当時の統合失調症の状態はM鑑定が実施された当時よりも重篤ではない上，被告人は，父や姉の殺害に関しては，統合失調症の影響により，違法で反道徳的なものであるとの認識に乏しいが，母の殺害に関しては，統合失調症の影響下にあっても，違法で反道徳的なものとの認識を有しており，本件犯行には，合目的的で一貫した側面があり，被告人の人格との連続性もあり，本件後に，本件行為の性質や意味，善悪の判断を認識していたとみられる行動をとっていたことをも考慮すれば，M及びI両鑑定の趣旨を尊重する観点からしても，被告人は，本件当時，統合失調症の影響下にあり，事物の理非善悪を弁識する能力及びこの弁識に従って行動する能力は著しく障害されていたものの，全くない状態になかったものと認めるのが相当である」と指摘し，被告人の責任能力について，心神喪失ではなく，心神耗弱であると判示した。

【68】本件動機の形成過程において，妄想が相当程度影響した可能性は否定できないところ，この妄想は統合失調症に基づくものであり，妄想の内容も「無残に殺されてしまう」という被告人の生死に関わる切迫感のあるものであるから，少なくとも，犯行当時の被告人の行動制御能力は，統合失調症の影響によって著しく低下していた可能性を否定することができないとして，被告人は，本件各犯行当時，心神耗弱の状態にあったと認定した事例。

函館地判平21・10・8裁判所ウェブサイト
罪名：殺人・傷害・銃刀法違反
結果：懲役15年
裁判官：柴山智・大畠崇史・板橋愛子

▶▶ **事案の概要**
　被告人は，大学の同級生であった被害者を折りたたみナイフで多数回突き刺して殺害し，被告人を止めようとした被害者の母親にも上記ナイフで切りつけるなどして傷害を負わせ，その際，正当な理由がないのに上記ナ

イフを携帯したものである。被告人は，統合失調症と診断されたことがあり，本件各犯行当時も，統合失調症に罹患していた。

▶▶ 鑑定意見等
○Ⅰ鑑定
　犯行当時の病状は，自我境界が消失した無意識衝動の統制不能な統合失調症の急性増悪期であり，興奮と昏迷を反復する緊張病症状が幻聴に支配された増悪期であった。
○H鑑定
　犯行時の病状の程度は比較的軽度であり，被告人には幻聴はなかった。

▶▶ 判決要旨
　被告人は，犯行当時，妄想型統合失調症に罹患していたが，その症状は重症ではなかったこと，犯行は妄想や幻聴に支配されたものではなく，犯行動機は一応は了解可能であること，また，本件犯行には計画性があると認められ，犯行時及び犯行前後の被告人の行動は合理的かつ合目的的なものであること，被告人は本件犯行が違法であることを十分に認識していたこと，被告人の犯行当時の記憶も保たれていること，被告人の性格傾向と本件犯行との間に異質性は認められないことが認められ，これらの事情を総合すると，犯行当時，被告人は是非弁別能力及び行動制御能力をいずれも喪失していなかったと認められる。
　もっとも，本件動機の形成過程において，いじめに対して復讐しなければ奴隷のように扱われて無残に殺されてしまうという妄想が相当程度影響した可能性は否定できないところ，この妄想は統合失調症に基づくものであり，妄想の内容も「無残に殺されてしまう」という被告人の生死に関わる切迫感のあるものであるから，少なくとも，犯行当時の被告人の行動制御能力は，統合失調症の影響によって著しく低下していた可能性を否定することができない。
　以上によれば，被告人は，本件各犯行当時，心神耗弱の状態にあったものと認めるのが相当である。

【69】被告人には，本件犯行当時，統合失調症の一般的な症状であ

る幻覚や妄想はなく，著しい意欲の低下，現実検討能力の障害，感情障害などが認められ，本件犯行が統合失調症の影響のもとに行われたことは明らかであるとしつつ，限定的ではあるものの社会生活がある程度はできることから，被告人が本件犯行当時心神耗弱の状態にあったと認定し，懲役3年，5年間の保護観察付き執行猶予を言い渡した事例。前掲【51】の原審判決。

大分地判平23・2・2公刊物未登載
罪名：殺人
結果：懲役3年保護観察付執行猶予5年（控訴）
裁判官：西崎健児・開發礼子・嶋田真紀
控訴審：福岡高判平23・10・18裁判所ウェブサイト（前掲【51】）

▶▶ 事案の概要

被告人は，殺意をもって，実母の首及び左側胸部等を金属製の缶切りで多数回突き刺すなどし，よって，そのころ，同人を心刺創などによる失血により死亡させた。

▶▶ 鑑定意見等

○Ｂ鑑定

被告人は，本件犯行当時，統合失調症に罹患しており，発病後約18年以上が経過した慢性期の状態にあった。これにより，著しい人格変化をきたしており，特に現実検討能力の著しい障害があり，意欲の著しい低下，喜怒哀楽の感情の乏しさ，道徳感情や憐憫の感情，共感性などにも著しい障害があった。本件犯行は，慢性期の著しい人格変化の状態でなされたものであり，前後の脈絡なく唐突に「母親と弟を殺そう」との考えが浮かび，現実検討能力，喜怒哀楽の感情の乏しさ，道徳感情や憐憫の感情，共感性などが著しく障害された状態であったために，自身の行動を止められず，徹底して実行されたものである。

▶▶ 判決要旨

被告人は慢性期の統合失調症に罹患しており，精神障害の程度は重いものであった。そして，本件犯行が被告人の本来の人格とは異質な行為であ

ることに照らしても，統合失調症の影響のもとに行われたものであることは明らかである。

　しかしながら，一方で，統合失調症による人格変化の程度は極めて大きいとまではいえないことや，動機の形成過程の一部に了解可能性を残していること，犯行前の行動を含めた一連の犯行態様は合目的的で一貫していること，犯行前後を通して被告人が状況を理解した上で自らの判断に基づいて行動していることなどを考慮すると，被告人は統合失調症の影響を著しく受けてはいるものの，なおもともとの人格に基づく判断によって犯したといえる部分が残っている。

　以上により，本件犯行は精神障害の影響を著しく受けてはいたものの，同障害に完全に支配されたものではなく，被告人は，本件犯行当時，自分の行っている行動が良いことか悪いことかを理解し，悪いことであれば行動に出ることを思いとどまることができる能力，すなわち，事理弁識能力及び行動制御能力を完全には失っておらず，これらの能力が著しく弱まった状態にあったといえる。

　したがって，被告人が本件犯行当時心神喪失の状態にあったという弁護人の主張は採用できず，当裁判所は，被告人が本件犯行当時心神耗弱の状態にあったと認めた。

【70】被告人が犯行当時精神分裂病に罹患していたからといって，そのことだけで直ちに被告人が心神喪失の状態にあったとされるものではなく，その責任能力の有無・程度は，被告人の犯行当時の病状，犯行前の生活状態，犯行の動機・態様等を総合して判定すべきであると判断した事例。

最決昭59・7・3刑集38巻8号2783頁・判タ535号204頁・判時1128号38頁
罪名：殺人
結果：上告棄却無期懲役（確定）
裁判官：伊藤正己・木戸口久治・安岡滿彦・長島敦
原審：高松高判昭58・11・2刑集38巻8号2790頁（差戻後控訴審），最二小判昭53・3・24刑集32巻2号408頁・裁時740号2頁・判時889号103頁・判タ364号203頁（差戻前上告審），高松高判昭50・4・30刑集32巻2号419頁（差

戻前控訴審），高知地判昭45・4・24刑集32巻2号416頁（第一審）

▶▶ 事案の概要
　被告人は，元海上自衛隊員であるが，高校時代の友人の妹に好意を抱いて結婚を申し込んだところ，同女及びその一家が革新主義者であったため思想的に相容れないものとして断られたことなどから，右一家を深く恨み，遂には同女ともどもその家族を殺害して意趣を晴らそうと決意し，犯行当日の深夜同女方を訪れ，応対に出た同女の姉，奥の部屋で就寝中の姉の子供3名，駆けつけて来た近隣の者らを予め用意していた鉄棒で次々と殴打し，5名を殺害し，2名に重傷を負わせた。

▶▶ 鑑定意見等
○木村定の鑑定（第一審鑑定）
　被告人は過去に精神分裂病で入院した経歴を有し，犯行当時，右病気により通常人の健全な人格に比し多少劣るところがあった（精神分裂病の欠陥状態にあった）けれども，本件犯行は，精神病にいわゆる幻聴や妄想ないし作為的体験といった病的体験と直接のつながりがない。
○市丸精一の鑑定（差戻前控訴審の鑑定）
　被告人には精神分裂病（破瓜型）の病歴があるとはいえ，右病症はすでに寛解していて，犯行時における被告人の心神状態に著しい欠陥や障害はなかったものと認められる。もっとも，被告人が犯行を決意するに至る動機には精神分裂病に基づく妄想が関与していたとの指摘がある。
○武村信義の鑑定（差戻後控訴審）
　「本件犯行時における被告人の精神状態は，緊張病の一旦寛解した状態であったが，本件犯行の動機が妄想の基盤の上に形成された了解不能なものであること，犯行が衝動的に着手され，その経過中，精神活動停止と精神運動興奮が現われたと推測され，犯行後無感動状態であったとみられること，逮捕後の取調べ中に供述の無意味な変動が認められたことからみて，本件犯行には分裂病の強い影響の存在を認めるべきであり，従って行為の不法性を認識し，この認識に従って意思を統率することは，まったく不可能であったと認められる」という意見。つまり，武村信義鑑定は，「真の精神病が確かに存在するならば，その犯罪の如何を問わず責任無能力である」との見解に立脚し，被告人が本件犯行前かなり良好な寛解状態にあり，犯

行自体も幻覚，妄想等の病的体験に支配されたものではないことを認めながらも，犯行の動機・態様等の異常性を指摘して，被告人は本件犯行当時心神喪失の状態にあったとした。
○逸見武光鑑定（差戻後控訴審）
　精神分裂病＝責任無能力者というのは古典的な見解であると批判し，精神分裂病者の責任能力は個々の事案毎に考慮すべきであるとの前提に立ったうえ，被告人は本件犯行当時精神分裂病がいまだ完全治癒にいたっていないため社会適応能力がやや低下していたが，一応社会生活が可能であり判断能力を備えていたと思われること，被告人の犯行の動機・態様に異常性が窺われるが，その動機がすべて病的であり了解し難いものとはいえないことを指摘した。

▶▶ **決定要旨**
　被告人の精神状態が刑法39条にいう心神喪失又は心神耗弱に該当するかどうかは法律判断であるから専ら裁判所の判断に委ねられているのであって，原判決が，所論精神鑑定書（鑑定人に対する証人尋問調書を含む）の結論の部分に被告人が犯行当時心神喪失の情況にあった旨の記載があるのにその部分を採用せず，右鑑定書全体の記載内容とその余の精神鑑定の結果，並びに記録により認められる被告人の犯行当時の病状，犯行前の生活状態，犯行の動機・態様等を総合して，被告人が本件犯行当時精神分裂病の影響により心神耗弱の状態にあったと認定したのは，正当として是認することができる。

(3) 完全責任能力が認められた事例

【71】衝動制御能力の乏しさ，あるいは内省力の欠如などといった性格特性に基づき，加虐的心理を昂進させ，あるいは，悪魔祓いといった観念へのこだわりなどから，本件犯行に及んだものであって，いずれもいまだ事理の弁識能力若しくはこれに従って行為する能力が欠如した心神喪失状態，又はこれらの能力が著しく減弱した心神耗弱状態にはなかったとして完全責任能力が認められた事例。

横浜地判平4・5・13判タ819号202頁
罪名：殺人・死体損壊
結果：甲につき懲役14年・乙につき懲役13年（一部確定）
裁判官：坂井智・石垣陽介・富永良朗

▶▶ 事案の概要

　被告人甲・乙両名は，共謀の上，乙の夫Ｖを殺害しようと企て，当時の甲の居室において，甲がＶの首を掴んで絞め付け，乙がＶの大腿，膝，足首を甲の使用していたベルト等で緊縛した上，Ｖの上に馬乗りとなり，手を掴んで押さえ付けるなどし，同所においてＶを窒息死させて殺害し，甲方居室内において，右殺害直後から約３日間かけて，断続的に甲が鋏で死体の後頭部を切り，乙が右切り口の皮膚を引張りあるいはその肉を押さえ，甲が，死体の後頸部を切開して頸椎を取り出したのを初め，被告人両名が協力して，その死体の皮膚を剥ぎ，眼球や内臓を取り出し，脳を水道の水で流して捨て，骨を切断するなどして死体を損壊した。

▶▶ 鑑定意見等

○鈴木二郎の鑑定
　本件犯行は，それ以前から精神分裂病に罹患していた甲が，神の声幻聴を体験し，神憑り的妄想着想に至り，幻覚妄想状態の下で悪魔祓いとして殺人を実行したものであり，従って，この犯行時には，道徳的に理非善悪を弁別し，自らの行為を人倫に照らして冷静に判断できる自我の能力が障害されていた。

○中田修の鑑定
　甲は，本件犯行当時，三人精神病の心因反応状態にあり，犯行は悪魔祓いの動機に基づき，責任能力に著しい障害がある。
　乙は，本件犯行時，三人精神病の心因反応の状態で，意識は清明であるが，昂揚した気分で，感情，思考が著しく抑制された，意識変容状態にあり，責任能力が欠如していたと判断されても差支えないような状態にあったと思われる。

○福島章の鑑定
　甲は，本件犯行当時，側頭葉てんかん患者で，かつ宗教的な支配観にとらわれていた。従って，責任能力は存在していたが，その程度は多少とも

低下していたことも考えられる。

　乙は、知能は普通域にある分裂気質者であるが、本件犯行当時宗教的な支配観念にとらわれて行動していた。従って、責任能力が多少とも低下していたとも考えられるが、それが著しい程度に低下していたとは考えられない。

▶▶ 判決要旨

　甲は、精神分裂病、側頭葉てんかん、その他の真正精神病に罹患していたものではなく、乙についても精神病罹患の事実は存しない上、両被告人につき、出生後本件ころに至るまでの生活歴において特に精神障害を窺わせるような言動を示した事実はなく、現在においても、乙はもとより甲についても精神障害は存しない。

　乙は、犯行に至る経緯、犯行時及び犯行前後の諸状況については極めて清明な記憶を保持し、捜査官に対し相当詳細で筋道の通った供述をなし得たものであり、甲も右諸状況につき概ね記憶を保ち、悪魔祓いの目的に出たとしながらも本件犯行を自認し、虚実を折り混ぜながら右諸状況について詳細な供述をすることができたものであって、両被告人には犯行当時、意識障害も存しなかった。

　その他、被告人らの犯行時における精神障害を窺わせるような証跡は存しない。

　以上を総合して検討すると、甲に殺人及び死体損壊の故意があったと認められることはもとより、両被告人は、それぞれ、衝動制御能力の乏しさ、あるいは内省力の欠如などといった性格特性に基づき、加虐的心理を昂進させ、あるいは、悪魔祓いといった観念へのこだわりなどから、本件犯行に及んだものであって、いずれもいまだ事理の弁識能力若しくはこれに従って行為する能力が欠如した心神喪失状態、又はこれらの能力が著しく減弱した心神耗弱状態にはなかったと認められる。

【72】日頃の社会への鬱憤や同僚の無言電話に対する不満から、日本社会において努力をしない人間に対する無差別殺人を行って世間を驚かせ、自分を認めさせようと考えるに至った被告人が、日中池袋の繁華街において通行人を無差別に殺害しようとし、通行人2名

を殺害，1名を殴打するなどして重症を負わせたほか，5名に対する傷害罪，2名に対する暴行罪に問われた行為について，被告人の犯行時の病状は精神分裂病の辺縁群の疾患であり，動機も了解不可能とはいえないことなどから完全責任能力を認めた事例。後掲【74】の原審判決。

東京地判平14・1・18裁判所ウェブサイト
罪名：殺人未遂・銃刀法違反・傷害・暴行
結果：死刑（被告人控訴）
裁判官：大野市太郎・福士利博・石田寿一
控訴審：東京高判平15・9・29東高刑時報54巻1〜12号61頁（後掲【74】）

▶▶ 事案の概要

　被告人は，東京都豊島区内の歩道において，同所を通行する歩行者を無差別に殺害しようと企て，同所の歩行者に対し，殺意をもって包丁で突き刺すなどして，2名を殺害し，1名に重症を負わせ，さらに，逃走中に行き会った通行人7名に対して包丁で切りつけ，うち5名に傷害を負わせるなどした。

▶▶ 鑑定意見等

○風祭元の鑑定

　人格障害（精神病質）は，それのみで是非弁別能力及び行動制御能力を著しく低下させることはなく，分裂病に罹患している場合であっても，その診断が直ちに責任能力の有無，程度を決するものではなく，犯行の態様を分析して是非弁別・行動制御能力を個々の犯行について判断すべきであり，本件犯行については，犯行動機に不可解な点があり，犯行の契機となったと思われる無言電話に誘発された従業員寮からの家出や仕事の放棄はかなり衝動的，瞬間的なものであるとしても，犯行まで数日の余裕があり，この間凶器の購入などかなり計画的に行っており，犯行の結果について考慮する時間は十分にあったと思われ，是非弁別能力が著しく障害されていたとは思われないとして，犯行時の被告人の精神状態は，責任能力の減弱を考慮すべき状態にはなかった。

○西山詮の証言

本件当時被告人は誇大妄想にとらわれていたものであり，本件はそのような被告人が，単に無言電話に腹を立てたというにとどまらず，これを契機として妄想にとらわれた被告人独特の思考に基づき努力をしない日本人に対する殺意を抱いて犯行に及んだものであって，無言電話から犯行に至る被告人の精神状態は了解不能である。

▶▶ 判決要旨

医師の証人としての証言，社会適応能力の制限の有無，恋愛妄想の有無，滅裂思考の有無，動機の了解可能性という観点から検討したうえで，被告人の犯行時の病状は精神分裂病の辺縁群の疾患であり，被告人は本件犯行前，それなりに社会生活を営んでおり，また，本件動機も了解不可能とまではいえず，さらに，被告人は，当初の目的によって凶器の準備をし，目的どおりに犯行を遂行し，それでも犯行前の数日間は犯行を躊躇するなど理解可能な心理状態を示していた上，犯行直後の被告人の行動も周囲の状況を適切に把握し，状況に応じた行動をとっていることなどを総合すれば，本件各犯行当時，被告人は是非弁別能力及び行動制御能力が喪失していなかったことはもとより，著しく減退した状態にもなかったと認められるとして，完全責任能力を認定した。

【73】被告人4名のうち1名について統合失調症に罹患していたことが窺われるとしながらも，犯行当時統合失調症の病状の程度は重くなく，犯行動機についても了解可能であるなどして完全責任能力を認めた事例。

前橋地判平14・11・25裁判所ウェブサイト
罪名：殺人
結果：Aにつき懲役12年・B，Cにつきそれぞれ懲役8年
裁判官：長谷川憲一・吉井隆平・丹下将克

▶▶ 事案の概要

被告人ら（長男A，長女B，母C，父D）は，平成10年1月ころから，同

居している被害者（Aの同級生でAと不貞後同棲中であった）に対し，十分な食事を与えないまま監視などして外出させないようにし，このため平成13年8月ころには，同人は栄養不足により極度に衰弱し，十分な食事を摂りかつ医療機関による治療等を受けなければ死亡するおそれがある状態に陥ったにもかかわらず，同人が死亡するのもやむをえないと相互に意思を通じるなどして共謀し，同人に十分な食事も与えずかつ医療機関の治療を受けさせることもなく同人を放置し，同人を飢餓死させた。

▶▶ 鑑定意見等

不明。

▶▶ 判決要旨

Bが本件犯行当時，統合失調症に罹患していたことが窺われる。

しかしながら，Bは，平成9年ころからは，服薬により，幻聴も少なくなり，睡眠もよく取れるようになるなど病状は安定し，入院もしていないこと，幻聴も重いものではなく，幻聴に支配されることもないこと，知的な面でも特段の障害はないことが認められる。またBは，公判廷において，本件犯行について，被害者に憎しみを持つようになった原因や，被害者の食事の量を減らすようになった経緯については，幻聴とは関係がないこと，人に食事を与えなければ死んでしまうことは理解しており，記憶がなくなるようなこともなかったと述べるほか，公判廷における供述の態度等にも異常なところは見あたらない。また，検察官に対しても，被害者が逃げ出したとき，自分たちが暴力を振るったり，食事を与えていないことがばれるので困ると思ったと供述している。

したがって，Bの本件犯行時における統合失調症の症状の程度は重いものではなかったし，Bは，本件犯行の状況をよく記憶しており，上記の幻聴等に支配されて本件犯行に及んだものでもなく，その犯行の動機は一般人においても了解可能であり，Bは，自分の置かれた状況をよく理解し，これに対して自然かつ合理的な反応をしていたことも認められるから，その責任能力に消長を来すようなところはない。

【74】被告人が罹患している可能性のある精神疾患は，主観的異常

体験が確認できず，軽度の連合弛緩があることをうかがわせる程度のものであり，本件犯行は幻覚，妄想等の影響を受けた犯行でもなく，被告人は，高校中退後から犯行前までの相当長期間にわたって，特に対人的なトラブルを起こさずに自活して社会生活を送ってきたもので，犯行動機も了解が可能なものであるなどして原審の判決を維持した事例。前掲【72】の控訴審判決。

東京高判平15・9・29東高刑時報54巻1～12号61頁
罪名：殺人・殺人未遂・銃刀法違反・傷害・暴行
結果：控訴棄却（上告）
裁判官：原田國男・大島隆明・佐々木一夫
原審：東京地判平14・1・18裁判所ウェブサイト（前掲【72】）

▶▶ 事案の概要

前掲【72】の「事案の概要」参照。

▶▶ 鑑定意見等

○風祭元鑑定
　前掲【72】の「鑑定意見等」参照。
○西山詮の証言
　前掲【72】の「鑑定意見等」参照。
○工藤行夫意見書
　被告人は，精神分裂病に罹患している蓋然性が極めて高く，生活の破綻を招き，病状も進行していると推察され，現在は著明な思考障害（連合弛緩）が症状の中心で，陰性症状が著明な分裂病性人格低下の病態にあることが面接で確認され，妄想（宗教妄想，誇大妄想）も認められるとし，分裂病の亜型に当てはめるならば，それは典型的な破瓜型となる。

▶▶ 判決要旨

　風祭元鑑定は極めて高い信用性があるが，西山詮証言は多々疑問な点があり，にわかに首肯し難く，工藤行夫意見書もその結論は採用し難い。
　仮に被告人が精神分裂病の辺縁群等の精神性疾患に罹患しているとしても，その罹患が直ちに責任無能力あるいは限定責任能力を意味するもので

はなく，責任能力は，単に精神性の疾患にかかっているだけで，それが著しく減弱しているとみることはできず，その病状のほか，犯行前の生活状況，犯行の動機・原因とその了解可能性，犯行の手段・態様の異常性，犯行前後の言動の異常性の有無等を具体的に検討して決すべきものである。

　被告人が罹患している可能性のある精神疾患は，主観的異常体験が確認できず，軽度の連合弛緩があることをうかがわせる程度のものであり，本件犯行は幻覚，妄想等の影響を受けた犯行でもなく，被告人は，高校中退後から犯行前までの相当長期間にわたって，特に対人的なトラブルを起こさずに自活して社会生活を送ってきたもので，犯行動機も了解が可能なものである上，原判決が適切に説示しているように，①殺害の目的に沿って凶器を購入して犯行を準備し，目的どおりの行動に出ていること，②犯行前の数日間の被告人の内面については不明な点が多いが，その期間を経て犯行に及んだことが異常であるとは認め難いこと，③犯行時及び犯行直後の被告人の行動も，周囲の状況を適切に把握し，状況に応じた合目的的行動をとっていること，④犯行後の言動にも，連合弛緩がうかがわれること以外に特に異常な点はみられないこと等を総合すると，被告人の是非善悪の弁別能力及び行動制御能力は，その疾病により若干減弱していた可能性は否定できないものの，これらが著しく減退した状態になかったことは優に認定することができる。

　被告人の本件犯行時の精神状態について，完全責任能力を認めた原判決の事実認定に誤りはない。

【75】統合失調症に罹患し，その病気により，本件犯行当時，是非善悪を弁別し，これに従って行動を制御することができる能力が一定程度減退していたこと，被告人が軽度の精神発達遅滞の状態にあることなどを有利な事情として斟酌しつつ，その病気が，被告人の責任能力に著しい影響を与えたとは認められないとして完全責任能力を認めた事例。

仙台地判平17・8・18裁判所ウェブサイト
罪名：殺人
結果：懲役9年

裁判官：本間榮一・齊藤啓昭・岸田航

▶▶ 事案の概要
　被告人は，就寝中の実父に対し，殺意をもって，その左胸部等を包丁で数回突き刺し，同人を殺害したものである。

▶▶ 鑑定意見等
　不明。

▶▶ 判決要旨
　犯行動機を見ると，統合失調症で通院し，薬を服用していた被告人が，30歳を過ぎても何もしていない自分に焦りや不安を覚え，独り暮らしができるように頑張りたいという気持ちもあって，買い物に行きたいなどと言って金員を求めたところ，実父に断られたことから腹を立て，少年時から抱いていた実父に対する嫌な気持ちを強め，実父が生きている限り自分がやりたいことを自由にできないなどと考えるうちに，実父は邪魔だ，殺害しようと決意し，本件犯行に及んだものである。確かに，被告人の犯行動機は，実父である被害者を殺害するものとしては，いささか唐突の感がないわけではない。しかし，被告人が当時飲酒していたことや，被告人が自分本位で，気に入らないことがあると直ぐに腹を立てるという性格などをも考慮すれば，動機は十分に了解可能である。加えて，被告人は，定期的に通院し，服薬を続け，直近の主治医の診察時にも，意思疎通性が認められ，礼節も保たれていたこと，犯行後，直ちに自分で110番して自首したこと，若干の混乱はあるものの，犯行に至る経緯や犯行状況についての記憶は良く保持していることが認められる。これらを総合すれば，犯行時，被告人が統合失調症に罹患していても，その病気が，被告人の責任能力に著しい影響を与えたとは認められず，責任能力を備えていたといえる。
　ただ，その病気により，責任能力に影響しないまでも，一定程度においては，是非善悪を判断し，これに従って行動する能力が減退していたことがうかがわれ，この点は，被告人に対し有利に斟酌すべき事情であると考える。

【76】犯行当時，統合失調症に罹患していた被告人の犯行について，計画的かつ合理的な行動をとっていることが認められること，被告人は捜査段階から公判廷に至るまで，犯行状況，犯行に至る経緯及び犯行後の状況について，詳細かつ具体的な供述をしており，犯行当時の記憶も十分に保持されていること等を総合考慮すると，被告人には本件犯行当時，完全責任能力があったとした事例。

青森地判平18・2・15裁判所ウェブサイト
罪名：殺人未遂
結果：懲役5年6月
裁判官：高原章・室橋雅仁・香川礼子

▶▶ 事案の概要

被告人は，長男である被害者から小遣いをもらえなかったことや馬鹿にされたことから，殺意をもって，就寝中の被害者の頸部を突き刺すなどしたが，目覚めた同人に抵抗されたため，殺害の目的を遂げなかった。

▶▶ 鑑定意見等

不明。

▶▶ 判決要旨

被告人は，本件犯行当時，統合失調症に罹患し，思考障害や意欲の低下等の陰性症状は有しているものの，定期的な薬物療法等により，意識障害や幻覚妄想状態，明らかな見当識障害は認められないこと，本件犯行は，Aの被告人に対する仕打ちに被告人が不満と憎しみを募らせた挙げ句行われたもので，犯行の動機は十分に了解可能であり，犯行直前の生活状況についても自閉的で無気力な生活をしていたものの，特に異常は認められず，犯行時の被告人の行動もAに反撃されないよう同人が確実に寝ている午前3時に目覚まし時計をセットし，同人の首に狙いを定め，確実に包丁が刺さるよう，ゆっくりと同人の喉元に刃先を近づけていること，数本ある包丁の中から切れやすそうなものを選び出していること，Aを殺害する際躊躇していることなど，計画的かつ合理的な行動をとっていることが認めら

れること，被告人は捜査段階から当公判廷に至るまで，犯行状況，犯行に至る経緯及び犯行後の状況について，詳細かつ具体的な供述をしており，犯行当時の記憶も十分に保持されていること等を総合考慮すると，被告人には本件犯行当時，完全責任能力があったと認められる。

【77】統合失調症に罹患していたとしても，その辺縁，境界に位置する症例であること，幻聴そのものが逃走，殺人を命令したものではなく，幻聴や自殺念慮との関連は間接的なものにとどまること，犯行方法も目的に従った合理的なものであること，また，犯行後警察に自ら出頭して，具体的な犯行状況を説明するなど注意力や記憶力が保持されていたと認められることなどから，それぞれ是非弁別能力及び行動制御能力を相当程度障害されていたものの，なお完全責任能力を有していたとされた事例。後掲【78】の原審判決。

仙台地判平19・3・15裁判所ウェブサイト
罪名：殺人等
結果：懲役28年（検察官・弁護人ともに控訴）
裁判官：山内昭善・齊藤啓昭・岸田航
控訴審：仙台高判平20・3・7高刑速平成20年312頁（後掲【78】）

▶▶ 事案の概要

　被告人は，普通貨物自動車を運転し，対面赤信号を看過して進行した過失により同車を歩行者に衝突させ，1名を死亡，2名に重傷を負わせ，さらに商店街に進入して，殺意をもって歩行中の4名に衝突させ，2名を死亡，2名に重傷を負わせた後，商店街出口付近において焼身自殺を図り，同車を焼損したものである。

▶▶ 鑑定意見等

○J・K鑑定
　注釈性幻聴がWHO監修のICD-10の「幻聴が1か月以上継続すること」という診断基準を満たし，事件当時，被告人は統合失調症に罹患しており，

本件直前に急な意識障害や認知機能低下が生じたことを前提とすると，是非弁別能力及び行動制御能力が著しく減弱していたといえる。

○L・M鑑定

　幻聴はあっても，幻覚，妄想，まとまりのない会話，緊張病症状，陰性症状が認められないため，American Psychiatric Association（アメリカ精神医学会）編纂の『診断と統計のためのマニュアル〔第4版〕』（DSM-IV）の診断基準を満たすとはいえないが，詳細な情報が得られればその診断基準を満たす可能性はあり，統合失調症の罹患が疑われ，病的体験による切迫感や焦燥感を心因として自動車の安全な運行に必要な程度に注意を働かせるに十分な事理弁識能力及び行動制御能力が相当程度障害されていたものの，失うに至る程度ではなかった。

▶▶ 判決要旨

　本件当時，被告人が幻聴を主な症状とする統合失調症に罹患していた可能性があり，少なくともその疑いを否定することはできないというべきであるが，被告人の場合，幻聴が圧倒的に優位で，幻聴以外の症状が乏しいこと，統合失調症でしばしば見られる連合弛緩が少なく，思考のまとまりや会話の脈絡は保たれ，人格水準の低下も目立たないこと，幻聴が状況依存的に出現，消失する特異な特徴があること，身柄拘束により，何らの服薬，治療がなされないのに，幻聴が消失しているが，この現象は珍しいという点で，両鑑定が一致しており，この判断は関係証拠によっても十分に裏付けられた合理的なものであり，被告人の場合には，統合失調症に罹患していたとしても，その辺縁，境界に位置する症例であると認められる。

　被告人は，幻聴が出現していた平成13年以降も事故や異常走行を起こしたことはなく，被告人が，対面信号機や横断歩道等の道路状況に関する認識を欠いたり，その意味を理解して運転を行う能力を欠いていたとは認められない。そして，被告人の場合，幻聴という精神症状と赤色信号を看過した過失との間に一定の関連性があることは否定できないが，それは幻聴に指示・命令されるといった直接的なものではなく，被告人は，自殺を思い詰めて精神的に疲弊し，さらに幻聴が増大したことによって一層注意力が散漫な状態になったものであること，赤色信号に従って交差点手前で停止するのは，基本的な注意義務であり，それほど高度な判断力を要するとはいえないことを考慮すると，被告人は，犯行当時，是非弁別能力及び行動制御能力を相当程度障害されていたものの，著しく障害されていたとま

ではいえず，なお完全責任能力を有していたと認めるのが相当である。

　道路交通法違反の犯行は，被告人が事故を起こして一旦停止した際，現場から逃げようとして，被害者の救護や警察への報告をすることなく，逃走したものである。殺人未遂は，引き続いて逃走を続け，歩行者専用道路であるアーケード街を本件トラックで暴走する最中に，2カ所で次々に歩行者を撥ね飛ばしたものである。重大な人身事故を起こしたことを認識して，咄嗟に逃走しようとした心情が，通常人にあっても起こり得るもので，十分に了解可能である。各殺人の犯行は，歩行者専用道路に本件トラックを乗り入れて高速度で暴走し，自車の進路前方を歩行していた被害者らに次々と衝突したという特異な態様であるが，重大事故に驚愕し，咄嗟に逃走を図るなどして，冷静な判断力，注意力を失うことはあり得ることであり，当時被告人が，自殺を思い詰めて相当に憔悴していた状態であったこと，本件トラックが停止するまで約1分間余の連続した犯行であることを考慮すると，その動機や経緯が了解不可能であるとはいえない。そして，被告人の場合，幻聴そのものが逃走，殺人を命令したものではなく，幻聴や自殺念慮との関連は間接的なものにとどまる。

　放火は，被告人が，もともと有していた自殺念慮に加え，それ以上の逃走が不可能になり，追い詰められた結果，焼身自殺を図ったものである。犯行方法は，進路を塞いだ車両の手前で本件トラックを停止し予め準備した燃料を自己の着衣に振りかけて点火するという目的に従った合理的なものであり，また，犯行後警察に自ら出頭して，具体的な犯行状況を説明するなど注意力や記憶力が保持されていたと認められる。以上の事実を総合すると，被告人は，それぞれ是非弁別能力及び行動制御能力を相当程度障害されていたものの，なお完全責任能力を有していたと認めるのが相当である。

【78】被告人に完全責任能力があるとした上，原審と異なり，動機及び態様の悪質性，結果の重大性並びに遺族の処罰感情等を重視して，原判決を破棄し，無期懲役を言い渡した事例。前掲【77】の控訴審判決。

仙台高判平20・3・7高刑速平20号312頁

罪名：業務上過失致死傷・道路交通法違反・殺人・殺人未遂・建造物等以外放火
結果：破棄自判無期懲役（確定）
裁判官：木村烈ほか（報道記事による）
原審：仙台地判平19・3・15裁判所ウェブサイト（前掲【77】）

▶▶ 事案の概要

前掲【77】の「事案の概要」参照。

▶▶ 鑑定意見等

○P・Q鑑定
　被告人が少なくとも平成13年後半に統合失調症が発症していたことは疑いを容れない。
○R・S鑑定
　本件事件前の情報からは，被告人については統合失調症の診断が最も疑われる。
○T医師
　ほぼ統合失調症の診断基準に準じるといえる。

▶▶ 判決要旨

　被告人は，統合失調症に罹患していた疑いがあるといえるが，幻覚以外の症状が乏しいこと，事理弁識能力を直接に障害するような症状が認められないこと，幻聴が状況依存的に出現，消失することといった，統合失調症の典型例とは異なる特徴が見られることに照らせば，被告人が統合失調症に罹患していたとしても，それは辺縁に位置する症例であると見るのが相当である。
　業務上過失致死傷の犯行について，被告人は，犯行内容を認識していたといえること，不完全ながらも犯行時の記憶が保持されていたことなどに照らせば，幻聴による影響があったとしても，著しいほどには至っていなかったというべきである。したがって，被告人は，心神喪失や心神耗弱の状態にはなかったと認められる。
　道路交通法違反，殺人，殺人未遂の犯行について，被告人は，進路上を歩行していた被害者らをはね飛ばしているほか，その他の歩行者にも衝突

しそうになっていることが認められるが，これも逃走することに必死のあまり，自己の進路上の歩行者をあえてよけることなく，はね飛ばしながら走行したと考えられるのであり，かかる動機は，短絡的ではあるものの，了解することは十分に可能である。また，被告人は，場所や周囲の状況についての認識も概ね保たれていたと認められ，さらに，幻聴の影響は大きいものではなかったと認められる。以上検討したところによれば，被告人の是非善悪を弁別し，これに従って行動する能力は，喪失されておらず，著しく減弱してもいなかったと認められる。

　放火の犯行について，被告人は，本件各犯行前から自殺念慮を抱いていたことに加え，逃走が不可能となり，追い詰められて焼身自殺を図るべく，着ていたトレーナーに軽油をかけ，発炎筒を用いてこれに火を放ったが，熱さに耐えかねてトレーナーをダッシュボードの上に脱ぎ捨てたものであり，このような経緯，動機は了解可能であり，行為様態も目的に沿った合理的なものといえる。また，記憶も保持されていたと認められる。これらの事情に照らせば，被告人の是非善悪を弁別し，これに従って行動する能力は，喪失されておらず，著しく減弱してもいなかったといえる。

【79】被告人は，犯行時，妄想型統合失調症に罹患していたが，その重症度は高いものではないこと，また，本件犯行には統合失調症が影響を及ぼしてはいたが，その程度は著しいものではないこと，正常心理として了解可能な動機に基づくこと，周囲の状況を的確に認識して相応の理性的判断を行いながら，その判断に従って臨機応変に行動していたことなどから被告人は，本件当時，事理を弁識し，その弁識に従って行動を制御する能力を，相当程度保持していたものと認められるとして完全責任能力が認められた事例。

東京地判平21・3・26判時2051号157頁
罪名：殺人未遂
結果：懲役3年執行猶予5年（確定）
裁判官：後藤眞理子・梅田健史・廣瀬裕亮

▶▶ 事案の概要

被告人は，同居の実母が仕事も家事もせず怠惰な生活を送り，被告人に家事をさせていたことから不満を募らせていたところ，同人から一方的に買物を依頼されたことをきっかけに不満を爆発させ，とっさに同人の殺害を決意し，自室から牛刀を持ち出し，ベッドに横たわる同人に対し，殺意をもって，牛刀でその左胸部等を突き刺したが，同人に抵抗され殺害の目的を遂げなかった。

▶▶ 鑑定意見等

○大澤達哉の鑑定

被告人は，犯行時，妄想型統合失調症に罹患しており，統合失調症は，本件犯行に影響を及ぼしていたが，犯行時の疾患の重症度は高いものではなく，犯行に与えた影響も著しいものではない。

○木村一優の意見

犯行時，被告人は，統合失調症の影響により被害者に対して妄想を抱いており，被告人は，妄想の著しい影響を受けて本件犯行に及んだ。

▶▶ 判決要旨

信用性の高い大澤鑑定によれば，被告人は，犯行時，妄想型統合失調症に罹患していたが，その重症度は高いものではなく，また，本件犯行には統合失調症が影響を及ぼしてはいたが，その程度は著しいものではなかったと認められる。

本件犯行動機は，仕事もせず，家事を怠り，母親としての務めを果たさない被害者に対して従前から不満を募らせていた被告人が，被害者が自分の気持ちを意に介さずに一方的に買い物を頼んできたことをきっかけとして不満を爆発させ，被害者の殺害を決意したというものであるところ，被告人の育った環境の劣悪さ，被害者の生活状況，被告人と被害者との間のこれまでの関係など，本件特有の事情に照らせば，このような動機も，正常心理として了解可能なものと認められる。

加えて，被告人は本件犯行の際，2本の包丁のうち，より殺傷能力の高い牛刀を凶器に選び，被害者に悟られないように背中に隠して持ちながら被害者居室に入室し，胸部等，身体の枢要部を狙って数回刺突するなど殺害の目的に従って合目的的に行動している。さらに，その後の行動を見ても，被害者の抵抗に遭うや今度は被害者を焼き殺そうとタンク入りの灯油

を被害者居室に運び込んで被害者に振りかけ，チャッカマンを持ち出したり，近隣住民が警察に通報したと知るや，これ以上騒ぎを大きくしたくないと考えて犯行を中止したりするなど，合理的行動をとっていたといえる。そのほか，犯行時の意識，記憶も相当清明なものと認められるほか，被告人は犯行前の平成19年12月ころ，派遣社員として稼働し，収入を得るなど，通常の社会生活を送っていたものと認められる。

　以上を総合するに，本件当時，被告人の病状は重症ではなく，被告人は，正常心理として了解可能な動機に基づき，周囲の状況を的確に認識して相応の理性的判断を行いながら，その判断に従って臨機応変に行動していたものといえる。そうすると，被告人は，本件当時，事理を弁識し，その弁識に従って行動を制御する能力を，相当程度保持していたものと認められる。

　確かに，被告人の本来の人格と本件犯行との間には，ある程度の乖離があるといわざるを得ない。加えて，本件当日，被告人が原因不明の苛立ちを感じていた事実が認められることなどに照らせば，本件当時，被告人は，統合失調症の副次的な症状である焦燥感や易刺激性などによって本来よりも衝動的になったり，衝動の制御が困難になるなどしていた可能性を否定しがたい。しかしながら，被告人の責任能力は一定程度減弱していたものの，その減弱の程度は，著しいものではなかったと認められる。

4 気分障害（うつ病等）

(1) 責任無能力が認められた事例

【80】 被告人が犯行当時，躁うつ病に起因する高度の抑うつ気分に支配されており，「拡大自殺」の衝動が右のような病的抑うつ気分に基づいて発作的に発現した結果，本件犯行に及んだものとして，心神喪失を認めた事例。

東京地判平元・5・19判タ705号262頁
罪名：殺人
結果：無罪（確定）
裁判官：反野宏・高麗邦彦・平木正洋

▶▶ **事案の概要**
　被告人は，自宅において，父母を殺害して自殺しようと決意し，所携の文化包丁で，父親の頸部を突き刺すなどして失血死させ，右文化包丁で，母親の頸部を突き刺すなどして同人を頸動脈損傷により失血死させた。

▶▶ **鑑定意見等**
○簡易鑑定（鑑定人不明）
　完全責任能力。
○中田修の鑑定
　心神喪失。
○風祭元の鑑定
　心神喪失。

▶▶ **判決要旨**
　被告人はかねてより内因性躁うつ病に罹患しており，うつ病相，躁病相を経てきたところ，昭和62年春ころからまたもやうつ病相が始まり，本件

当時には右躁うつ病に起因する高度の抑うつ気分に支配されるに至り、不眠、食欲不振、取越苦労、行動の抑制等のうつ病相特有の諸症状に苦しむとともに、高齢の親とはいえ、それまでさして苦にしていなかった両親の世話を急に非常に大きな負担と感じるなど、当時の状況を過度に悲観するようになっていた折、本件当日の早朝になって、両親を道連れに自殺しようといういわゆる「拡大自殺」の衝動が右のような病的抑うつ気分に基づいて発作的に発現し、その結果、右の衝動のおもむくまま何ら躊躇することなく、一気に本件各殺害行為に及んだものであって、その精神障害の程度は右のとおり重く、正常人の精神状態との間には非連続な隔絶があったことが認められるので、被告人は、本件当時、是非善悪を判断しこれに従って行動する能力を欠いていたことが明白であり、刑法上の心神喪失の状態にあったと言うべきである。

【81】実子3名を殺害した母親について、当時内因性うつ病に罹患しその病勢期にあったとして、詳細な検討を加えた結果心神喪失を認めた事例。

浦和地判平元・8・23判タ717号225頁

罪名：殺人

結果：無罪（確定）

裁判官：木谷明・木村博貴・水野智幸

▶▶ 事案の概要

被告人は、長男から、殺してくれと繰り返し懇請された末、長男の将来を悲観し、二男及び長女を道連れにしようと企て、長男、二男、長女の3名に対し、順次その頚部を細紐で巻き付けて強く締め付けるとともに、二男及び長女の両名に対しては、更に、順次その頚部を両手首で強く締め付け、よって、右3名を窒息により死亡させて殺害した。

▶▶ 鑑定意見等

○岩尾芳郎（犯行前日まで被告人を診察していた医師）の証言

被告人は，本件犯行当時，内因性うつ病に罹患しており，かなり重症のうつ状態であった。
○家近一郎の鑑定（簡易鑑定）
　不明。
○逸見武光の鑑定
　被告人は本件犯行当時，内因性うつ病に罹患していたが，強度のうつ状態に陥っていたとは考えられない。
○中田修の鑑定
　被告人は本件犯行当時，内因性うつ病に罹患しており，かなり重症のうつ状態であった。

▶▶ 判決要旨

　内因性うつ病は，精神分裂病と並ぶ二大精神病の一とされており，精神分裂病のように人格の低下・崩壊を来たすことはないが，生気感情の減弱低下による現実感の消退，離人感，思考の抑制・制止，悲哀的な気分変調，虚無感，焦燥感，苦悶感，絶望感等多くの精神症状を生じ（右のほか，多くは，睡眠障害，食欲・性欲の減退，無月経等の身体症状をも伴う），自殺念慮，自殺企画等に発展することの多いのが，その特徴であるとされている。
　責任能力の判断方法については，犯行当時の病状のほか，犯行前の生活状態，犯行の動機・態様等を総合して，うつ病と犯行の具体的関連性を考慮した上で責任能力を判断すべきであるが，うつ病の場合は，幻覚体験等を伴うことの多い分裂病の場合と異なり，感情移入が容易であるため，犯行の動機も一見了解可能に見えることが多いことが禍いして，裁判所がしばしば責任能力に関する判断を誤ることがあるとの専門家の指摘（福島章著『精神鑑定』173頁）にかんがみ，動機の了解可能性，犯行態様の異常性等の検討にあたっては，単に抽象的・形式的に検討するのではなく，被告人の病前性格からみて，そのような動機からそのような行動に出たという事実をどの程度合理的に理解することができるかを検討し，窮極的には，現に被告人のとった行動が，被告人の本来の人格と明らかに異質なものである疑いがないかどうかを，具体的・実質的に考察する必要がある。
　本件は，当時かなり重症の内因性うつ病に罹患しその病勢期にあった被告人が，右うつ病に起因する思考の抑制・制止，希死念慮等に支配されて行ったものと認めるのが相当であり，結局，本件犯行当時，被告人は，是非善悪を判断する能力及びこれに従って行動する能力を喪失していた（少な

くとも，右能力の双方又はいずれか一方を喪失していたのではないかという合理的な疑いがある）と認めるのが相当である。

【82】無理心中（拡大自殺）を企てて実子2名を殺害した母親に対し，内因性うつ病（双極性）のうつ病相期にあり，程度も重症であったとして，心神喪失を認めた事例．

東京地判平5・4・14判時1477号155頁・判タ840号238頁
罪名：殺人
結果：無罪（確定）
裁判官：大野市太郎・平塚浩司・栃木力

▶▶ 事案の概要
　被告人は，長女の頸部を両手で締めつけ，窒息死に至らしめて殺害し，長男の頸部，胸部等を文化包丁で突き刺すなどして失血死に至らしめて殺害した。

▶▶ 鑑定意見等
○金子嗣郎の鑑定
　本件犯行は，被疑者が内因性うつ病の病状の中で行われたものと考えてもよい。被疑者については，不安・苦悶は強度であり，死の観念に支配されていたとは言え，微少妄想（貧困・罪責妄想など）に支配されていたとは言えず，それ故，是非・善悪の弁識とその弁識に基づいて行為する能力は著しく障害されていたと言えるが，それらを欠いていたと迄は言えない。
○松下昌雄の鑑定
　不明。
○逸見武光の鑑定
　自分の行動を制御する能力が著しく減退していた。

▶▶ 判決要旨
1　被告人が本件犯行時に遺書を書いたりBに謝っていることからして，

当時，被告人は，自己の行為の善悪を判断する能力は失っていなかった。
2　しかしながら，被告人は，内因性うつ病（双極性）に罹患し，そのうつ病相と躁病相を経てきたところ，平成元年12月中旬ころから再びうつ病相が始まり，本件当時には，右うつ病に起因する高度の抑うつ気分に支配され，食欲不振，行動の抑制等のうつ病特有の諸症状が顕著に発生しており，それに加え，同2年1月中旬ころからは，自分は死ななければならないという極めて強い希死念慮に捉われ，その結果，もはや子供を殺害して自殺する以外，他に残された途はないと考え，いわゆる無理心中，すなわち「拡大自殺」の一環と言うべき本件各犯行に及んだのであって，被告人は，本件犯行当時，極めて強い希死念慮に捉われ，微小妄想もみられるなど，程度の高いうつ病相期にあり，その精神障害の程度は重症で，被告人に他の行為を選択することは期待できなかったことが認められるから，本件当時，被告人は，是非善悪の判断に従って自己の行為を制御する能力を失っていた。
　以上のことから，被告人は，本件各犯行当時，殺害行為自体の事柄の是非善悪を判断する能力こそ一応有していたものの，その判断に従って自己の行為を制御する能力を欠いていたと認められ，心神喪失の状態にあったと言うべきである。

【83】19歳の少年に対する業務上過失傷害及び傷害事件保護事件について，少年が各事件当時，躁うつ状態による精神障害のため，きわめて攻撃的で，易怒的な症状を呈する重度の躁状態であって，行為の是非を弁別し，かつその弁別にしたがって行動を制御することのできる能力を欠いていたと認め，不処分とした事例。

金沢家決平12・10・18家月53巻3号100頁
罪名：業務上過失傷害・傷害
結果：不処分
裁判官：上田賀代

▶▶ 事案の概要

1　少年は，A，B，Cと共謀の上，Dに対し暴行を加え，全治2カ月を要する外傷性血気胸，左肋骨骨折，頭部・顔面裂傷の傷害を負わせた。
2　少年は，片側2車線の直線道路の中央より車線を進行中，左前方の安全確認を怠ったため，被害車両に追突し，被害車両を運転していたE子に対し，加療約1週間を要する頸椎捻挫の傷害を負わせた。
3　少年は，交差点で信号待ちしていたFに対し，肩が触れたと因縁をつけて暴行を加え，約2週間の加療を要する頭部，顔面打撲，尾骨骨折，鼻出血の傷害を負わせた。

▶▶ 鑑定意見等

不明。

▶▶ 決定要旨

　少年は，平成12年4月ころに躁うつ病の躁状態を発症し，そのころは軽症の躁状態であったところが，次第に症状を悪化させ，制止されるまで一方的に暴力を振るい続ける事件を起こした同年5月23日には，既に重篤な躁状態に陥っており，行動の是非善悪を判断し，それに従って行動する能力を全く欠いた状態にあったということができる。そして，同日以降措置入院時までの約1カ月余りの間，少年は，本件各事件を含めて暴力事件や自動車事故等を頻発させ，抑制を欠いた言動を繰り返しており，躁うつ病自体は自然治癒が可能な病気であるとはいえ，一旦，暴力や幻覚を伴う重篤な躁状態に陥った患者が軽症の躁状態にまで快復するには，少なくとも3カ月ないし半年程度の期間を要することに鑑みれば，少年の精神状態は，同年5月23日以降措置入院時まで，引き続き重篤な躁状態にあり，行為の是非善悪を弁識し，それにしたがって行動する能力を全く欠いた心神喪失状態にあったと解するのが相当である。
　してみれば，本件各事件当時の少年の精神状態もまた心神喪失の状態にあったというべきである。
　以上のとおり，少年は，第1ないし第3の各事件当時，躁うつ病による精神障害のため，きわめて攻撃的で，易怒的な症状を呈する重度の躁状態にあって，行為の是非を弁別し，かつその弁別にしたがって行動を制御することのできる能力を欠いていたと認めるのが相当である。

【84】被告人は，内因性の躁うつ病に罹患し，本件犯行当時はうつ病相期にあって重症であり，責任能力を欠いていた（心神喪失）と認めた事例。

さいたま地判平16・12・10裁判所ウェブサイト
罪名：殺人
結果：無罪
裁判官：下山保男・任介辰哉・岩井佳世子

▶▶ 事案の概要

　被告人は，長女（当時5カ月）に対し，殺意をもって，その鼻部及び口部を両手で塞いだ後，その頚部を両手で絞めつけ，さらに浴室において，同女をうつ伏せにして浴槽の水に浸した上，その背部等を押さえつけ，よって，そのころ，同女を溺死させて殺害した。

▶▶ 鑑定意見等

〇I鑑定（起訴前鑑定）
　中等度のうつ病。

〇J鑑定
　本件は，重いうつ状態にあった被告人が，自責感，絶望感を強くするとともに，未熟児で出生した長女の発育状態に不安を抱き，駄目な自分の子供である以上，長女の将来は暗いなどとして，不憫な子供を救済するために行った犯行である。かかる犯行はうつ状態に影響された思考に基づくものであり，責任能力を欠く。

〇K鑑定
　被告人は，①子育てから逃げたかった，②長女を殺害して死刑になりたかった，③自分のような駄目な人間の子供は幸せになれないから救済するために殺害した，④自分に離婚を切り出した夫に対する逆恨みとして犯行を行った旨4つの殺害動機を供述するところ，上記②，③の動機で犯行を敢行した場合には心神喪失が相当と考えるが，①の動機による短絡反応としての犯行であれば場合によって心神耗弱を認める余地があり，④の動機に基づくのであれば完全責任能力を認めることもできる。

▶▶ 判決要旨

　被告人は内因性の躁うつ病に罹患し，本件犯行当時はうつ病相期にあって重症であり，犯行がその影響下に行われたものであったと認められ，被告人が是非善悪を弁識し，それに従って行動する能力を欠いていた疑いがあることから，本件行為は責任能力を欠く者の行為として罪とならない。

　犯行動機について検討するに，被告人の供述には上記（K鑑定①ないし④）のような変遷がみられ，これらはいずれも意図的な虚偽供述とは考えにくく，被告人がこれらを別個のものとしてではなく相互に結び付けて供述することも考慮すると，これらの動機が犯行時に併存していた可能性も否定できない。

　いずれにせよ犯行の基底には，長女が衰弱しているという不安にとらわれたことが大きく影響しているところ，実際には長女の体重が順調に増加し，健診の結果も発育に異常なしとされたことなどにかんがみると，こうした不安にとらわれ，他の可能性に思い至らせることがなかったこと自体が，およそ合理性を欠くというほかない。犯行は自己や長女に対する極端に低い評価，罪責感や希死念慮など，うつ特有の思考が反映されたものといえ，正常心理から理解できる範囲を超えたものといわざるを得ない。

　そして，J，K両鑑定の指摘するとおり，一般に重いうつ状態にあっても必ずしも意識障害を伴うものではないから，被告人が犯行時に比較的清明な意識を保っていたことはうつの影響を否定する根拠とはならず，むしろ，執ように繰り返された殺害行為には異常なまでの徹底性があり，うつ特有の不安感や強迫感のあらわれとみることができる。

　一方，被告人は犯行当時，行為の是非善悪を弁識する能力を失っていなかったようにも思われる。しかしながら，被告人が，一般的な規範の問題は有していたにせよ，うつ特有の思考にとらわれ，長女を殺害するほかないものと確信し，しかるべき反対意識を喚起することができなかったことがうかがわれ，行為の是非善悪を弁識し，これに従って行動する能力を欠いていた疑いは払拭できない。

　被告人の行動を総じてみた場合には，長女殺害後6時間余りの間，犯行を申告することも隠ぺいすることもなく全くの無為に過ごし，帰宅して死体を発見した義父に叱責されても，何ら感情を表出することがなかったというのであるから，殺人という重大犯罪を行った者の行動としておよそ現実感に乏しく，精神疾患の影響が色濃くうかがわれるというべきである。

以上のとおり，本件犯行当時，被告人が本件行為の是非善悪を弁識し，それに従って行動する能力を欠いていた疑いは残るといわざるを得ないから，被告人に無罪の言渡しをすることとする。

【85】当時3歳の実子を窒息死させた殺人被告事件につき，被告人が犯行当時，内因性うつ病により心神喪失だったと認められるとして，被告人に限定責任能力を認めた原判決を破棄し，無罪を言い渡した事例。

東京高判平18・11・13東高刑時報57巻1～12号61頁・高刑速平18号226頁
罪名：殺人
結果：破棄自判無罪（確定）
裁判官：原田國男・近藤宏子・松山昇平
原審：横浜地方裁判所川崎支部・判決日不明

▶▶ 事案の概要

被告人は，実子の顔に枕を押し当て，窒息死させた。

▶▶ 鑑定意見等

○B鑑定
　被告人は，内因性うつ病に罹患し，いくつかの心的負荷状況が重複したため，本件犯行当時，うつ病が極期に達し，激しい希死念慮の下で被害者を殺害し，自殺企図に至ったのであって，本件犯行は，内因性うつ病の激しい病態の最中において，自殺企図とともにいわば「闇雲」的に行われた子殺しといえ，その病的水準は責任無能力に相当する。
○C意見（B鑑定に対する意見書）
　弁識能力はある程度障害があったが，著しいといえる水準であったか十分検討の必要があり，制御能力も同様に著しく障害されていたとはいいがたい。

▶▶ **判決要旨**

　被告人は，本件犯行当時，内因性うつ病に起因する相当に強い希死念慮に支配され，思考抑制の結果，Aを殺害して自殺する以外の行為を選択することは期待できなかったと認められる。したがって，被告人は，本件犯行当時，是非善悪の判断に従って自己の行為を制御する能力を失っていたというべきである。

(2)　限定責任能力が認められた事例

【86】生後約7カ月の長男を窒息死させた母親に対し，犯行当時，産褥期の非定型的なうつ状態にあり，心神耗弱の状態にあったと認定した事例。

東京地判平10・10・26判時1660号159頁
罪名：殺人
結果：懲役3年執行猶予4年（確定）
裁判官：奥林潔・田尻克巳・上拂大作

▶▶ **事案の概要**

　被告人は，長男（生後7カ月）を殺害しようと決意し，仰向けに寝ていた同児の上にまたがり，その頸部を両手で約10分間にわたり強く締め付け，同児の胸に手を当てたり座らせようとしてみたりして，同児がまだ死んでいないことが分かるや，前同様に両手で同児の頭部を約5分間締め付け，さらに，同児を抱きかかえて風呂場に連れて行き，残り湯の入った浴槽に同児の身体を仰向けに入れて蓋を閉め，しばらくして蓋を開けたところ，同児が沈まずに水面付近に浮いていたことから，同児を抱きあげて汚れたおむつを替えるなどした後，確実に殺害するため，同児の身体をうつぶせにして残り湯に沈め，よって，その場で同児を溺水による窒息により死亡させて殺害した。

▶▶ 鑑定意見等

○山内惟光の鑑定（簡易鑑定）

　犯行時性格的な問題を背景とし心因的に発現した不安定な状態にあった。

○松下昌雄の鑑定

　被告人は，犯行時，ヒステリー症状を伴う産褥期うつ病による高度のうつ状態にあり，希死念慮を伴っており，本件犯行は拡大自殺の範ちゅうに入る（心神喪失）。

○保崎秀夫の鑑定

　被告人は，犯行当時，産褥期の非定型的なうつ状態にあり，被告人の性格や知能，家族関係，多量に投与された抗精神薬の影響等の背景を考慮すると，本件犯行当時，被告人が物事の善し悪しを判断し，その判断に従って行動する能力を著しく障害されていたと思われる。

▶▶ 判決の要旨

　本件犯行に至る経緯は，被告人が，産褥期という心身共に不安定になりやすい時期にあって，慣れない育児からくる疲れ，夫の非協力，姑との確執などから，精神状態が悪化して精神科へ入・通院するうち，夫が浮気し，離婚話が出，被告人の意に反して1年間の別居を余儀なくされ，また，父からは精神科への入院を反対され，父母とも長男Aをかわいがるばかりで，被告人に対しては育児に努力するよう厳しい態度をとるなどしたことから，被告人が孤独感を募らせ，精神的にかなり落ち込み，追いつめられた状態となって，長男Aに対する嫉妬や憎しみを次第に増大させ，本件犯行に及んだというものであって，被告人が長男Aに殺意を抱くに至った経緯は了解可能であり，また，殺害方法も目的にかなった合理的なものといえる。

　保崎鑑定が，被告人は，犯行当時，産褥期の非定型的なうつ状態にあり，被告人の性格や知能，家族関係，多量に投与された抗精神薬の影響等の背景を考慮すると，本件犯行当時，被告人が物事の善し悪しを判断し，その判断に従って行動する能力を著しく障害されていたと思われるとするのは十分首肯できるところである。

　そうすると，保崎鑑定が最も信用することができるので，被告人が本件犯行当時心神耗弱の状態にあったと認定した次第である。

【87】勤務先製麺会社での作業中に腰を痛めたことから自らの健康に対する自信を失い，腰痛の再発やそれによる失職の可能性など将来の生活に対する不安を募らせ，妻及び長男，長女の3名を殺害した被告人について，被告人が犯行当時うつ状態にあったとして，心神耗弱を認め，完全責任能力を認めた原判決を破棄した事例。

福岡高判平13・12・20裁判所ウェブサイト
罪名：殺人
結果：破棄自判懲役11年
裁判官：八束和広・坂主勉・鈴木浩美
原審：不明

▶▶ 事案の概要

　腰痛を患っていた被告人は，うつ病の発病もあって，自己の健康に対する自信を失い，症状の再発やそれによる失職の可能性など将来の生活に対する不安を募らせ，将来を悲観する余り，妻子3人を道連れに心中を図り，妻子らを殺害した。

▶▶ 鑑定意見等

　被告人は，うつ病を発病し，その影響から，腰痛を契機に，訂正困難な，「再発する」，「もう治らない」という心気妄想や，「仕事ができない」，「リストラされる」，「もう生活がやっていけない」，「このままでは一家が生活に困る」などという微少・貧行妄想を強く抱き，希死念慮にとらわれて，「拡大自殺」を企てたものと解される（結論不明）。

▶▶ 判決要旨

　原判決は，被告人は，本件犯行当時にうつ病を発病していたと認定しながら，①うつ病としては初期の段階で，それほど重篤な状態にはなかったこと，②本件犯行に際し，犯行に対する罪の意識やその原因が自らの意志の弱さにあることを十分自覚し，犯行に対するためらいから，何度も実行を躊躇していること，③犯行前後の行動は，勤務先や長女の通学する高校へ欠勤・欠席の電話をしたり，遺族らにあてて数通の遺書をしたためるな

ど，行動は冷静かつ合理的であって，当時の状況やそれに基づく判断，感情の流れ，行動の選択及びこれに対するその後の記憶にも大きな混乱は見られないこと，④被告人が，腰痛を再発し長期間欠勤を余儀なくされた挙げくに職を失い，再就職もできずに生活が困難になるのではないかとの不安を抱いていたことに相応の根拠があること，⑤被告人が将来を悲観的にとらえるようになったのは，被告人の平素の人格，思考によるところも大きいと判断されることなどを理由に，被告人に完全責任能力を肯定している。

　原判決が示す上記①の点についてであるが，うつ病は，うつ状態が重篤な場合はかえって抑制が強く，実際に自殺を実行することはむしろ少なく，うつ病が軽症例や回復期の方が自殺の実行が多いとされており，被告人のうつ病が初期の段階で重篤な状態になかったからといって，うつ病による妄想から自殺念慮（拡大自殺）にとらわれていたことを否定する理由とはならない。②，③の点についても，被告人が妄想にとらわれ自殺念慮を抱いた以外の事項に関しては正常な行動や認識があっても不自然ではなく，3人もの殺害の実行をちゅうちょした点も，責任能力が完全に喪失した状態とはいえないにしても，前記妄想に基づく絶望感による犯行であり，冷静かつ正確に事態を認識する能力が低下していたと考える妨げとなるものではない。④，⑤の点についても，被告人が抱いた不安にある程度の根拠があるとはいえるが，その不安は通常の程度を超え，拡大自殺を念慮する妄想の域にまで達している点で飛躍があり，合理的に理解することはできない。また，被告人は，その生甲斐ともいうべき最愛の家族3人を突如殺害したものであるが，被告人の執着性性格・日常の行動の思考の流れからはとうてい説明がつかず，被告人自身もこのことを当審で強く訴えているのであって，鑑定人が説明するように，右の犯行は突発的であり，動機にしても通常納得できるものではなく，異常性が強く，前述の妄想に強く引きずられて行ったものと思われる。動機形成が平素の性格や思考の現れとするには無理があると考える所以である。

　そうすると，被告人は，本件犯行当時，うつ病の影響から，訂正困難な妄想を強く抱き，希死念慮にとらわれており，是非善悪を弁識する能力及びその弁識に従って行動する能力は著しく減退した状況にあったというべきである。

【88】躁うつ病の家族的負因を有する被告人が，長年同病気に悩まされ，希死念慮を生じては被害者から自殺をいさめられるなどして実行に移さないでいたところ，居住していたマンション明渡しの要求を受けたことをきっかけに症状が悪化し，希死念慮の下，無理心中をはかり，妻だけを殺害してしまったという殺人被告事件について，被告人の罹患していたうつ病は，その人格を完全には支配してはいなかったとはいえ，かなりの影響を及ぼしていたと解されるとして心神耗弱を認めた事例。

奈良地判平15・6・13裁判所ウェブサイト
罪名：殺人
結果：懲役2年10月
裁判官：東尾龍一・御山真理子・実本滋

▶▶ 事案の概要

　被告人は，自宅居間において，被告人に背を向けて自分の爪を切っていた妻を見ていると，今しか妻を殺害できる機会はないと考え，殺意をもって，同女の背後にすり寄り，その首の前部からスカーフを巻き付け，さらにもう1回首に巻き付けて，両手を首の後ろに持っていって強く引っ張って締め付け，同女を窒息により死亡するに至らせて殺害した。

▶▶ 鑑定意見等

　動機の形成については双極II型障害によるうつ状態が主な原因であり，その実行については，うつ状態だけではなく，被告人の衝動を制御することが困難であるなど，被告人自身の人格の影響も関与しているので，心神喪失とするには困難がある。

▶▶ 判決要旨

　本件は，それまで遷延しながらも比較的安定していた被告人のうつ状態が，マンション立退きの要求を受けたことをきっかけに悪化し，大うつ病エピソードの状態に陥り，それにより希死念慮を生じた結果，もはや妻を殺害して自殺するしか方法はないとの思いにとらわれ，無理心中をしよう

として敢行されたものであるから，本件犯行の動機は希死念慮に支配されてのものということができる。そして，上記のような犯行前後の合目的かつ合理的ともいえる行動も，希死念慮に支配されていたからこそ，無理心中という目的の実現に向かってなされているのであって，そのことは，むしろ希死念慮に支配されていた結果と認められるのである。

　しかしながら，被告人は，無理心中を決意した後も，犯行直前まで妻の殺害を逡巡していたことや，犯行直後に苦しみに歪んだ妻の死に顔を見て自殺を止めていることなどを考慮すると，希死念慮の支配の程度は，相当程度に強いものであったとは認められず，本件鑑定が指摘するように，本件犯行には，衝動を制御することが困難であるといった被告人の人格も影響していたというべきである。

　このような諸事情に照らすと，被告人の罹患していたうつ病は，その人格を完全には支配してはいなかったとはいえ，かなりの影響を及ぼしていたと解されるから，本件犯行当時，被告人は是非善悪の弁別能力及びそれに従って行動する能力が著しく減弱した状態にあったと認められる。

【89】知的障害のある次女の将来を悲観し，次女とともに長女も道連れに自殺しようと企て，2人の女児を乗せた自動車内に火を放ち焼死させた被告人について，本件犯行当時，被告人は，神経症性うつ病又は反応性うつ病による自殺念慮を伴う抑うつ状態にあったため，心神耗弱の状態にあったと認めた事例。

さいたま地判平15・7・15裁判所ウェブサイト
罪名：殺人
結果：懲役7年
裁判官：川上拓一・森浩史・片岡理知

▶▶ **事案の概要**

　被告人は，長女及び次女を殺害しようと企て，河川敷運動場広場南側路上において，同所に駐車した普通乗用自動車内に上記両児を乗せたまま車内に火を放ち，そのころ，同車内において，上記両児を焼死させて殺害し

た。

▶▶ 鑑定意見等
○Ｄ鑑定

　被告人は，以前から周囲の目が気になり，ひとつのことを考えるといつまでも引きずりくよくよ悩む性格であり，執着気質といってよいと指摘され，次女が知的障害と診断されたことで抑うつ状態をきたし，一時軽快傾向がみられたが，次女の小学校入学が近づき，特殊学級に入れるか否かで悩み続けた末に犯行に及んだ。被告人には，抑うつ気分，精神運動制止，食欲低下，睡眠障害，自責感，自信の喪失などの典型的なうつ症状がみられるとともに，長期にわたって希死念慮を抱いており，家族など周囲の人々と親密な関係がもてずに孤立し，被告人の上記の性格傾向に，こうした明らかな心因が加わって発病したうつ病であり，反応性の色彩が強く，本件犯行時のうつ状態は軽いものではなく，完全責任能力とするには無理がある。どの程度責任能力が限定されるかについては，更に詳細な検討が必要である。

○Ｅ鑑定及び公判供述

　被告人には，睡眠障害・食欲減退などの身体的な不調，興味・関心の喪失などの精神運動抑制，さらに，劣等感，悲哀感などの抑うつ気分の増加がみられ，DSM-Ⅳにおける大うつ病エピソードの基準を満たしている。被告人は，次女の知的障害に悩み，それが原因となって抑うつ神経症になったが，本件の２，３カ月前には重篤なうつ状態に陥り，抑うつ神経症から内因性うつ病に病態が推移したとされ，犯行時，被告人は，重いうつ状態を呈しており，悲観的で絶望的な考えしか思い浮かばず，確信的に自殺を決意し，自分が死ぬと娘２人が苦労し，娘２人にも前途がないという妄想的な思い込みから拡大自殺として本件犯行に及んだもので，うつ病が本件の犯行動機，犯意発生に直接影響を及ぼしており，是非善悪を弁識する能力及びその弁識に従って行動する能力が失われていた。

○Ｆ鑑定

　被告人に，抑うつ気分，喜びの減退，体重減少，不眠，易疲労性，自殺念慮などがみられたことから，DSM-Ⅳにおける大うつ病エピソードの基準を満たしているが，１回のエピソードが比較的長期にわたって継続する「大うつ病性障害，単一エピソード」であって，その程度は重症ではあるものの，妄想や幻聴は認められず，従来診断によれば，被告人の症状の性質は原発

性というよりも続発性であり、子供の障害という原因に対応しており、そのようなストレスと抑うつの発現との時間的関係が一致し、また、抑うつ症状の悪化と軽快がストレスの度合いなど外的な出来事に極めてよく呼応しており、被告人の病前の人格傾向が内因性うつ病よりも反応性うつ病や神経症性うつ病により親和性が高く、被告人の病状は現実的体験を契機として反応的に生じる反応性うつ病あるいは神経症性うつ病であって、内因性うつ病ではない。さらに、被告人は、実父母に対する葛藤を強く有していたとみられ、小児期から気分が落ち込むときには頭痛や手のしびれなどの神経症的症候を来しやすく、葛藤に直面した場合に現実的な内省をする能力に乏しいとされ、このような、社会的に未熟で、内省力に欠け、不満を感じながらもその具体的解決を図る能力に劣るという被告人の人格特性を素地として、次女の知的障害と入学問題というストレスを中心にこれを巡る実母との葛藤や夫との関係など複数のストレスが重なって、神経症性うつ病に罹患していたと判断される。犯行時、被告人は、その病状から心神耗弱の状態にあった可能性は否定できないものの、事理を弁識し、その弁識に従って行動する能力を失っていたとはいえない。

▶▶ 判決要旨

　本件犯行に至る経緯及び犯行前後の被告人の言動に、各鑑定結果を併せ検討すると、被告人は、永年、次女の知的障害に思い悩み、次第に抑うつ状態が深刻となり、次女の将来を悲観して、次女とともに長女も道連れにして自殺を図ろうと決意するに至ったというもので、被告人がうつ病に罹患していたことを考慮しても、犯行の動機は十分了解可能であり、犯行当日、被告人は、長女と次女を道連れに自殺をする意図で、それなりに計画的に、かつ合目的的に行動していることが認められるのであって、具体的な放火行為について被告人の記憶が欠けているとはいえ、被告人が意図して火を放ったことは犯行動機から明らかであり、その他、犯行前後の被告人の行動を検討してみても、不自然、不可解な点は認められない。
　とりわけ、犯行後の被告人の言動は、自らが招いた車両の炎上という惨事を目の当たりにして、混乱した心理状態にあったことを前提にしても、消火器を持って駆け付けてきた男性に対して、車内に子供がいる旨告げるなどしており、自己の行動のもたらした結果の重大性を十分に認識していたと認めることができる。以上の事実に照らしてみれば、本件犯行当時、被告人が事理を弁識しその弁識に従って行動する能力を全く失っていたと

は到底認められない。

【90】被告人は，中程度のうつ状態にある中で，服用していた抗うつ剤などの影響により，本件犯行当時，躁状態とうつ状態の混ざった混合状態に陥っており，これにより是非善悪の判断及びその判断に従って行動する能力がまったく失われてはいないものの，著しく減退していたと認められ，心神耗弱の状態にあったとした上で，航空機の強取等の処罰に関する法律2条違反の罪と殺人罪の観念的競合として所定刑中死刑を選択し，法律上の減軽をして被告人に無期懲役を言い渡した事例。

東京地判平17・3・23判タ1182号129頁
罪名：航空機の強取等の処罰に関する法律違反・殺人・銃刀法違反
結果：無期懲役（確定）
裁判官：安井久治・小池健治・戸崎涼子

▶▶ 事案の概要

　被告人は，①羽田空港において，ジャンボジェット機に搭乗した上，離陸して東京湾上空を航行中の同機内において，持ち込んだ洋包丁を客室乗務員らに示し，同女に先導させて操縦室の前まで行き，操縦室内に押し入り，機長や副操縦士を脅迫し，副操縦士を操縦室から退出させて操縦室のドアを施錠した上，自ら副操縦士席に座り，機長に指示して，神奈川県横須賀市上空から東京都大島町上空を経て横田基地方向に本件航空機を航行させた。しかし，被告人は，同機を操縦するために機長を座席に縛り付ける機会や方法を考えあぐね，機長を縛り付ける機会をつくるため，同機長に対して座席の交替を指示したが，交替してもらえず，そのうち，操縦開始の目標線と設定していた湘南海岸が接近し，横田基地にも近づいてきたので，このままでは本件航空機の操縦という目的が実現できないとの焦燥感を募らせ，その目的を実現するためには，機長を包丁で刺し殺すしかないと考えるに至った。その上で被告人は，上記洋包丁で機長の右上胸部，右頸部，右耳介部等を突き刺した上，自ら副操縦士席に座って同機を操縦

するなどし，もって，ほしいままに航行中の上記航空機の運航を支配し，よって，そのころ，同機内において，機長を胸部右側刺切創に基づく出血性ショックにより死亡させて殺害し，②業務その他正当な理由による場合でないのに，上記航空機内において，上記洋包丁1丁及びペティナイフ1丁を携帯した。

▶▶ 鑑定意見等

○徳井達司の鑑定（簡易鑑定）

　犯行は動機を持ち，正常心理的文脈を逸脱する病的な要因は認められない。

○山上皓の鑑定

　被告人は，本件犯行当時，広汎性発達障害の一型であるアスペルガー症候群の状態にあり，この障害のために社会適応に困難を来して自殺を決意し，自らに最もふさわしい自殺方法をとろうとして，本件犯行に及んだものである（責任能力については明らかにせず）。

○保崎秀夫の鑑定

　被告人の今回の犯行時の精神状態は，抗うつ剤による治療の途上に生じた，うつ状態と躁状態の混ざった混合状態であったと思われる。被告人の犯行時の精神状態は，事物の理非善悪を弁識する能力が著しく減退していたが，全く失っていたとは思われない。

▶▶ 判決要旨

　保崎鑑定は，被告人の犯行当時の精神状態に関し，「(イ)被告人の今回の犯行時の精神状態は，抗うつ剤による治療の途上に生じた，うつ状態と躁状態の混ざった混合状態であったと思われる。(ロ)被告人の犯行時の精神状態は，事物の理非善悪を弁識する能力が著しく減退していたが，全く失っていたとは思われない」としている。上記保崎鑑定の主要な内容とその結論は，関係証拠によって認められる次の諸点からすると，合理的かつ相当なものとして，十分これを支持することができる。

　本件犯行当時，被告人は，抗うつ剤などによる治療の途上に生じた，うつ状態と躁状態の混ざった混合状態にあり，その影響により是非弁識能力及び行動制御能力の著しく減退した状態にあったものと認められるが，他方において，そうした能力を全く欠くには至っていなかったと認定することができるから，被告人は，本件犯行当時，心神耗弱の状態にあったもの

と認定するのが相当である。

【91】自ら自殺するにあたり高齢でうつ病の母親を一人残すのは不憫であると考え，母親を殺害した被告人に対し，犯行当時の被告人を心神耗弱とした原判決を支持し，控訴を棄却した事例。

広島高松江支判平18・9・25判タ1233号344頁
罪名：殺人
結果：控訴棄却（確定）
裁判官：赤西芳文・橋本真一・次田和明
原審：松江地判平17・12・13

▶▶ 事案の概要

　被告人は，自ら自殺するにあたり高齢でうつ病の母親を一人残すのは不憫であると考え，母親を殺害した。

▶▶ 鑑定意見等

○有田茂夫の鑑定（原審）
　被告人は，本件犯行当時，急性一過性精神病性障害に罹患し，その判断能力はかなり低下していたが，著しいとまではいかない。
○佐藤正保の鑑定（控訴審）
　被告人は妄想性人格障害者であり，本件犯行以前には，うつ状態及び急性一過性精神病性障害ないしDSM-IVによる短期精神病性障害ないしその下位分類である短期反応精神病に罹患しており，当時の被告人の様々な幻覚，幻聴その他の特異な言動は，被告人の妄想性人格障害や一過性の精神病性症状を伴っていた可能性のあるうつ状態から説明が可能なものであって，責任能力に大きな影響はない。

▶▶ 判決要旨

　佐藤意見は，有田鑑定にいう破局的体験後の持続的人格変化があったとする部分を否定し，被告人が妄想性人格障害者であったと指摘し，本件犯

行以前には，うつ状態及び急性一過性精神病性障害ないしDSM-IVによる短期精神病性障害ないしその下位分類である短期反応精神病に罹患しており，当時の被告人の様々な幻覚，幻聴その他の特異な言動は，被告人の妄想性人格障害や一過性の精神病性症状を伴っていた可能性のあるうつ状態から説明が可能なものであって，責任能力に大きな影響はないと結論づけている。これは，破局的体験後の持続的人格変化の点を除けば，有田鑑定と基本的には同様の見解を示しているものといえる。ただし，佐藤意見の推論部分，すなわち，本件犯行の動機（母親に対する根深い憎悪と深い愛情）並びに被告人の自殺企図と本件犯行との関係に関する部分は，後に述べるように，たやすく採用することができない。

当裁判所も，被告人は，本件犯行当時，心神耗弱の状態にあったと認めるのが相当であると判断する。

【92】双極性感情障害（II型）に罹患し，うつ病状態に起因する希死念慮及び拡大自殺願望の影響を受け，心神耗弱の状態にあった被告人が，無理心中を企て，実子2人を次々と包丁で刺したが，いずれも殺害に至らなかったという，殺人未遂及び銃刀法違反の事案について，心神耗弱と認められた事例。

名古屋高判平19・4・18判タ1315号60頁
罪名：殺人未遂・銃刀法違反
結果：破棄自判懲役3年執行猶予5年（確定）
裁判官：門野博・水上周・村田健二
原審：名古屋地判平18・11・7

▶▶ 事案の概要

　被告人は，無理心中を企て，実子2人を次々と包丁で刺したが，いずれも殺害に至らなかった。

▶▶ 鑑定意見等

○A鑑定（捜査段階での鑑定）

本件犯行時，被疑者は自信欠如及び疎外感，劣等感などから強い希死念慮を持ち，さらに，自分が死んだら子供たちを誰も見てくれないであろうと考え，無理心中を図ろうと思っていた。ただし，その計画および実行の段階では是非善悪の弁別能力には支障はなく，それに従って行動を制御する能力もほぼ保たれていたと考えられる。
○B鑑定
　被告人は犯行当時，双極性感情障害（Ⅱ型）に罹患し，うつ病状態にあった。是非善悪の弁別能力は，著しく減弱していた。行動制御能力も著しく減弱していた。

▶▶ 判決要旨

　原判決は，B鑑定は，責任能力の有無は大うつ病エピソードの重症度とは直接的にはかかわらないとの見解であると考えられるにもかかわらず，その責任能力判断では，全体的に大うつ病エピソードの重症度の診断に重点が置かれているうらみがある上，「中程度からやや重度」という程度評価の根拠も必ずしも明確とはいえず，B鑑定における本件犯行当時における責任能力に関する部分の意見は直ちに採用できないとし，本件犯行につき，動機が一般人からみて了解可能であること，本件犯行前に，被告人に前兆的行為はなく，平常どおりの家事をこなしており，不可解な行動はなかったこと，選択した殺害方法が合目的的かつ合理的なものであり，とっさの判断で周到な準備を行い，犯行時期をうかがい，人目を避けることができる場所を選択するなど，論理的かつ臨機応変に判断を行っていること，犯行当時に意識障害があったことはうかがわれないこと，犯行後は殺害を思いとどまり，最終的には自殺の意思を放棄していることなどを挙げ，本件犯行当時，被告人には完全責任能力があった旨認定している。
　しかしながら，本件犯行の動機が一般人からみて了解可能であるとする点については，なるほど被告人が説明する無理心中の動機については，一見すると筋が通っているようにみえなくもないが，被告人の置かれた客観的な状況にかんがみれば，実子2人を包丁で刺殺して無理心中を図る動機となり得るかは甚だ疑問であり，やはり，うつ病状態に起因する希死念慮や拡大自殺願望の影響が極めて大きかったものと考えざるを得ない。また，関係証拠によれば，本件犯行前に，被告人がうつ病状態で家事を十分にこなせず，日常生活にも支障を来していたことは明らかであり，平常どおりの家事をこなし，不可解な行動はなかったとする点もいささか疑問が残る

ところである。さらに，被告人が，強い希死念慮や拡大自殺願望に基き，自己の死及びその一環としての実子の殺害という目的を実現するために，合目的的かつ合理的な殺害方法を選択し，論理的かつ臨機応変に判断をし，その際に意識障害がみられなかったとの点についても，本件犯行当時，被告人が，自殺念慮や拡大自殺願望の影響を受けていたからこそ，そのように合目的的かつ合理的な対処の仕方が可能となったと考えられるのであり，これらは，被告人において，是非善悪の弁別能力や行動制御能力が減退していたことと何ら矛盾するものではないといわなければならない。そして，前記のとおり，B鑑定は，本件犯行当時，このようなうつ病状態に起因する希死念慮や拡大自殺願望により，被告人の是非善悪の弁別能力や行動制御能力の減退があったことを前提とした上で，これらが失われる程度に至っていたかどうかについて検討したものと理解できるのであって，必ずしも大うつ病エピソードの重症度から直接的に被告人の精神状態についての結論を導き出しているものではなく，この点に関する原判決の指摘は当たらない。

　以上によれば，被告人は，本件犯行当時，是非善悪の弁別能力及びこれに従って行動する能力が著しく減退していた可能性を否定することはできず，被告人は，本件犯行当時，心神耗弱の状態にあったものと認めるのが相当である。

(3) 完全責任能力が認められた事例

【93】自殺を企図し自宅に放火し，子供3人を殺害しようとしたが翻意して避難させたという現住建造物等放火及び殺人未遂被告事件について，犯行時抑うつ反応の状態にあった被告人につき完全責任能力を認めた事例。

東京地判平2・5・15判タ734号246頁
罪名：現住建造物等放火・殺人未遂
結果：懲役3年（確定）
裁判官：高橋省吾・伊藤納・堀田真哉

▶▶ 事案の概要

　被告人は，自宅を焼燬して，子供3名を焼死させた上，自殺しようと決意し，自宅2階居間兼寝室において，就寝中の長男，二男及び長女の周囲の床などに灯油約30リットルを撒布した上，同室内に置かれていた炬燵の掛布団に所携のライターで点火して火を放ち，その火を同室の柱，鴨居などに燃え移らせた。その結果，12名が現に住居として使用している鉄骨造陸屋根5階建事務所兼居宅の2階居間兼寝室及び同室の天井等の一部を焼燬したが，放火直後憐憫の情から子供ら3名の殺害を翻意し同人らを避難させたため，殺害の目的を遂げなかった。

▶▶ 鑑定意見等

○徳井達司の簡易鑑定（判決要旨中では，「徳井医師の診断」）

　被告人は，犯行当時，抑うつ反応の状態にあったが，全般的に程度がそれほど重くなく，通常の認識や感情が働いていることからして，圧倒的に病的に支配，規定される行動になっていないという意味で，弁識能力や行為能力について著しい障害があったとはみなせない。すなわち，問診の結果等によると，被告人は本件犯行の前日通常どおり勤務し，勤務中は活発に動いていて精神的に抑うつ感を感じておらず，家でもテレビ等興味関心というものに対する抑うつ状態が顕著ではなく，面白いことがあれば笑えるなど，抑うつ状態が常時全精神，全生活を圧倒的に支配していると言えず，不安感や焦燥感も持続して生活を支配するに至っていない。また，犯行前後の被告人の行動をみても正常な理性や感情が働いている。

▶▶ 判決要旨

　被告人は，犯行当時，意志，思考の抑止，抑うつ気分の各症状は顕著とは言えないが，食欲不振，体重減少，日内変動，希死念慮，自殺企図等があったことを勘案すると，抑うつ状態にあったが，全般的に程度がそれほど重くなく，通常の認識や感情が働いていることからして，圧倒的に病的に支配，規定される行動になっていないという意味で，弁識能力や行為能力について著しい障害があったとはみなせない（徳井医師の診断）。

　本件犯行の動機原因は十分了解可能なものであり，本件犯行前に通常の生活行動を取っていること，犯行の前後を通じての被告人の行動は状況に応じた合理的なものであったと評価できるとともに，その過程に特段異常

さを窺わせるような事情は認められない。

さらに，被告人の犯行状況についての供述は，捜査及び公判の各段階を通じてほぼ一貫しており，具体的かつ詳細であって，犯行状況について，被告人は十分な記憶を有しているものと認められる。

前記徳井医師の診断内容と以上の事情を総合すれば，被告人は本件犯行当時，是非善悪を弁識しこれに従って行動する能力が著しく減退した状態になかったものと認められるから，弁護人の右主張は採用できない。

【94】以前に精神分裂病診断を受けて精神病院に入院し前妻を刺殺し自殺を図った別の事件については責任能力を欠いていたとして不起訴処分になり措置入院をしていた被告人について，責任能力を認めた事例。

青森地判平14・2・6裁判所ウェブサイト
罪名：殺人・銃刀法違反
結果：懲役15年
裁判官：山内昭善・石原直弥・守山修生

▶▶ 事案の概要

被告人は，借金の返済に窮したこと等から前途を悲観し，妻及び２人の子供を殺害して自らも自殺しようと企て，長男，長女，妻を順次刺殺し，業務その他正当な理由による場合でないのに，前記日時ころ，前記場所において，前記刺身包丁１丁を携帯した。

▶▶ 鑑定意見等

○H鑑定
　是非を弁別する能力は完全ではなく，これに従って行動する能力が軽度低下していた。

○G鑑定
　是非を弁別し，これに従って行動する能力は完全には失われていなかったものの，相当程度障害されていた。

▶▶ 判決要旨

　本件犯行には，被告人がうつ状態に陥っていた影響が相当程度にあったものの，そのうつ状態と被告人の精神分裂病との関係は直接的なものではないうえ，……被告人が本件犯行を決意するに至った動機は，一応了解可能なものであること，被告人は，本件犯行に至るまで，身辺整理をすると共に周到に犯行の準備をし，計画的に本件犯行を敢行していることが認められ，さらに，本件犯行の前後に亘り，被告人が特段不自然ないし不合理な行動をした形跡は認められないのであって，これらの事情に照らせば，被告人は，うつ状態による影響を受けつつも，犯行時点まで，相当程度に合理的な判断をし，これに基づいて行動をしているということができる。

　したがって，被告人は，本件犯行当時，うつ状態に陥っており，これによって，是非を弁別しこれに従って行動する能力は一定程度減弱していたと認められるものの，刑事責任能力を軽減するまでに著しく減弱していたとはいえず，通常の責任能力を具有していたものと認められ，弁護人の前記主張は採用することができない。

【95】被告人が，実兄に対して日頃から不満を抱いていたところ，本件犯行当日深夜に，実兄が被告人の注意を聞かず，ステレオの音量を大きくしたことを契機に，それまで抑圧してきた不満を爆発させ，金属製アームバーで実兄の頭部を多数回殴打して殺害した殺人被告事件について，被告人に完全責任能力を認めた事例。

青森地判平17・7・14裁判所ウェブサイト
罪名：殺人
結果：懲役10年
裁判官：髙原章・室橋雅仁・香川礼子

▶▶ 事案の概要

　被告人は，金属製のアームバーで実兄の身体を殴打していたものであるが，自己の注意を聞き入れず挑戦的な態度をとるBに対する憤懣の余り，

同人を殺害しようと決意し，殺意をもって，所携の金属製アームバーで同人の頭部などを多数回殴打し，よって，同人を頭部外傷による出血性ショックにより死亡させて殺害した。

▶▶ 鑑定意見等

被告人は，てんかん及び脊髄小脳変性症に罹患し，被告人の家庭の事情や被告人の内向的性格等に起因する抑うつ状態が見られるものの，脊髄小脳変性症が直接意識や精神状態等に影響を及ぼすものではなく，てんかん発作は小学校高学年時から強直性全身けいれん等の発作が見られていたものの，規則的な投薬により本件犯行時にはほぼ抑制されており，抑うつ状態もごく軽度で，本件犯行時に意識障害や意識変容はなく，是非善悪の弁別能力及び行動制御能力は正常人とほぼ同様である。

▶▶ 判決要旨

鑑定書によれば，被告人は，てんかん及び脊髄小脳変性症に罹患し，被告人の家庭の事情や被告人の内向的性格等に起因する抑うつ状態が見られるものの，脊髄小脳変性症が直接意識や精神状態等に影響を及ぼすものではなく，てんかん発作は小学校高学年時から強直性全身けいれん等の発作が見られていたものの，規則的な投薬により本件犯行時にはほぼ抑制されており，抑うつ状態もごく軽度で，本件犯行時に意識障害や意識変容はなく，是非善悪の弁別能力及び行動制御能力は正常人とほぼ同様であるとされていること，本件犯行までの被告人の日常生活には特に問題はなかったこと，被告人は捜査段階から当公判廷に至るまで，犯行状況，犯行に至る経緯及び犯行後の状況を，その時々の自己の心情を含めて詳細かつ具体的で迫真性に富む供述をしており，犯行当時の記憶もよく保持されていること，本件犯行の動機も，一般人の見地から十分に了解可能で，犯行時の被告人の言動にも不自然，不合理な点は見られないこと，その他本件犯行の態様及び被告人自ら110番通報していること等を総合考慮すると，被告人には本件犯行当時，完全責任能力があったと認められる。

【96】幹部自衛官の職にあった被告人が，公道上で，被害者に暴行を加え金員を強取し，その際の暴行により被害者を死に至らしめた

という強盗致死の事案において，被告人に完全責任能力を認めた事例。

那覇地判平18・3・29裁判所ウェブサイト
罪名：強盗致死
結果：懲役20年
裁判官：横田信之・福島直之・北村ゆり

▶▶ 事案の概要

　被告人は，被害者から金員を強取しようと企て，道路際に放置されていたコンクリート片を拾った上，同人に対し，その頭部を持っていたコンクリート片で殴打し，更に，同人の顔面を持っていた傘の先端で突き刺すなどの暴行を加えてその反抗を抑圧した上，同人から現金在中の財布1個を強取し，その際，前記暴行により，同人に顔面から頭蓋内腔に至る貫通創の傷害を負わせ，死亡させたものである。

▶▶ 鑑定意見等

○D鑑定（簡易鑑定）
　本件犯行前後において，被告人は慢性の不安状態にあり，不安神経症の診断に基づいて抗不安薬を服用していたが，精神病状態は認められず，本件犯行当時，被告人は是非弁別能力及びそれに従って行動する能力を完全に有していた。

▶▶ 判決要旨

　本件犯行動機は了解可能である上，被告人の犯行時及び犯行後の行動は合理的であり，当時の記憶も概ね保持されており，また，被告人に不安神経症，うつ状態の既往があったとはいえ，服用していた薬の量等は責任能力に影響を与えるほどのものではなく，犯行前後を通じて幹部自衛官として正常に勤務しており，さらには被告人は完全責任能力を有するとする鑑定意見にも不合理な点は見出せない。また，弁護人指摘のギャンブル依存症という概念があるとしても，被告人の前記勤務状況に照らすと，自らの社会的基盤を破壊してまでもスロット遊技を繰り返しているものとも認められない。これらの諸事情を併せ考えると，被告人は，本件犯行当時，行

為の是非善悪を弁識しこれに従って行動する能力を有していたものと認められ，この点に関する弁護人の主張は採用できない。

【97】実弟の妻を刺殺した被告人は，本件犯行時，責任能力の著しい低下はなく是非善悪を区別し，これに従って行動することが一応できていたとして，完全責任能力を認めた原審の判断を維持しつつ，被告人が双極性感情障害（躁うつ病）の軽度ないし中等度のうつ病期にあったため，行動の抑制力が減弱していたことその他の事情を考慮して，被告人を懲役8年に処した原判決の量刑は重すぎて不当というべきであるとして，原判決を破棄した事例。

広島高岡山支判平18・12・6裁判所ウェブサイト
罪名：殺人
結果：破棄自判懲役7年
裁判官：安原浩・河田充規・西川篤志
原審：不明

▶▶ 事案の概要

被告人は，被告人の実弟の妻をアジ切包丁で数回突き刺し殺害した。

▶▶ 鑑定意見等

不明。

▶▶ 判決要旨

被告人は，本件犯行時，責任能力の著しい低下はなく是非善悪を区別し，これに従って行動することが一応できていたものの，双極性感情障害（躁うつ病）の軽度ないし中等度のうつ病期にあったため，行動の抑制力が減弱していたものであり，上記疾患に罹患したことの責任を被告人に帰することはできないこと，被告人は，昭和54年から平成2年にかけて上記疾患で入通院していたが，その後平成14年12月にリストラされたことなどが原因となり，再び上記疾患の治療のため通院を始め，平成16年6月10日から同

年11月20日まで入院し，その後も抑うつ気分が持続し，定期的に通院していた上，本件犯行前日には医師に入院を希望したものの，必要性がないとして断られたもので，その経緯には同情の余地があること，被告人は，被害者や遺族に申し訳ないと深く反省し，平成17年9月には遺族との間で示談が成立して損害賠償金3500万円を支払ったこと，これまで前科がないこと，妻子が被告人の帰りを待っていることなど，被告人のため斟酌すべき諸事情に徴すると，本件が冷酷非情な犯行で，動機に酌量の余地が乏しく，その結果が重大かつ悲惨であることを考慮してもなお，精神的疾患の存在及びこの種事犯としては異例の損害賠償がされていることに照らすと，被告人を懲役8年（求刑懲役12年）に処した原判決の量刑は重過ぎて不当というべきである。

【98】中等度うつ病エピソードに罹患し，経営する会社の将来を悲観し，家族を道連れにした無理心中を企て，就寝中の家族5人を殺害するべく，次々に包丁で刺突するなどして，両親と妻を殺害したほか，長男及び二男に対しては，それぞれ刺創の傷害を負わせた被告人に対し，完全責任能力を認めた事例。

東京地判平21・6・4判タ1315号282頁
罪名：殺人・殺人未遂
結果：懲役25年（確定）
裁判官：高橋徹・大村陽一・恒光直樹

▶▶ **事案の概要**

　被告人は，同居の家族を殺害した上，自殺を遂げようと企て，自宅において，母親，父親，妻を，順次文化包丁やはさみなどで刺殺し，長男及び二男を包丁で刺殺しようとしたが傷害を負わせたにとどまり，殺害の目的を遂げず，二男を包丁で刺殺しようとしたが傷害を負わせたにとどまり，殺害の目的を遂げなかった。

▶▶ 鑑定意見等

○丙川夏男の鑑定
1　精神障害の有無及び程度について
　被告人は，本件各犯行当時，中等度うつ病エピソードに相当する精神障害を患っていた。うつ病の程度を中等度と診断した理由は，被告人が，本件各犯行当時，社会的，職業的及び家庭的な活動を行うことが困難になっていたものの，不可能な状態には陥っていなかったからである。
2　本件各犯行に対する精神障害の影響及びその程度について
　被告人には，うつ病による自殺観念が存在し，この自殺観念が犯行の動機に密接に関連しており，うつ病性の感情障害や思考障害が自己の置かれた困難な状況を解決する能力を制限することにより，本件各犯行の動機形成にある程度の促進的影響を与えたと考えられる。しかし，①本件各犯行の動機や，その前提となる被告人の自殺観念及び自殺企図の原因には，現実的葛藤に伴う心理的苦痛や，そのような苦痛から逃れたいという欲求も同時に強く影響を与えていたこと，②被告人が本件会社を自分の生命と同じくらい価値のあるものと認識しており，会社が立ち行かなくなれば自分も駄目になるという短絡的思考に陥りやすい素地があったこと，③家族を大切に思い，自分が自殺したら残された家族が不憫であると考えて，無理心中を選択したこと，④葛藤状況に直面した際，柔軟で現実的な解決策を探ることができにくいなどの被告人の性格特性が，本件各犯行に影響を与えた可能性があることなどにかんがみれば，うつ病が本件各犯行に与えた影響はある程度のものにとどまると考えられる。

▶▶ 判決要旨

　被告人は，本件各犯行当時，中等度うつ病エピソードに相当する精神症状を患っており，それが本件各犯行の動機形成にある程度の促進的影響を与えたと考えられることから，被告人の是非善悪を弁別し，それに従って行動する能力は，ある程度障害されていたと認められるものの，本件各犯行の動機が十分に了解可能であることや，被告人が自己の行為の意味や性質を正確に認識し，拡大自殺を実行するという目的に向けて，合理的な行動をとっていたことに照らすと，その障害の程度は著しいものではなかった。したがって，被告人は，本件各犯行当時，完全責任能力を有していた。

5 てんかん

(1) 責任無能力が認められた事例

【99】被告人の犯行はてんかんによるもうろう状態のもとでの行動で，被告人自身，本件犯行の動機も目的も全く分からないなどとして，心神喪失を認めた事例。

神戸地尼崎支判平2・9・3判タ766号280頁
罪名：強制わいせつ致傷・窃盗
結果：無罪（確定）
裁判官：佐々木條吉・武部吉昭・岡文夫

▶▶ 事案の概要

　被告人は，団地のエレベーター内において，帰宅中の女性の背後から口を手で塞ぎ引き倒し，その顔面等を手拳で数回殴打する暴行を加え，スカートをめくり上げ，そのタイツを引っ張り脱がそうとしたが，同女が必死に抵抗したためその目的を遂げず，その際右暴行により顔面打撲，腹部打撲，外傷性歯牙亜脱臼の各傷害を負わせ，同女所有のショルダーバッグを窃取した。

▶▶ 鑑定意見等

○守田嘉男の鑑定
　犯行時の意識の混濁の深さ，持続時間，範囲から考えれば，被告人は本件犯行当時，事理善悪を弁別する能力，あるいはその弁別にしたがって行動する能力が著しく障害されてはいたが，全く欠如していたのではない。

▶▶ 判決要旨

　本件犯行はてんかんによるもうろう状態のもとでの行動で，そのもうろう状態は相当重度のものであり，本件犯行の前後の被告人の行動と本件犯

行時の被告人の行動には全く脈絡はなく，本件犯行は被告人とは全く別個の人格に基づく犯行としか考えられないような行動であり，しかも，被告人が思い出した断片的な本件犯行当時の記憶も外形的状況だけであって，被告人自身，本件犯行の動機も目的も全く分らないと認められるから，本件犯行当時，被告人には，事理善悪を弁別する能力，あるいはその弁別にしたがって行動する能力が全く欠如していたのではないかという，合理的な疑問をもたざるを得ない。

被告人の検察官及び司法警察員に対する各供述調書は，不自然な変遷や，被告人の記憶に反すると思慮される記載など，多くの疑問が認められるから，被告人の各供述調書のうち本件犯行及びその前後の状況に関する供述部分は，被告人の当公判廷における供述に合致する部分を除き，その信用性は極めて疑わしい。

鑑定人守田嘉男は，「被告人の犯行時の意識の混濁の深さ，持続時間，範囲から考えれば，被告人は本件犯行当時，事理善悪を弁別する能力，あるいはその弁別にしたがって行動する能力が著しく障害されてはいたが，全く欠如していたのではない」と判断している。しかしながら，前述のとおり，同鑑定人が鑑定の資料とした被告人の各供述調書の信用性には疑問があるから，同鑑定人が信用性に疑問のある各供述調書を資料としなければ，右と同様の判断に至ったかどうか疑わしいこと，及び，同鑑定人の当公判廷における供述によれば，てんかんによるもうろう状態の場合の心神喪失を同鑑定人よりもっと広く認める説も多く存することが認められることに照らせば，同鑑定人の鑑定も前記の合理的疑問を覆すものとはいえない。

【100】被告人は，本件事故当時，てんかん病の複雑部分発作によって意識障害に陥っていたとして，救護措置や警察官への報告を怠ったという道路交通法違反の点については心神喪失を認めた一方，てんかん発作を引き起こすことのある被告人には自動車の運転を差し控えるべき業務上の注意義務があるのにこれを怠ったとして，業務上過失致死傷罪の成立を認めた事例。

大阪地判平6・9・26・判タ881号291頁
罪名：業務上過失致死傷・道路交通法違反

結果：禁錮1年2月執行猶予3年・道路交通法違反については無罪（確定）
裁判官：福島裕・山嵜和信・早川幸男

▶▶ 事案の概要

　被告人は，年に1回ないし2,3回程度の割合で，一時的な意識障害に陥る発作に見舞われ続けており，自動車運転中に発作が起きたこともあったので，いつ発作に見舞われて正常な運転ができなくなるかもしれないことを十分認識していた。その上で，自動車を運転して進行中，突然てんかん病の発作が起きて，正常な意識を失ったまま自車を進行させたため，Aに自車前部を衝突させて死亡させ，Bに自車の右前部を衝突させて加療約10日間を要する傷害をそれぞれ負わせ，その後，救護措置をとらず警察官への報告をしなかった。

▶▶ 鑑定意見等

○齋藤正己の鑑定
　本件事故当時，てんかん病の複雑部分発作によって一時的な意識障害に陥っていた。

▶▶ 判決要旨

　齋藤鑑定を是認することができ，被告人は，本件事故当時，心神喪失の状態に陥っていた可能性が極めて大きい。
　被告人は，当審における精神鑑定によって，初めて自分がてんかん病者であることを明確に認識するに至ったのであるが，本件事故以前から年に1回ないし2,3回，一時的な意識障害に陥る発作が起きていたこと，発作は昼間に自動車運転中や仕事先に赴いた際に起きたこともあったこと，被告人は意識障害が起きた際の状況を妻などから知らされたり自覚するなどして発作について十分認識していたこと，被告人は自動車運転中に意識障害に陥ることを懸念して，従業員がいた時期には商品の配達を従業員に任せ，通勤の時以外は極力自分で自動車を運転しないようにしていたことなどからすれば，てんかん病の病名が判定されておらず，自動車の運転を差し控えるよう忠告されていなかったとしても，自動車運転中に一時的な意識障害に陥る発作に見舞われうることを予見することは十分可能であった。
　自動車の運転は人命にかかわる高度の危険を伴う業務であり，自動車運

転者は，心身共に右危険に十分対処しうる状態にあることが法律上要求されている。運転中意識障害に陥ることのありうることを予見できた被告人は，右予見に従って運転を差し控えるべき業務上の注意義務を負う（被告人には，このような注意義務を怠った過失がある）。

道路交通法の救護義務・報告義務違反については，被告人の行為は心神喪失者の行為として罪とならない。

(2) 限定責任能力が認められた事例

【101】被告人は，犯行時，側頭葉てんかんによるもうろう状態にあったとして，心神耗弱を認めた事例。

浦和地川越支判平2・12・26判時1380号144頁・判タ745号232頁
罪名：殺人
結果：懲役3年保護観察付執行猶予5年（確定）
裁判官：村重慶一・金野俊男・飯塚圭一

▶▶ 事案の概要
　市役所職員に採用されて市役所に初出勤した日，福祉係主事から声をかけられたので，その日の夕方改めて挨拶をしようと同人方を訪れたところ，「あんたみたいな女好きがよく市役所に入れたわね」などと言われため，突然殺意を抱き，電気掃除機のコードを同人の首に巻き付けて強く締め付け，窒息死させた事案。

▶▶ 鑑定意見等
○小林義昭の鑑定
　被告人は側頭葉てんかんに罹患しており，犯行直前にてんかん発作を起こしたと考えられ，犯行時は発作後もうろう状態であって心神耗弱状態であった。

▶▶ 判決要旨

　鑑定人小林義昭作成の鑑定書とこれを補足説明する同人の当公判廷における供述及び同人作成の意見書と題する書面によれば，同鑑定人のした鑑定内容の要旨は次のとおりである。
　被告人の家族歴，生活歴，てんかん発作によるとみられる過去の異常体験及び性格傾向等を詳細に検討し，被告人の脳波や抗てんかん薬投与に対する脳波反応を調べた結果，被告人は本件犯行時側頭葉てんかんに罹患していたものと診断される。
　被告人が本件犯行時の記憶の大部分を有していないこと，被告人の本件犯行の態様やその直後の行動が被告人の生活歴，知能及び性格と対比して不相応であること，被告人が犯行当日発作を起こしやすい精神状態にあり，被害者の判示言動が発作を誘発したとみられることなどからみて，被告人は本件犯行直前にてんかん発作を起こしたと考えられる。そして，付近にあった電気掃除機のコードを引き寄せ，これを被害者の頚部に数回巻き付けて絞殺した時点では，発作中ではできない合目的で複雑な行動をしていることから，発作後もうろう状態であって心神耗弱状態にあったと判断される。その後の被告人の行動は，もうろう状態であったものの，より合目的かつ複雑な行動をしており，時間の経過とともに，意識障害の程度が軽くなって行き，被害者方の玄関を出た後は責任能力は完全に回復していた（ただし，この時点以降の記憶も有しておらず，偽性発作後もうろう状態にあったと考えられる）ものと思われる。
　右鑑定内容は十分首肯でき，被告人の本件犯行時及びその直後の行動等の状況にも照らし，被告人は，被害者を絞殺した時点で，てんかん発作後もうろう状態にあったが，是非善悪を弁別し，これに従って行動する能力を完全に喪失していたとまではいうことができず，その能力が著しく減弱した心神耗弱状態にあったと認めるのが相当である。

【102】1個の常習累犯窃盗罪を構成する12件の窃盗のうち，3件については心神耗弱が認められ，残り9件については完全な責任能力が認められる場合に，全体につき心神耗弱であったとは認めることはできないとして，法律上の減軽が否定された事例。

岡山地判平8・7・17判時1595号160頁
罪名：常習累犯窃盗
結果：懲役2年6月（控訴）
裁判官：市川昇

▶▶ 事案の概要
　被告人は，昭和62年4月30日岡山簡易裁判所において窃盗罪により懲役1年（3年間執行猶予・保護観察付，同63年5月16日右猶予取消）に，同63年4月26日岡山簡易裁判所において同罪により懲役1年に，平成3年8月8日岡山地方裁判所新見支部において常習累犯窃盗罪等により懲役2年6月に各処せられ，いずれも右各刑の執行を受け終わったものであるが，更に常習として，平成6年1月29日から同年4月23日までの間，前後12回にわたり，岡山市内の道路工事現場ほか11カ所において自動車12台を窃取した。

▶▶ 鑑定意見等
○扇谷明の鑑定
　判決文からは不明。
○保崎秀夫の鑑定
　判決文からは不明。

▶▶ 判決要旨
　被告人は，小学校5年生ころ，側頭葉てんかんに罹患し，大発作にも襲われたことがあり，養護学校を卒業後，通院治療を続けていた。
　本件各犯行当時，被告人は，てんかんの発作に陥ってはいなかったものの，てんかんの影響による抑うつ状態にあり，このような気分を晴らすため，かねて興味のある自動車を窃取して乗り回したことが認められ，とくに別表一，三の各犯行については，犯行後に窃取自動車を運転して事故を起こしており，別表八の犯行については，犯行前にかねて窃取していた自動車を運転して事故を起こしていたことによれば，別表一，三及び八の各犯行当時，てんかんの影響による意識障害が著しく，これにより，行為の是非を弁別し，その弁別に従って行動する能力が著しく減退していた疑いがある。
　各犯行はその全体につき一罪をもって評価すべきであるので（いわゆる

集合犯)，その一部の犯行当時，被告人が心神耗弱であったからといって，本件犯行全体につき被告人が心神耗弱であったと認めることはできない。

なお，そうだとしても，本件各犯行の動機は被告人のてんかんに起因する抑うつ状態に密接に関連しており，心神耗弱を認めるかどうかは程度の差にあるということができるので，前述のとおり，酌量減軽することとした。

【103】被告人の異常心理供述等を基礎とし，複数の医師の見解を参酌して考察した結果，本件各犯行当時，被告人がてんかん性もうろう状態のもとで意識狭窄等の意識障害を来していたことが証拠上否定し難いとして，心神耗弱を認めた事例。

東京地判平4・3・2判タ796号252頁
罪名：窃盗
結果：懲役6月（確定）
裁判官：岡部信也・杉田宗久・園田雅敏

▶▶ 事案の概要

百貨店5階及び6階における合計4カ所の売り場で，相次いでブラウス1着，訪問着1着，子ども用トレーナー2着，子ども用靴下2着を万引きして，その都度手に提げていた紙袋に窃取物品を収め，最後の万引きが終わった後，6階のエレベーターの方に向かい，その後方向を変えて同階上りエスカレーターの上り口付近に至ったが，被告人の挙動に不審を感じていた保安係員に声をかけられ紙袋の中を改められたため，直ちに謝罪した。

▶▶ 鑑定意見等

○仙波恒雄(主治医)の証言

本件犯行当時，もうろう状態のもとで，意識障害により精神視野が狭窄された状態にあり，是非を判断したり行為を制御することは恐らく無理であり，それらの能力のかなり減弱した状態にあった。

○市川達郎の簡易鑑定

てんかんの疑いがあり，以前からの万引癖に加えてんかん性意識変容を併発した疑いがある。
○風祭元の鑑定
　本件各犯行は数十分にわたって行われているところ，これは発作の持続時間としては長時間にすぎること，被告人は犯行の状況をおよそ想起して述べることができることなどに鑑みると，本件各犯行の全期間にわたって，その行動がてんかん性意識障害のもとに行われたとは考えられない。てんかんにより影響を受けて軽度に是非弁識能力及び行動制御能力が減弱していた可能性があるが，心神耗弱の程度にまでは達していなかった。

▶▶ 判決要旨

　①万引き時に「頭の中が真っ白になる」との被告人の訴えは，本件犯行前に医師の診察を受けていた時から被告人が供述していたことで，訴訟上の利害関係に左右されない供述の一貫性があること，②被告人は多数回にわたって万引きの犯行を重ねているが，各犯行は，偶発的で場当たり的な性格，無防備で衝動的な傾向が濃厚である等，手癖が悪いというだけでは説明がつきかねる不自然さがあり，異常な精神状態の下で行われたと理解して初めて納得しうるものがあること，③継続的に被告人の診療を担当してきた仙波医師が，被告人の異常心理供述は詐病によるものではなく真摯なものであると判断していること，④「頭の中が真っ白になる」との被告人の異常心理供述に関してはてんかん性もうろう状態が生じていたことの表現として精神医学的に十分理解可能であるとの証言が存在すること，⑤被告人の供述内容は具体性にむらがあり，細かな点で前後一貫しないなどの問題点があるが，被告人が意識障害の状態にあったとするならば，記憶の保持に困難を来すことはむしろ当然であることなどを総合すると，被告人の異常心理供述が，詐病の訴えであると断ずることはできない。

　被告人がてんかんに罹患していることは，仙波証言・風祭鑑定が一致して認める。もうろう状態の継続時間については，医学上の見解が分かれるが，発作が重積する場合には，もうろう状態が相当の長時間に及ぶことは風祭鑑定人も是認するところであり，被告人が一連の持続するもうろう状態にあったことを否定する根拠はない。

　被告人は，本件各万引きの続行中，百貨店の5階から6階に移動し，外見的には合理的な行動をとっており，保安係員から声をかけられ紙袋の中の在中物を改められるや直ちに同係員に謝罪している。これは，一連のも

うろう状態にあったということと矛盾するようにも見える。しかし，仙波証言・風祭鑑定ともに，もうろう状態，殊に分別もうろう状態の下においては，外見上は本件のような行動の外形をとりうる可能性がある上，もうろう状態は何らかの外界からの刺激によって急速に解消し意識が清明の状態に回復しうるのであって，そのような回復時に，同種万引きの犯罪歴を有する被告人が，「またやってしまった」ということで発見者に対し直ちに謝罪することもありうる旨指摘している。

被告人が，てんかん性もうろう状態のもとで意識狭窄等の意識障害をきたしていたことは証拠上否定しがたく，心神耗弱の状態にあったとの合理的な疑いを否定することができない。

(3) 完全責任能力が認められた事例

【104】チングトレミー手術を受け，多量に睡眠薬を摂取した被告人の行為につき，チングトレミー手術による人格変化に基づく犯行ではないとし，被告人を類てんかん病質ないしてんかん病質の人格障害者であり，強迫観念をもちやすい執拗な性格の持ち主であることからこれに基づく確信的犯行であるとして，完全責任能力を認めた事例。

東京高判平7・9・11判時1550号130頁・東高刑時報46巻1〜12号48頁
罪名：殺人予備・住居侵入・強盗殺人・銃刀法違反
結果：控訴棄却無期懲役（弁護人上告）
裁判官：小泉祐康・日比幹夫・松尾昭一
原審：東京地八王子支判平5・7・7判タ844号281頁・判時1517号159頁

▶ 事案の概要

被告人は，以前チングトレミー手術（前部帯状回切除術のことであり，精神外科手術の一種である）を受けたものの，かかる手術のため，美的感情，創造力等を失って社会適応力が低下し，挫折感，劣等感及び屈辱感や自己否定の観念にとらわれるようになり，このような自身の挫折は，チングト

レミー手術を施術したB医師が不要不急な手術をしたからであると，怒り，憎しみを募らせ，次第に自分が自殺をする前にB医師を殺害しようと決意し，睡眠薬を多量に摂取し，B医師宅に侵入したものの，同医師は不在で，同医師の義母及び妻（被害者ら）を手錠などかけて抵抗不能の状態とし，B医師が帰宅しないことが分かるや，B医師宅にある金品類を医師殺害までの逃走資金とするため強取した上，被害者らを殺害した。

原判決は，完全責任能力とし，無期懲役の判決を下したところ，弁護人は少なくとも心神耗弱の状態であるとして控訴し，他方検察官は死刑が相当であるとして控訴した。

▶▶ 鑑定意見等

○小田晋の鑑定
　判決要旨に記載の通り。
○荒崎圭介の鑑定
　判決要旨に記載の通り。
○逸見武光の鑑定
　チングトレミー手術による前頭葉の機能低下による自己の行動を抑制する能力の減退，大量の睡眠薬服用による中程度の酩酊状態，もうろう状態であり，少なくとも心神耗弱であった。

▶▶ 判決要旨

小田・荒崎鑑定に全面的に依拠し，完全責任能力とした。すなわち，①被告人は，元来，類てんかん病質ないしてんかん病質の人格障害者であり，強迫観念をもちやすい執拗な性格の持ち主であるところ，本件犯行は，B医師に対する怨恨，憤慨がかかる性格と結びつき，強い被害者意識等を生じて，これらに基づく支配観念が生んだ確信的行動であること，②睡眠薬依存がみられるが，いまだ中毒性精神病とまではいえないこと，③チングトレミー手術により情動が鈍くなるなどの精神不活発さが招来されることはあると思われるが，被告人にはチングトレミー手術による脳器質性の痴呆ないし前頭葉症候群の存在は認められず，手術後の無感動等もその後回復していること，チングトレミー手術による侵襲部位と行動抑制能力を司る中枢とは離れていること等から本件犯行がチングトレミー手術による人格変化に由来するものではないこと，④睡眠薬を多量に摂取していると被告人は述べるが，そもそも薬品名・量ともに疑問がないではなく，仮に摂

取しているとしても，長年にわたる連用による耐性の上昇によって酩酊に陥りにくい体質になっており，その他本件当時の状況等から睡眠薬の服用が被告人の行動に本質的な影響を及ぼしたものとはいえないこと，⑤医師Ｂの殺害を企図しながら，被害者らを殺害しているのは，その心理プロセスの成り行きからして了解可能である，として完全責任能力と判断した原判決を是認している。

　他方，弁護人の心神耗弱の主張に対しては，その依拠する逸見鑑定につき，前提事実の誤認，本件犯行当時の行動実態を直視していない等を根拠として排斥した。

【105】被害者を刺した時点で外傷性てんかんの発作を起こして意識がなかったとしても，発作中の行為が被告人の直前の意思に従ったものである以上，完全な責任能力が認められるとされた事例。

東京地判平9・7・15判時1641号156頁
罪名：傷害
結果：懲役1年保護観察付執行猶予5年（確定）
裁判官：瀧華聡之

▶▶ 事案の概要

　被告人が，自分の使い古しの布団を与えるために，布団を抱えてかつての同棲相手であるＡ女の居宅に行った際，Ａ女の妹であるＢ女が一人で留守番をしており，Ｂ女に対して「布団を干せ」などと言ったところ，被告人を恐れたＢ女がベランダに逃げたため，その態度に立腹し，Ａ女方の台所においてＢ女の背後から左手を首に巻き付けて同女を捕まえた上，文化包丁でＢ女の左上腕部を一回突き刺して傷害を負わせた。（被告人は，捜査段階では，被害者を包丁で刺した旨供述していたが，公判では，「ベランダで被害者を平手で殴った後，逃げる被害者を台所で捕まえ，包丁を手に持ったことまでは覚えているが，発作みたいなのが起きて何がなんだかわからなくなった」旨供述するに至った）。

▶▶ 鑑定意見等

なし。

▶▶ 判決要旨

　被告人の捜査段階の供述によれば，被告人に傷害の故意及び責任能力が存することは明らかである。

　被告人の公判供述によっても，包丁で刺したこととベランダでの暴行との継続性を否定する事情はなく，それらは一連の行動であると認められ，台所でB女を捕まえて刃先の鋭利な包丁を手に取ったことまでは認識していたというのであるから，遅くとも包丁を手にした時点までに傷害の故意を生じたと認められる。そうすると，仮にB女を刺した時点で発作が起きていたとしても，発作中の行為はその直前の意思に従ったものであって故意に欠けるところはない。

　被告人は交通事故による外傷性のてんかんを患い，医師の投与する薬を服用していたところ，時々発作を起こし，発作を起こしている間は意識がなくなるものの，発作を起こす前及び意識が戻った後は通常の者と同様に意識があり，物事の善悪も分別できることが認められる。

　B女を刺した時点で発作が起きていたとしても，「発作中の行為がその直前の被告人の意思に従ったものである以上，被告人は自己の行為を認識して善悪の判断をしそれに従って行動する能力を有しつつ実行したものといえ，完全な責任能力が認められる。

6 広汎性発達障害（アスペルガー症候群）

(1) 責任無能力が認められた事例

【106】殺人罪については完全責任能力が認められたが，死体損壊罪については解離性同一性障害による心神喪失状態にあったとして，無罪が言い渡された事例。

東京地判平20・5・27判時2023号158頁
罪名：殺人・死体損壊
結果：一部無罪（控訴）
裁判官：秋葉康弘・建石直子・古賀秀雄

▶▶ **事案の概要**

　自宅において短大生の妹に対し，殺意をもって，その首にタオル様のものを巻いて絞めつけ，さらに浴槽内の水中にその顔を沈める状態にし，その時，その場において，同人を窒息により殺害し，その後，その首，腹部，両手足などを包丁などで切断するなどして死体を損壊した。

▶▶ **鑑定意見等**
○牛島定信の鑑定
　被告人は，アスペルガー障害を基盤にして，激しい攻撃性を秘めながらそれを徹底して意識しないという特有の人格構造を形成しており，怒りの感情を徹底的に意識から排除しようとする人格傾向が強く，激しい怒りが突出して行動しても，それを感じたと認識する過程を持っていない。被告人は，アスペルガー障害によって，このような攻撃性等の衝動を制御する機能が弱い状態にあった。
　そして，殺害時はアスペルガー障害によって感情を抑制する機能が弱体化していたため，内奥にある激しい攻撃性が突出し，被害者の殺害に及んだものであり，心神耗弱状態。

死体損壊時は殺害に及んだことが衝撃となって解離性同一性障害による解離状態が生じ，死体損壊に及んだ際には，被告人は，本来の人格とは異なる獰猛な人格状態になっていた可能性が非常に高く，心神喪失状態だった。

▶▶ 判決要旨

1　死体損壊時の責任能力

　本件死体損壊時において，被告人は解離性同一性障害により本来の人格とは別の人格状態にあった可能性があるところ，被告人の公判供述によれば，被告人には，死体損壊時の記憶がほとんどなく，本来の人格とは別の人格状態の存在について認識していないことが認められる。そうすると，本来の人格はこの別の人格状態と関わりを持っていなかったと認められ，このことからしても，牛島鑑定において指摘されているように，被告人は，その人格状態に支配されて自己の行為を制御する能力を欠き，心神喪失の状態にあった可能性もまた否定できないから，心神喪失の状態にあったものと認定した。

2　殺害時の責任能力

　被告人は，生来性にアスペルガー障害に罹患してはいたが，高校卒業までは一般的な社会生活が著しく障害されることはなく，社会性の面では軽度の発達障害というべき病態であり，本件殺害時も，是非弁識能力は十分あった上，解離性障害を発症する以前は，制御能力も十分あったものである。その上，Bの公判供述及び検察官調書（甲九），E子の公判供述及び検察官調書（甲一〇），被告人の公判供述などによれば，次のような事実が認められる。

(1)　本件の3日前，母親が被害者の話を誤解して被害者を夕食に呼ばなかったため，被害者が腹を立て母親に文句を言って自分の部屋に戻ってしまうなどしたが，被告人は，その様子を目の当たりにし，その言動に腹を立てて被害者を批判する話を兄としているものの，それ以上の行動には出なかった。このように，解離性障害が発症した後も，被告人は，本件殺害時までの1カ月間以上にわたり，大学受験の浪人生として家族などと関わりを持つ日常生活を送りながら，トラブルを起こしたことはなかった。

(2)　本件の翌日，被告人は，その時点では自己が被害者を殺害するなどしたことを明確に認識していながら，父親から被害者の在宅の有無を聞かれた際に知らない振りをしたり，父親に対して被害者の死体が置いてある自

分の部屋に入らないように言ったりして，本件各犯行が発覚することを恐れ，それを防ぐための適切な言動を取っていた。また，被告人は，本件各犯行後も，家族に対して従前と変わらない対応をしていた。さらに，3日間にわたって予備校の冬期合宿に参加しているが，その関係者と関わりを持つ日常生活を問題なく送っていた。

これらのことは，本件当日前後においても，被告人がその時々の状況に応じて自己の行為を適切に制御する能力を全体としてかなりよく維持していたことを示している。したがって，本件殺害時，被告人は，衝動の抑制力が弱体化していたため，制御能力がかなり減退していたことは否定できないものの，その程度は，責任能力が限定されるほど著しいものとまでは言えないと判断した。

(2) 限定責任能力が認められた事例

【107】被告人が6カ月半余り隔てて犯した2件の殺人未遂事件について，両事件に心神耗弱を認めた事例。

東京高判平19・5・29東高刑時報58巻1～12号32頁

罪名：殺人未遂・銃刀法違反
結果：破棄自判懲役3年10月（確定）
裁判官：安廣文夫・山田敏彦・前澤久美子
原審：不明

▶▶ 事案の概要

特定不能の広汎性発達障害に起因する攻撃的衝動の影響下にある被告人が，6カ月半余りを隔てて犯した2件の殺人未遂事件につき，第1事件に完全責任能力を認め，第2事件に心神耗弱を認めた第一審判決を破棄し，両事件に心神耗弱が認められた事例（なお，原判決は懲役5年，原判決後に見舞金900万円の追加支払い等があった）。

▶▶ **鑑定意見等**

○丙鑑定（国立精神・神経センター武蔵病院勤務）
　動機から行動への連続性，犯行状況の認識や記憶の正確性，自己の価値観に基づく攻撃対象の選択といった事情から，被告人が粗暴行為の行動化を避けるだけの能力を欠いていたといえない。

▶▶ **判決要旨**

　これらの経緯等からすると，被告人が殺害行為に及ぶに至ったのは，通常人が行うような複数の選択肢をほぼ同時に思い付き，その中から1つを選択するというのとは大きく異なり，1つの選択肢を思い付いて，その可否が検討されるにすぎず，両親に相談することや自傷行為が行えないと判断した後は他の適法な選択肢が考えられないかなどと検討した様子がないまま，他害行為に向かっている。しかも，被告人が，上記の各選択肢を思い付いたことや他害行為以外の選択肢を否定したことについては，広汎性発達障害の特性の1つである強迫的傾向等の影響を強く受けていた可能性を否定し難く，その影響下で他害行為に向かったとも考えられるのである。

　以上によると，被告人が広汎性発達障害の特性の1つである強迫的傾向等の影響を強く受けて，両親に相談することや自傷行為を行うことを思い立ったものの，これを否定した直後に他害行為に及んだ可能性を払拭することはできないし，攻撃の対象の選択性も希薄で，丙鑑定には上記のとおり疑問が残るといわざるを得ないのである。

【108】女子小学生を刺殺した被告人に対し，発達障害の一種の先天的なアスペルガー障害に罹患していることや自首の成立などを量刑で考慮した事例。

大阪高判平21・3・24公判物未登載
罪名：殺人
結果：破棄自判懲役15年（確定）
裁判官：的場純男・遠藤和正・田中聖浩
原審：不明

▶▶ 事案の概要
　女子小学生を刺殺し，殺人罪などの罪に問われた被告人に対し，被告人は強固な殺意に基づく計画的かつ残虐非道なもので，甚だ凶悪な犯行という評価を免れず，刑事責任は誠に重いとしたが，被告人は，犯行時に心神耗弱だったと認定し，原判決において完全責任能力を認定して懲役18年に処すると判断したのは，判決に影響を及ぼすことが明らかな事実誤認があるとして破棄し，発達障害の一種の先天的なアスペルガー障害に罹患していることや自首の成立などを考慮し，有期刑を選択し，懲役15年（求刑無期懲役）に処した。

▶▶ 鑑定意見
○吉岡隆一の鑑定（原審鑑定）
　完全責任能力。
○安藤久美子の鑑定（控訴審鑑定）
　心神耗弱にとどまる。

▶▶ 判決要旨
　原判決は，所論（弁論を含む。以下同じ）と同旨の原審弁護人の主張に対し，その「補足説明」の項において，被告人の病歴，犯行に至る経緯，犯行状況，犯行後の言動，被告人の原審公判供述等について具体的かつ詳細に認定説示した上，原審鑑定人吉岡隆一作成の鑑定書及び同人の原審証人尋問の結果に依拠しつつ，被告人に知的障害が認められないこと，計画性が顕著で，精神病様状態も恒常的なものではなかったこと，記憶が相当鮮明で，現実の被害者とその他の像などとを一応区別して認識し，本件各犯行当時も現実の被害者であると認識して犯行に及んでいること，犯行直後の言動にも異常な点が存しないこと，動機が了解不可能とはいえないことなどを理由として，被告人に完全責任能力があったとしている。しかしながら，当時の被告人が，アスペルガー障害の患者としては極めてまれな程度の著しい幻覚妄想等の精神病様症状（心因性ないし反応性の精神病水準の幻覚妄想状態）に陥っていたなどとする当審鑑定人安藤久美子作成の鑑定書及び同人の当審証人尋問の結果の指摘をも考慮に入れて，被告人の認識内容や主観面を再検討すると，本件各犯行当時，被告人は，アスペルガー症候群と著しい幻覚妄想等の精神病様症状の影響により，自己の行為の是非善悪を

区別し，これに従って行動する能力が著しく減退した心神耗弱の状態にあったものと認めることが相当であるから，原判決が被告人に完全責任能力を肯定したのは是認できない。

(3) 完全責任能力が認められた事例

【109】タイヤをパンクさせた器物損壊事案につき，被告人が，アスペルガー症候群に該当すると認定しつつ，完全責任能力を認めた事例。

東京高判平13・8・30高刑速平13号139頁
罪名：器物損壊
結果：量刑不明
裁判官：不明
原審：不明

▶▶ 事案の概要
　被告人は，錐などを使用して連続的に駐車車両のタイヤをパンクさせた。

▶▶ 鑑定意見等
○Ａ医師（東京大学大学院医学系研究科精神保健学分野教授）
　限定責任能力。

▶▶ 判決の要旨
　Ａ医師は，弁１号証において，「被告人の強い被害的傾向は，アスペルガー症候群特有の対人関係障害及び脅迫的傾向に反復的ないじめられ体験が重なり形成されたと考えられ，妄想ではないが支配観念的な強さがある」，「いやな体験を想起したときに生じる攻撃的行動は，本人の意思では抑制できないアスペルガー症候群による病的現象と思われる」という。甲１号証においても，アスペルガー症候群に該当する者について，自分の要求が通らない場合などにパニック状態に陥って暴力的な行動に出る場合があるとい

う報告は見られるが,そのような場合以外に本人の意思で抑制できない攻撃的行動が見られるという記述は見当たらない。これに関連して,甲1号証によれば,犯罪者の中にアスペルガー症候群に該当すると認められる者の比率が通常よりも高いという研究がある反面,アスペルガー症候群に該当する者に特に犯罪傾向は認められないとする報告もある。

　ところで,被告人は,前記のように,前回の判決を受けた後,約半年間は犯行に及ぶことを自制していたことが認められる上,被告人が自動車等のタイヤを錐などでパンクさせるのも,被告人が具体的に反感を抱いた者の所有車を選んで報復するか,あるいはまったく関係のない者の車を選んで,知っている者に不愉快な思いをさせることがないように配慮し,また捜査機関に発覚しにくい対象を選んでいることなどが認められる。このようなことからすると,被告人は,対人関係に未熟なところがあり,強い被害者意識を持ち,過去にいじめられた経験などを想起したことにより不愉快になって攻撃的な行動に出る傾向が認められ,タイヤをパンクさせることを覚えてからは,いらいらする気持ちを解消するために本件各犯行と同様の行為を繰り返してきたものであるが,知的な能力において特に障害は認められず,攻撃的行動に出ることを自分で抑制する能力がないわけではなく,攻撃的行動に出た際も,その対象を理性的に選択して行動に及んでいることが認められる。これらの点からすれば,本件のような犯行に及ぶことを被告人自身の意思で抑制することが不可能又は著しく困難な状態にあったとはいえない。

　結局,被告人がアスペルガー症候群に該当するとのA医師の診断には信用性が認められるが,被告人は,そのために本件各犯行に及ぶことを自己の意思で抑制することが不可能又は著しく困難な状態にあったものとはいえず,本件各犯行当時は完全責任能力を有していたものと認めるのが,相当である。

【110】被告人が本件各犯行当時,人格障害により事理善悪を弁識する能力及びその弁識に従って行動する能力が低下していたことは否定できないが,その程度は著しいものとはいえず,被告人は心神耗弱の状態にはなかったものと認められるとした事例。

岡山地判平14・5・28裁判所ウェブサイト
罪名：現住建造物等放火・傷害
結果：懲役3年6月
裁判官：西田真基・金子隆雄・永野公規

▶▶ 事案の概要

被告人は，自宅及びその隣にある祖母宅に放火して，全焼させ，自宅において，父親を文化包丁で刺して，傷害を負わせた。

▶▶ 鑑定意見等

○甲鑑定（放火について）

DSM-Ⅳの（摂食障害を伴う）境界型人格障害（境界性人格障害も同義）。是非善悪を弁識する能力はあり，その弁識に従って行動することのできる能力には若干の減弱がみられる。

○乙鑑定（傷害について）

DSM-Ⅳの境界型人格障害（副次的に対人恐怖が発生し，摂食障害も伴う）。自己の行動の是非を判別し，その弁別に従って行為する能力に問題はなかった。

○丙鑑定（両事実について）

被告人は，DSM-Ⅳの分裂病質人格障害。本件各犯行当時，被告人の是非善悪を弁識する能力及び弁識に従って行為する能力は，相当程度低下していた。

▶▶ 判決要旨

1　被告人は，本件各犯行当時，対人恐怖，摂食障害，情緒不安定の状態にあり，……平成11年に過食症，対人恐怖症，境界型人格障害と診断され，そのための治療を受けていたことが認められる。

2　そこで，次に，本件各犯行の動機，態様等について，以下検討する。

(1)　本件各犯行の動機について

ア　放火について

被告人は，家族に対する苛立ちないし焦燥感にかられ，これを紛らわそうと物に当たったが，苛立ちないし焦燥感を治めることができずに，これを解消させようとして祖母宅に放火したものと，その犯行の動機を合理的

に推認できる。
　祖母宅の放火に加え，自宅までも放火したことについて，祖母宅と自宅は隣り合っており，祖母宅の放火の直後に自宅の放火を決意し，その後，「ざまあみろ」などといった気持ちを覚えていることからすれば，自宅に放火した直接の動機は，祖母宅の放火では苛立ちないし焦燥感がなお解消しなかったことにあると認められる。
　以上によれば，判示第1の犯行の動機は，了解可能なものというべきである。
イ　傷害について
　被告人は，元々嫌悪していた父親が，自分の苦しみや気持ちを理解してくれていないと考えて立腹し，父親を刺したものと認められる。そうすると，その犯行の動機は，了解可能なものというべきである。
(2)　犯行の態様について
ア　放火について
　被告人は，祖母宅の放火では，毛糸ならば，良く燃えると考え，毛糸のこたつ掛けの上に，何本ものマッチを点火して投げ込んで，こたつ掛けを燃え上がらせており，また，自宅の放火では，家屋の奥の方から順次火をつけ，玄関から安全に逃げることができるような方法で放火するなど，合理的な行動をしている。
イ　傷害について
　被告人は，一度文化包丁を取り出そうとしたとき，その場にいた母親に見つかれば止められると考え，包丁を手にするのをやめ，その場にあったコーヒーメーカーや皿などを床に投げつけて，母親と父親がそれを片づけようとした隙に文化包丁を取り出すなど，犯行実現に向けて合理的な行動をしている。
(3)　さらに，被告人には，本件各犯行についての記憶がおおよそ清明に保たれているし，本件各犯行当時，被告人に幻覚妄想や意識障害がなかったことも明らかである。
(4)　そして，被告人の攻撃の対象は常に家族にのみ向けられており，他人に対する攻撃性が認められない上，判示第1の犯行において，被告人は，祖母宅の窓ガラスを割ったときに，世間体を考えて周囲の様子を見るなどしており，抑制的な思考，行動もみられる。
3　そうすると，被告人が，放火や傷害自体の一般的な違法性は認識し，近所の人などには迷惑をかけ悪いことをしたと考えてはいるものの，自己

の行為は悪くないと考え，反省の気持ちが今なおみられないことや，単純な暴行，器物損壊にとどまらず，凶器を使っての傷害や家屋2棟の放火という極端な行動に出たこと，さらに前記3鑑定の診断などに照らして，被告人は，本件各犯行当時，人格障害により事理善悪を弁識する能力及びその弁識に従って行動する能力が低下していたことは否定できないが，上記3及び4で検討した諸事情によれば，その低下の程度は著しいものとはいえず，被告人は心神耗弱の状態にはなかったものと認められる。よって，弁護人の主張は理由がない。

【111】被告人のアスペルガー症候群を含む広汎性発達障害による心神喪失又は心神耗弱の主張を排斥した事例。

東京高判平19・8・9東高刑時報58巻1～12号59頁
罪名：殺人未遂・傷害・銃刀法違反
結果：控訴棄却量刑不明（上告）
裁判官：池田修・稗田雅洋・兒島光夫
原審：不明

▶▶ 事案の概要

　被告人は，アスペルガー症候群を含む広汎性発達障害の影響により，首を刺すと死ぬかもしれないという予測ができず，「傷つける」「一太刀浴びせてやろう」という考えに囚われてそれを変更できない状態に陥り，被害者の右頸部を刺したところ，これら障害により困難な事態に直面すると適切な対処ができずに突飛あるいは極端な行動に出たり，予想外の場面で混乱しやすい「実行機能の障害」を有しているとともに，意識野の狭窄が重なって，事理弁識能力及び行動制御能力を失ったり著しく制限された状態にあったものであるとの弁護人の主張を排斥し，完全責任能力を認めた。

▶▶ 鑑定意見等

○D鑑定
　心神喪失又は心神耗弱。

▶▶ 判決要旨

　アスペルガー症候群を含む広汎性発達障害者は，所論もいうとおり，社会相互性の障害やコミュニケーションの障害と，新しい環境や状況への適応力が不十分で，即座に状況を判断し，予見して的確な行動をとることが不得意であるため，こうした場面に直面すると，一般に考えられるよりも容易に混乱し，粗暴行為や自傷行為に及ぶことがあるという特徴（所論がいうところの「実行機能の障害」）を有するといわれているが，その障害の程度は一様のものではないし，必ずしも知的発達の遅れや意識障害を伴うわけではないから，発達障害があることにより，直ちに是非弁別能力や行動制御能力が損なわれるわけではなく，個別具体的に事案に応じた検討が必要である。
　そこで，被告人についてこれをみると，発達障害に起因すると思われるトラブルはあったものの，おおむね通常の社会生活を送っていたのであって，その是非弁別能力や行動制御能力が日常的に障害されていたものとは認められない。したがって，所論には理由がないのであって，被告人の責任能力については，本件犯行に至る経緯及び犯行当時の具体的状況に照らし，所論が主張する実行機能の障害及び意識野の狭窄により，是非弁別能力及び行動制御能力が失われ，あるいは著しく制限されていたかという観点から判断すべきである。
　そこで検討すると，本件は，相当期間の計画と準備を経た上，襲撃の機会を捉えて犯行に及んだ事案である。すなわち，被告人は，A殺害の目的を達成するため，合理的に手段を選択し，臨機に対応していたものと認められる。また，被告人は，Aに対する恨みを募らせていたのであるから，同女が参加するかもしれないイベントの広告に接して同女を殺害することを決意したことは，十分に了解可能である。こうした本件犯行に至る経緯及び犯行状況に照らせば，被告人が，本件犯行を決意し実行した際に，アスペルガー症候群を含む広汎性発達障害により実行機能が障害されるとともに，意識野の狭窄が重なって，是非弁別能力や行動制御能力を失ったり著しく制限されていたものとは言い難い。

【112】被告人が，本件当時，広汎性発達障害の影響もあって，相当

に興奮した精神状態にあり，行動制御能力が多少なりとも障害された状態にあったと認められるが，行為の是非善悪を弁別し，これに従って行動する能力に欠け，あるいは著しく減退した状態にはなく，完全責任能力を有していたものと認められるとされた事例。

東京高判平21・3・2高刑速平21号94頁
罪名：殺人
結果：控訴棄却懲役11年（確定）
裁判官：中山隆夫（ほか2名）
原審：不明

▶▶ 事案の概要

　当時16歳の被告人が，好意を抱いていたのに冷たい態度を取られた理由を問いただすため被害者である同級生の女子高校生宅を訪問した際，言い争いになり，台所流し台下から包丁を持ち出し，仰向けの状態の被害者に馬乗りになった上，被害者の頭部，顔面及び頸部付近を狙い，多数回にわたり，逆手に持った包丁を振り下ろし，包丁の刃先が被害者の頸部に刺入するや，あえて包丁をそのまま左方から右方に引いて被害者の頸部を切り裂き，被害者を死亡するに至らせた。
　裁判経緯は，家裁（逆送）→地裁（有罪判決・懲役11年）→東京高裁（控訴棄却・確定）。

▶▶ 鑑定意見等

○A鑑定
　被害者からの攻撃に対し，被告人が反撃行為に出たこと自体は，広汎性発達障害に特有のものではなく，ただ，これがその反撃行為を過剰にさせる要因になったという限度で影響を与えているにすぎない。
○B・C・D鑑定
　被告人が，広汎性発達障害ゆえに，被害者からの攻撃を予想し得ず，その結果，過剰な反撃行為に出てしまったのであり，被告人の広汎性発達障害が本件行為の直接的な要因になった。

▶▶ **判決要旨**

　関係各証拠によれば，被告人は，本件当時，広汎性発達障害の影響もあって，相当に興奮した精神状態にあり，行動制御能力が多少なりとも障害された状態にあったと認められるが，意識して台所流し台下から包丁を取り出していることや，十分な認識を持って被害者の頸部を切り裂いたと窺われること，あるいは犯行後の罪証隠滅行為など，その間，合目的的で一貫した行動を取っていると評価できることに照らせば，被告人が，本件犯行当時，行為の是非善悪を弁別し，これに従って行動する能力に欠け，あるいは著しく減退した状態にはなく，完全責任能力を有していたものと認められる。

【113】被告人が，本件各犯行当時，心神耗弱の状態にまではなかったものの，アスペルガー症候群の影響を相当程度受けていたのであり，このことは，被告人のために酌むべき事情となるとされた事例。

大阪地判平22・5・24裁判所ウェブサイト
罪名：殺人・死体遺棄
結果：懲役7年
裁判官：杉田宗久・三浦三緒・大和隆之

▶▶ **事案の概要**

　父母と3人で暮らしていた被告人が，一人で母親の介護を続けてきたものの，その後母親が自宅内で凍死してしまったことから，その死体を自宅に放置していたところ，犯行当日，父親にこれを発見されて叱責されたことに立腹の余り，父親を絞殺するとともに，父親と母親の死体をいずれも押入れ内に遺棄したという殺人，死体遺棄の事案について，被告人はアスペルガー症候群に罹患していた可能性が高いものの，それが各犯行に与えた影響は本質的ではなかったなどとする精神鑑定の結果を踏まえ，心神耗弱の成立は否定する一方で，同疾患が各犯行に与えた影響の大きさ等を量刑上重視し，懲役7年の判決を言い渡した（裁判員裁判の事例。検察官の求刑：懲役10年，弁護人の科刑意見：懲役3年6月）。

▶ 鑑定意見等

○C鑑定

完全責任能力。

▶ 判決要旨

　まず何よりも，本件は，被告人のアスペルガー症候群を抜きにしては考えられない犯行というべきである。確かに，被告人のアスペルガー症候群は，社会性を失わせたり，社会的適応を不可能にする程度には至っていないものの，幼少期からの被告人の人格形成に少なからざる影響を及ぼしていたものと考えざるを得ない。本件各犯行に至るまでの過程には，父親が統合失調症を患い，母親は寝たきりになって介護が必要になるなど，不幸な事情が積み重なったという背景があるが，そのような状況下で，被告人は，アスペルガー症候群の影響により，父親や親戚，近隣住民等に助力を求めるといった社会的なつながりを利用した対処が難しく，また，周囲の者からの助力が得られず，サポートしてくれる人間もいなかったこともあって，一人で困難を抱え込んでいた側面があり，その結果として，被告人にとっての極限状態の中で父親殺害の犯行に至ってしまったものである。アスペルガー症候群にかかったことは被告人の責任ではないのであるから，この点は被告人のために相当程度有利に考慮する必要がある。

　そして，既に認定したとおり，被告人は，本件各犯行当時，心神耗弱の状態にまではなかったものの，アスペルガー症候群の影響を相当程度受けていたのであり，このことも，被告人のために酌むべき事情となる。

　次に，被告人は，父親に対する不満を口にしたり，責任転嫁的な発言もしており，真の反省が伴っているか疑問がないではないが，この点にもアスペルガー症候群が影響している可能性を否定できないし，ともかくも本件各犯行については捜査段階から一貫して認めており，公判廷でも，亡くなった両親やその遺族らに対して被告人なりの反省の言葉を述べ，自らの犯した罪に対する刑については，素直にこれに服する旨述べていることは，被告人の反省状況を示すものとして適切に評価しなければならない。加えて，被告人には前科はなく，社会に迷惑をかけずに過ごしてきたという事情もある。

　ただその一方で，本件犯行は被告人の有するアスペルガー症候群を抜きにしては考えられず，心神耗弱を疑わせる程度には至らないまでも，本件

各犯行にも相当程度影響を与えていた上，本件各犯行に至るまでの経過においても，アスペルガー症候群の影響が背景となって被告人にとって不幸な状況が積み重ねられたことは否定し難いのであって，このことは，被告人の量刑上十分に考慮する必要がある。

7 精神遅滞

(1) 責任無能力が認められた判例

精神遅滞のみを理由として責任無能力と認められた判例は見当たらない。

(2) 限定責任能力が認められた判例

【114】各犯行時の責任能力を個別に検討し，完全責任能力または限定責任能力を認めた事例。

広島地福山支判平21・3・24裁判所ウェブサイト
罪名：業務上横領
結果：Y1懲役10月・Y2懲役1年8月執行猶予3年（確定）
裁判官：金馬健二・山口格之・藤原瞳

▶▶ 事案の概要

　Aの成年後見人である被告人Y1が，その実母Y2と共謀の上，Aのために業務上保管していたAの銀行預金を自己消費目的で合計74回にわたり引き出した。

▶▶ 鑑定意見等

　Y1につき，後記Ⅰ期及びⅢ期は心神耗弱，Ⅱ期は心神喪失。Y2につき，後記Ⅰ期ないしⅢ期は，平成17年11月10日の引出し行為時のみ心神耗弱，それ以外は心神喪失。

▶▶ 判決要旨

　Aの保険金振込時から払戻額が飛躍的に増大する直前までのⅠ期（平成16年11月から平成17年7月まで），その後，家裁から犯罪行為であるとの明

確な指摘を受ける平成18年3月の後見監督事件における面接調査までのⅡ期（平成17年8月から平成18年2月まで），さらにその後，本件各犯行終了までのⅢ期（平成18年3月から同年8月まで）に分けたうえで，被告人Y1は，平成17年2月から同年7月まで（Ⅰ期の一部），平成18年4月から同年8月まで（Ⅲ期）の各犯行時については是非弁別能力及び行動制御能力に著しい低下はなく，完全な責任能力が認められるが，平成17年8月から平成18年2月まで（Ⅱ期）の各犯行時には，当時罹患していた躁状態及び中等度精神遅滞により，少なくとも行動制御能力が著しく減退しており，心神耗弱の状態にあった。被告人Y2は，中等度精神遅滞であり，被告人Y1と比較すると，被告人Y2の知的障害の程度は重く，言語表現力や記憶力が劣っており，ATM機の利用ができないなど社会性の乏しさがうかがえること，被告人Y2が本件各犯行当時，知的障害及び社会性の乏しさの影響から本件各犯行を犯罪行為に当たらないと誤解していたこと，及び，本件各犯行においては被告人Y1が実行行為の大半を行うなど主導的に行動しており，被告人Y2が業務上横領罪の規範に直面する機会や程度が乏しかったことが認められ，これらの事情に鑑みると，被告人Y2は，被告人Y1との共謀に基づく本件各犯行について，中等度精神遅滞の影響により，行動制御能力は著しく低下した状態にあったものと認められる。よって，被告人Y2は，本件各犯行時，是非弁別能力は著しく低下していたとはいえないものの，中等度精神遅滞の影響により，行動制御能力が著しく低下していたことから，心神耗弱の状態にあった。

【115】中等度精神遅滞であることが考慮され，限定責任能力と認定された事例。

奈良地判平15・10・3裁判所ウェブサイト
罪名：現住建造物等放火
結果：懲役3年4月
裁判官：東尾龍一・御山真理子・実本滋

▶▶ 事案の概要

　被告人は，Bに対する腹いせのため，居酒屋Aを営業できないように火を付けて燃やしてやろうと放火を決意し，同店に隣接する現に住居に使用している中華料理店D店舗兼居宅西側勝手口付近において，同店舗兼居宅を居酒屋Aと誤信して，所携のライターで上記勝手口軒下に立て掛けられていた簾に点火して火を放って同店舗兼居宅1階外壁に設けられたプラスチック製庇に燃え移らせ，上記プラスチック製庇の一部を焼損した。

▶▶ 鑑定意見等

　限定責任能力。

▶▶ 判決要旨

　本件犯行当時，被告人は飲酒してはいたが，その量は平素のそれと比較して多量とはいえず，記憶も明確に保持されていることなどから，飲酒が本件犯行に与えた影響は少なかったといえるが，生来の中等度の精神遅滞により，現実検討能力や人格の統合水準が低く，自己統制も弱く，さらに自己の行動に対する反省や洞察が浅薄で，放火に対する違法性，危険性に対する理解が十分でないために，Bに対する鬱憤晴らしとしては飛躍していると思える放火を決意し，行動制御能力も相当程度低下していたことから何のためらいもなく，そのまま実行に移したものと理解すべきである。したがって，本件犯行当時，被告人は是非善悪の弁別する能力及びこれに従って行動する能力が著しく減弱していたと認められ，心神耗弱の状態にあったと認定すべきである。

【116】精神遅滞等が考慮され，限定責任能力と認定された事例。後掲【128】と同事例。

新潟地判平15・3・28裁判所ウェブサイト
罪名：強盗未遂
結果：懲役2年6月
裁判官：金子大作

▶▶ 事案の概要

　被告人は，金融機関から金員を強取しようと企て，信用金庫○○支店において，同支店店員Bらに対し，所携のペットボトルに入れたエンジンオイル約1.2リットルを同支店カウンター上に撒き散らし，これに点火するかのように装って脅迫し，同人らの反抗を抑圧して金員を強取しようとしたが，同支店店員Cに木刀を振り回されるなどして抵抗されたため同支店から逃走し，その目的を遂げなかった。

▶▶ 鑑定意見等

　限定責任能力。

▶▶ 判決要旨

　被告人の一連の行動には，自己の目的を設定した後に何ら躊躇するところが認められない，すなわち，自己の行動が悪いこと，あるいは，許されないことは認識しつつも，金銭が欲しいと思った以上，もはやそれ以外の行動には及び得なかった，すなわち反対動機を形成し，それにより違法行為に及ぶ動機を退けることが著しく困難であったと考えられ，それは被告人の持つ中等度精神遅滞及び自閉性障害の故であると考えざるを得ないところである。たしかに，被告人の捜査段階の供述等には，本件信用金庫に火を点けると脅迫するとの認識はあっても，実際に火を点けることは回避しようと考えていたと理解できる部分があり，より重大な結果の発生を避けようとしたと考えることも可能ではあるが，なお，金融機関に対する強盗行為を選択するという1点においては，何ら躊躇がないことに変わりはなく，したがって，この点で，被告人の是非善悪を弁別することはできても，その弁別に従って行動を制御する能力が著しく減退していたというほかない。よって，被告人には，本件犯行当時，中等度精神遅滞及び自閉性障害に罹患していたため，心神耗弱の状態にあったと認めるのが相当である。

【117】被告人の被害者A・Bに対する強姦致死・殺人被告事件において，原審が心神耗弱を認定したことに対し，検察官が事実誤認を理由に控訴したが，その主張は受け入れられなかったという事案。

大阪高判平7・12・8判時1553号147頁
罪名：強姦致死・殺人
結果：検察官控訴棄却（検察官上告）
裁判官：角谷三千夫・七沢章・米山正明
原審：神戸地尼崎支判平3・11・11判タ794号276頁

▶▶ 事案の概要

　被告人は，被害者Aに劣情を催し，強姦を遂げるため同女を殺害しようと決意し，丸太杭で同女の頭部を力一杯殴打し，同女をその場に仰向けに転倒失神させ，同女の衣服を脱がせて姦淫しようとしたところ，同女の口から出血している様子などを見て姦淫の意思を失い，その目的を遂げなかったものの，そのころ同所において，右暴行に基づく頭蓋骨骨折による頭蓋内損傷により同女を死亡させて殺害した。

　被告人は，被害者Bに劣情を催し，同女が13歳未満であることを知りながら，強姦を遂げるため，同女を殺害しようと決意し，テーブル大の岩石上に引き倒し，左手でその後頭部を右岩石に強く1回打ちつけたうえ，同女のズボン，パンティー等をはぎ取る等したが，意識を取り戻した同女が更に逃げ出したのでこれを追いかけ三たび捕らえて引き倒し，同女の顔面に左手掌を当てて，2，3回その後頭部を地面に強く打ちつける等の暴行を加えて失神させ，道路下の谷間へ引きずり込み強いて同女を姦淫しようとしたが，陰茎が勃起しなかったため，その目的を遂げなかったものの，そのころ同所において，右暴行に基づく頭蓋底骨折によるクモ膜下出血により同女を死亡させて殺害した。

▶▶ 鑑定意見

○佐藤正保の鑑定（原審）
　被告人の知能については境界域（完全責任能力）と認定。
○田原明夫の鑑定（当審）
　単に知能指数のみならず生活状態などひろく総括した上で軽度の精神遅滞と認定。

▶▶ 判決要旨

　原審においては，各犯行当時の被告人の責任能力の有無・程度が争われ

たが，鑑定人佐藤正保による鑑定が行われ，被告人の知能について境界域であると判定する旨の鑑定意見が提示されたこと，これに対し，原判決は，被告人の総合知能指数が65という数値を示している以上，軽愚域に属する精神遅滞の状態にあったものといわざるを得ないとして佐藤鑑定人の所見を排斥していることが明らかである。限定的な内容を有するにとどまる適応状態をもって「境界域」と判定する資料とした佐藤鑑定人の見解に同調できない。以上のとおりであるから，被告人の知能程度が「境界域」に属すると判定した佐藤鑑定人の鑑定意見は，その根拠に多くの疑問があり，採用し難いものというべきである。

一方，田原鑑定人の実施したWAIS-R知能検査の結果によれば，WAIS検査との乖離差に見合う修正を加えても，被告人の総合知能指数が軽愚域の精神遅滞を示す数値を記録していることは前示のとおりであり，田原鑑定によると，同鑑定人は，単に知能指数の数値だけでなく，被告人の生活状態をはじめ，その他葛藤を起こすような場面に対する対応の仕方全般をひろく総括した上，被告人は軽愚域に相当する「軽度の精神遅滞者」に当たるとの判断を下していることが明らかであるところ，同鑑定人の判断の手法に特段の疑義を差し挟む余地があるとは思われない。そこで，これらをあわせ考慮すると，被告人の知能程度に関する原判決の認定に所論のような誤認があるとはいえない。

右検討の結果を総括すると，本件各犯行当時の被告人は，軽愚域に属する精神遅滞の状態にあったと認められる上に，父親との間の心理的葛藤，職場でのあつれきによって情動不安定の状態にあったところ，被害者らが騒ぎ出したことで劣等感を刺激され，精神情動における不安定の度が一段と強まり，おりから飲酒酩酊していたことが相乗したほか，父親に本件の顛末が知られる事態を食い止めようとする焦燥感とあいまって激情を触発され，各犯行に至ったもの，すなわち，弁識能力及び制御能力に著しい障害のある状態の下で各犯行に及んだものと疑うに足りる十分な理由があるというべきであるから，心神耗弱の状態にあったものと認定した原判決に所論のような事実の誤認はない。論旨は理由がない。

【118】被告人が夫Aの腹部を文化包丁で突き刺して殺害したという殺人被告事件について，被告人は犯行当時心因性意識障害に基づ

き，是非善悪を弁別する能力及びその弁別に従って行動する能力が著しく減弱した状態であったとして，心神耗弱を認めた事案。

浦和地判平5・2・26判タ824号248頁
罪名：殺人
結果：懲役3年執行猶予5年（確定）
裁判官：須藤繁・大島哲雄・藤田広美

▶▶ 事案の概要

被告人は，夫Aから出産を許し3人で暮らして行こうとの返事がなされるものと期待して，食事中の同人に対し「一緒にやってくれることになったの」と尋ねたところ，「やっぱり駄目だ。親も駄目だと言っているし，俺もやりたいこともあるし，遊びたいから駄目だ」「俺の気持ちは変わらない。冷蔵庫，タンス，テレビなどは置いていってやる」などと冷たく言われ，一挙にその期待が裏切られたばかりか，はっきりと離婚を迫られて強い衝撃を受けた。そこで，被告人は，Aが入浴したことから寝室のベッドの下に隠しておいた文化包丁を取り出し，浴室から出てきたAに対し，殺意をもって，同人の腹部を1回突き刺して死亡させた。

▶▶ 鑑定意見当

○児玉隆治の鑑定
　心神耗弱。

▶▶ 判決要旨

被告人は，犯行当時，妊娠5カ月の身重の身体であったが，妊娠の事実自体をその当時まで知らず，これを知った直後から，Aやその実母らから，離婚か中絶かという被告人にとってはおよそ不可能な選択を迫られていたものであって，精神的動揺が極めて激しい状態におかれていたこと，被告人の知能程度は，現在でもその知能程度は，精神年齢9歳10カ月で知能指数55，軽度から中等度の中間に位置する精神遅滞であり，従って，その精神活動も未成熟であること，被告人は，幼いころから虚弱体質で，犯行当時は右のような精神的葛藤の影響で，不眠，食欲不振等の身体的症状が現れていたこと，被告人は，犯行当日，Aから中絶に同意するという最終的な

返事を聞いて強い衝撃を受け，その後は同人との会話内容に関する記憶は脱失しており，犯行直後の取調を終えた後に病院で診察を受けたことすら全く記憶していないこと，及び，被告人は，友人Ｂとの電話の中で，「やっぱりやるわ。今，包丁を持っている。刃が光っている」「やるときには受話器を投げるから」「風呂から上がってきたらやる。血の循環がよくなっているから」などと，より具体的な実行の決意をＢに対して述べているが，殺人の実行行為を他人に予告するなどということは，それ自体が異常であると考えられるのみならず，平素の被告人の人格とは相容れないものがあること，しかも，その電話を犯行直前から着手するまで継続させていたこともまた，通常の理解からはかけ離れた行動と言わなければならず，これらの事実は，もはや被告人の状況判断能力が極めて希薄になっていたことを窺わせるものである。以上からすると，被告人は，本件犯行直前において，心因性意識障害に基づき，是非善悪を弁別する能力及びその弁別に従って行動する能力が著しく減弱した状態，すなわち，心神耗弱の状態にあったものと考える。

(3) 完全責任能力が認められた判例

【119】強盗殺人を行つた被告人に対し，被告人がクラインフェルター症候群（性染色体異常）と診断され，軽度の精神遅滞に接近した境界域にあり，軽度ながら責任能力の減退があると鑑定されたものの，完全責任能力を認めた事案。

長野地飯田支判平14・10・8判タ1113号289頁
罪名：強盗殺人等
結果：無期懲役（弁護人控訴）
裁判官：野村高広・藤田昌宏・坂本寛

▶▶ 事案の概要

被告人は，Ａ女から金品を強取しようと企て，同女方において，同女の頭部を所携のモンキーレンチで数回殴打したが，同女が気絶しなかったこ

とから同女を殺害するしかないと考え，デイバッグから取り出した果物ナイフで同女の胸部，腹部等を多数回突き刺すなどし，同女を心臓損傷等に基づく失血により死亡させて殺害した上，同女所有又は管理にかかる株式会社△△銀行発行の同女名義のキャッシュカード１枚等及び現金約6,000円を強取した。

▶▶ 鑑定意見等

○鑑定（鑑定人不明）

①被告人は，染色体検査によりクラインフェルター症候群（XXY症候群）である。②被告人の知能と性格は，クラインフェルター症候群に見られる一般的な特徴を呈した。知能指数は，ウェクスラー成人知能検査改訂版で全検査IQが70であり，軽度の精神遅滞に極めて接近した境界域にある。性格は，抑止力が低く，内省力に乏しく，自己責任を回避する傾向にある。③被告人の起こした事件は，計画的に行われたものであり，事件当時の精神状態は，本人の意志に従った行動であり，意識障害，幻覚，妄想は見られなかったものと判断される。④被告人の責任能力は，生来の精神発達上の低下を考慮すると，知的水準や判断力の低下が見られ，軽度ながらその減退があるものと考えられる。

▶▶ 判決要旨

①本件犯行の動機は，食費にも事欠き，同僚らからの借金の返済を迫られていた被告人が，Ａの部屋で「目標100万」と書かれた張り紙を見たことなどから，相当の金銭を貯めていると思い，預金通帳などを奪おうと思ったもので，犯行の動機は十分に了解可能であること，②被告人は，職場からモンキーレンチ及び手袋を持ち帰り，さらに，指紋等が付かないよう柄にラップを巻いた果物ナイフを用意しており，このように周到に準備をした上，犯行に及んでいること，③被告人は，Ａを，果物ナイフで刺した後，同女の上に布団をかぶせて押さえ込み，ぴくぴく動いていた足の指が動かなくなったことを確認した後，手袋をし，部屋を物色してキャッシュカード等を奪った上，Ａが生年月日をキャッシュカードの暗証番号にしていると見当をつけ，Ａの保険証に記載してある生年月日を記憶し，その後，空き巣の犯行に見せかけるため，ベランダ側の窓を少し開け，物干しを倒すなどした上で，同女の部屋を出たのであり，確実にＡを殺害した上，財物奪取及び犯行隠蔽行為を着実に遂行していること，④被告人は，犯行後，

果物ナイフをアルミ箔に包んで側溝に捨て，また奪ったキャッシュカードと鍵を土中に隠すなどしていることなどからみて，被告人の本件犯行遂行時及び本件犯行前後の被告人の行動は，計画に基づいた合目的なものであると認められる。更に，前記犯行に至る経緯で指摘したとおり，被告人は本件犯行の1カ月以上前から，Aを襲って預金通帳等を奪うことを何度か実行しようと考えたものの，給料の前渡金が振り込まれたり，同僚から食事をおごってもらったことなどから，Aを襲うことをしばらく思いとどまっていたことを併せ考慮すると，被告人について，本件犯行当時，本件犯行についての抑止力等の低下を認めることはできない。

　以上を総合的に判断すると，被告人は，知能面において若干劣る面があるとは言えるものの，本件犯行当時，判断能力及び行動制御能力は十分に保たれており，完全責任能力を有していたと優に認定できる。

8 その他の精神疾患

(1) 前頭側頭型認知症（ピック病）

【120】前頭側頭型認知症（ピック病）に罹患していた被告人が，かつての交際相手に会えないうっぷんを晴らそうと，3日間のうちに，客や従業員が多数いる大型量販店4店舗に，前後7回に亘って放火し，うち6件は未遂にとどまったが，1件は店舗を全焼させ，更に，うち3店舗において，火事騒ぎに乗じ商品を窃取した事件について，完全責任能力を認めた事例。後掲【121】の原審判決。

さいたま地判平19・3・23判時2019号127頁
罪名：現住建造物等放火・同未遂・窃盗等
結果：無期懲役（弁護人控訴）
裁判官：飯田喜信・今岡健・山田礼子
控訴審：東京高判平20・5・15判タ1295号312頁（後掲【121】）

▶▶ **事案の概要**
　被告人は，かつての交際相手に会えないうっぷんを晴らそうと，3日間のうちに，客や従業員が多数いる大型量販店4店舗に，前後7回に亘って放火し，うち6件は未遂にとどまったが，1件は店舗を全焼させ，更に，うち3店舗において，火事騒ぎに乗じ商品を窃取した。

▶▶ **鑑定意見等**
○岩間久之の簡易鑑定
　被告人は，犯行時，通常の数倍から10倍程度の薬剤を服用し，睡眠薬を中心とする向精神薬の急性薬物中毒を起こし，意識障害（朦朧状態）を生じており，心神耗弱状態にあった。
○佐藤忠彦の鑑定
　金づちや軍手を持参するなど合目的的行動を採っており，犯行直後，現

場に臨場した佐藤の問いかけに適切的確に応答し，その指示に従って行動するなど，行動の統制や見当識が保たれており，意識障害を示す根拠はない。

○村松太郎の鑑定
　佐藤忠彦の意見書に全面的に賛同できる。

▶▶ 判決要旨

　被告人は，多量の薬剤を服用していたと認められるが，放火店舗まで自ら車を運転して赴き，犯行の発覚を防ぐ配慮をしながら合理的に放火場所を選定するなどしており，また，捜査段階当時，本件各放火についての記憶を保持していたと認められるから，判示第１の犯行を含め本件各犯行当時，被告人に意識障害はなかったと認められる。

　被告人には認知機能の低下が認められたが，本件各犯行に著しい影響を与えるものではなかったといえる。

　被告人は，本件各犯行当時，是非善悪を弁別し，これに従って行動する能力を喪失し，あるいは，これが著しく減退した状態にはなかったと認められるから，弁護人の主張は採用できない。

【121】店舗４店に７回にわたり放火し，６回については未遂にとどまったものの，１回は店舗を全焼させ，うち３回において，火事騒ぎに乗じて商品を窃取した被告人について，脳の萎縮により被告人の判断能力及び制御能力が低下していた可能性は否定できないものの，是非善悪を判断し，その判断に従って行動を制御する能力が著しく障害されていた疑いはないとして，完全責任能力を認めた事例。前掲【120】の控訴審判決。

東京高判平20・5・15日判タ1295号312頁
罪名：現住建造物等放火・同未遂・窃盗等
結果：控訴棄却（弁護人上告）
裁判官：永井敏雄・稗田雅洋・兒島光夫
原審：さいたま地判平19・3・23判時2019号127頁（前掲【120】）

▶▶ 事案の概要
　前掲【120】の「事案の概要」参照。

▶▶ 鑑定意見等
○村松太郎の鑑定
　被告人は，脳の前頭葉及び側頭葉の萎縮が年齢に比して高度であり，前頭側頭型認知症の疑いがあるが，鑑定時点では確定できず，確定診断のためには経過を観察する必要がある。被告人は，このような疾患による認知機能の低下の影響により，是非善悪の判断し，その判断に従い行動を制御する能力が低下していたものの，これらが著しく低下していたとはいえない。

▶▶ 判決要旨
　鑑定結果並びに被告人が本件各犯行に及んだ経緯，動機，被害店舗や犯行場所の選択及び犯行の準備状況等に照らすと，本件各犯行当時，脳の萎縮により被告人の判断能力及び制御能力が低下していた可能性は否定できないものの，是非善悪を判断し，その判断に従って行動を制御する能力が著しく障害されていた疑いはない。

(2)　パラノイア

【122】被告人は，本件犯行当時，持続性妄想性障害に罹患しており，被告人の事理弁識能力又は行動制御能力は，同障害により，著しく減退していた疑いがあるとして，被告人に完全責任能力を認めて懲役10年を言い渡した原判決を破棄し，心神耗弱による減軽をした事例。

福岡高那覇支判平22・3・9判タ1331号278頁
罪名：殺人
結果：破棄自判懲役8年（確定）
裁判官：河邉義典・山﨑威・森健一

原審：那覇地判平21・3・31公刊物未登載

▶▶ 事案の概要
　被告人は，祭事の際に，自宅の玄関付近にまいた砂を隣人である被害者が取ったなどと考えて，斧で被害者の頭部及び顔面を切りつけて殺害した。

▶▶ 鑑定意見等
○宮川の鑑定（原審）
　精神遅滞については，中度から重度の精神遅滞ということができるものの，刑事責任能力を低下させるような状態ではなかった。妄想性障害については，被告人の被害者に対する被害感情が妄想であるとすれば，同障害の可能性もある。しかし，妄想性障害とは診断できない。また，被告人の思考は訂正可能であったから，妄想ではない。その他の精神疾患については，いずれも否定される。被告人は，本件犯行当時，刑事責任能力に影響を与える可能性のある精神疾患には罹患していなかった。
○村上の意見（控訴審）
　被告人は持続性妄想性障害であり，副診断として，軽度精神遅滞を認める。被告人は，本件犯行当時，被害妄想に支配されていた。その程度は，「被害者を殺さなければ，自分たち家族が飢えて死ななければならない」という重篤なものであった。

▶▶ 判決要旨
　本判決は，①鑑定人が前提とした事実に誤りがあり，②鑑定人が妄想性障害を否定する論拠である，思考の訂正可能性の点にも疑問があるとして，原審で行われた精神鑑定の信用性を否定した。そして，被告人が，持続性妄想性障害に罹患しており，本件犯行時，妄想に支配されていた疑いがあるが，他方で，本件犯行に計画性や合理性が認められ，被告人の記憶がよく保持されていることなどの事情もあるから，これを考慮すると，被告人は，事理弁識能力又は行動制御能力を欠いた状態ではなく，これらの能力が著しく減退した状態であったとした上で，完全責任能力を認めた原判決を破棄し，心神耗弱による減軽をした。

【123】本件各犯行は被告人の形成してきた人格障害の影響のほか，被害者らに対する憎悪や被害念慮等を原因とするものであって，てんかんと関連すると思われる表出性言語障害等の影響についても，責任能力の著しい低下を招くものとはいえないから，被告人には，本件各犯行当時，完全責任能力が認められるとして，被告人を死刑に処した事例。

神戸地判平21・5・29判時2053号150頁
罪名：殺人・殺人未遂・現住建造物等放火
結果：死刑（弁護人控訴）
裁判官：岡田信・森岡孝介・荒金慎哉

▶▶ 事案の概要

被告人は，近隣に居住する親族や隣人ら8名の被害者に対し，包丁で突き刺す等して7名を殺害し，1名に重傷を負わせた殺人，殺人未遂の犯行を行い，その後，自宅に放火してこれを全焼させた現住建造物等放火の犯行を敢行した。

▶▶ 鑑定意見等

○K鑑定

被告人には，本件各犯行当時，特定の人物に対する迫害妄想があり，被告人は妄想性障害（被害型）（パラノイア）に罹患しており，現在も同じ状態が続いている。

○L鑑定

被告人の人格には，感情的不安定性と自己統制の欠如，社会的な面での抑制，否定的評価に対する過敏性等を特徴とする著しい偏りがあり，情緒不安定性人格障害と診断され，これに不安性（回避性）人格障害の特徴を併せ有し，さらに，被告人には特定の隣人を対象とする被害念慮も認められ，本件犯行は，これらの人格障害と被害念慮が影響したものであるとされ，本件各犯行当時の精神病罹患の有無については，統合失調症や躁うつ病などの精神病を疑わせるような兆候及び妄想は見られない。

▶▶ 判決要旨

　被告人の認識は，持続性妄想性障害にいう「妄想」であるとはいえないのであるから，K鑑定が，被告人の前記認識は了解不能であり，持続性妄想性障害にいう「妄想」である旨判断している点は，前提事実の評価を誤ったものであり，これを前提に，被告人につき妄想性障害であると鑑別したK鑑定を採用することはできない。

　他方，被告人の母屋の人間や近隣住民らに対する被害的認識を「妄想」であるとは評価せず，被害念慮あるいは妄想様観念であるとするL鑑定は，前提事実を適切に評価した合理的な判断であり，当裁判所はこの鑑定結果を採用した。

　したがって，信用できるL鑑定によれば，被告人は，本件犯行当時，妄想性障害に罹患してはおらず，情緒不安定性人格障害に不安性（回避性）人格障害の特徴を併せ有していたに過ぎないと認められる。

　以上検討したところによれば，本件各犯行は被告人の形成してきた人格障害の影響のほか，被害者らに対する憎悪や被害念慮等を原因とするものであって，てんかんと関連すると思われる表出性言語障害等の影響についても，責任能力の著しい低下を招くものとはいえないから，被告人には，本件各犯行当時，完全責任能力が認められる。

9 訴訟能力を争った事例

【124】尊属傷害致死罪を犯したとして起訴された被告人が，生来の聴力障害者（1級障害者）かつ軽愚級の精神遅滞者であり，意思伝達能力が不十分であって，手話，筆談などによっても，黙秘権の意味を理解させることが現時点では不可能であり，訴訟能力を欠いているから，刑事訴訟法314条1項の「心神喪失の状態」にある者に準ずるとして，公判手続を停止した事例。

東京地八王子支決平2・5・29判タ737号247頁
罪名：尊属傷害致死
結果：公判手続停止（確定）
裁判官：長崎裕次・山本武久・成川洋司

▶▶ 事案の概要
尊属傷害致死（詳細不明）。

▶▶ 鑑定意見等
○逸見武光の鑑定
　鑑定内容不明。

▶▶ 決定要旨
　関係各証拠によれば，被告人は，生来の聴力障害者であって，1級障害者（両耳の聴力が100デシベル以上で，人が耳元で大声を発しても何の反応も示さず完全に聴力がない状態）と判定されており，教育については，戦時中の昭和18年ころから約2年間ろう学校に通学したのみで，捜査段階で行われた知能検査によれば，その精神年齢は8歳10月，知能指数は59であり，精神薄弱（軽愚級）と評価され，意思伝達手段としては，ごく簡単な手話はできるが，十分な手話の技法が身についているとはいえず，平仮名，片仮名，数字及び簡単な漢字は書くことができるが，仮名と漢字との関係は全

く理解されておらず、文字は単なる形としてのみ認識しているに過ぎないものと考えられ、筆談も十分にできないのみならず、発語や指文字もできず、その意思伝達能力は甚だ不十分であり、ただ、これまでの社会生活経験等により、自ら日常生活は営み得るものと考えられる。

　ところで、被告人に対し訴訟手続を進めるためには、被告人がいわゆる訴訟能力を備えていることが必要であり、この訴訟能力とは、一定の訴訟行為をするに当たり、その行為の意義を理解し、自己の権利を守る能力を指すものと考えられる。被告人は、自己のなした行為についての単純な罪悪感は認識しているようであり、そのことに関し自己の処遇を決めるために本件訴訟手続が行われているとの漠然とした理解はしているものと考えられ、また、人間生来の自己防衛本能による事実秘匿能力を有することも認め得るであろう。しかしながら、右各証拠等によれば、被告人は右のとおり意思伝達能力が不十分であり、被告人に対し手話により質問をしても、被告人は、これを疑問文として理解してこれに対応する回答を述べる訳ではなく、質問を単なる刺激語としてこれから連想される事柄を断片的に述べているに過ぎないもので、被告人に対しては厳密な意味における会話は成り立たず、また、この不十分な意思伝達能力にも関係して、被告人の思考はその狭い経験の枠内にとどまり、抽象的な事柄は理解することができず、その中でも特に「もし……ならば、……してよい」などという仮定的な思考方法は全くできないものと考えられる。そして、黙秘権の告知という問題について検討してみると、そもそも権利というものは抽象的な概念であり、しかも、黙秘権には「もし言いたくなければ」という仮定的概念をも含んでいるのであり、……捜査段階での取調べにおいて、被告人に対し黙秘権を理解させてこれを告知しようと種々の努力を試みたにもかかわらず、結局はこれを被告人に理解させることができたとは到底認められず、また、逸見鑑定によれば、そもそも黙秘権の意味を被告人に伝える方法についてはこれを想定し難いとさえしているのであり、当公判廷においても、被告人に対し、新たな方法を含めて種々の方法により黙秘権を理解させこれを告知しようと試みたものの、これが成功するに至らなかった。そうだとすると、被告人に対しては刑事訴訟手続において最も重要な権利の一つである黙秘権の意味を理解させ、その権利行使の機会を与えることが現時点においては不可能であるとみるほかなく、結局、被告人には前記のような訴訟能力が欠けているというべきであり、被告人についてこのまま訴訟手続を進めるならば、手続の公正を確保できないことになるといわざるを得な

い。したがって，被告人については，以上のような状況にかんがみ，公判手続停止の可否を判断するについては心神喪失の状態にある者に準じて扱うのが相当であると考え，刑事訴訟法314条1項本文を準用して主文のとおり決定する。

【125】耳が聞こえず言葉も話せないことなどから被告人の訴訟能力に疑いがある場合には，医師の意見を聴くなどして審理を尽くし，訴訟能力がないと認めるときは，原則として刑訴法314条1項本文により公判手続を停止すべきであるとした事例。

最判平7・2・28判時1533号122頁
罪名：窃盗
結果：公判手続停止
裁判官：千種秀夫・園部逸夫・可部恒雄・大野正男・尾崎行信
原審：岡山地判昭62・11・12判時1255号39頁（第一審），広島高岡山支判平3・9・13判時1402号127頁（控訴審）

▶▶ 事案の概要
被告人は，駐車中の自動車内から現金を窃取した（他，同種事案9件）。

▶▶ 鑑定意見等
不明。

▶▶ 判決要旨
刑訴法314条1項にいう「心神喪失の状態」とは，訴訟能力，すなわち，被告人としての重要な利害を弁別し，それに従って相当な防御をすることのできる能力を欠く状態をいうと解するのが相当である。
原判決の認定するところによれば，被告人は，耳も聞こえず，言葉も話せず，手話も会得しておらず，文字もほとんど分からないため，通訳人の通訳を介しても，被告人に対して黙秘権を告知することは不可能であり，また，法廷で行われている各訴訟行為の内容を正確に伝達することも困難

で，被告人自身，現在置かれている立場を理解しているかどうかも疑問であるというのである。右事実関係によれば，被告人に訴訟能力があることには疑いがあるといわなければならない。そして，このような場合には，裁判所としては，同条4項により医師の意見を聴き，必要に応じ，更にろう（聾）教育の専門家の意見を聴くなどして，被告人の訴訟能力の有無について審理を尽くし，訴訟能力がないと認めるときは，原則として同条1項本文により，公判手続を停止すべきものと解するのが相当であり，これと同旨の原判断は，結局において正当である。

○裁判官千種秀夫の補足意見

仮に被告人に訴訟能力がないと認めて公判手続を停止した場合におけるその後の措置について付言すると，裁判所は，訴訟の主宰者として，被告人の訴訟能力の回復状況について，定期的に検察官に報告を求めるなどして，これを把握しておくべきである。そして，その後も訴訟能力が回復されないとき，裁判所としては，検察官の公訴取消しがない限りは公判手続を停止した状態を続けなければならないものではなく，被告人の状態等によっては，手続を最終的に打ち切ることができるものと考えられる。ただ，訴訟能力の回復可能性の判断は，時間をかけた経過観察が必要であるから，手続の最終的打切りについては，事柄の性質上も特に慎重を期すべきである。

【126】約26年間にわたって公判手続が停止され，起訴後30年6カ月を経過して一審判決に至るという異例の長期裁判となった事案につき，憲法の保障する迅速な裁判を受ける権利が侵害されたとはいえないとされた事例。前掲【38】と同事例。

京都地判平8・11・28判時1602号150頁
罪名：窃盗・銃刀法違反・強盗殺人未遂・殺人・殺人未遂
結果：無罪（確定）
裁判官：藤田清臣・岩倉広修・奥野寿則

▶▶ 事案の概要

　本件は，当時17歳の被告人が昭和41年2月，隣家の主婦及び義理の叔母を殺害しようと企て，犯行に使用するナイフを元稼働先から窃取し，そのナイフで派出所の警察官を突き刺してけん銃を強取した後，そのけん銃で主婦を殺害し，叔母に重症を負わせる等の犯行により，同年5月28日に起訴された。同年7月18日に第1回公判が行われ，被告人の罪状認否が行われ，同年8月15日の第2回公判で弁護人から心神喪失もしくは心神耗弱の主張をした。同年9月5日の第3回公判で検察側証人の取調べ，同月14日に弁護人請求の鑑定人尋問が行われた。しかし，被告人の精神状態の増悪等のため，裁判所は被告人を鑑定留置のうえ，昭和43年2月23日に別の鑑定人を選任したが，被告人の精神症状等の影響で，鑑定書の作成は昭和45年3月1日となった。鑑定書の主文は被告人が犯行時及び鑑定時点において心神喪失状態にあるというものであった。被告人は昭和44年8月26日に鑑定留置期間満了により拘置所に収監されたが，裁判所は昭和45年2月4日に勾留を取り消し，被告人は同日措置入院となった。裁判所は，同年3月20日，刑訴法314条1項本文に基づき，公判手続の停止決定をし，同月27日国選弁護人を解任した。その後，長期間にわたり審理は中断したが，平成6年10月になって検察官から裁判所に対して，被告人の精神状態は審理を進めるために支障がないとして公判手続を再開して審理を進めるために被告人の精神鑑定が申請された。裁判所は，平成7年3月に新たな国選弁護人を選任し，平成8年1月18日に被告人の訴訟能力に関する鑑定の実施を決め，同年2月13日の鑑定人尋問を実施し，鑑定人は同年5月10日付で被告人が公判期日に出頭可能である等の鑑定書を提出した。裁判所は，同年6月18日に被告人に対し，昭和45年3月20日にした公判手続の停止決定を取り消した上，平成8年6月21日に公判期日を指定し，同年11月28日に判決期日となった。

　その他，前掲【38】の「事案の概要」参照。

▶▶ 鑑定意見等

○水野精一の鑑定

　非典型的精神分裂病の類破瓜型（破瓜型に似ているが，人格崩壊が寛徐）に罹患しており，弁識能力は幾分かは損なわれており，制御能力も幾分か障害されていた。

○竹山恒寿の鑑定

破瓜型精神分裂病であり，それに起因する妄想的曲解によって，本件犯行を発想し，実行したものであって，本件各犯行当時の被告人の精神障害の程度は，是非の弁別や弁別に従って行動することを期待するのは困難であった。
○守田嘉男の鑑定
　本件犯行は精神分裂病という全人格を侵害する精神障害によるものである。

▶▶ 判決要旨

　弁護人は，昭和41年5月28日の公訴提起から平成8年7月18日に公判が再開されるまで30年以上の長年月を要したことについて，被告人の責に帰せられない原因による著しい審理の遅延があり，憲法37条1項で保障された迅速な裁判を受ける権利が侵害された異常な事態が生じているから，被告人に対する公判手続を打ち切り免訴の判決を言い渡すべきだと主張する。
　しかし，本件において公判が著しく長期化した原因は専ら被告人の病気ということにやむを得ない事情によるものである。
　ただし，被告人の病気のためとはいえ，本件公判手続の停止期間は約26年もの長きに及んでいるところ，被告人が病気による心神喪失の状態で訴訟能力を欠くと認められるときは，原則として公判手続を停止しなければならないが，その後も訴訟能力が長期にわたり回復しないとき，裁判所としては検察官の公訴取消がない限り，公判手続を停止した状態を続けなければならないものではなく，その停止の期間が異常に長期にわたり，被告人が訴訟能力を回復する見込みがないと確定的に判断されるに至る等の被告人の状態によっては，その審理手続きを最終的に打ち切る措置を考慮すべきであるが，本件においては，憲法37条1項の定める迅速な裁判の保障に反する異常な事態を生じ，もはや審理打ち切りをもって被告人を救済すべきを相当とする場合には当たらないとした。

【127】重度の聴覚障害及び言語を習得しなかったことによる2次的精神遅滞により精神的能力及び意思疎通能力に重い障害を負っている被告人が刑訴法314条1項にいう「心神喪失の状態」にはなかったと認められた事例。

最判平10・3・12判時1636号149頁
罪名：常習累犯窃盗
結果：破棄差戻
裁判官：遠藤光男・小野幹雄・井嶋一友・藤井正雄・大出峻郎
原審：京都地判平3・10・22刑集52巻2号125頁（第一審），大阪高判平7・12・7判タ918号263頁（控訴審）

▶▶ 事案の概要

被告人は，常習として，被害者宅において，被害者所有の現金9,000円並びに財布3個及び印鑑1個を窃取した。

▶▶ 鑑定意見等

不明。

▶▶ 判決要旨

被告人は，重度の聴覚障害及び言語を習得しなかったことによる二次的精神遅滞により，抽象的，構造的，仮定的な事柄について理解したり意思疎通を図ることが極めて困難であるなど，精神的能力及び意思疎通能力に重い障害を負ってはいるが，手話通訳を介することにより，刑事手続において自己の置かれている立場をある程度正確に理解して，自己の利益を防御するために相当に的確な状況判断をすることができるし，それに必要な限りにおいて，各訴訟行為の内容についても概ね正確に伝達を受けることができる。また，個々の訴訟手続においても，手続の趣旨に従い，手話通訳を介して，自ら決めた防御方針に沿った供述ないし対応をすることができるのであり，黙秘権についても，被告人に理解可能な手話を用いることにより，その趣旨が相当程度伝わっていて，黙秘権の実質的な侵害もないということができる。しかも，本件は，事実及び主たる争点ともに比較的単純な事案であって，被告人がその内容を理解していることは明らかである。

そうすると，被告人は，重度の聴覚障害及びこれに伴う二次的精神遅滞により，訴訟能力，すなわち，被告人としての重要な利害を弁別し，それに従って相当な防御をする能力が著しく制限されてはいるが，これを欠いているものではなく，弁護人及び通訳人からの適切な援助を受け，かつ，

裁判所が後見的役割を果たすことにより，これらの能力をなお保持していると認められる。したがって，被告人は，第一審及び原審のいずれの段階においても，刑訴法314条1項にいう「心神喪失の状態」にはなかったものと認めるのが相当である。

【128】精神遅滞等が考慮され，限定責任能力と認定された事例。前掲【116】と同事例。

新潟地判平15・3・28裁判所ウェブサイト
罪名：強盗未遂
結果：懲役2年6月
裁判官：金子大作

▶▶ 事実の概要

前掲【116】の「事実の概要」参照。

▶▶ 鑑定意見等

○D鑑定人
　訴訟能力に疑問あり。
○E鑑定人
　訴訟能力に問題なし。

▶▶ 判決要旨

訴訟能力とは，公判手続を続行するにあたり，被告人としての重要な利害を弁別し，それに従って相当な防御をすることのできる能力を欠く状態をいうと解するのが相当である（最一小判平10・3・12刑集52巻2号17頁〔前掲【127】〕）ところ，その内容は，自己の置かれている立場，各訴訟行為の内容，黙秘権等に関して必ずしも一般的・抽象的・言語的な理解能力ないし意思疎通能力までは必要ではなく，具体的・実質的・概括的な理解能力があれば足りると解される。そして，これらの能力を欠いている場合が，刑事訴訟法314条1項にいう「心神喪失の状態に在る」という場合であると

解される。被告人は，中等度精神遅滞及び自閉性障害に罹患しており，その程度は軽度から中等度であること，被告人の精神的能力は障害されており，その程度は就学期以前（幼稚園児）レベルと判断され，かつ，意思疎通能力についても重大な障害が存在することはD鑑定が指摘するとおりであり，この点で，被告人としての重要な利害を弁別し，それに従って相当な防御をする能力が著しく制限されてはいるが，これを欠いているとまでは認められず，弁護人からの適切な援助を受け，かつ，裁判所が後見的役割を果たすことにより，これらの能力をなお保持していると認められる。したがって，被告人は，刑事訴訟法314条1項にいう「心神喪失の状態」にはないと認めるのが相当である。

【129】自閉症により非常に多岐にわたるコミュニケーション障害を有する上，中等度精神遅滞の領域にある被告人について，訴訟能力がないとして公判手続が停止された事案。

さいたま地川越支決平18・10・12判タ1246号345頁
罪名：暴行
結果：公判手続停止
裁判官：曽我大三郎・早川幸男・小河好美

▶▶ 事案の概要
詳細不明。

▶▶ 鑑定意見等
○木村一優・高岡健の鑑定
精神遅滞。

▶▶ 決定要旨
1　被告人の刑事手続に対する理解について
　被告人は，過去に刑事裁判を受けた経験がある上，公判廷において，弁護士の「裁判官て何する人」という質問等に対し，「決まること。決定，判決

とか決定とか」、「例えば、おうち帰れるか、帰れないか、決まること」と供述しており、被告人なりに、刑事裁判によって自己の処遇が決定されるということを理解していることがうかがわれる。また、本件鑑定における問診結果や被告人の公判供述によれば、被告人は、検察官が事件の取り調べをすることも理解していることもうかがわれるが、弁護人や検察官が敵か味方かなどという質問に対しては、検察官も弁護人も「敵」であり、かつ両者とも「助けてくれる人」と述べており、弁護人や検察官の役割について正確に理解しているとは認めがたい。

2　黙秘権についての理解

　そもそも黙秘権は抽象的な概念であるところ、被告人は、中等度の精神遅滞を伴う自閉症のため、抽象的な概念について理解することができない。また、被告人は、非常に多岐に渡るコミュニケーション障害を抱えているため、黙秘権の具体的な内容を噛み砕いて教えたとしても、その効果が上がるか疑問であり、その効果の検証も困難である。被告人は、本件鑑定における問診や被告人質問において黙秘権の意味について問われた際、「こういうこと」とか、「こういうもの」などと答えているばかりか、上記問診において、鑑定人から「言いたくないことがあったら、どうする？」と質問された際、「いう。ボクは今、帰宅許可証と荷物返却許可証と10枚の紙」などと答えており、黙秘権の内容を理解しているとは認めがたい応答をしている。

3　被告人の訴訟能力についての判断

　本件鑑定等によれば、①被告人が自閉症により非常に多岐に渡るコミュニケーション障害を有している上、中等度の精神遅滞（精神年齢は9歳前後）があるため、知的能力によってコミュニケーション障害を補うことができないこと、②それゆえに、被告人は、刑事裁判の構成員の役割や黙秘権について理解しているとは認めがたいこと等に照らすと、被告人には訴訟能力すなわち被告人として重要な利害を弁別しそれに従って防御することができる能力が欠けているといわざるをえない。

　よって、被告人には訴訟能力がないと認められるので、刑事訴訟法314条1項本文により主文のとおり決定する。

判例索引

＊各項目末尾の数字は本書頁。

1 精神作用物質（アルコール）

(1) 責任無能力が認められた事例

【1】 静岡地方裁判所昭和55年10月27日判決《強姦致死・殺人》無罪（検察官控訴）・判例時報1125号166頁・【2】の原審　208

【2】 東京高等裁判所昭和59年1月25日判決《強姦致死・殺人》控訴棄却（確定）・判例時報1125号166頁・高等裁判所刑事裁判速報集昭59号101頁（【1】の控訴審）　210

【3】 大阪地方裁判所平成5年9月24日判決《強盗傷人》無罪（確定）・判例タイムズ854号285頁・判例時報1477号155頁　211

【4】 福岡地方裁判所平成7年5月19日判決《殺人未遂・殺人》無罪（検察官控訴）・判例時報1544号132頁（【9】の原審）　212

(2) 限定責任能力が認められた事例

【5】 東京高等裁判所平成元年4月24日判決《殺人・銃刀法違反》破棄自判懲役6年（被告人上告）・判例タイムズ708号264頁　214

【6】 長崎地方裁判所平成4年1月14日判決《傷害致死》懲役3年執行猶予3年（確定）・判例時報1415号142頁・判例タイムズ795号266頁　215

【7】 札幌高等裁判所平成4年10月29日判決《殺人》破棄自判懲役5年（上告）・判例時報1508号163頁　217

【8】 東京地方裁判所平成8年1月30日判決《現住建造物等放火》懲役20年（確定）・判例タイムズ916号252頁　220

【9】 福岡高等裁判所平成10年9月28日判決《殺人未遂・殺人》破棄自判懲役7年（確定）・判例タイムズ998号267頁（【4】の控訴審）　221

【10】 東京地方裁判所平成15年7月8日判決《強制わいせつ致傷》懲役3年（確定）・判例時報1850号145頁　222

(3) 完全責任能力が認められた事例

【11】 大阪地方裁判所平成元年5月29日判決《業務上過失致死傷・道交法違反》懲役1年6月（確定）・判例タイムズ756号265頁　224

【12】 東京高等裁判所平成3年10月22日判決《殺人・殺人未遂》破棄自判無期懲役（上告）・判例時報1422号142頁　226

【13】 東京地方裁判所平成5年7月29日判決《殺人》懲役13年（控訴）・判例時報1513号179頁　228

2　精神作用物質（覚せい剤ほか）

(1) 責任無能力が認められた事例

【14】横浜地方裁判所平成13年9月20日判決《殺人・殺人未遂》無罪（検察官控訴）・判例タイムズ1088号265頁　230

【15】東京地方裁判所八王子支部平成19年7月10日判決《殺人・現住建造物等放火》無罪（検察官控訴）・判例タイムズ1269号335頁（【16】の原審）　231

【16】東京高等裁判所平成20年3月10日判決《殺人・現住建造物等放火》控訴棄却（確定）・判例タイムズ1269号324頁（【15】の控訴審）　233

(2) 限定責任能力が認められた事例

【17】東京地方裁判所昭和53年11月22日判決《傷害・殺人・覚せい剤取締法違反》懲役6年（弁護人控訴）・判例タイムズ386号154頁・判例時報929号142頁（【19】の原審）　234

【18】京都地方裁判所昭和54年8月24日判決《現住建造物放火・殺人・殺人未遂》懲役7年（確定）・判例時報958号127頁　236

【19】東京高等裁判所昭和54年9月27日判決《傷害・殺人・覚せい剤取締法違反》控訴棄却（上告）・判例時報958号121頁（【17】の控訴審）　238

【20】札幌地方裁判所昭和54年10月1日判決《覚せい剤取締法違反・強姦未遂・殺人・殺人未遂》懲役10年（控訴）・判例時報958号124頁　240

【21】東京高等裁判所昭和59年11月27日判決《監禁・殺人・公務執行妨害・銃刀法違反・脅迫（変更後の訴因：暴力行為等処罰に関する法律違反）・覚せい剤取締法違反》破棄自判懲役20年（確定）・判例時報1158号249頁　241

【22】浦和地方裁判所川越支部平成2年10月11日判決《覚せい剤取締法違反・殺人未遂・公務執行妨害・殺人・銃刀法違反・火薬類取締法違反》懲役20年（確定）・判例タイムズ742号214頁　243

【23】大阪地方裁判所平成3年6月26日判決《殺人》懲役8年（控訴）・判例タイムズ775号231頁　245

【24】東京高等裁判所平成5年8月9日判決《殺人・道路交通法違反・重過失傷害》破棄自判懲役7年（確定）・判例時報1494号158頁　247

【25】東京高等裁判所平成6年3月25日判決《殺人》破棄自判懲役9年（上告）・判例タイムズ870号277頁・最高裁判所刑事判例集63巻11号2829頁　249

【26】広島地方裁判所平成9年8月5日判決《覚せい剤取締法違反》懲役1年（控訴）・判例タイムズ973号262頁　251

【27】東京地方裁判所平成14年3月25日判決《強盗致傷・傷害・道路交通法違反》懲役5年（確定）・判例時報1801号156頁　252

【28】最高裁判所平成21年12月8日判決《殺人・殺人未遂・銃刀法違反》上告棄却懲役12年（確定）・最高裁判所刑事判例集63巻11号2829頁・判例タイムズ1318号100

頁　254

(3)　完全責任能力が認められた事例

【29】東京地方裁判所昭和62年12月11日判決《現住建造物放火》懲役3年（確定）・判例タイムズ661号255頁　256

【30】東京高等裁判所平成6年7月12日判決《覚せい剤取締法違反》控訴棄却懲役1年6月（確定）・判例時報1518号148頁　257

【31】札幌高等裁判所平成8年4月25日判決《傷害致死》控訴棄却懲役4年6月（上告）・判例時報1583号149頁　259

【32】大阪地方裁判所平成11年1月12日判決《覚せい剤取締法違反》懲役2年（確定）・判例タイムズ1025号295頁　260

【33】神戸地方裁判所平成14年11月15日判決《強姦未遂・強制わいせつ・強盗・傷害・窃盗》懲役6年・裁判所ウェブサイト　261

【34】東京地方裁判所平成15年6月10日判決《殺人・死体遺棄・殺人未遂・覚せい剤取締法違反》死刑（控訴）・判例時報1836号117頁　263

3　統合失調症

(1)　責任無能力が認められた事例

【35】東京地方裁判所八王子支部平成元年6月26日判決《強盗致傷》無罪（確定）・判例タイムズ713号278頁　266

【36】大阪高等裁判所平成4年10月29日判決《殺人》破棄自判無罪（確定）・判例時報1508号170頁　268

【37】岡山地方裁判所平成7年12月18日判決《現住建造物等放火》無罪（確定）・判例時報1565号149頁　269

【38】京都地方裁判所平成8年11月28日判決《窃盗・銃刀法違反・強盗殺人未遂・殺人・殺人未遂》無罪（確定）・判例時報1602号150頁（【126】と同事例）　271

【39】名古屋高等裁判所平成13年9月19日判決《殺人》破棄自判無罪（確定）・判例時報1765号149頁　273

【40】大阪地方裁判所平成15年9月16日判決《殺人未遂・殺人》無罪（確定）・判例タイムズ1155号307頁　275

【41】名古屋地方裁判所平成16年1月14日判決《有印私文書偽造・同行使・電磁的公正証書原本不実記録・同供用・公正証書原本不実記載・同行使・詐欺・免状不実記載・道路交通法違反》無罪・裁判所ウェブサイト　277

【42】福岡高等裁判所那覇支部平成16年11月25日判決《殺人未遂・銃刀法違反・殺人・傷害》破棄・控訴棄却無罪（確定）・高等裁判所刑事裁判速報集平16号205頁　279

【43】広島高等裁判所岡山支部平成18年3月22日判決《暴力行為等処罰に関する法律違反》破棄自判無罪・裁判所ウェブサイト　282

【44】釧路地方裁判所平成19年2月26日判決《現住建造物等放火》無罪・裁判所ウェブサイト　283

【45】大阪地方裁判所平成19年2月28日判決《殺人・殺人未遂》無罪（検察官控訴）・判例タイムズ1278号334頁　286

【46】大分地方裁判所平成20年5月15日判決《現住建造物等放火》無罪・裁判所ウェブサイト　288

【47】大阪地方裁判所平成20年5月26日判決《殺人未遂・銃刀法違反》無罪・裁判所ウェブサイト　290

【48】大阪地方裁判所平成20年6月26日判決《殺人》無罪・裁判所ウェブサイト　292

【49】鹿児島地方裁判所平成21年4月16日判決《殺人》無罪・裁判所ウェブサイト　294

【50】仙台地方裁判所平成21年5月7日判決《殺人》無罪・裁判所ウェブサイト　296

【51】福岡高等裁判所平成23年10月18日判決《殺人》破棄自判無罪（確定）・裁判所ウェブサイト（【69】の控訴審）　297

(2) 限定責任能力が認められた事例

【52】東京地方裁判所平成3年10月15日判決《傷害》懲役7月（確定）・判例タイムズ780号263頁　299

【53】東京高等裁判所平成8年2月19日判決《建造物侵入・窃盗》破棄自判・東京高等裁判所判決時報（刑事）47号1～12号20頁　300

【54】東京地方裁判所平成9年8月12日判決《殺人・銃刀法違反》懲役12年（確定）・判例時報1629号156頁・判例タイムズ965号270頁　302

【55】福岡地方裁判所平成13年6月19日判決《殺人・死体遺棄》懲役8年・公刊物未登載　303

【56】千葉地方裁判所平成13年12月21日判決《殺人・銃刀法違反》懲役20年・公刊物未登載　305

【57】甲府地方裁判所平成16年5月6日判決《殺人》懲役6年・裁判所ウェブサイト　307

【58】広島地方裁判所呉支部平成17年1月28日判決《殺人》懲役6年・裁判所ウェブサイト　310

【59】東京地方裁判所平成17年1月28日判決《殺人・銃刀法違反・器物損壊》無期懲役・公刊物未登載　312

【60】東京高等裁判所平成18年11月21日判決《窃盗》破棄自判（確定）・東京高等裁判所判決時報（刑事）57巻1～12号64頁　314

【61】名古屋高等裁判所平成19年2月16日判決《殺人未遂・銃刀法違反》破棄自判懲役3年執行猶予5年（上告）・高等裁判所刑事裁判速報集平19号369頁・判例タイムズ1247号342頁　315

【62】東京地方裁判所平成19年11月16日判決《強盗致傷》懲役4年・公刊物未登載　318

【63】大阪地方裁判所平成20年5月30日判決《殺人・殺人未遂》懲役6年・裁判所ウェブサイト　319

【64】名古屋高等裁判所平成20年9月18日判決《窃盗・殺人・傷害》控訴棄却懲役22年（弁護人上告）・高等裁判所刑事裁判速報集平20号177頁　321

【65】松山地方裁判所平成21年1月16日判決《殺人未遂》懲役3年執行猶予5年・裁判所ウェブサイト　322

【66】東京高等裁判所平成21年5月25日判決《傷害致死》破棄自判懲役2年6月（上告）・判例タイムズ1318号269頁・判例時報2049号150頁・東京高等裁判所判決時報（刑事）60巻67頁・高等裁判所刑事裁判速報集平21号109頁　324

【67】東京高等裁判所平成21年9月16日判決《殺人》原判決破棄（弁護人上告）・高等裁判所刑事裁判速報集平21号129頁　327

【68】函館地方裁判所平成21年10月8日判決《殺人・傷害・銃刀法違反》懲役15年・裁判所ウェブサイト　329

【69】大分地方裁判所平成23年2月2日判決《殺人》懲役3年保護観察付執行猶予5年（控訴）・公刊物未登載（【51】の原審）　330

【70】最高裁判所昭和59年7月3日決定《殺人》上告棄却無期懲役（確定）・最高裁判所刑事判例集38巻8号2783頁・判例タイムズ535号204頁・判例時報1128号38頁　332

(3)　完全責任能力が認められた事例

【71】横浜地方裁判所平成4年5月13日判決《殺人・死体損壊》甲につき懲役14年・乙につき懲役13年（一部確定）・判例タイムズ819号202頁　334

【72】東京地方裁判所平成14年1月18日判決《殺人未遂・銃刀法違反・傷害・暴行》死刑（被告人控訴）・裁判所ウェブサイト（【74】の原審）　336

【73】前橋地方裁判所平成14年11月25日判決《殺人》Aにつき懲役12年・B，Cにつきそれぞれ懲役8年・裁判所ウェブサイト　338

【74】東京高等裁判所平成15年9月29日判決《殺人・殺人未遂・銃刀法違反・傷害・暴行》控訴棄却（上告）・東京高等裁判所判決時報（刑事）54巻1～12号61頁（【72】の控訴審）　339

【75】仙台地方裁判所平成17年8月18日判決《殺人》懲役9年・裁判所ウェブサイト　341

【76】青森地方裁判所平成18年2月15日判決《殺人未遂》懲役5年6月・裁判所ウェブサイト　343

【77】仙台地方裁判所平成19年3月15日判決《殺人等》懲役28年（検察官・弁護人ともに控訴）・裁判所ウェブサイト（【78】の原審）　344

【78】仙台高等裁判所平成20年3月7日判決《業務上過失致死傷・道路交通法違反・殺人・殺人未遂・建造物等以外放火》破棄自判無期懲役（確定）・高等裁判所刑事裁判速報集平20号312頁（【77】の控訴審）　346

【79】東京地方裁判所平成21年3月26日判決《殺人未遂》懲役3年執行猶予5年（確定）・

判例時報2051号157頁　348

4　気分障害（うつ病等）

(1)　責任無能力が認められた事例

【80】東京地方裁判所平成元年5月19日判決《殺人》無罪（確定）・判例タイムズ705号262頁　351

【81】浦和地方裁判所平成元年8月23日判決《殺人》無罪（確定）・判例タイムズ717号225頁　352

【82】東京地方裁判所平成5年4月14日判決《殺人》無罪（確定）・判例時報1477号155頁・判例タイムズ840号238頁　354

【83】金沢家庭裁判所平成12年10月18日決定《業務上過失傷害・傷害》不処分・家庭裁判月報53巻3号100頁　355

【84】さいたま地方裁判所平成16年12月10日判決《殺人》無罪・裁判所ウェブサイト　357

【85】東京高等裁判所平成18年11月13日判決《殺人》破棄自判無罪（確定）・東京高等裁判所判決時報（刑事）57巻1～12号61頁・高等裁判所刑事裁判速報集平18号226頁　359

(2)　限定責任能力が認められた事例

【86】東京地方裁判所平成10年10月26日判決《殺人》懲役3年執行猶予4年（確定）・判例時報1660号159頁　360

【87】福岡高等裁判所平成13年12月20日判決《殺人》破棄自判懲役11年・裁判所ウェブサイト　362

【88】奈良地方裁判所平成15年6月13日判決《殺人》懲役2年10月・裁判所ウェブサイト　364

【89】さいたま地方裁判所平成15年7月15日判決《殺人》懲役7年・裁判所ウェブサイト　365

【90】東京地方裁判所平成17年3月23日判決《航空機の強取等の処罰に関する法律違反・殺人・銃刀法違反》無期懲役（確定）・判例タイムズ1182号129頁　368

【91】広島高等裁判所松江支部平成18年9月25日判決《殺人》控訴棄却（確定）・判例タイムズ1233号344頁　370

【92】名古屋高等裁判所平成19年4月18日判決《殺人未遂・銃刀法違反》破棄自判懲役3年執行猶予5年（確定）・判例タイムズ1315号60頁　371

(3)　完全責任能力が認められた事例

【93】東京地方裁判所平成2年5月15日判決《現住建造物等放火・殺人未遂》懲役3年（確定）・判例タイムズ734号246頁　373

【94】青森地方裁判所平成14年2月6日判決《殺人・銃刀法違反》懲役15年・裁判所ウェ

　　　　ブサイト　375
【95】青森地方裁判所平成17年7月14日判決《殺人》懲役10年・裁判所ウェブサイト
　　　　376
【96】那覇地方裁判所平成18年3月29日判決《強盗致死》懲役20年・裁判所ウェブサイ
　　　　ト　377
【97】広島高等裁判所岡山支部平成18年12月6日判決《殺人》破棄自判懲役7年・裁判
　　　　所ウェブサイト　379
【98】東京地方裁判所平成21年6月4日判決《殺人・殺人未遂》懲役25年（確定）・判例
　　　　タイムズ1315号282頁　380

5　てんかん

(1)　責任無能力が認められた事例

【99】神戸地方裁判所尼崎支部平成2年9月3日判決《強制わいせつ致傷・窃盗》無罪（確
　　　　定）・判例タイムズ766号280頁　382
【100】大阪地方裁判所平成6年9月26日判決《業務上過失致死傷・道路交通法違反》禁
　　　　錮1年2月執行猶予3年・道路交通法違反については無罪（確定）・判例タイム
　　　　ズ881号291頁　383

(2)　限定責任能力が認められた事例

【101】浦和地方裁判所川越支部平成2年12月26日判決《殺人》懲役3年保護観察付執行
　　　　猶予5年（確定）・判例時報1380号144頁・判例タイムズ745号232頁　385
【102】岡山地方裁判所平成8年7月17日判決《常習累犯窃盗》懲役2年6月（控訴）・判
　　　　例時報1595号160頁　386
【103】東京地方裁判所平成4年3月2日判決《窃盗》懲役6月（確定）・判例タイムズ796
　　　　号252頁　388

(3)　完全責任能力が認められた事例

【104】東京高等裁判所平成7年9月11日判決《殺人予備・住居侵入・強盗殺人・銃刀法
　　　　違反》控訴棄却無期懲役（弁護人上告）・判例時報1550号130頁・東京高等裁判所
　　　　判決時報（刑事）46巻1～12号48頁　390
【105】東京地方裁判所平成9年7月15日判決《傷害》懲役1年保護観察付執行猶予5年
　　　　（確定）・判例時報1641号156頁　392

6　広汎性発達障害（アスペルガー症候群）

(1)　責任無能力が認められた事例

【106】東京地方裁判所平成20年5月27日判決《殺人・死体損壊》一部無罪（控訴）・判例
　　　　時報2023号158頁　394

(2) 限定責任能力が認められた事例
【107】東京高等裁判所平成19年5月29日判決《殺人未遂・銃刀法違反》破棄自判懲役3年10月（確定）・東京高等裁判所判決時報（刑事）58巻1～12号32頁　396
【108】大阪高等裁判所平成21年3月24日判決《殺人》破棄自判懲役15年（確定）・公刊物未登載　397

(3) 完全責任能力が認められた事例
【109】東京高等裁判所平成13年8月30日判決《器物損壊》量刑不明・高等裁判所刑事裁判速報集平13号139頁　399
【110】岡山地方裁判所平成14年5月28日判決《現住建造物等放火・傷害》懲役3年6月・裁判所ウェブサイト　400
【111】東京高等裁判所平成19年8月9日判決《殺人未遂・傷害・銃刀法違反》控訴棄却量刑不明（上告）・東京高等裁判所判決時報（刑事）58巻1～12号59頁　403
【112】東京高等裁判所平成21年3月2日判決《殺人》控訴棄却懲役11年（確定）・高等裁判所刑事裁判速報集平21号94頁　404
【113】大阪地方裁判所平成22年5月24日判決《殺人・死体遺棄》懲役7年・裁判所ウェブサイト　406

7　精神遅滞

(1) 責任無能力と認められた判例
見当たらず。

(2) 限定責任能力が認められた判例
【114】広島地方裁判所福山支部平成21年3月24日判決《業務上横領》Y1懲役10月・Y2懲役1年8月執行猶予3年（確定）・裁判所ウェブサイト　409
【115】奈良地方裁判所平成15年10月3日判決《現住建造物等放火》懲役3年4月・裁判所ウェブサイト　410
【116】新潟地方裁判所平成15年3月28日判決《強盗未遂》懲役2年6月・裁判所ウェブサイト（【128】と同事例）　411
【117】大阪高等裁判所平成7年12月8日判決《強姦致死・殺人》検察官控訴棄却（検察官上告）・判例時報1553号147頁　412
【118】浦和地方裁判所平成5年2月26日判決《殺人》懲役3年執行猶予5年（確定）・判例タイムズ824号248頁　414

(3) 完全責任能力が認められた判例
【119】長野地方裁判所飯田支部平成14年10月8日判決《強盗殺人等》無期懲役（弁護人控訴）・判例タイムズ1113号289頁　416

8 その他の精神疾患

(1) 前頭側頭型認知症(ピック病)
- 【120】さいたま地方裁判所平成19年3月23日判決《現住建造物等放火・同未遂・窃盗等》無期懲役(弁護人控訴)・判例時報2019号127頁(【121】の原審) 419
- 【121】東京高等裁判所平成20年5月15日判決《現住建造物等放火・同未遂・窃盗等》控訴棄却(弁護人上告)・判例タイムズ1295号312頁(【120】の控訴審) 420

(2) パラノイア
- 【122】福岡高等裁判所那覇支部平成22年3月9日判決《殺人》破棄自判懲役8年(確定)・判例タイムズ1331号278頁 421
- 【123】神戸地方裁判所平成21年5月29日判決《殺人・殺人未遂・現住建造物等放火》死刑(弁護人控訴)・判例時報2053号150頁 423

9 訴訟能力を争った事例

- 【124】東京地方裁判所八王子支部平成2年5月29日決定《尊属傷害致死》公判手続停止(確定)・判例タイムズ737号247頁 425
- 【125】最高裁判所平成7年2月28日判決《窃盗》公判手続停止・判例時報1533号122頁 427
- 【126】京都地方裁判所平成8年11月28日判決《窃盗・銃刀法違反・強盗殺人未遂・殺人・殺人未遂》無罪(確定)・判例時報1602号150頁(【38】と同事例) 428
- 【127】最高裁判所平成10年3月12日判決《常習累犯窃盗》破棄差戻・判例時報1636号149頁 430
- 【128】新潟地方裁判所平成15年3月28日判決《強盗未遂》懲役2年6月・裁判所ウェブサイト(【116】と同事例) 432
- 【129】さいたま地方裁判所川越支部平成18年10月12日決定《暴行》公判手続停止・判例タイムズ1246号345頁 433

あとがき

　責任能力を争う（べき）ケースは多いはずである。しかし、弁護人はそれに十分応えているか。どのようにすれば応えられるのか。精神鑑定を裁判所に採用させるには、どのような工夫が必要か。特に、この分野における判例の動向はどうなっているか。

　これらの疑問に直面したとき、精神医学の専門書を繙かずとも、責任能力を争う弁護活動に有用な知識と方法論を、簡明に解説した参考書が欲しい。このような声を聞いて久しい。

　われわれ「期成会明るい刑事弁護研究会」は、研究の成果を後述のとおり、叢書として発刊しているが、この責任能力の分野に切り込んだ研究と叢書の発行は研究会発足時からの懸案であった。

　第1弾『保釈を目ざす弁護』（2006年5月）

　第2弾『入門・覚せい剤事件の弁護』（2008年3月）

　責任能力の研究をスタートさせた最初の企画は、中島直医師の講演会（2009年10月。本書第1部「講演・責任能力を争う弁護人へ」）であった。この講演を皮切りに、代表的精神疾患の種類を選んで各人がレポートし、密接にからむ医療観察法事件に詳しい山下幸夫弁護士の講演会（2011年7月。本書第2部「講演・精神障害者の弁護活動について」）をはさんで、判例分析の本格的研究に踏み込んでいった。事例が多い精神作用物質、統合失調症、気分障害（うつ病など）、てんかん、アスペルガー症候群、精神遅滞、そして訴訟能力等が争われたケースも対象に加えた。これらの判例は第4部に収録されている。第3部「責任能力総論」は、判例を読み解く前提としての用語解説である。

　現在裁判所は、医師の精神鑑定には拘束されないが、合理的理由がない限り尊重すべきであり、総合的判断方法として、被告人の病状と精神障害発症前後の病状と犯行との関係を重視すべきであるとしている（最高裁平成21年12月8日決定）。これらの判例の考え方を、裁判員裁判の時代における精神鑑定の問題点も含めて解説したのが第3部「精神疾患の種類・概要と判例の動向」である。

　又、この分野の生きた弁護活動の実例に基づくシミュレーションを第1部及び第2部の各々冒頭において紹介している。

叢書第3弾となる本書の発刊が、第2弾以来4年以上経ち、中島医師の講演会からでも3年余を経たことをお待たせした読者にお詫びしなければならない。

　しかし、本書の充実した内容（と自負している）に免じて勘弁していただけるであろう。裁判員裁判をはじめ、責任能力を争うべき全ての事件の弁護活動にこれから携わる弁護人の座右の書とならんことを願う。

2013（平成25）年7月

　　　　　　　　　　　　東京弁護士会期成会明るい刑事弁護研究会
　　　　　　　　　　　　　　　　　世話人　西嶋勝彦

期成会実践刑事弁護叢書03

責任能力を争う刑事弁護

2013年8月5日　第1版第1刷　発行
2016年11月10日　第1版第2刷　発行

編　者	東京弁護士会期成会明るい刑事弁護研究会
発行人	成澤壽信
編集人	北井大輔
発行所	株式会社現代人文社
	〒160-0004　東京都新宿区四谷2-10八ツ橋ビル7階
	Tel: 03-5379-0307 Fax: 03-5379-5388
	E-mail: henshu@genjin.jp（編集）　hanbai@genjin.jp（販売）
	Web: www.genjin.jp
発売所	株式会社大学図書
印刷所	株式会社平河工業社
装　丁	Malpu Design（清水良洋＋樋口佳乃）

検印省略　　Printed in Japan　　ISBN978-4-87798-553-0

©2013 Tokyo Bengoshikai Kiseikai Akarui Keijibengo Kenkyukai

◎本書の一部あるいは全部を無断で複写・転載・転訳載などをすること、または磁気媒体等に入力することは、法律で認められた場合を除き、著作者および出版者の権利の侵害となりますので、これらの行為をする場合には、あらかじめ小社または著者に承諾を求めて下さい。
◎乱丁本・落丁本はお取り換えいたします。